Michael Nagel

Blitzfotografie – Spannende Aufnahmen mit nur einem Blitz

BILDNER

Verlag: BILDNER Verlag GmbH
Bahnhofstraße 8
94032 Passau
http://www.bildner-verlag.de
info@bildner-verlag.de

ISBN: 978-3-8328-0440-4

Lektorat: Ulrich Dorn

Layout und Gestaltung: Nelli Ferderer

Autor: Michael Nagel

Herausgeber: Christian Bildner

Druck: FINIDR s.r.o., Lípová 1965, 73701 Český Těšín, Tschechische Republik

Fotos auf dem Cover: Matthias Matthai

MIX
Papier aus verantwortungsvollen Quellen
FSC® C014138
FSC www.fsc.org

Das FSC®-Label auf einem Holz- oder Papierprodukt ist ein eindeutiger Indikator dafür, dass das Produkt aus verantwortungsvoller Waldwirtschaft stammt. Und auf seinem Weg zum Konsumenten über die gesamte Verarbeitungs- und Handelskette nicht mit nicht-zertifiziertem, also nicht kontrolliertem, Holz oder Papier vermischt wurde. Produkte mit FSC®-Label sichern die Nutzung der Wälder gemäß den sozialen, ökonomischen und ökologischen Bedürfnissen heutiger und zukünftiger Generationen.

Wichtige Hinweise

BLITZEN GEHT IMMER

Mit diesem Buch aus dem BILDNER-Verlag halten Sie mein zweites Blitzbuch in den Händen und knüpfen natürlich bestimmte Erwartungen an dieses neue Buch. Vermutlich möchten Sie sich grundlegender mit dem Thema „Blitzen“ befassen, oder Sie suchen nach neuen Impulsen, um Ihre fotografische Handschrift zu verbessern. Vielleicht benötigen Sie auch technische Unterstützung, um das neu erworbene Blitzgerät mit seinen vielen Leistungsmerkmalen zu begreifen. In diesem komplett überarbeiteten Nachschlagewerk finden Sie praxisbezogene und vor allem systemübergreifende Antworten, damit Sie die vielen Funktionen und Einstellungen der Blitzgeräte und Kameramenüs besser verstehen lernen.

Seit mehr als drei Jahrzehnten befasse ich mich als Trainer und Fotograf intensiv mit der Blitzfotografie. In meinen Blitzworkshops und auf vielen Fotoreisen lernte ich von kreativen Menschen immer wieder dazu. Das angesammelte Wissen, ergänzt mit neuen Blitzideen, möchte ich weitergeben und Sie vor allem zum Nachmachen animieren. Und da jeder Rucksack und jede Fototasche nur begrenzte Platz- und Gewichtsreserven bietet, habe ich bewusst auf unnötigen Ballast wie schwere Leuchtenstative und überdimensionierte (Studio-)Lichtformer verzichtet. Benötigt werden lediglich der eigene Systemblitz, ein Satz Farbfilterfolien und eine kleine Auswahl an Lichtformern sowie etwas Zubehör. Mit dieser kompakten Ausrüstung lassen sich die vielen Motivbeispiele im Praxisteil ohne großen zeitlichen Aufwand eindrucksvoll in Szene setzen.

Auf den Punkt beschrieben, mit Beispielaufnahmen und einer Auflistung der erforderlichen Hilfsmittel helfen Ihnen die „Blitz-Quickies“, schnell und vor allem einfach ans Ziel zu kommen. Herstellerunabhängig beziehe ich mich auf eine begrenzte Auswahl an Produkten, die sich aus meiner Sicht im Praxiseinsatz bewährt haben. Auf modern klingende, neudeutsche Anglizismen habe ich, soweit vertretbar, verzichtet, damit wir uns „einfach“ besser verstehen. Schon nach den ersten Blitzaufnahmen werden Sie feststellen, dass es geradezu süchtig macht, das künstliche Licht gezielt einzusetzen und eigene Blitzideen zu entwickeln und zu verwirklichen.

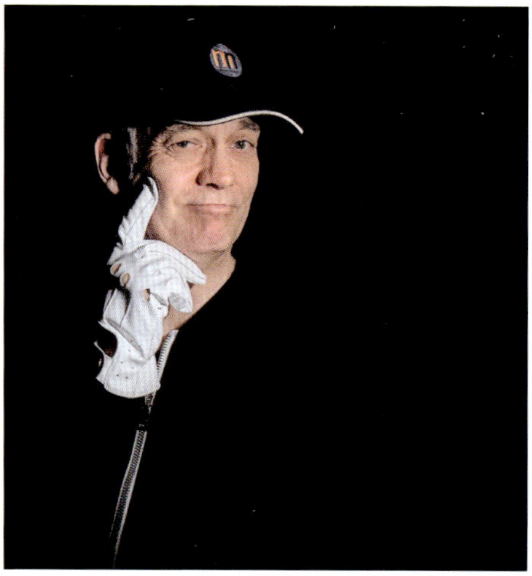

▲ *Selbstbildnis mit dem entfesselten Blitz in der „verlängerten" linken Hand.*

Ich hoffe, dass Sie nach dem Studium dieses Buchs aus Ihrer eigenen Motivation heraus – unabhängig von Licht- und Witterungsbedingungen – mit Kamera und Blitzgerät auf Motivjagd gehen. Und ich wünsche Ihnen viel Spaß und Erfolg beim Ausprobieren und natürlich vorzeigbare Aufnahmen, die Ihnen so schnell keiner nachmacht.

„Immer zur richtigen Zeit am richtigen Ort im richtigen (Blitz-)Licht!"

Michael Nagel, im September 2020

Inhalt

1 LICHT UND **STIMMUNG**

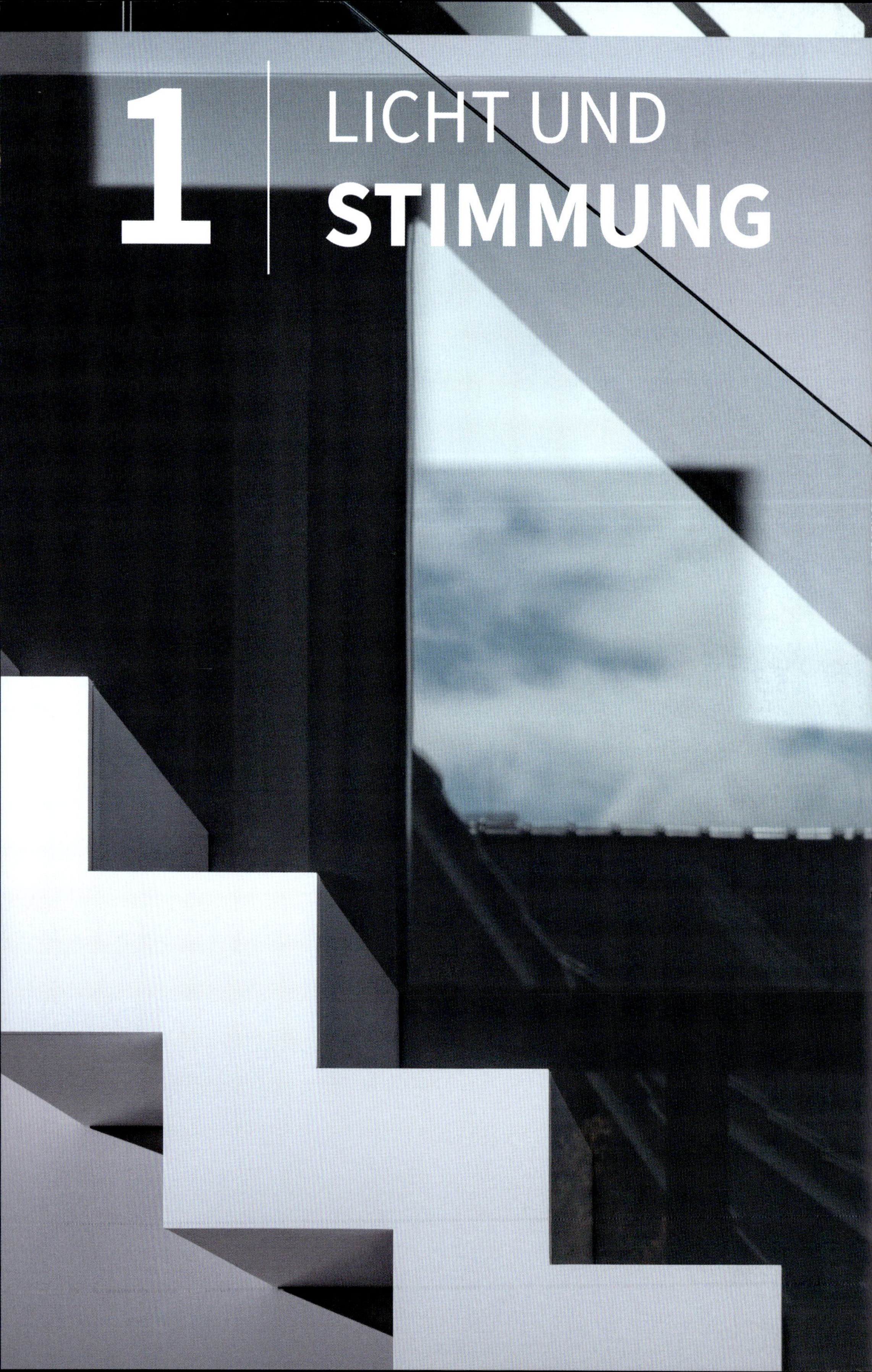

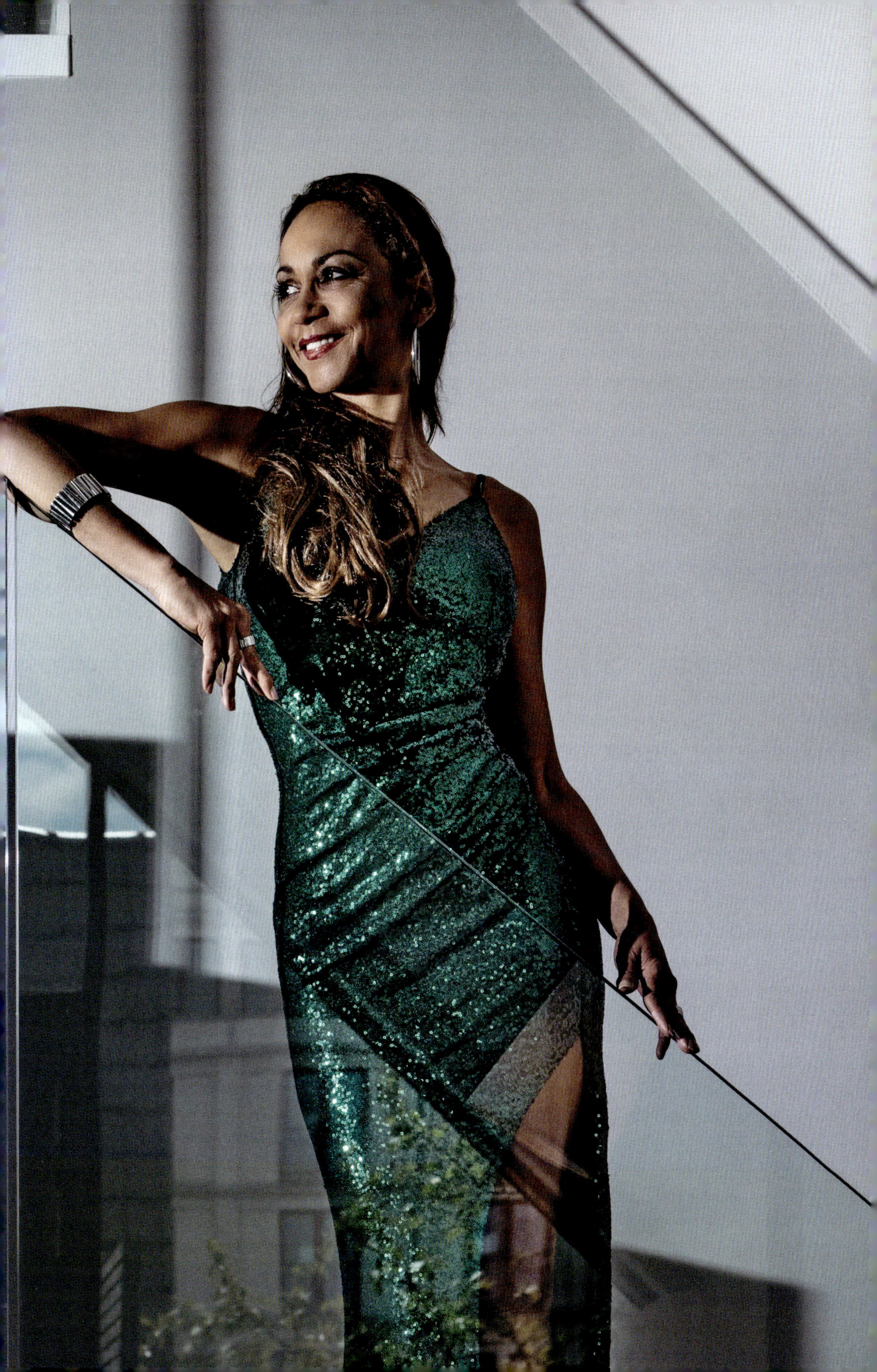

Warum soll ich blitzen?

Astronomisch hohe ISO-Werte in Kameras und Smartphones sowie ausgeklügelte Algorithmen und spezielle Nachtmodi, die es erlauben, ohne Stativ eine Nachtaufnahme aus freier Hand zu machen – das ist der aktuelle Stand der Fototechnik. Und die Werbung, insbesondere bei den Herstellern von Smartphones, suggeriert uns eindrucksvoll, dass weder eine „richtige“ Kamera noch ein Blitz benötigt wird und schon gar kein Stativ, um richtig coole Bilder zu machen. Dazu wird die kleine LED auf der Vorderseite des Smartphones auch noch als „Blitz“ bezeichnet, obwohl das Lämpchen nur leuchtet und eben nicht blitzt!

Fakt ist, und das können Sie sicherlich aus eigener Erfahrung bestätigen, dass sich die Qualität der Aufnahmen von Smartphones enorm verbessert hat. Für den schnellen Schnappschuss aus der Hand und für die unbeschwerte Fotografie ist das ein großer Vorteil. Echte Blitzaufnahmen können die praktischen „Immer-dabei-Kameras“ jedoch (noch) nicht machen.

Wenn Sie einen kritischen Blick auf das eine oder andere Ergebnis automatisierter Blitzfotos werfen, erkennen Sie, neben tiefschwarzen Schlagschatten, vor allem die ungleichmäßigen Ausleuchtungen in den Gesichtern von Personen. Auch abgesoffene Hintergründe, überbelichtete Vordergründe und Farbstiche im Bild sind leider nach wie vor anzutreffen, wenngleich nicht in der Häufigkeit von früher.

Blitzen geht immer

Wenn ich mich auf den Weg zu einem Workshop begebe, nehme ich immer einen Koffer mit Blitzgeräten und -zubehör mit. Insbesondere bei ungünstigen Lichtverhältnissen und „feuchtem Licht“ können meine Teilnehmer dennoch immer mit beeindruckenden Aufnahmen im Gepäck nach Hause fahren.

Brennweitenangaben

Die Angabe der Brennweite in den Aufnahmedaten der Bildbeispiele bezieht sich immer auf das jeweilige Aufnahmeformat des genannten Kameramodells: z. B. Fujifilm X-T3 (APS-C) und Nikon D750 Vollformat (VF).

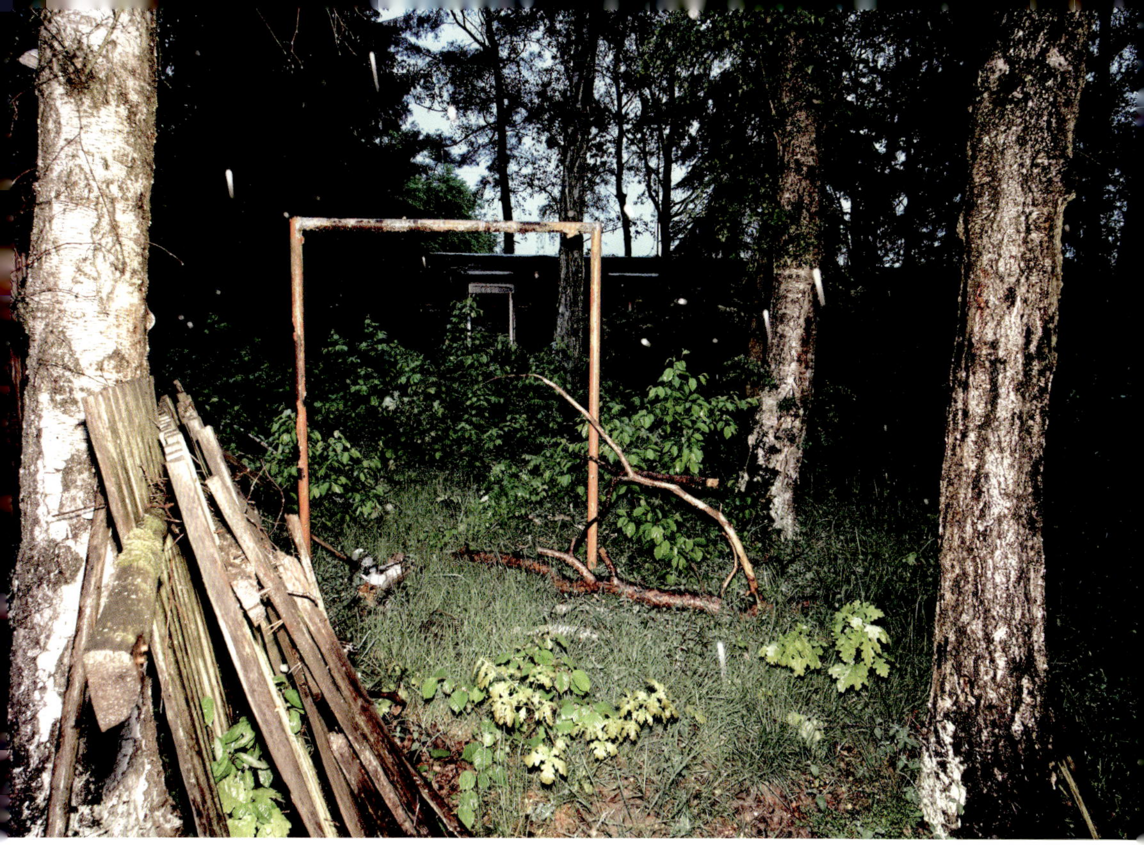

▲ *Der helle Vordergrund unterstreicht den unruhigen Bildaufbau dieser automatisch geblitzten Aufnahme noch stärker.*

f/4 | 1/125 s | ISO 800 | 12 mm | 0 EV | TTL-Aufhellblitz (Auto) frontal

Lieber ohne Blitz?

Also besser auf den Blitz verzichten und stattdessen mit ISO auf Anschlag fotografieren? Diese Frage lässt sich nicht eindeutig mit „Ja“ oder „Nein“ beantworten. Der Einfluss des Lichts spielt in der Bildgestaltung bekanntlich eine sehr große Rolle, und die vorhandene Lichtstimmung am Aufnahmeort kann sowohl mit als auch ohne zusätzliches (Blitz-)Licht eindrucksvoll festgehalten werden. Immer vorausgesetzt, der Fotograf hinter der Kamera besitzt die Fähigkeit, natürliche und künstliche Lichtquellen bewusst zu inszenieren und zu steuern.

Vorhandenes Licht und Blitz

Mit einem Blitzgerät auf der Kamera ist die Trefferquote für rauscharme und farbrichtige Aufnahmen – selbst bei ungünstigen Lichtverhältnissen – recht hoch, wenn alle hierfür erforderlichen

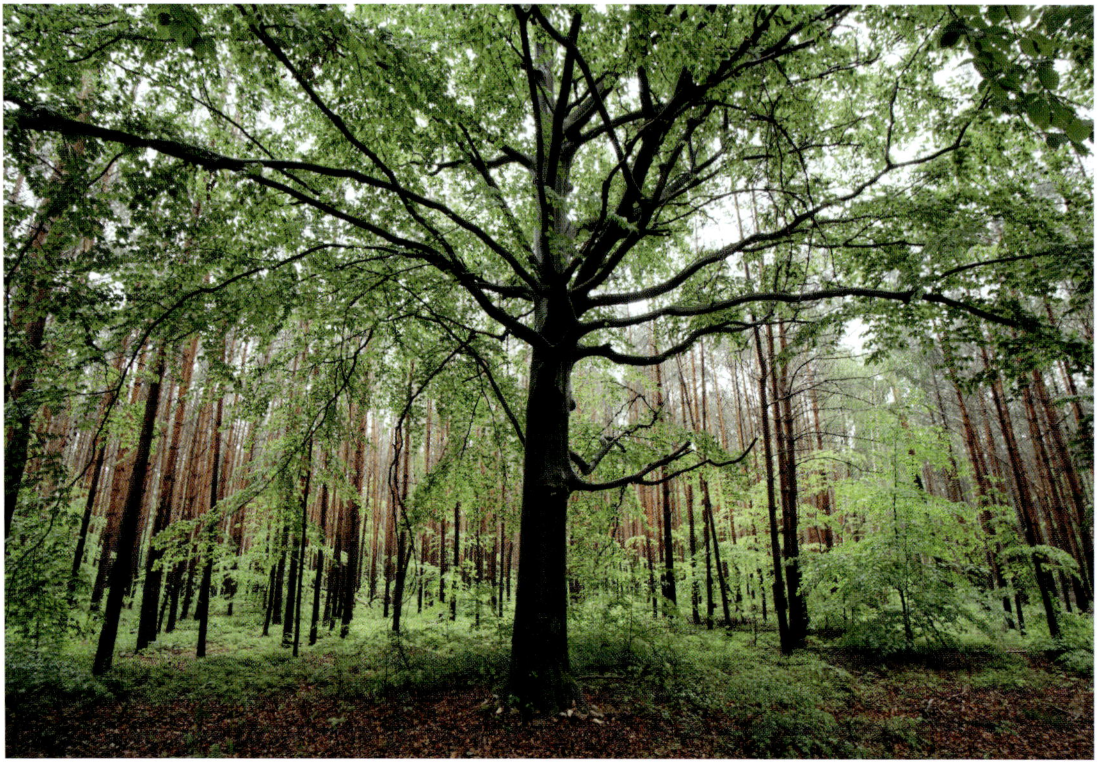

▲ *Ohne Blitzaufhellung und Belichtungskorrektur des vorhandenen Umgebungslichts wirkt diese Aufnahme im verregneten Wald matt und dunkel.*

aufnahmetechnischen Bedingungen gegeben sind. Diese Erfahrung werden Sie vermutlich auch schon gemacht haben. Ganz anders verhält es sich in der Available-Light-Fotografie. Hier wird in der Regel auf den Blitz verzichtet und ausschließlich mit dem vorhandenen Licht gearbeitet. Oftmals auch vom Stativ aus, um mit längeren Belichtungszeiten fotografieren zu können und Bewegungen sanft zerfließen zu lassen.

Mit der Kombination aus beiden fotografischen Welten erhöhen sich die Ausdrucksmöglichkeiten in der Aufnahme um ein Vielfaches, insbesondere dann, wenn ein entfesseltes Blitzgerät eingesetzt wird und Intensität sowie Farbtemperatur der Lichtquellen optimal aufeinander abgestimmt werden. Der Blitz „in Ihrer Hand" sorgt für zusätzliche Spannung, setzt Akzente und erzeugt bewusst geführte Schatten. Und genau an diesem Punkt möchte ich auch in diesem Buch ansetzen: der Blitz als „Immer-dabei-Sonne" und helfendes Notlicht für alle Fälle. Sie werden lernen, schlechtes Licht als fotografisches Hindernis einfach zu ignorieren.

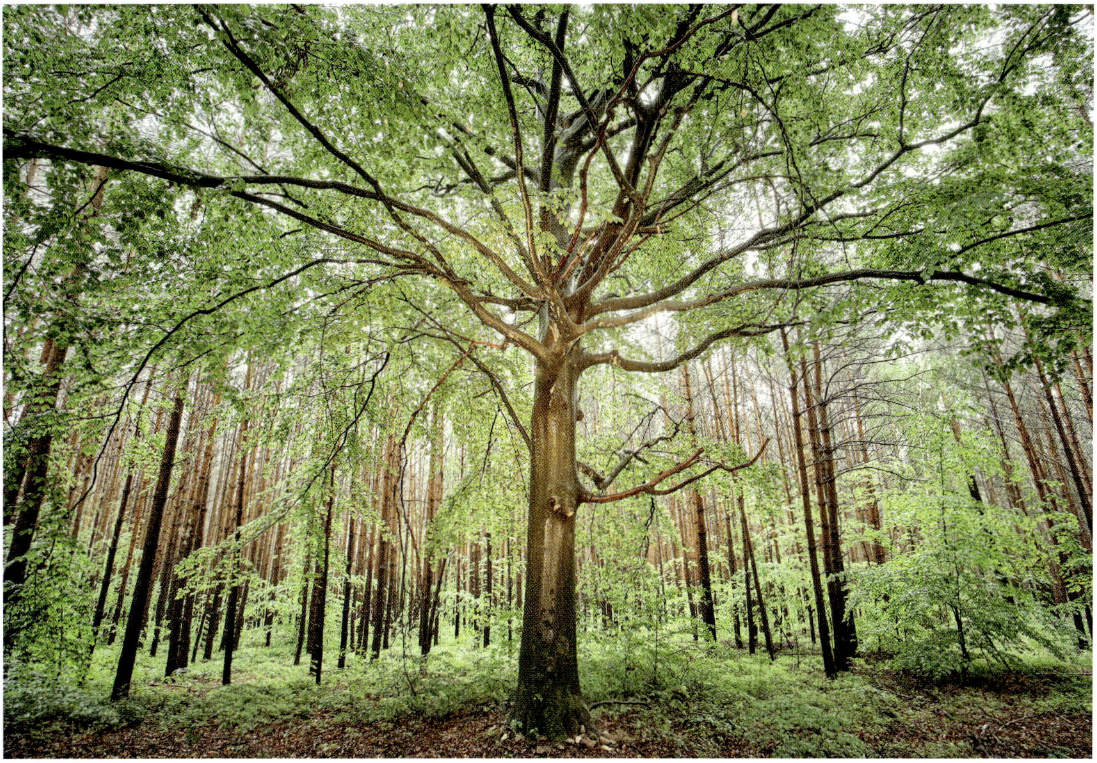

▲ *Auch in der Available-Light-Fotografie kann der Blitz, hier mit Orangefilter auf den Baum im Vordergrund gerichtet, nützlich sein, um der Aufnahme mehr Ausdruck zu verleihen. Durch den starken Regen, der am Aufnahmeort herrschte, erhält der Baumstamm außerdem seinen reflektierenden Glanz.*

f/5.6 | 1/60 s | ISO 400 | X-T3 mit Samyang 12 mm | +2 EV | TTL-Aufhellblitz +2,0 EV | frontal mit MagGrid | Filter: CTO 1/1

Reine Entscheidungssache

In diesem Buch möchte ich Ihnen den Blitz nicht aufzwingen. Vielmehr geht es um die Möglichkeiten der Erweiterung Ihres fotografischen Bildausdrucks. Natürlich liegt die Entscheidung darüber, ob bestimmte Bereiche mit dem Blitzgerät hervorgehoben werden sollen, um der Aufnahme eine besondere Aussagekraft zu geben, in Ihren Händen. Meiner Erfahrung nach lohnt es sich bei (fast) allen Motiven, eine zusätzliche Aufnahme unter Hinzunahme des Blitzgeräts zu machen. Und oftmals erschließen sich erst nach dem Zünden der ersten Blitzaufnahme völlig neue, ausgefallene Bildkompositionen (Geistesblitze). Trauen Sie sich einfach mal.

Hauptlicht und Lichtrichtung

Bevor Sie den Auslöser der Kamera drücken, beachten Sie folgende Vorgehensweise.

- Platzieren Sie zunächst Ihr Hauptmotiv und beurteilen Sie im nächsten Schritt in Ruhe die Lichtsituation am Aufnahmeort. Aus welcher Richtung kommt das Licht? Die Lichtrichtung entscheidet maßgeblich über den Schattenwurf und die Verteilung von hell und dunkel im Bild.

Die Hauptlichtquelle nimmt am stärksten Einfluss auf das Hauptmotiv und muss nicht zwingend die hellste Lichtquelle im Bild sein. Je weiter die Lichtquelle entfernt ist, desto schwächer ist ihre Wirkung auf das Hauptmotiv. Das ist auch der Grund dafür, dass ein Blitzlicht Einfluss auf die Lichtrichtung nehmen kann, wenn Sie bei Tageslicht im Freien fotografieren. Die Sonne leuchtet zwar um ein Vielfaches heller als das Blitzgerät, sie ist aber auch viel weiter entfernt.

- Die eintreffende Lichtmenge nimmt im Verhältnis des Quadrats zur Entfernung ab, daher kann eine viel schwächere Lichtquelle an einem bestimmten Punkt erheblich heller erscheinen. Selbst wenn Sie bei ausreichendem Tageslicht fotografieren, kann mit dem Systemblitz die Lichtrichtung im Bild beeinflusst werden. Alternativ können Sie auch eine Änderung der Blickrichtung zur Hauptlichtquelle vornehmen. Der Blitz wird in diesem Fall nur zur Aufhellung der Schatten, z. B. im Gesicht einer Person, eingesetzt.

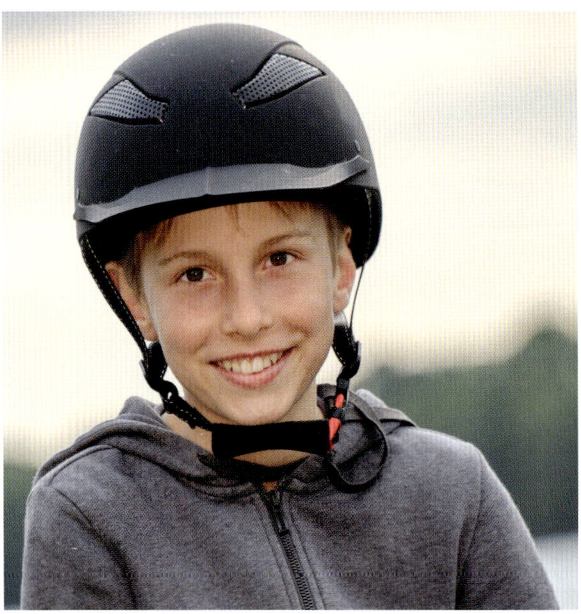

◀ *Die vom Blitz erzeugten Lichtpunkte lassen die Augen lebendiger erscheinen, und die vor dem Reflektor befindliche Softbox mit Orangefilter sorgt für eine warme Aufhellung der Abendstimmung.*

f/4.8 | 1/500 s | ISO 800 | 200 mm | +0.7 EV | TTL-Aufhellblitz 0 EV | frontal | Filter: CTO 1/1

- Am Himmel gibt es nur eine Sonne, daher sollten die Schatten im Bild auch nur aus einer Richtung kommen, wenn Sie ein Objekt im Freien mit einem Blitz aufhellen. Richten Sie das Blitzlicht nach Möglichkeit mit der Sonne aus, um keine doppelten Schatten zu erzeugen und das künstliche (Blitz-)Licht mit dem vorhandenen Licht zu mischen.

- Passen Sie die Farbtemperatur des Blitzgeräts mit einer CTO-Folie (Orangefilterfolie) an das Umgebungslicht an.

- Der Filter wird in einem entsprechenden Halter vor den Reflektor des Blitzes gesetzt und ist in verschiedenen Stärken erhältlich.

Lichtarten

Beim direkten Licht befindet sich das Objekt zur Lichtrichtung der Lichtquelle, während bei indirektem Licht die Lichtrichtung über eine reflektierende Oberfläche umgeleitet wird.

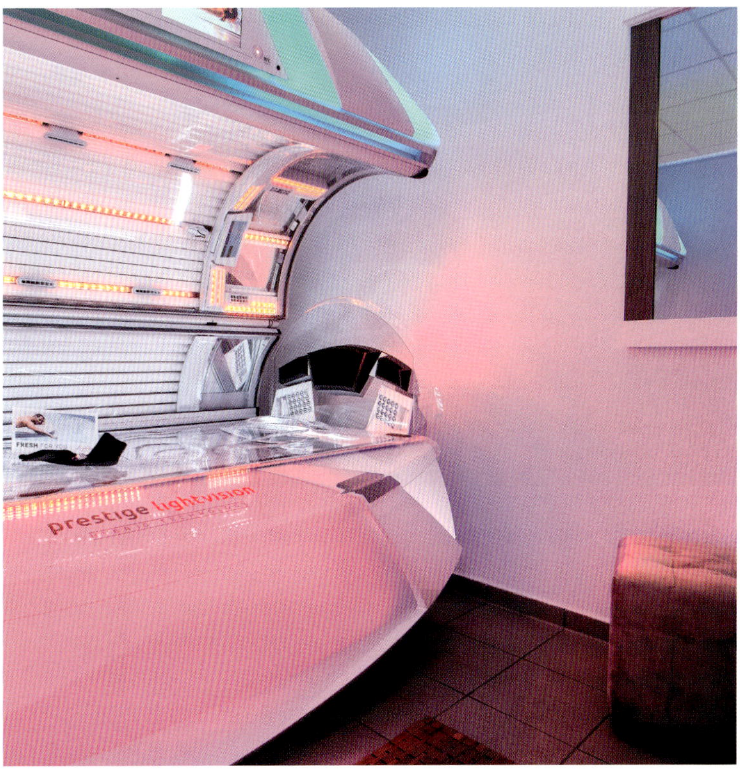

▲ *Der Blitz wurde indirekt nach hinten gegen eine weiße Wand gerichtet und in der Intensität reduziert, sodass sich das Blitzlicht mit dem LED-Licht der futuristischen Sonnenbank mischt.*

f/5.6 | 1/60 s | ISO 500 | 12 mm | 0,3 EV | WB 5.000 K

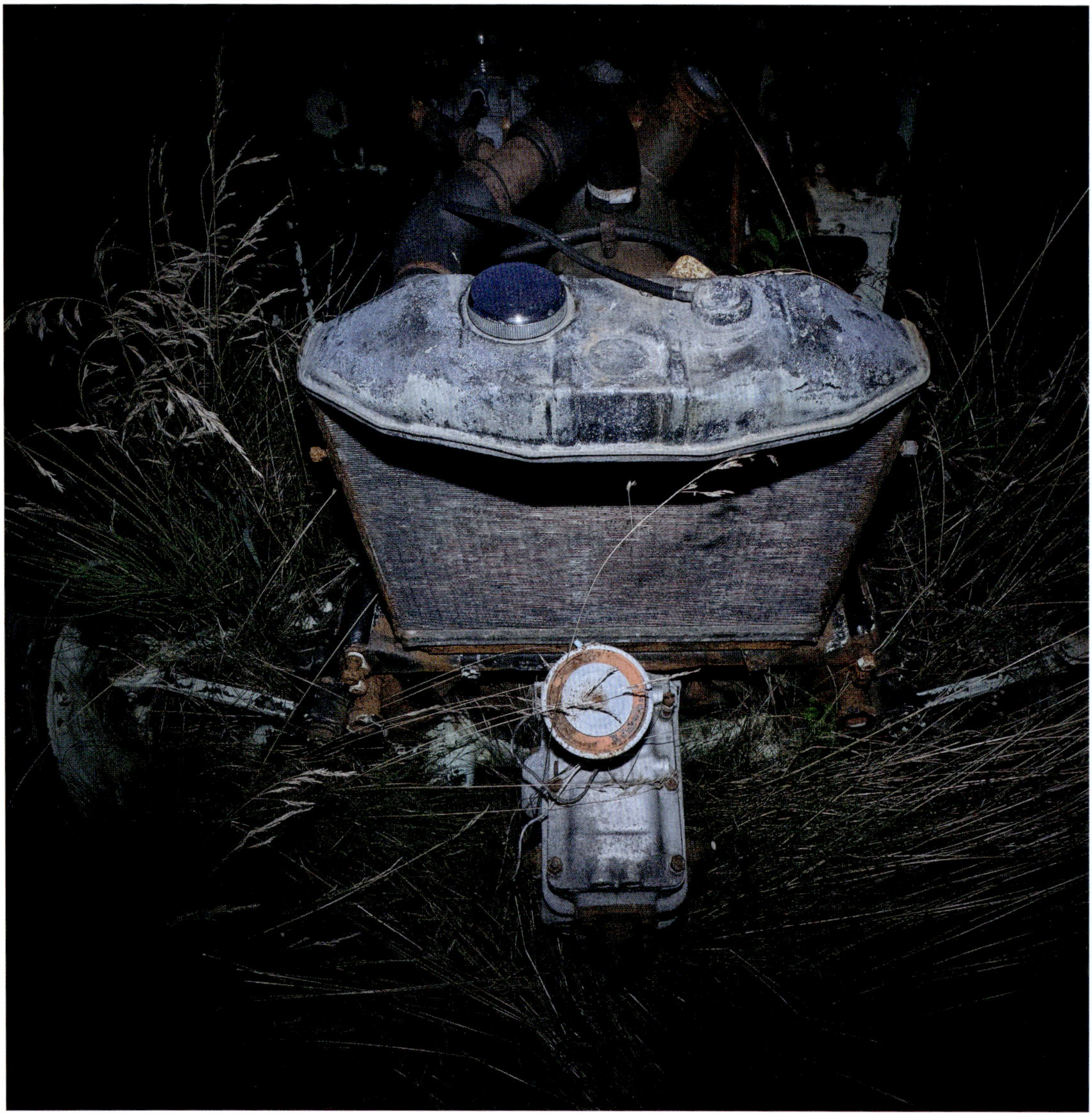

▲ *Direkt und hart geblitzt. Der Hintergrund wurde aufgrund der kleinen Blende unterbelichtet.*
ƒ/9 | 1/40 s | ISO 6400 | 10 mm | –2 EV | WB 5.000 K | Blitz manuell 1/64 | frontal mit MagGrid

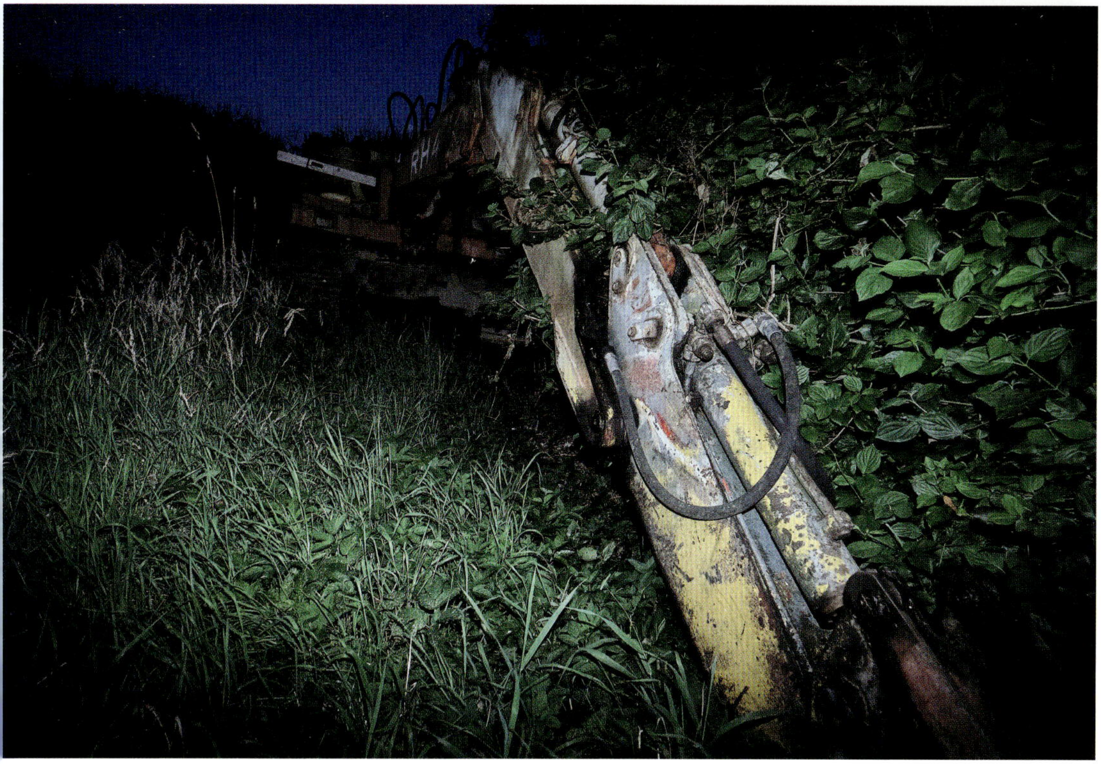

▲ *Um den Abendhimmel dunkelblau zu bekommen, habe ich den Weißabgleich auf 3.000 Kelvin gesetzt. Der CTO-Filter neutralisiert die Farbtemperatur für den angeblitzten Vordergrund und das MagGrid vor dem Blitzreflektor erzeugt hartes, gerichtetes Licht.*

f/4 | 1/40 s | ISO 6400 | 10 mm | 0 EV | WB 3.000 K | Blitz manuell 1/1 | frontal | MagGrid | Filter: CTO 1/1

Vorteile des Blitzlichts

- Einfrieren von Bewegungen
- Erweiterung des Kontrast- und Dynamikumfangs
- Setzen spannender Farbakzente
- Modellieren von Licht und Schatten
- Lichtunabhängigkeit
- Gezielte Hervorhebung von Strukturen
- Erweiterung der eigenen Kreativität
- Entwicklung neuer Bildstile und Bildsprachen

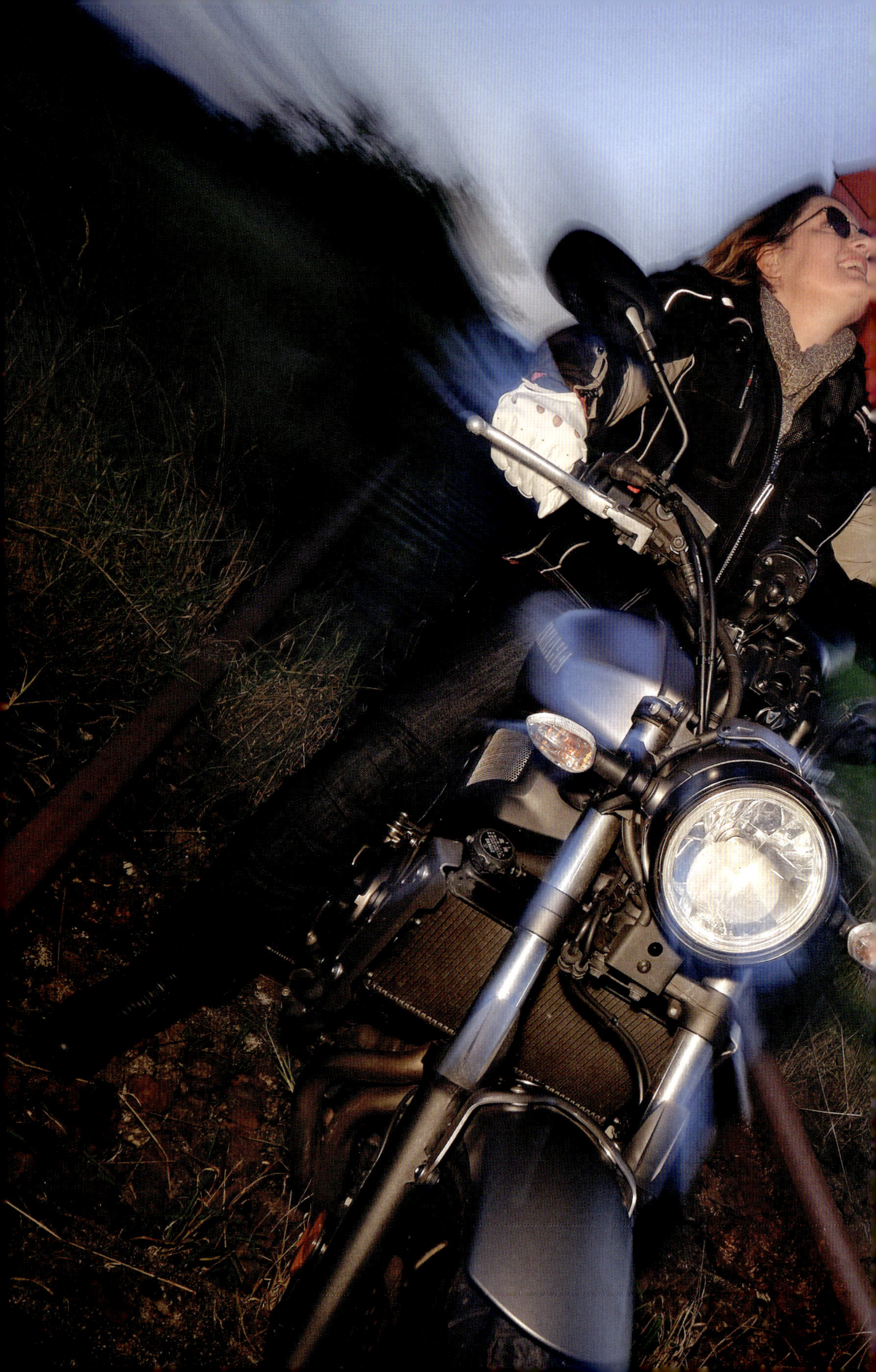

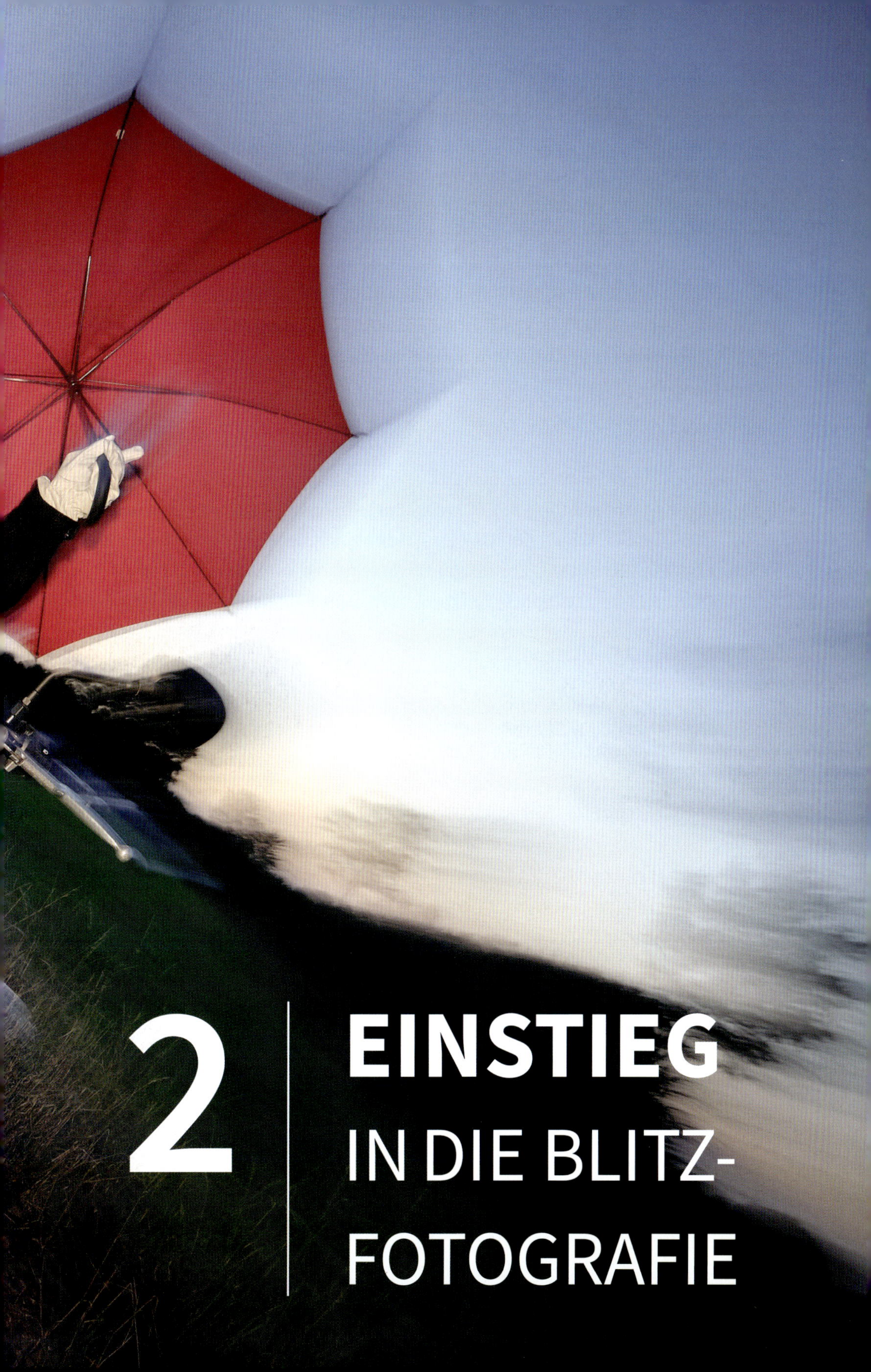

2 EINSTIEG IN DIE BLITZ-FOTOGRAFIE

Leitzahl gleich Leistung

Faktoren wie Leitzahl, Blende, ISO-Wert und Reflektorposition spielen beim Einsatz eines Systemblitzgeräts eine große Rolle. Diese Werkzeuge bestimmen den fotografischen Spielraum, sie nehmen Einfluss auf die Bildgestaltung und damit letztendlich auch auf die Bildaussage. Die Höhe der Leitzahl beeinflusst sogar die Kaufentscheidung bei der Wahl eines Blitzes, erhöht jedoch auch die Baugröße des Geräts. Dieses eher technisch orientierte Kapitel bringt Licht in die wichtigsten Begrifflichkeiten und soll Ihnen als Grundlage für den Einstieg in die Blitzfotografie dienen.

Wie hell ein Objekt vom Blitz erfasst wird, hängt von der Leistung des Blitzgeräts und von der Dauer der Helligkeitseinwirkung ab. Um die Leistungsfähigkeit eines Blitzgeräts beurteilen zu können, wird als Größe der Begriff *Leitzahl* verwendet. Die Leitzahl ist abhängig vom gewählten ISO-Wert sowie der Brennweiteneinstellung (Ausleuchtwinkel des Blitzreflektors) und bezieht sich in der Regel auf das Reflexionsverhalten eines durchschnittlichen Raums.

Die Angabe der Leitzahl bezieht sich auf ISO 100/21° und eine Blendenzahl von f/1, ist aber weder 100%ig standardisiert, noch wird sie konsequent angewandt. Oftmals geben die Hersteller die Leitzahl für einen relativ kleinen Innenraum mit weißen Wänden an, hierbei erhöht sich natürlich die Lichtausbeute durch das von den Wänden reflektierte Licht.

Wenn Sie im Freien blitzen, weichen die Entfernungsangaben der Blitzreichweite entsprechend ab, da die Raumreflexion fehlt. Als Verhältniszahl hat die Leitzahl keine Einheit und ist ohne Kenntnis des ISO-Werts daher belanglos. In einigen Kameramodellen ist werkseitig ISO 200 als niedrigster Wert vorgegeben.

In eigener Sache

Dieses Buch wurde von mir bewusst herstellerübergreifend erarbeitet. Die beschriebenen Funktionen sind daher nicht in jedem Gerät verfügbar, können begrifflich abweichen oder befinden sich an einer anderen Position. Schauen Sie im Zweifel kurz in die Bedienungsanleitung Ihres Geräts, bevor Sie vergeblich nach einer Funktion suchen.

In diesem Fall bezieht sich die Leitzahl des integrierten Blitzgeräts natürlich nicht auf die zuvor erwähnten ISO 100. Ein kurzer Blick in die Bedienungsanleitung schafft hier Klarheit.

Einfluss der ISO-Empfindlichkeit

Speziell bei Kompaktkameras mit sehr leistungsschwachen Blitzgeräten wird herstellerseitig gern bei Angabe der Leitzahl in Verbindung mit sehr hohen ISO-Werten getrickst. Denn bereits bei ISO 200 steigt die Leitzahl auf das

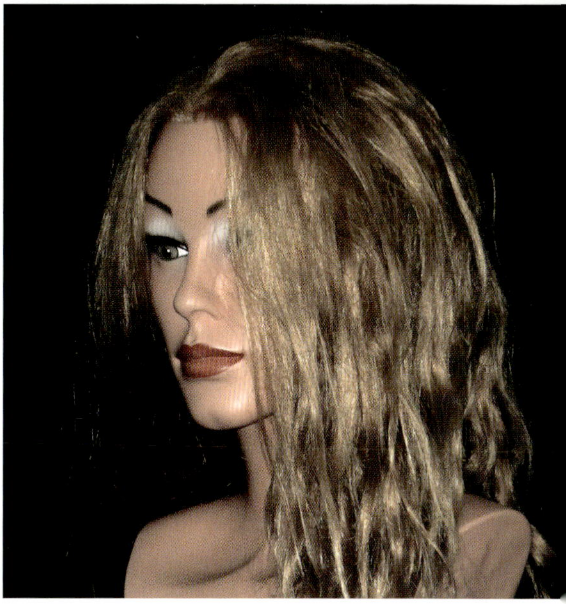

▲ *Die maximale Reichweite im Innenraum beträgt bei ISO 800 immerhin etwa vier Meter.*

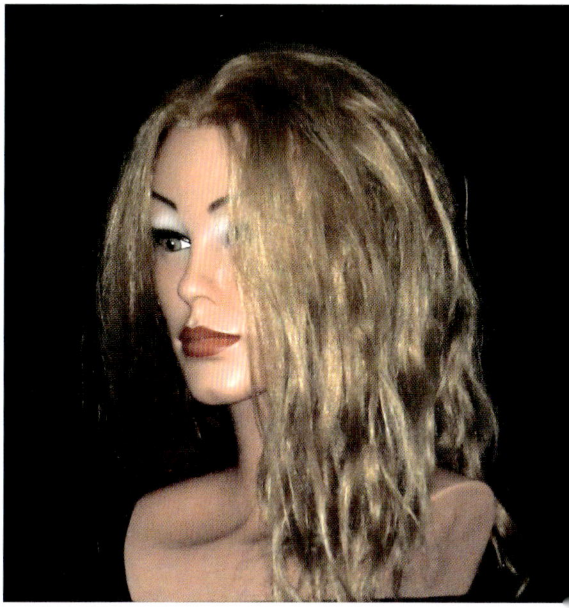

▲ *Viel nützt wenig, wenn die Bildqualität zu sehr leidet. Bei ISO 3200 erhöht sich zwar die Reichweite auf etwa acht Meter (Lz ca. 33), jedoch nimmt die Bildqualität rapide ab und ist nicht mehr akzeptabel.*

Lichtstärke lohnt sich

Auch die Anschaffung eines lichtstarken Objektivs ist langfristig gesehen sinnvoll, wenn Sie auf hohe ISO-Werte zugunsten einer besseren Bildqualität verzichten möchten und mehr Spielraum in der Bildgestaltung wünschen. Außerdem können Sie, neben dem oftmals schönen Bokeh des Objektivs, das vorhandene Licht besser in das Gesamtbild einbeziehen. Pro Blendenstufe erzielen Sie eine Steigerung der angegebenen Leitzahl um den Faktor 1,4. Leider sind die lichtstarken Schätzchen schwerer und auch teurer.

Schneller bereit

Durch Erhöhung des ISO-Werts verkürzt sich bei unveränderten Bedingungen die Blitzfolgezeit.

1,4-Fache im Vergleich zu ISO 100 (Quadratwurzel aus 2). Zum Verständnis der Zusammenhänge sollten Sie wissen, dass eine Halbierung oder Verdopplung der Leitzahl jeweils einem Lichtwert (EV) bzw. einer vollen Blendenstufe entspricht. Die Tabelle weiter unten verdeutlicht das sehr anschaulich.

Vorteile höherer ISO-Werte

Ein kleines Beispiel aus der Praxis: Sie fotografieren ein Sportereignis in einer gut beleuchteten Turnhalle mit einem Teleobjektiv bei Blende f/4 und 1/1000 Sekunde. Der Reflektor des Blitzgeräts befindet sich bereits auf 85-mm-Stellung, um das Licht stärker zu bündeln. Trotzdem stellen Sie fest, dass die Reichweite von fünf Metern bei ISO 100 zu gering ist, um von der Tribüne aus zu fotografieren. Die Belichtungszeit kann aufgrund der Gefahr des Verwackelns und Verwischens nicht verlängert werden, und auch die Blende gibt wegen des Schärfebereichs keinen weiteren Spielraum her.

Wenn Sie den ISO-Wert in der Kamera um zwei Stufen auf ISO 400 erhöhen, ergeben sich folgende neue Werte:

1. Leitzahl 20 bei ISO 100, Blende f/4, Reichweite = 5 Meter
2. Berechnung der neuen Leitzahl bei ISO 400 x Faktor 2 = 40
3. Leitzahl 40 bei ISO 400, Blende f/4, Reichweite = 10 Meter

Bei gleicher Blende und Reflektorposition verdoppelt sich demnach die Reichweite des Blitzgeräts auf zehn Meter. Und Sie kaufen sich einen weiteren Vorteil ein: Der Blitz benötigt weniger Energie, d. h., der Kondensator (Energiespeicher) wird nur teilentladen und benötigt weniger Zeit, um wieder vollständig aufgeladen und blitzbereit zu sein. Außerdem werden thermische Probleme, etwa die frühzeitige Abschaltung wegen Überhitzung, reduziert. Bedenken Sie jedoch, dass das Bildrauschen kamerabedingt bei sehr hohen ISO-Werten zunimmt – also erhöhen Sie den Wert moderat und testen Sie ihn. Darüber hinaus können Sie in der finalen Bildbearbeitung weiteren Einfluss auf die Reduzierung des Bildrauschens nehmen, wenn Sie im RAW-Format fotografieren. Auf die vielen Vorteile des RAW-Formats gehe ich noch gesondert ein.

Die Leitzahl

Die Leitzahl gibt die maximale Leistung eines Blitzgeräts an und ist das Produkt aus Blende und Motiventfernung in Metern – bezogen auf eine Empfindlichkeit von ISO 100.
Die Formel lautet:

Leitzahl = Blende x Entfernung

Folgende Umstellungen sind möglich:

Blende = Leitzahl : Entfernung

oder

Entfernung = Leitzahl : Blende

UMRECHNUNGSFAKTOREN FÜR DIE LEITZAHL BEI VERWENDUNG HÖHERER ISO-WERTE

ISO-Wert	100	200	400	800	1600	3200
Faktor x	1,0	1,4	2,0	2,8	4,0	5,6

Energie und Leuchtdauer

Bestimmt waren Sie schon mal beim Fotografen im ortsansässigen Studio und haben in die großen Blitzlampen mit den überdimensionalen Reflektoren geblickt, die nach jeder Blitzauslösung mit einem kurzen Piep ihre Bereitschaft für die nächste Aufnahme signalisierten. Bei Studioblitzlampen bzw. -blitzanlagen wird die abzugebende Leistung stufenlos über einen Blitzgenerator geregelt. Die eigentliche Abbrenndauer des Blitzes bleibt unabhängig von der gewählten Einstellung hierbei immer konstant.

Anders bei einem Systemblitzgerät. Hier wird die zur Verfügung gestellte Energie über die Leuchtdauer des Blitzes gesteuert. In den Datenblättern bzw. in der Bedienungsanleitung geben die meisten Hersteller die minimale – etwa 1/200 Sekunde – und die maximale Leuchtdauer – etwa 1/50000 Sekunde – des Blitzgeräts in Millisekunden an.

Je länger der Blitz leuchten kann, desto höher sind die Leitzahl und die maximale Entfernung zum Objekt. Das Blitzgerät signalisiert durch ein akustisches und/oder optisches Signal, dass die längste Leuchtdauer erreicht ist, und die Aufnahme wird ergo zu knapp belichtet. Umgekehrt verhält es sich im Nahbereich unter 60 cm. Bei Überschreitung der kürzesten Leuchtzeit wird die Aufnahme überbelichtet.

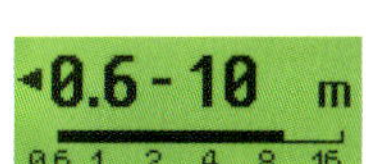

▲ *Auf dem Display des Blitzgeräts wird der automatisch gesteuerte Entfernungsbereich in Abhängigkeit von Blende, ISO-Wert und Zoomreflektorposition angegeben.*

Deutlicher Farbstich

Unterschiedlich lange Blitzabbrennzeiten können sich auf die Farbtemperatur im Bild auswirken. Moderne Systemblitzgeräte kommunizieren daher mit der Kameraelektronik und übertragen die Farbtemperatur (ca. 5.500 Kelvin) an den automatischen Weißabgleich, der entsprechend korrigierend eingreift. Bei Inkompatibilität zwischen Blitz und Kamera oder bei einer „ausgebrannten“ Blitzröhre macht sich ein deutlicher Farbstich in der Aufnahme bemerkbar, der in der Farbtemperatur variieren kann.

Blitztuning

Wenn Ihr Blitzgerät die Verwendung von Akkus zulässt, sollten Sie sich unbedingt zwei oder mehr komplette Sätze mit dem dazugehörigen Ladegerät anschaffen. Von der Kostenersparnis mal ganz abgesehen, wird aufgrund des geringen Innenwiderstands der Akkus die Blitzfolgezeit deutlich verkürzt. Werfen Sie doch mal einen kurzen Blick in die Bedienungsanleitung und vergleichen Sie die angegebenen Werte.

Die Leuchtdauer des Blitzes hängt von folgenden Faktoren ab:

- Reflexionseigenschaften des Objekts
- Umgebungshelligkeit/Raumhelligkeit
- gewählte Blende (Belichtungszeit)
- Abstand Blitz – Objekt
- gewählter ISO-Wert
- Reflektorposition (Bündelung des Lichtstrahls)

LEITZAHL BEI ISO 100	LZ 80 BEI 200 MM/LZ 47,5 BEI 35 MM
Blitzfolgezeit	3,5 s mit 8 AA-Mignon-Batterien 2,8 s mit 2 Li-Ion-Akkus 1,5 s mit PS8-Powerpack + 2 Li-Ion-Akkus
Anzahl Blitze	500 Auslösungen mit 2 Li-Ion-Akkus (5.000 mAh) 200 Auslösungen mit 8 AA-Akkus (2.200 mAh)
Blitzdauer	1/10000 bis 1/167 s

▲ *So soll es sein: Aus den technischen Spezifikationen dieses Blitzgeräts (NISSIN MG-10) gehen alle relevanten Daten hervor, wie Leitzahl bei ISO 100 und 35-mm-Reflektorposition, Leuchtzeit und Blitzfolgezeiten bei Verwendung verschiedener Energiequellen. Mit dem herstellereigenen Li-Ion-Pack ist der Stabblitz nach nur 1,5 Sekunden wieder zündbereit und eignet sich daher sehr gut fur die Action- und Pressefotografie.*

Funktionsweise eines Blitzes

Im Wesentlichen besteht ein Elektronenblitzgerät aus einer mit Xenon gefüllten Blitzröhre, die beim Druck auf den Auslöser der Kamera über einen mit Hochspannung aufgeladenen Kondensator entladen wird. Dabei entsteht im Inneren der Blitzlampe eine kurze, sehr helle Gasentladung, die wir als Blitz wahrnehmen.

Sobald der Blitzkondensator aufgeladen ist, leuchtet die Blitzbereitschafts-LED am Blitzgerät auf, und im Sucher bzw. auf dem Monitor erscheint ein kleines Blitzsymbol.

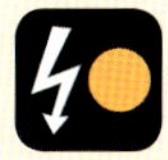

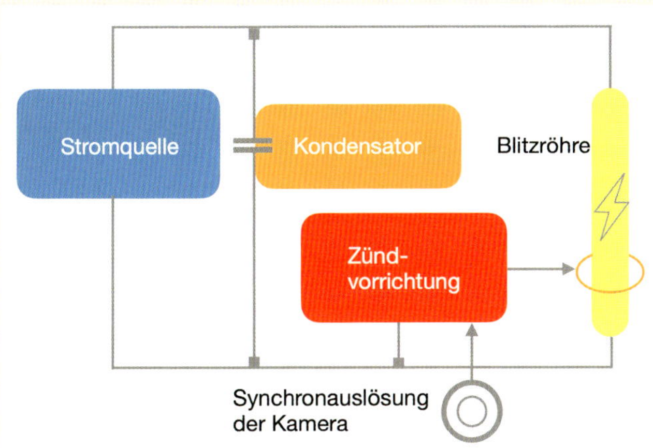

Einfache schematische Darstellung eines Blitzgeräts ohne TTL- und Computerblitzsteuerung.

Kurz und heftig: Die vereinfachte Grafik zeigt den Verlauf der Abbrennkurve vom Auslösen bis zum Erlöschen des Blitzes.

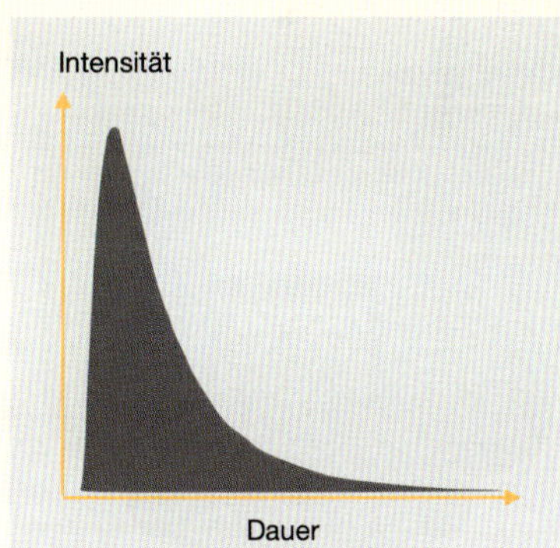

Zoomreflektor und Leitzahl

Die meisten Blitzgeräte leuchten im Standardbetrieb den Brennweitenbereich von 35 mm bezogen auf das Vollformat (VF, KB) aus. In der Regel erfolgt die Anpassung des Blitzreflektors an die gewählte Brennweite automatisch, sofern die Kamera die erforderlichen Daten vom Objektiv an den Blitz weitergibt und dieser über eine automatische Zoomeinstellung verfügt. Bei Verwendung einer längeren Brennweite wird der Lichtkegel (der *Ausleuchtwinkel*) stärker gebündelt, die Lichtausbeute erhöht sich und somit auch die Leitzahl.

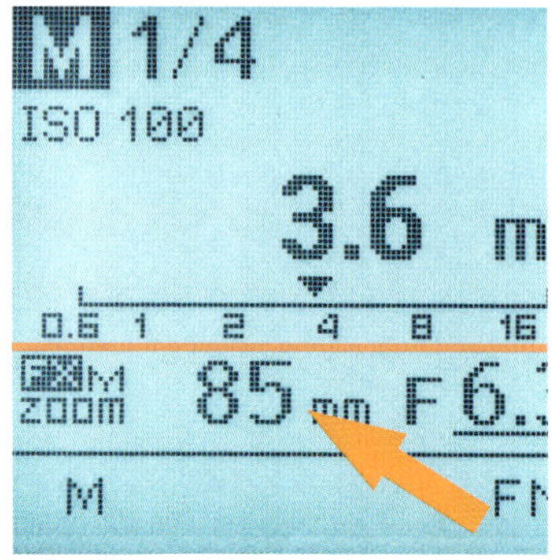

▲ *Im LC-Display des Blitzgeräts wird die aktuelle Position des Blitzreflektors angezeigt (z. B. 85 mm Ausleuchtwinkel).*

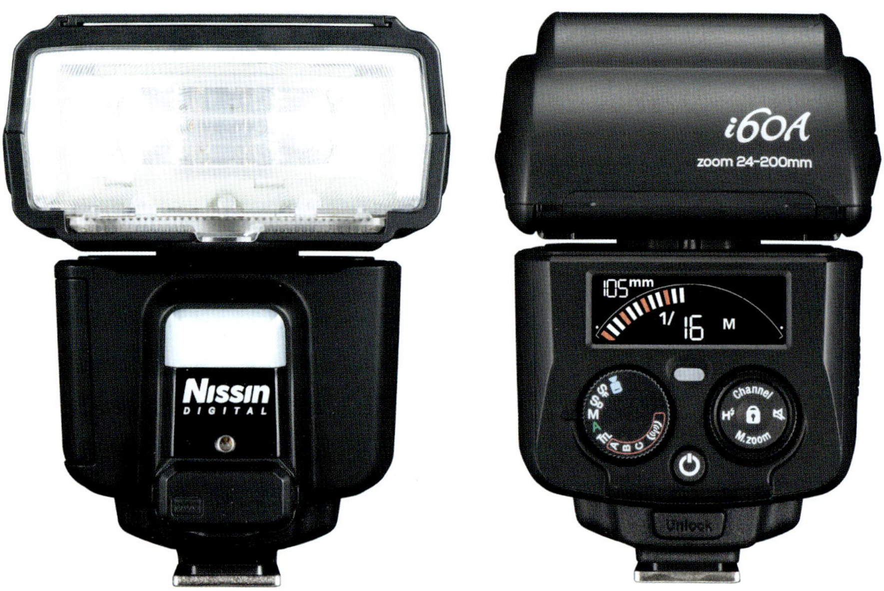

▲ *Bei systemkompatiblen Blitzgeräten erfolgt die Anpassung des Blitzreflektors an die gewählte Brennweite automatisch.*

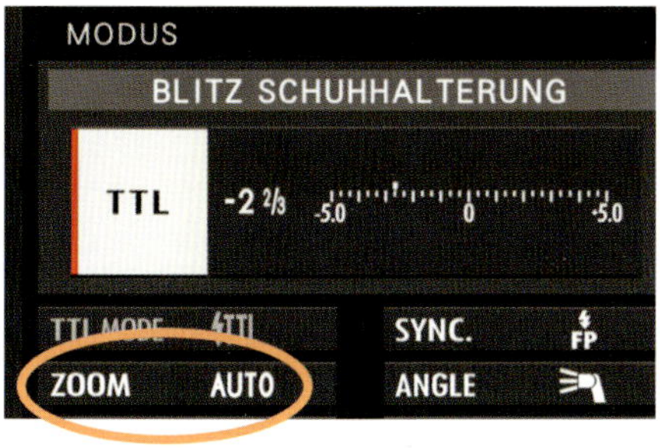

▲ *Hier wird bei kompatiblen Blitzgeräten der Hinweis ZOOM AUTO im Blitzmenü der Kamera dargestellt (Fujifilm X-T3).*

Reflektorposition und Leitzahl

Die in der Tabelle angegebene maximale Leitzahl von 56 gilt lediglich bei einer Reflektorposition von mindestens 105 mm. Bei 35 mm beträgt die Leitzahl hingegen nur 38, bezogen auf ISO 100. Ganz listig wird hier der Effekt der Lichtbündelung genutzt, um höhere Werte zu erzielen, und zwar im Prinzip analog zu einer Taschenlampe: Hier wird der Lichtkegel durch Drehen am Reflektor größer oder kleiner. Die Taschenlampe strahlt dabei stets mit der gleichen Leistung, es verändert sich nur die Helligkeit der beleuchteten Fläche.

Auch bei Verwendung einer zusätzlichen Streuscheibe (Diffusor) vor dem Blitzreflektor reduziert sich die Leitzahl aufgrund der Lichtstreuung beträchtlich.

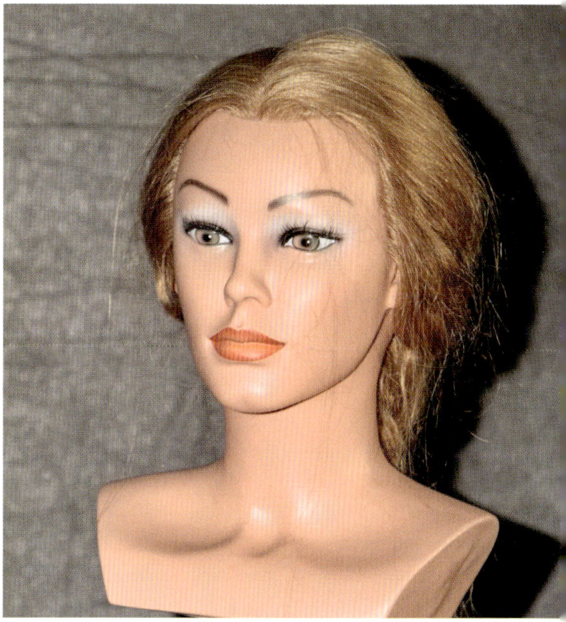

▲ *Zoomreflektor in Weitwinkelposition 24 mm.*

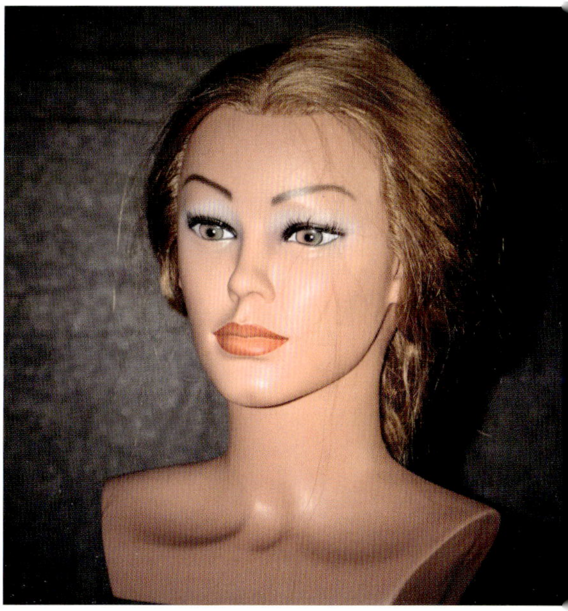

▲ *Zoomreflektor in Stellung 105 mm. Die stärkere Bündelung des Lichts ist deutlich zu erkennen.*

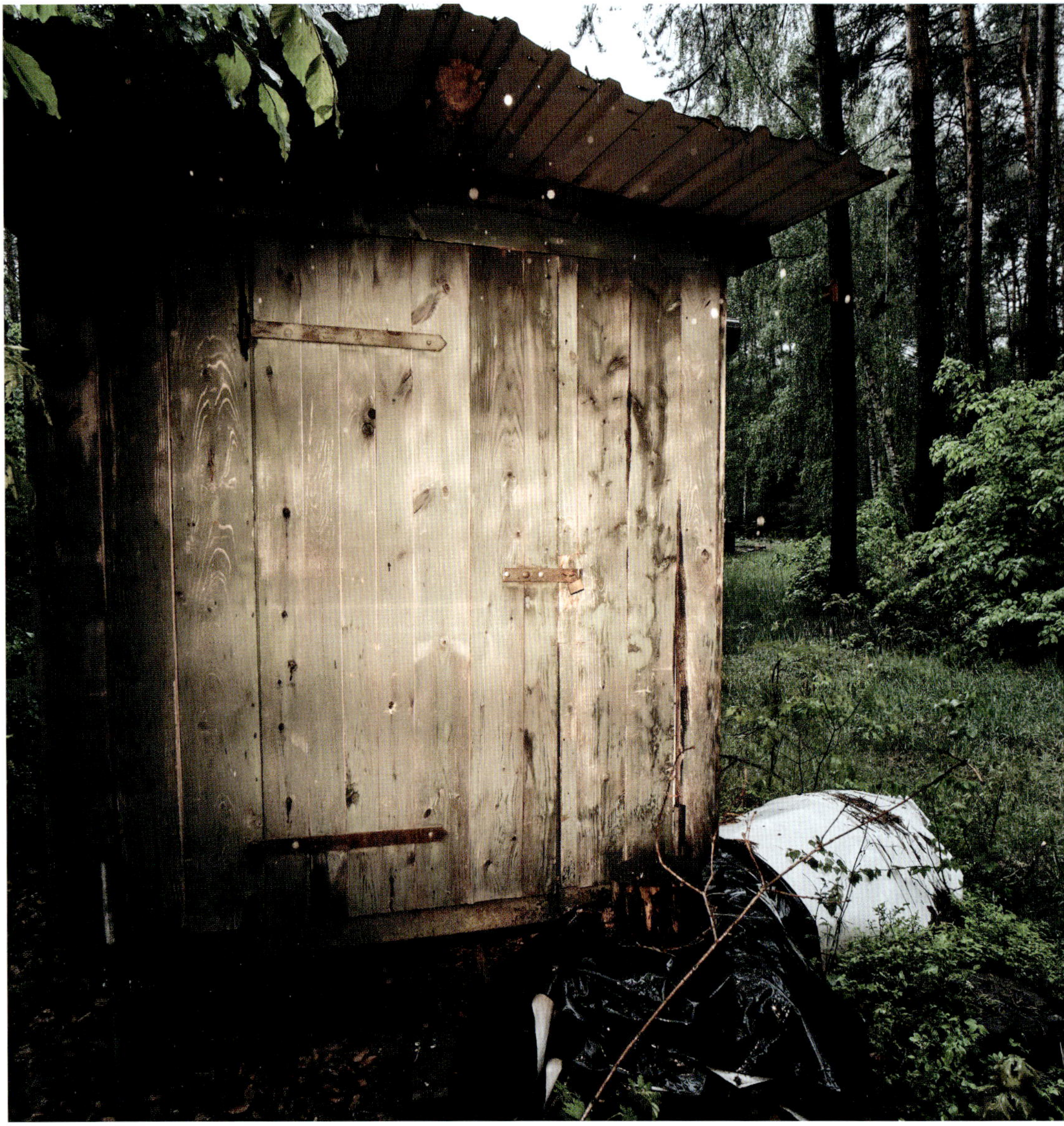

▲ *Die starke Lichtbündelung mit Reflektorposition auf 105 mm eignet sich gut zur Dramatisierung einer Aufnahme. Hier wurde der Blitz von links entfesselt aus der Hand ausgelöst.*

ƒ/5.6 | 1/125 s | ISO 200 | Fujifilm X-T3 mit Samyang 12 mm | –1 EV | TTL-Aufhellblitz | EV frontal mit MagGrid | Filter: CTO 1/1

EINFLUSS DER REFLEKTORPOSITION AUF DIE LEITZAHL

Zoomreflektor-position (KB)	14 mm	17 mm	24 mm	28 mm	35 mm	50 mm	70 mm	85 mm	105 mm
Leitzahl bei ISO 100	17	19	30	32	38	44	50	53	56

Tipp: Schauen Sie bei den Angaben in den Datenblättern genau hin, wenn Sie die Leistung von verschiedenen Blitzgeräten vergleichen.

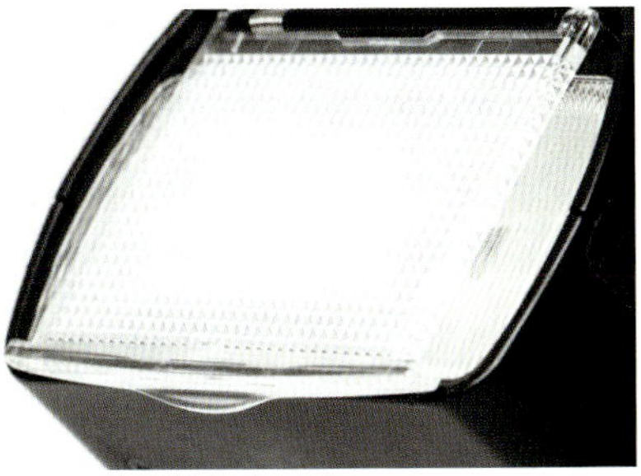

▲ *Die Weitwinkelstreuscheibe, die sich hier oberhalb des Blitzreflektors befindet, kann bei Bedarf herausgezogen werden, um im Weitwinkelbereich breitflächiger auszuleuchten.*

Reflektorposition und Reichweite

Anhand des nachfolgenden Beispiels im manuellen Blitzmodus mit 1/4 Leistung wird verdeutlicht, wie sich die maximale Blitzreichweite bei ansonsten gleichen Bedingungen (ISO 100, Blende f/6.3) verändert, wenn der Ausleuchtwinkel des Reflektors geändert wird.

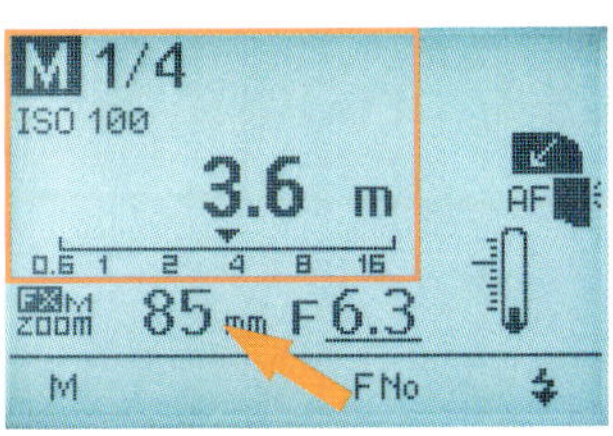

▲ *Reflektorposition 85 mm, maximale Reichweite 3,6 Meter.*

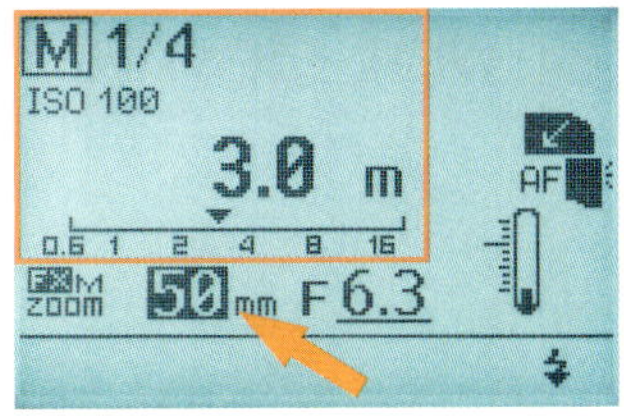

▲ *Reflektorposition 50 mm, maximale Reichweite 3,0 Meter.*

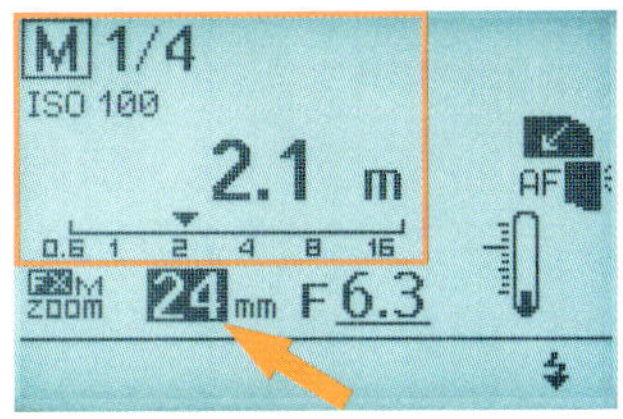

▲ *Reflektorposition 24 mm, maximale Reichweite 2,1 Meter.*

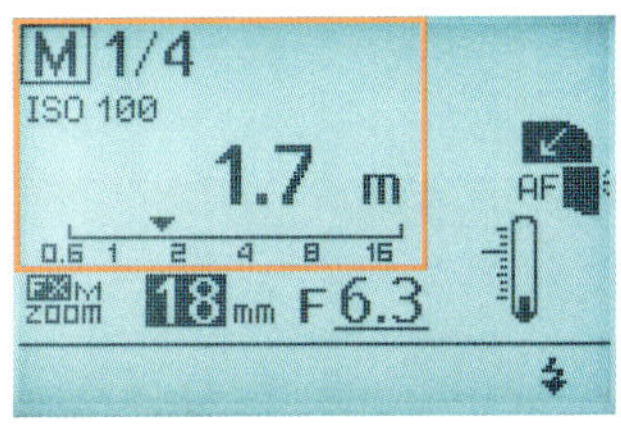

▲ *Reflektorposition 18 mm, maximale Reichweite 1,7 Meter.*

Leuchtprofile

Einige Hersteller bieten im Menü des Blitzgeräts verschiedene Ausleuchtungsprofile (Nikon SB-700: *Standard*, *Mittenbetont*, *Gleichmäßig*), die den Lichtcharakter verändern und auch Einfluss auf die Leitzahl nehmen.

Durch die Wahl der mittenbetonten Ausleuchtung beim Nikon-Blitzgerät SB-700 erhöht sich die Leitzahl auf 30 im FX-Format und im kleineren DX-Format sogar bis auf 33.

Die Krux mit dem Licht

Das folgende Beispiel aus der Praxis verdeutlicht einen bekannten Effekt, der bei Verwendung von nur einer Lichtquelle (Blitz) auftreten kann. In einem schwach beleuchteten Raum mit einem in die Tiefe gestaffelten Aufbau wird frontal mit Blitz fotografiert, wobei der Fokus bei offener Blende auf das Objekt im Vordergrund gelegt wurde. Ergebnis: Die Schaufensterpuppe im Vordergrund hat deutlich überbelichtete Bereiche im Gesicht, die mittlere Puppe ist fast korrekt belichtet, und die Puppe im Hintergrund lässt sich nur noch erahnen. Warum ist das so?

Mit einer punktartigen Lichtquelle kann leider nur eine Ebene, in diesem Fallbeispiel der mittlere Bereich, korrekt belichtet werden. Mit zunehmender Entfernung zur Lichtquelle vergrößert sich die zu beleuchtende Fläche, und das Objekt wird dunkler wiedergegeben. Blitzlicht hat also die Eigenschaft, sich durch die Entfernung zum Objekt qualitativ und quantitativ sehr stark zu verändern – ganz im Gegensatz zum vorhandenen Licht, das sich in unendlicher Entfernung befindet und Objekt sowie Hintergrund stets gleich stark beleuchtet.

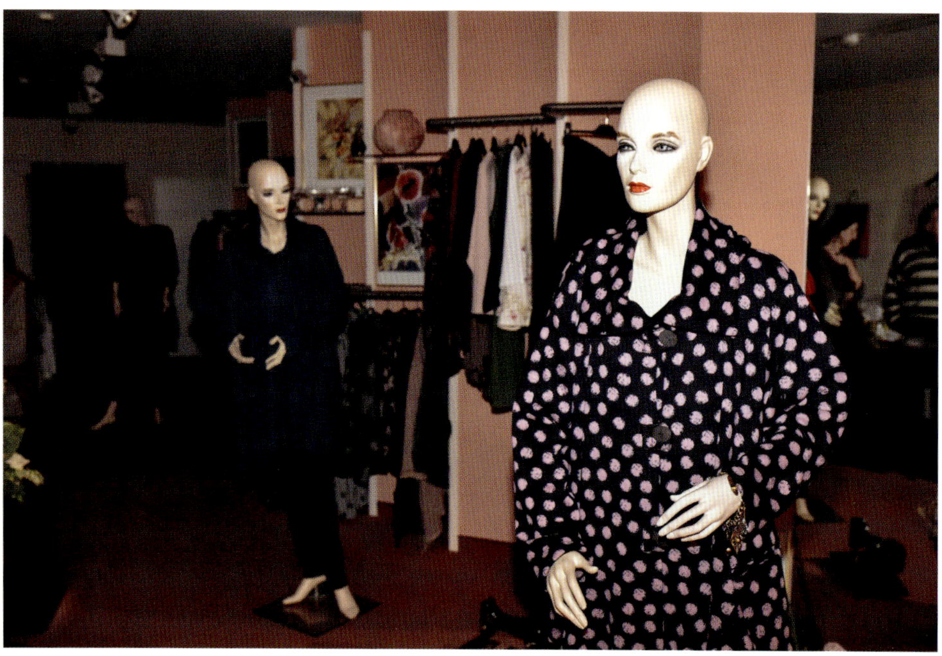

▲ *Vorne hell und hinten dunkel. In dieser Aufnahme ist der Leistungsabfall des Blitzlichts sehr deutlich zu erkennen.*

f/1.4 | 1/20 s | ISO 3200 | 35 mm | 0 EV | TTL-Aufhellblitz 0 EV | frontal

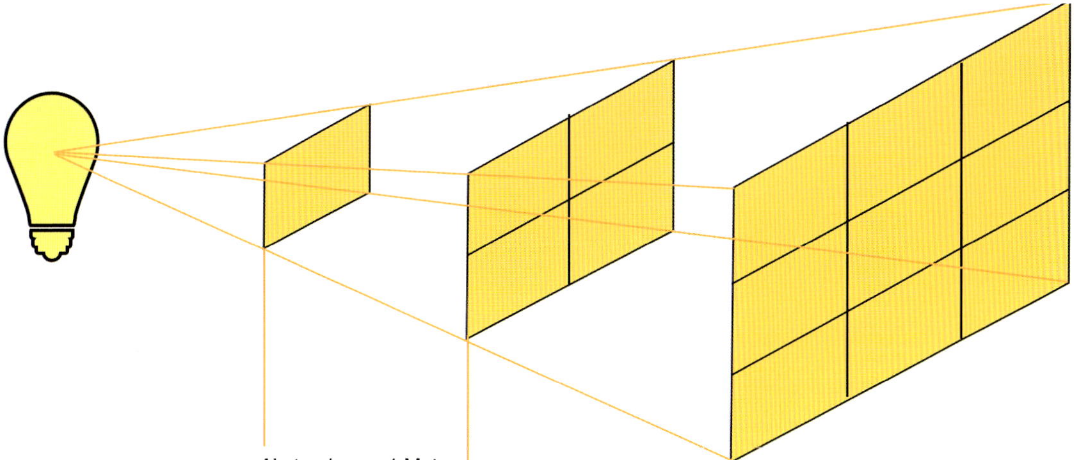

▲ *Bereits bei einem Abstand von zwei Metern zur (Blitz-)Lichtquelle muss die vierfache Fläche ausgeleuchtet werden, und es stehen nur noch 25 %, also ein Viertel der Lichtmenge, zur Verfügung.*

Das sogenannte reziproke Quadratgesetz (auch Abstandsgesetz) besagt, dass sich die Beleuchtungsstärke umgekehrt proportional zum Quadrat des Abstands der beleuchteten Fläche von der Lichtquelle verhält.

Im Klartext: Die Beleuchtungsstärke (1) hat in der doppelten Entfernung die Größe 1 : 2 Quadrat (1/4) und in der dreifachen Entfernung nur noch die Größe 1 : 3 Quadrat (1/9) und so weiter.

Alles reine Physik

Die Helligkeit, die ein Objekt beleuchtet, wird in der Physik als Beleuchtungsstärke EV (Einheit: Lux, lx) bezeichnet und wird bestimmt von der Intensität des Lichts (I, Lichtstärke) dividiert durch den Abstand zum Quadrat (EV = I / r2).

Tipps für schnelle Abhilfe

Die folgenden grundlegenden Tipps leisten erste Hilfe bei schwierigen Lichtsituationen.

Mehr Lichtquellen zuschalten

Erhöhen Sie die Raumhelligkeit durch Zuschalten weiterer Lichtquellen (Lampen) und achten Sie hierbei auf die Erhaltung der vorhandenen Atmosphäre. Zu viele Lichtquellen können die Stimmung im Raum negativ beeinflussen und unterschiedliche Farbstiche hervorrufen, die im ungünstigen Fall auch in der Bildbearbeitung nicht behoben werden können.

ISO-Empfindlichkeit erhöhen

Durch die Wahl eines höheren ISO-Werts nimmt der Raumlichtanteil zu, und der Hintergrund sowie der Bereich in der Mitte erhalten eine bessere Durchzeichnung. Auch hier gilt: Vorsicht

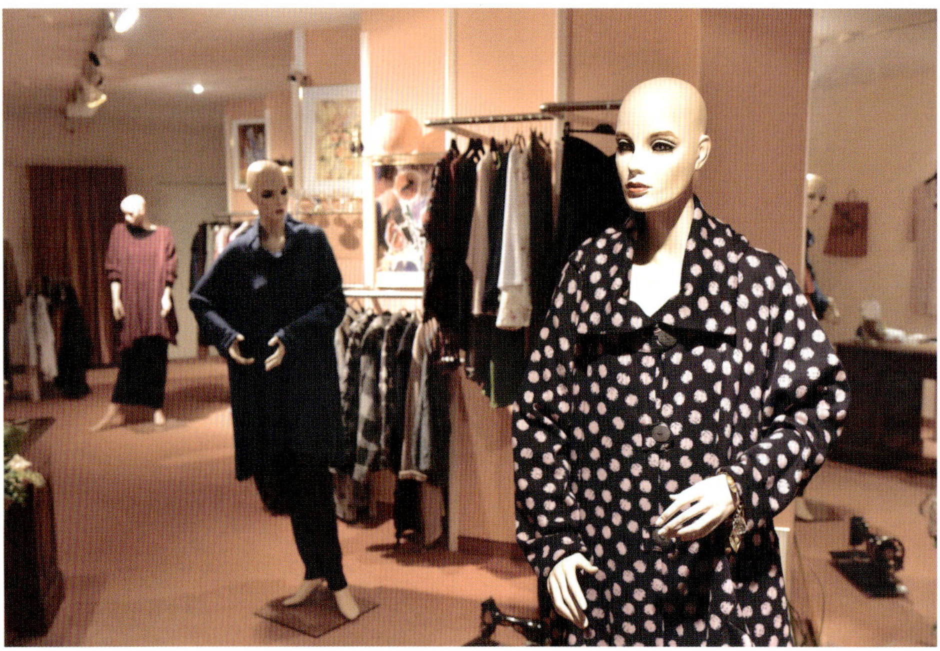

▲ *Mehr Raumlicht tut der Aufnahme gut. Die Stimmung bleibt erhalten, und der Hintergrund sowie der Bereich in der Mitte sind besser durchgezeichnet. Der Weißabgleich wurde manuell auf 6.000 Kelvin gesetzt.*

f/1.4 | 1/30 s | ISO 500 | 35 mm | 0 EV | TTL-Aufhellblitz 0 EV | frontal | WB 6.000 K

Mehr Licht im Freien

Übrigens gilt die Regel, auch im Freien für mehr Licht zu sorgen. Durch Erhöhung des ISO-Werts wird das Hintergrundlicht stärker einbezogen und die Blitzlichtmenge für den Vordergrund automatisch von der TTL-Blitzmesszelle reduziert. Die Aufnahme wirkt insgesamt ausgewogener.

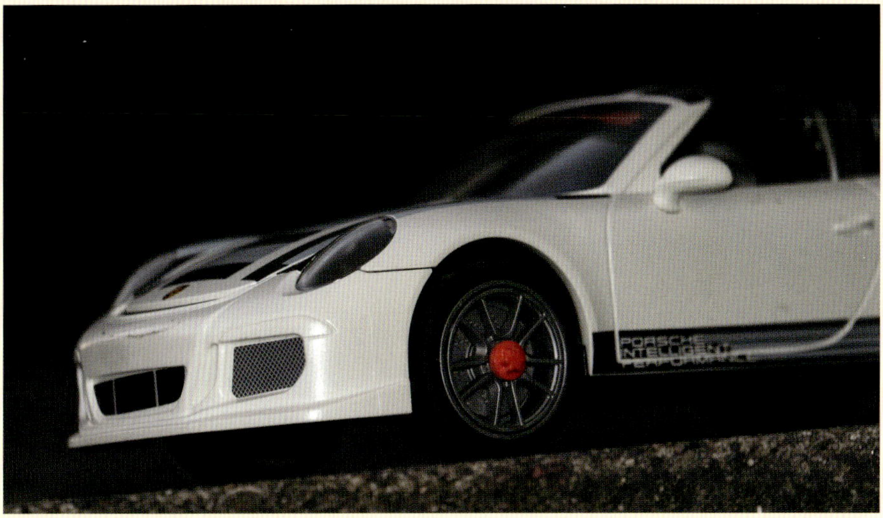

▲ *Aufnahme mit ISO 200.*

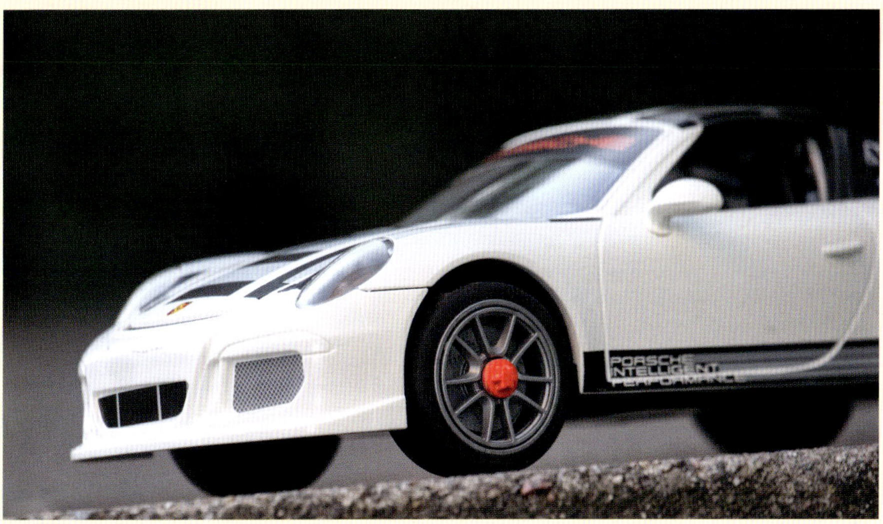

▲ *Aufnahme mit ISO 800.*

bei Mischlicht! Beachten Sie die Farbtemperatur und reduzieren Sie den ISO-Wert maßvoll, um den Raumlichtanteil und das Blitzlicht in der richtigen (Stimmungs-)Balance zu halten.

Blende auf und länger belichten

Falls möglich, gilt es, die Blende weiter zu öffnen und die Belichtungszeit zu verlängern, um das Umgebungslicht stärker einzubeziehen. Verwenden Sie eine kurze Brennweite (Weitwinkel), um auch bei offener Blende einen ausreichenden Schärfebereich zu erhalten. Vorsicht bei zu langen Belichtungszeiten und Bewegung im Bild: Es besteht die Gefahr des Verwischens und Verwackelns. Falls der Effekt gewünscht ist, aktivieren Sie die Synchronisation auf den zweiten Verschlussvorhang am Blitzgerät bzw. im Blitzmenü der Kamera.

Farbfilterfolie nutzen

Mit einer einfachen Farbfilterfolie, die in eine Folienhalterung vor den Blitzreflektor gesetzt wird, können Sie die Farbtemperatur des Blitzgeräts an das Umgebungslicht anpassen. Bei insgesamt warmer Lichtstimmung im Raum ist z. B. ein entsprechender Orangefilter sinnvoll. Mehr hierzu erfahren Sie im Praxisteil in den „Blitz-Quickies“.

Indirekt über die Decke blitzen

Indem man den Blitzreflektor nach oben neigt, kann man indirekt über die weiße Zimmerdecke blitzen. Die Leitzahl reduziert sich bei hohen Zimmerdecken jedoch erheblich. Längere Blitzfolgezeiten und die Gefahr einer Unterbelichtung

Rote Augen vermeiden

- Platzieren Sie das Blitzgerät entfesselt auf einer Blitzschiene (Stativ).
- Schalten Sie alle verfügbaren Lichtquellen ein, um für eine möglichst hohe Umgebungshelligkeit zu sorgen.
- Die zu fotografierende Person sollte bis unmittelbar vor der Aufnahme in eine helle Lichtquelle blicken, damit sich die Augenpupille schließt.
- Rote Augen lassen sich bereits in der Kamera mithilfe einer intelligenten Software oder später in der Bildbearbeitung per Klick entfernen.

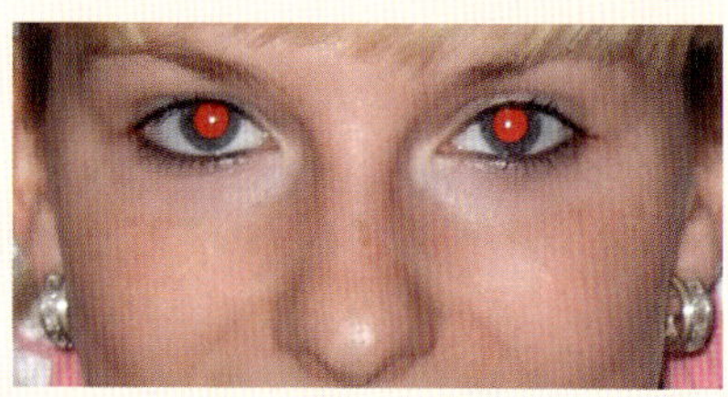

▲ *Rote Augen müssen nicht sein und lassen sich physikalisch oder per Software reduzieren bzw. ganz unterbinden.*

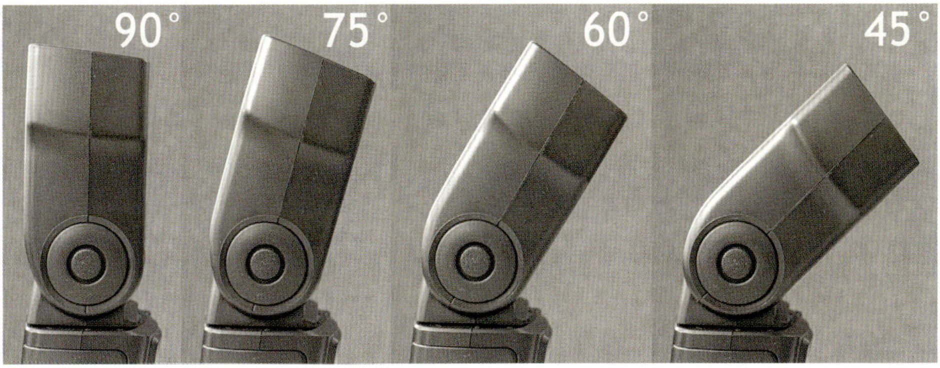

▲ *Gut ausgestattete Blitzgeräte verfügen über einen einrastbaren Blitzreflektor für das indirekte Blitzen.*

können die Folge sein. Vorsicht, durch „optische Weißmacher" in der Deckenfarbe können sich Farbstiche in der Aufnahme bemerkbar machen.

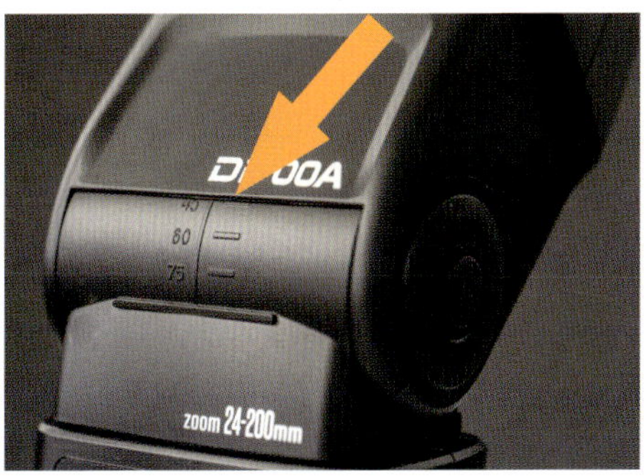

▲ *Zum indirekten Blitzen wird der Reflektor in eine Position zwischen 45 und 60 Grad gebracht. Hier gilt die Regel „Einfallswinkel gleich Ausfallswinkel". Testen Sie den idealen Winkel zum Objekt durch ein paar Probeblitze aus.*

Personen indirekt blitzen

Bei Personen, die sich im Vordergrund befinden, führt das indirekt gesetzte Licht unter Umständen zu unschönen Schlagschatten unterhalb von Augen, Nase und Hals. Ein eingebauter „Minireflektor" sorgt hier für etwas Abhilfe, indem ein Teil des Lichts nach vorn abgelenkt wird. Im Zweifel genügt eine helle Fläche (Papier), die die Aufgabe des kleinen Reflektors übernimmt. Damit sind auch beim indirekten Blitzen die bei Porträts so beliebten Spitzlichter in den Augen besser herzustellen (Catchlight). Bei Makroaufnahmen ist die Streuwirkung der kleinen Scheibe ebenfalls von großem Nutzen.

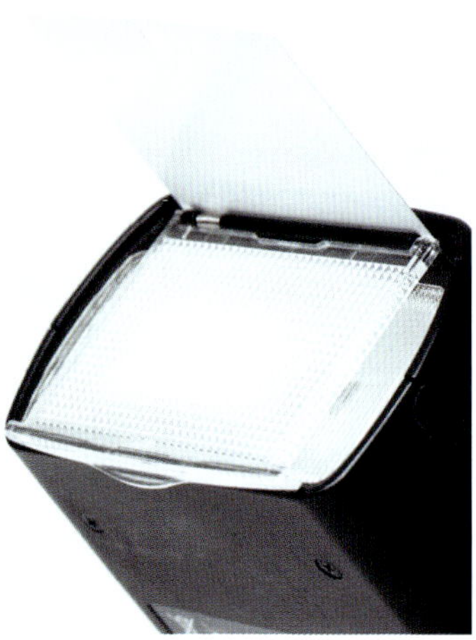

▲ *Blitzgeräte der gehobenen Ausstattung verstecken hinter der Streuscheibe einen Catchlight-Reflektor, um kleine Spitzlichter zu setzen. Die weiße Plastikkarte wird oftmals zusammen mit der Streuscheibe herausgezogen, um sie greifen zu können.*

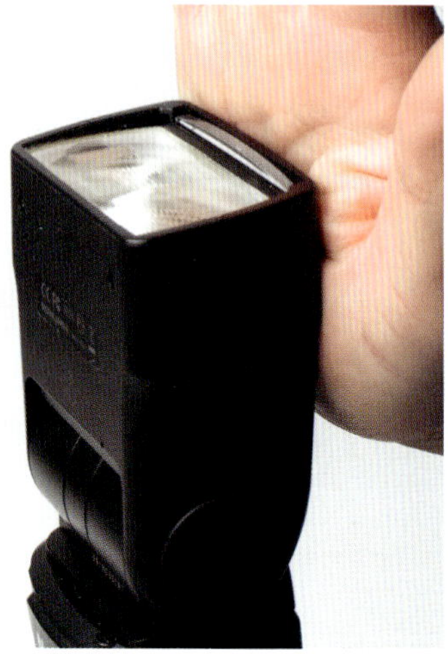

▲ *Notlösung, aber wirkungsvoll: der Handreflektor.*

Gezieltes Spitzlicht setzen

Für die Testreihe wurde indirekt gegen eine Zimmerdecke (dunkle Holzpaneele) geblitzt – Reflektorposition: 90 Grad, Abstand zum Objekt: 1,50 Meter.

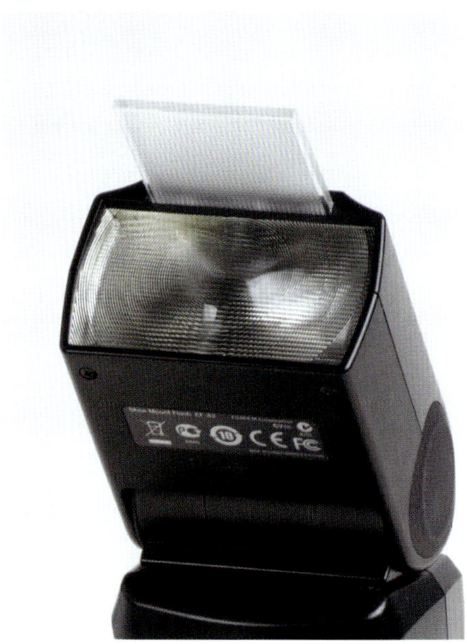

▲ *Die Weitwinkelstreuscheibe hat eine Doppelfunktion und kann optional auch als Spitzlichtreflektor dienen.*

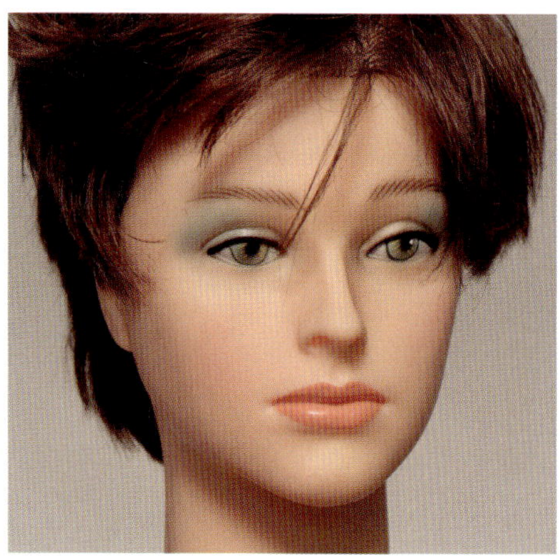

▲ *Aufnahme indirekt geblitzt ohne Unterstützung des Catchlights.*

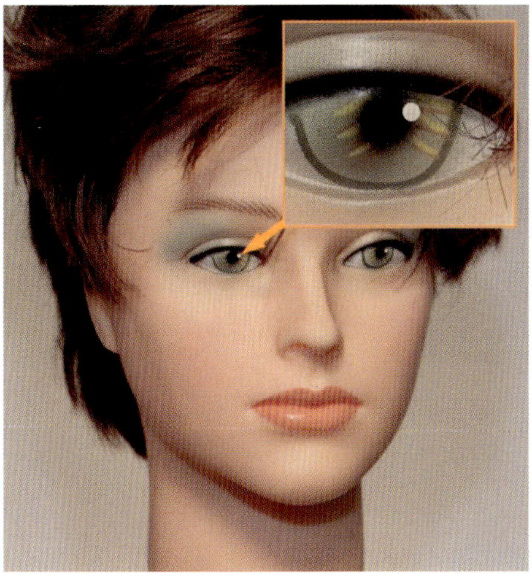

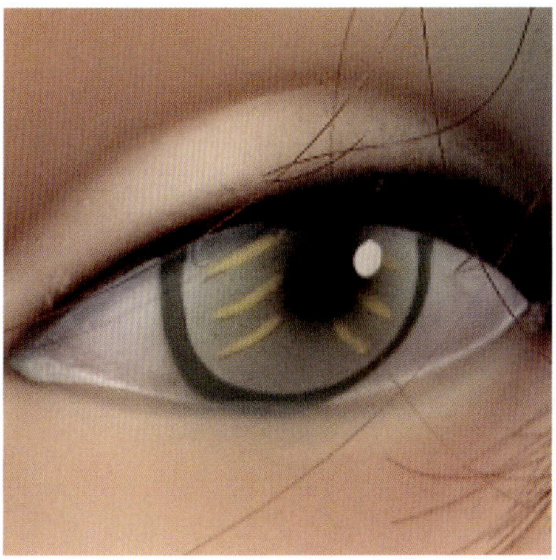

▲ *Der kleine Reflektor wirft beim indirekten Blitzen ein schwaches, aber wirkungsvolles Licht auf die Person im Vordergrund. Die Augen bekommen ein zusätzliches Spitzlicht, und der rötliche Farbstich wird neutralisiert. Achten Sie auf die Winkelposition des Reflektors: Je näher sich die Person an der Kamera befindet, desto steiler muss der Reflektor eingestellt werden.*

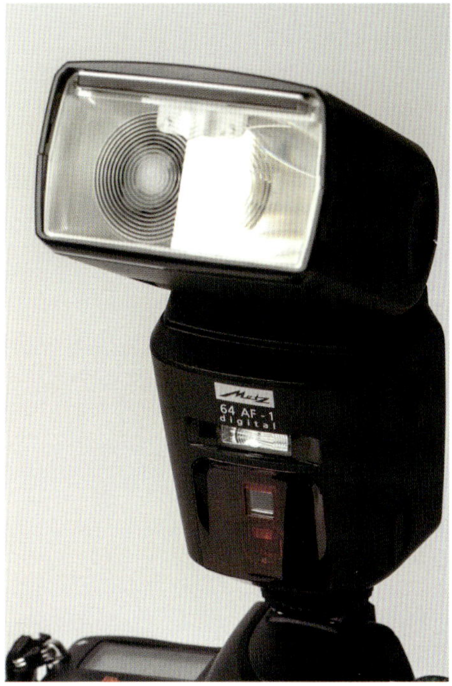

▲ *Alternativ können Sie auch ein Blitzgerät mit einem kleinen Zweitreflektorblitz auf der Gerätevorderseite einsetzen, um die Schatten im Vordergrund aufzuhellen. (Abb. Metz)*

Kameras mit integriertem Blitz

Hier ist der Spielraum aufgrund der niedrigen Leitzahl des eingebauten Blitzes und der kleineren Aufnahmesensoren (Bildrauschen) geringer. Daher ist ebenfalls eine maßvolle Dosierung bei Verwendung höherer ISO-Werte wichtig. Falls möglich, versuchen Sie, den Raumlichtanteil zu erhöhen.

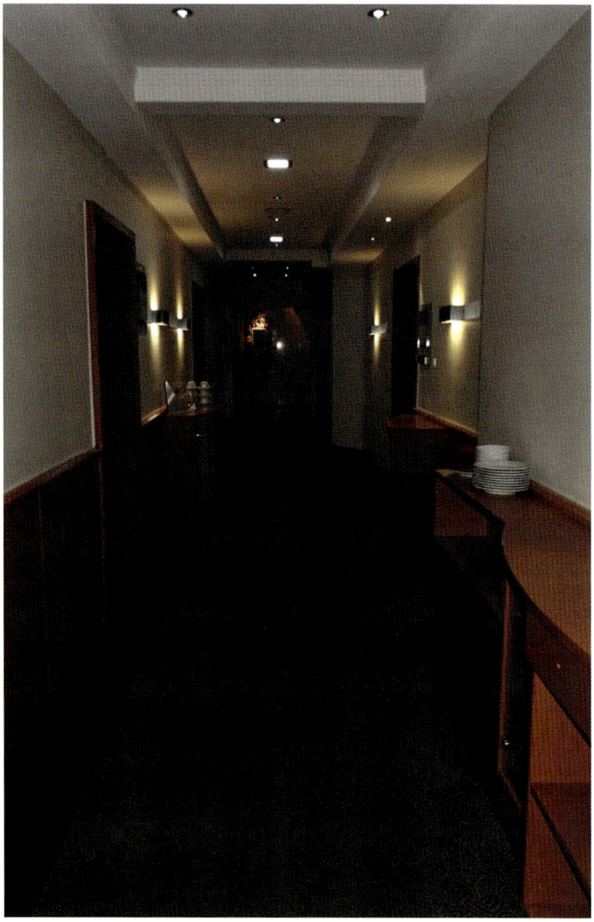

◂ *Klein und schwächlich: der interne Kamerablitz einer Kompaktkamera. Bei ISO 200 wird der Flur im Innenbereich nur spärlich ausgeleuchtet, obwohl die Kamera über ein lichtstarkes Weitwinkel von f/2.8 verfügt.*

Wandreflektor

Wenn Sie Personen aus direkter Nähe fotografieren müssen, richten Sie den Blitzreflektor am besten entfesselt gegen eine Wand oder eine neutral weiße Reflexionsfläche (Spiegel, heller Karton, Faltreflektor). So wird das Licht weicher und fast schattenfrei im Bild erscheinen. Ist der Abstand zwischen dem Blitz und der Reflexionsfläche (Wand) zu groß, sollten Sie den Zoomreflektor in die Teleposition bringen, um das Licht stärker zu bündeln. Achten Sie auf einen durch die Reflexionsfläche entstandenen Farbstich und gleichen Sie diesen mithilfe eines manuellen Weißabgleichs aus.

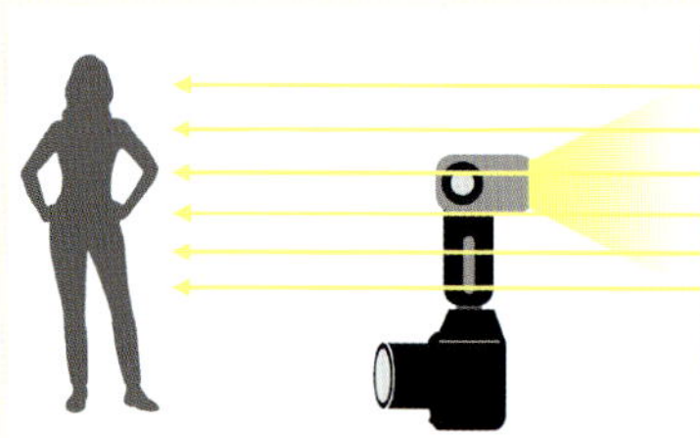

▶ *Bei ISO 800 erhält das Raumlicht mehr Gewichtung, und die Blitzreichweite nimmt zu. Das Bildrauschen in der Aufnahme steigt nur moderat an.*

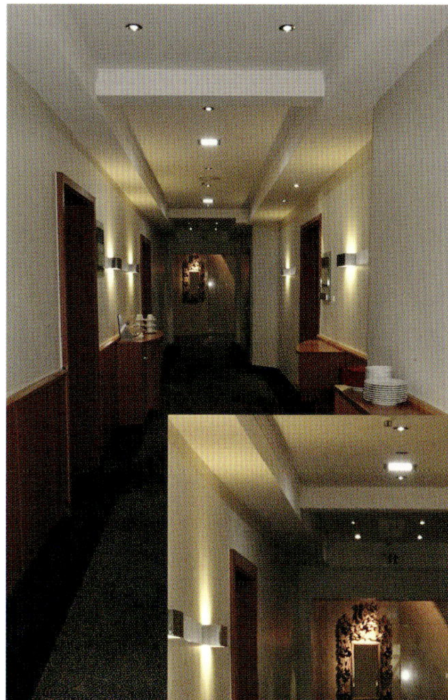

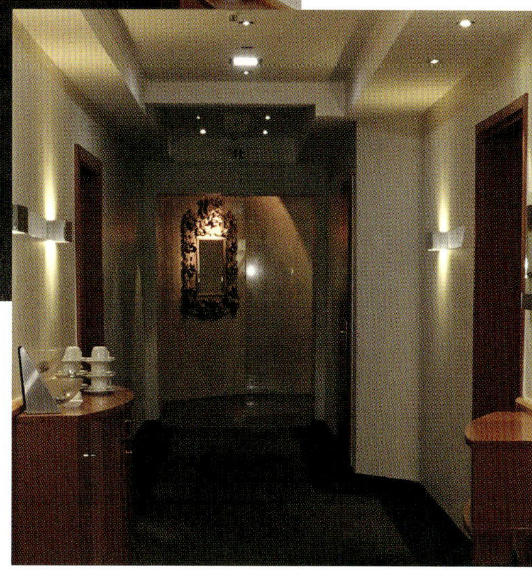

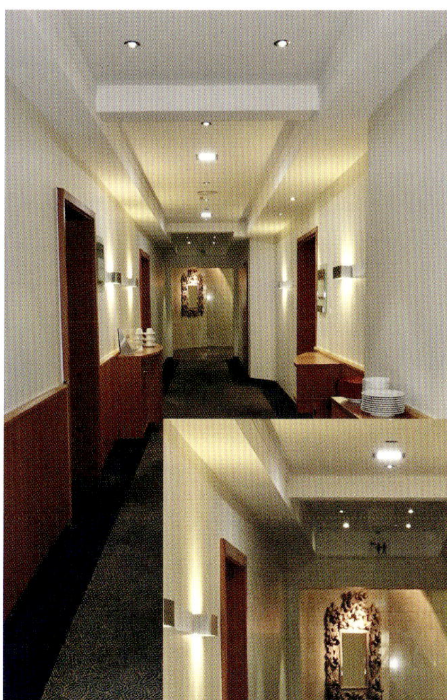

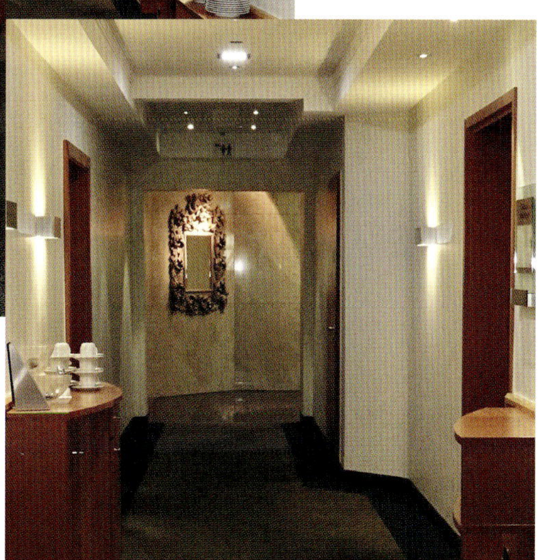

◀ *Bei einem hohen ISO-Wert wird der Zugewinn an Raumhelligkeit durch stärkeres Bildrauschen zunichtegemacht. Hier sind die Grenzen des relativ kleinen Aufnahmesensors einer Kompaktkamera schnell erreicht.*

f/4 | 1/30 s | ISO 1600 | 60 mm | 0 EV | TTL-Aufhellblitz +1 EV | seitlich von links | ohne Filter

Mehr Licht mit einem Slave-Blitz

Diese Lösung ist zwar nicht die günstigste, aber in jedem Fall eine praktikable Alternative. Setzen Sie einen externen entfesselten Blitz als *Slave* ein, um mehr Blitzpower zu erhalten. Nissin bietet z. B. den kompakten i600 an, der zwei einfache Slave-Blitzmodi (ohne TTL-Funktion) zur Verfügung stellt:

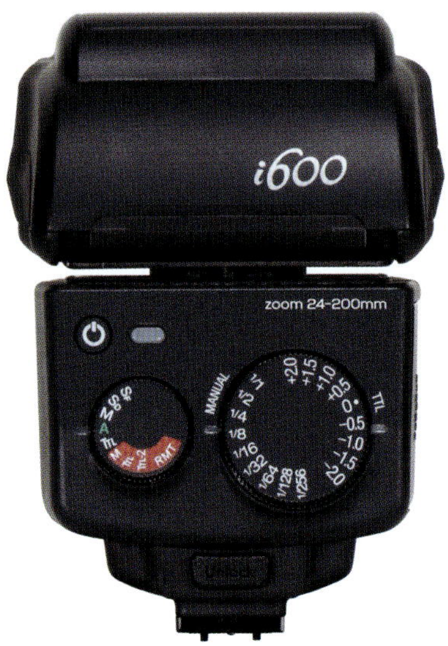

▲ *Der kompakte i600 wird vom internen Kamerablitz gezündet und arbeitet im SD-Modus als unabhängiger, manuell gesteuerter Slave-Blitz. Sollten Sie später doch Gefallen an einer „größeren" Systemkamera finden, wählen Sie direkt den passenden Blitzschuh (Nikon, Canon, MFT, Sony oder Fujifilm) aus.*

SD steht für Kameras, die einen Vorblitz (Messblitz) auslösen, und SF für kamerainterne Blitze ohne Vorblitzfunktion. Der i600 wird vom Kamerablitz gezündet und kann auf einem Blitzfuß oder Stativ frei im Raum aufgestellt oder über eine Blitzschiene an der Kamera direkt befestigt werden. Die Blitzintensität wird in Leistungsstufen (1/1 bis 1/128) manuell am Blitz vorgegeben und durch Testblitze ermittelt.

50-mm-Einstellung

Viele Systemblitze fahren den Reflektor automatisch in die ideale Position von 50 mm, wenn Sie das Blitzgerät indirekt einsetzen und nach oben neigen. Auch Metz-Blitzgeräte für das Canon-System zeigen dieses Verhalten. Prüfen Sie die Einstellung des Zoomreflektors an Ihrem Blitzgerät, wenn Sie indirekt blitzen, und regeln Sie bei Bedarf die Zoomeinstellung manuell am Blitzgerät auf 50 mm.

Merke

Der Abstand zwischen Objekt und Blitzlicht bestimmt die Belichtung der Aufnahme, nicht aber der Abstand zwischen Objekt und Kamera. Denken Sie an diesen Merksatz, wenn Sie mit einem entfesselten Blitzgerät fotografieren.

Nachteil zunutze machen

Der zuvor beschriebene Nachteil (Abstandsgesetz) kann im umgekehrten Sinn auch als Vorteil genutzt werden – insbesondere dann, wenn der unruhige oder unwichtige Hintergrund ins dunkle Nichts verschwinden und das Motiv im Vordergrund stärker hervorgehoben werden soll. Im ersten Schritt belichten Sie den Hintergrund deutlich knapper (Minuskorrektur) und hellen dann das Objekt im Vordergrund mit einem stark gebündelten Blitzlicht auf.

Das folgende Bildbeispiel zeigt eine eher unspektakuläre Feuerwanne auf einer grünen Wiese im diffusen Licht.

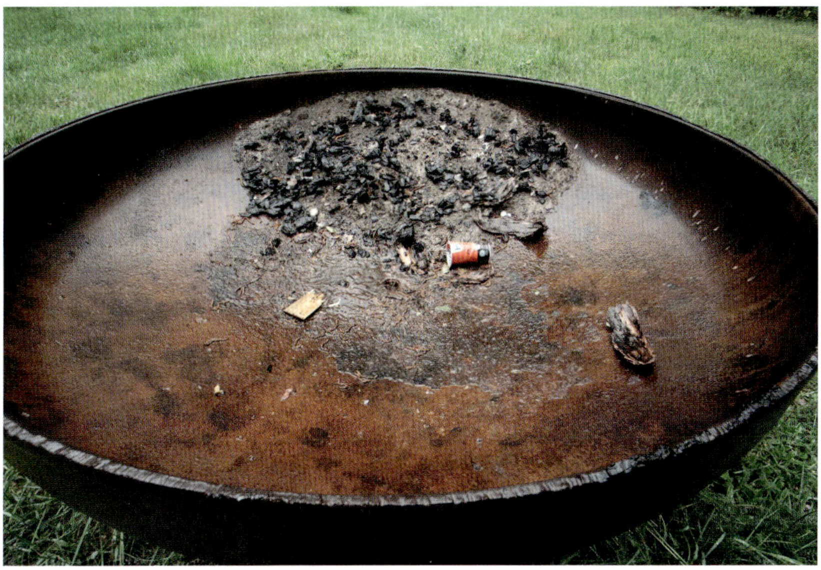

◀ *Dieses Bild zeigt die Ausgangssituation.*

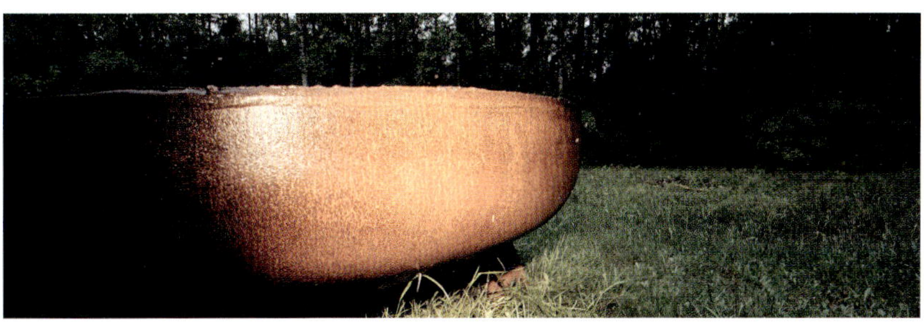

▲ *Der Fokus liegt auf der Feuerwanne im Vordergrund. Der Hintergrund wird durch eine Unterbelichtung etwas dunkler wiedergegeben. Das breite Format verleiht dem Objekt mehr Dynamik und Tiefe.*

f/5.6 | 1/60 s | ISO 400 | 12 mm | 1 EV | TTL-Aufhellblitz +1 EV | WB 5.000 K | seitlich von rechts | Filter: CTO 1/1

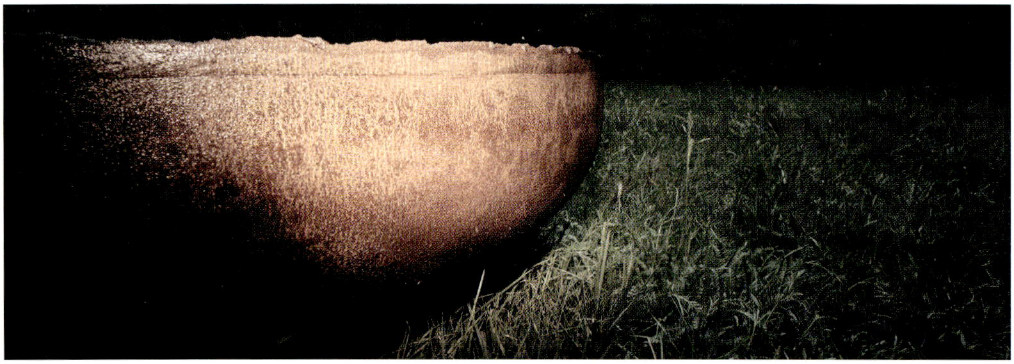

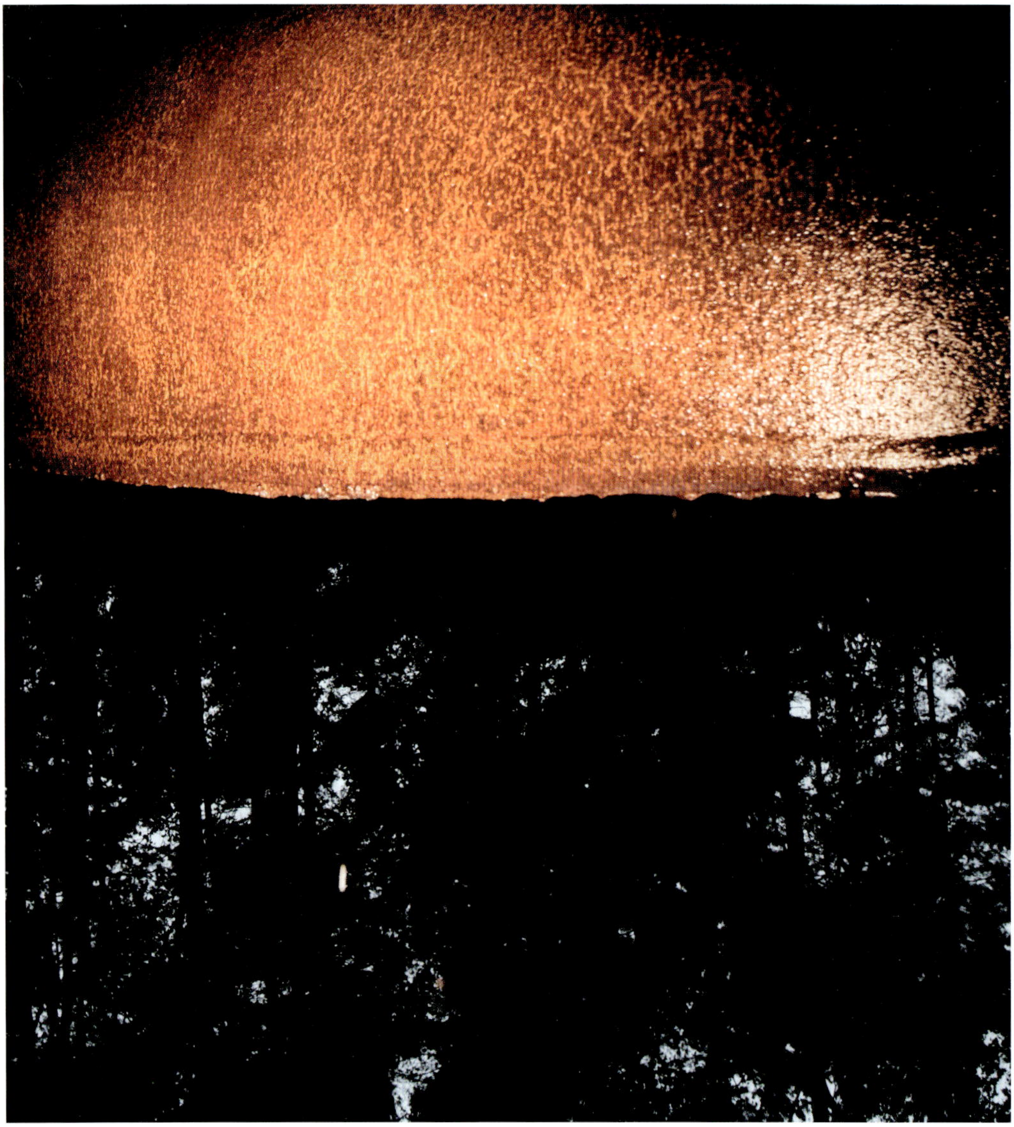

▲ *Kleiner Gag: Um 180 Grad gedreht und mit etwas Fantasie betrachtet, könnte es sich sogar um eine unbekannte Quallenart handeln.*

◀ *Eine noch stärkere Unterbelichtung lässt den Hintergrund absaufen. In der finalen Bildbearbeitung habe ich die Tiefen (Schattenanteile) noch weiter zurückgenommen und die Aufnahme außerdem etwas entsättigt.*

ƒ/5.6 | 1/250 s | ISO 400 | 12 mm | –2 EV | TTL-Aufhellblitz +1 EV | WB 5.000 K | seitlich von rechts | Filter: CTO 1/1

▼ *Um die Dramatik in dieser Aufnahme zu erhöhen, wurde der Hintergrund bewusst unterbelichtet und der Blitz im Vordergrund um +1 EV korrigiert, damit er mehr Licht abgibt.*

ƒ/5.6 | 1/60 s | ISO 2000 | 18 mm | –2 EV | TTL-Aufhellblitz +1 EV | frontal

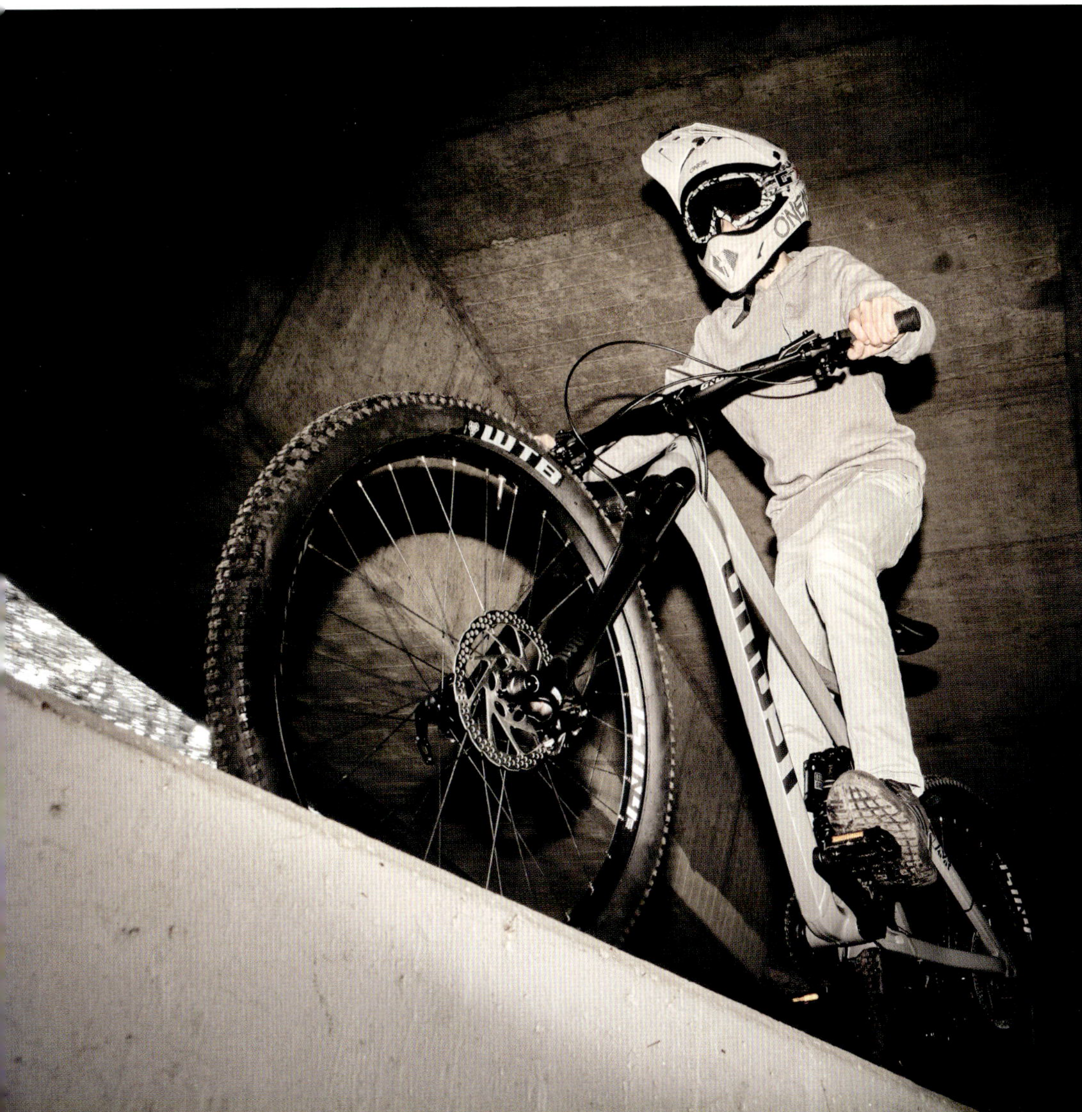

Blitzsynchronzeit verstehen

Die Blitzsynchronzeit sagt, vereinfacht dargestellt, aus, mit welcher kürzesten Belichtungszeit Kamera und Blitzgerät synchron zusammenarbeiten, um die gesamte Fläche des Aufnahmesensors vom Blitz zu erfassen. Die maximal zu erreichende Belichtungszeit ist in erster Linie abhängig vom verbauten Verschlusstyp (z. B. Schlitzverschluss, Zentralverschluss, elektronischer Verschluss). Klassische Schlitzverschlüsse verfügen über zwei sogenannte Verschlussvorhänge.

Nach Betätigung des Auslösers gibt der erste Vorhang zunächst die gesamte Bildfläche des Aufnahmesensors frei, und der Blitz wird gezündet. Kurz darauf folgt der zweite Vorhang und schließt das Bildfenster. Dann eilen beide Vorhänge zurück auf ihre Ausgangsposition. Die Bewegung wird entweder durch Federspannung oder aber elektromagnetisch gesteuert.

Aufgrund der beweglichen mechanischen Bauteile des Schlitzverschlusses können Mikroerschütterungen auftreten, die zu minimalen Unschärfen auf Pixelebene führen. Einige Kamerahersteller verbauen daher einen „elektronischen ersten Verschlussvorhang“ in ihren Modellen, um diesen Nachteil zu minimieren und das oftmals störende Auslösegeräusch zu verringern.

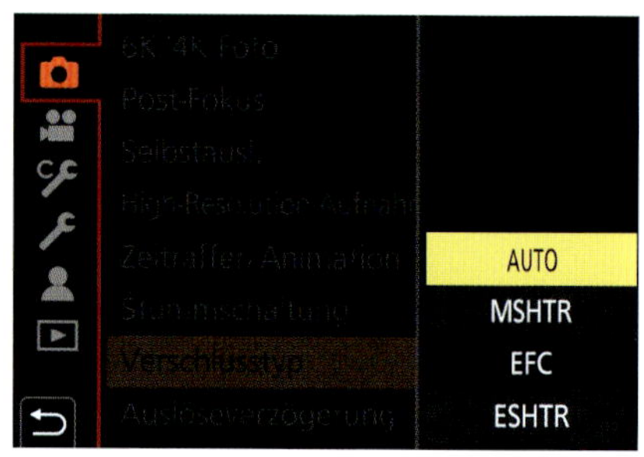

▲ *Bei der LUMIX G9 finden Sie die mechanisch-elektronischen Verschlussoptionen im Kameramenü.*

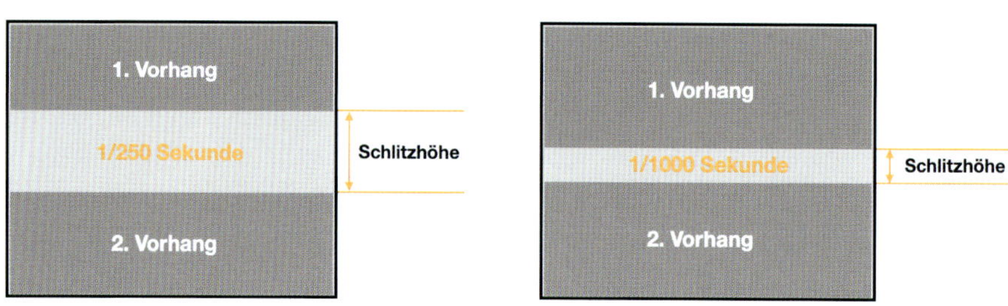

▲ *Beim Schlitzverschluss saust zunächst der erste Vorhang los und wird vom zweiten Vorhang gefolgt. Die Schlitzhöhe ändert sich abhängig von der gewählten Belichtungszeit. Je länger die Zeit, desto größer ist der Schlitz und umgekehrt.*

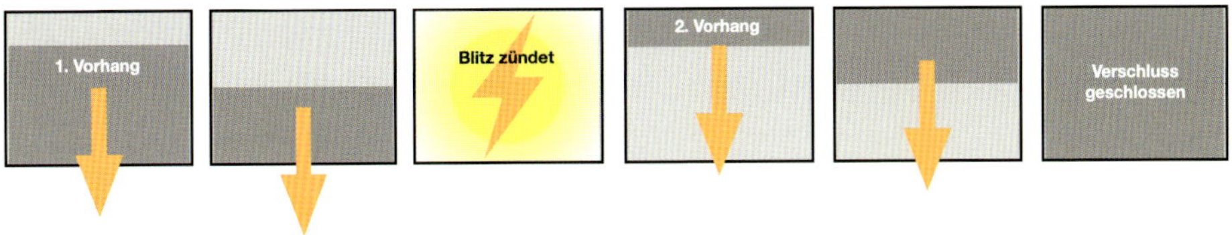

▲ *Erst nachdem die gesamte Bildfläche durch die beiden Verschlussvorhänge vollständig freigegeben wurde, wird der Blitz synchron gezündet. Die schnellste Belichtungszeit, bei der noch die komplette Sensorfläche vom Licht erfasst wird, ist die Blitzsynchronzeit.*

Physikalische Grenze kennen

Das Maximum der Blitzsynchronzeit beträgt bei modernen Schlitzverschlüssen 1/300 Sekunde. Anders verhält es sich beim teuren Zentralverschluss, der sich im Objektiv in der Nähe der Blende befindet und z. B. in Mittelformatkameras und Kompaktkameras zu finden ist. Dieser sehr kompakte Verschluss ähnelt der Funktion einer Blende. Die Verschlusslamellen liegen im Strahlengang und öffnen sich von der Mitte zentral zum Rand hin und umgekehrt. Hierbei wird jedes Mal der gesamte Aufnahmesensor erfasst, sodass Belichtungszeiten bis zu 1/2000 Sekunde (und höher) voll synchronisiert werden können.

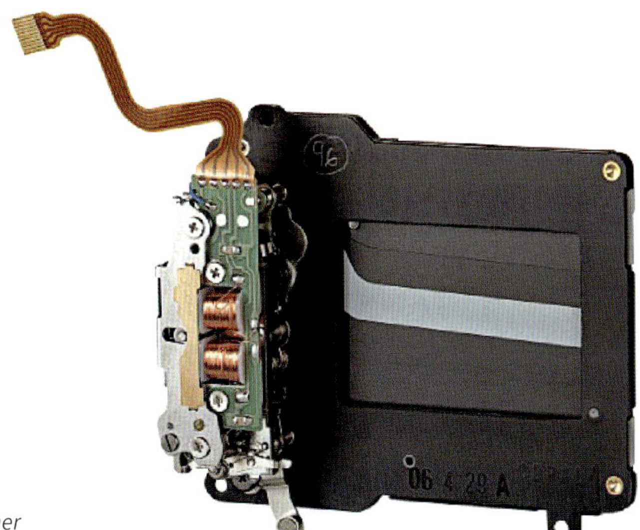

▶ *Mechanischer Schlitzverschluss. (Abb. Leica)*

Besonderheit beim elektronischen Verschluss

Bei den zurzeit verbauten elektronischen Verschlüssen der CMOS-Sensoren, die vor allem in den spiegellosen Systemkameras zu finden sind, wird die Belichtungszeit zeilenweise ausgelesen. Daher lassen die meisten Kameras entweder überhaupt keine Blitznutzung zu, oder sie bieten nur eine kürzeste Blitzsynchronzeit von 1/60 Sekunde an. Sollte jedoch zukünftig ein „Global Shutter", der den Sensor komplett auslesen kann, Einzug in die Kameras finden, ist auch die volle Blitzsynchronisation möglich. Lange wird es nicht mehr dauern.

Der Blitz zündet nicht

Der eingeschaltete Blitz meiner Systemkamera wollte einfach nicht auslösen. Die Ursache: Die Kamera war auf „stumm" (lautlos) gesetzt worden, und demzufolge war der elektronische Verschluss aktiv. Nicht nur die akustischen Signale, sondern auch das AF-Hilfslicht und – natürlich – das Blitzlicht wurden automatisch deaktiviert. In einer wichtigen Situation wie z. B. bei einer Trauung in der Kirche kann diese gut gemeinte Funktion schnell Schweißtropfen auf die Stirn des Fotografen treiben.

Tipp: Setzen Sie im Menü die Verschlusswahl auf „automatisch" und verzichten Sie auf die Lautlos-Funktion der Kamera, wenn Sie das Blitzgerät verwenden!

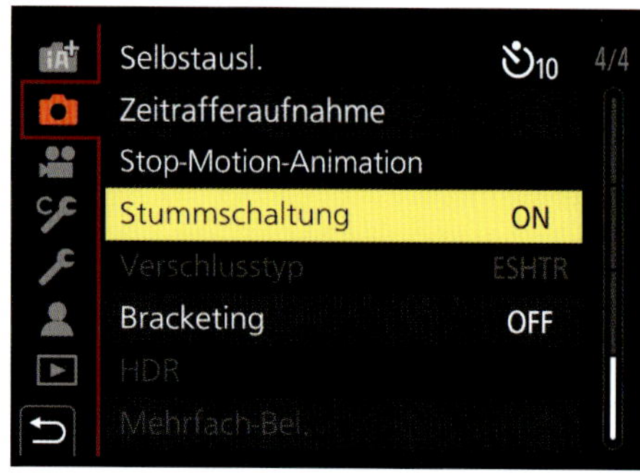

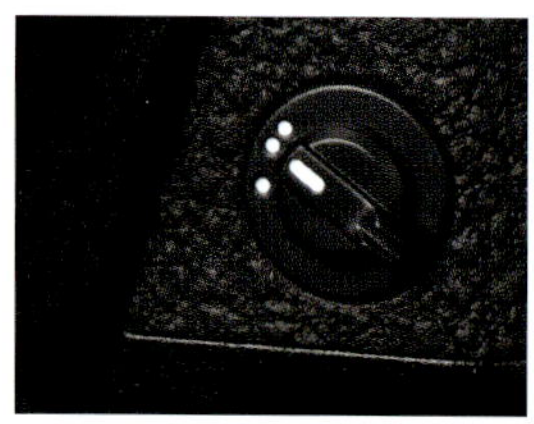

▲ *Bei vielen Systemkameras (Beispiel Panasonic) lässt sich die Stummschaltung entweder im Menü aktivieren, oder eine Fn-Taste (hier z. B. auf der Frontseite der Panasonic LUMIX G9) kann mit der Funktion belegt werden.*

Automatische Wahl der Blitzsynchronzeit

In den Aufnahmemodi Programmautomatik und Zeitautomatik oder in einem entsprechenden Motiv- oder Szeneprogramm wählt Ihre Kamera bei aktiviertem Blitz automatisch eine für die Belichtungssituation optimale Synchronzeit. Hierbei werden verschiedene Parameter, wie z. B. ISO-Wert, gewählte Objektivbrennweite, Umgebungshelligkeit, Objektentfernung, Motivbewegung und Gesichtserkennung berücksichtigt und ausgewertet. Das ist im Grunde genommen eine praktische Sache.

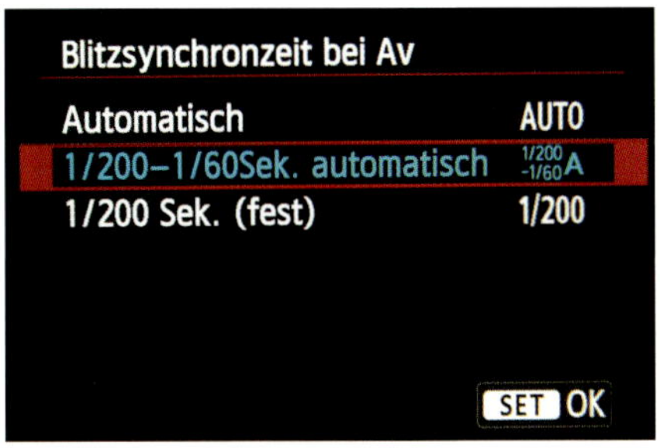

▲ *Geben Sie zur Sicherheit einen eingeschränkten Synchronzeitenbereich von 1/200 bis maximal 1/60 Sekunde vor (Beispiel Canon), um Verwacklungen und Bewegungsunschärfe zu vermeiden.*

Wenn jedoch die Elektronik Belichtungszeiten bis in den Bereich der maximalen Belichtungszeit von 30 Sekunden vorschlägt, um möglichst viel vorhandenes Licht „mitzunehmen“, bringt das leider auch Nachteile mit. Die Gefahr des Verwackelns steigt also mit der Abnahme der vorhandenen Lichtverhältnisse: weniger Licht = längere Belichtungszeit. Behalten Sie die Anzeigen im Sucher oder auf dem Display immer im Auge und fotografieren Sie bei sehr langen Belichtungszeiten mit Stativ oder eingeschaltetem Bildstabilisator.

Bei vielen Kameras können Sie im Menü festlegen, ob die Synchronzeit fix oder in einem bestimmten Bereich, z. B. von 1/200 bis 1/60 Sekunde, werkeln soll, um die Gefahr von Verwacklungen und Bewegungsunschärfe zu reduzieren. Bitte bedenken Sie: Eine kurze Synchronzeit ist nicht unbedingt für jede Motivsituationen vorteilhaft. Je nach gewünschter Bildaussage und den vorhandenen Lichtverhältnissen kann eine längere Belichtungszeit durchaus sinnvoll sein, um mehr Dynamik zu erzielen. In den „Blitz-Quickies“ weiter unten im Buch finden Sie dazu einige Beispielsituationen.

Relevante Einstellungen prüfen

Abhängig vom ausgewählten Aufnahmemodus (P, A, Av, S, Tv) werden lange Belichtungszeiten bei der Synchronisation auf den zweiten Verschlussvorhang (*REAR*) und natürlich in der Langzeitsynchronisation (*SLOW*) angesteuert. Prüfen Sie vorab unbedingt alle relevanten Einstellungen am Blitzgerät und an der Kamera (Blitzmenü), bevor Sie loslegen.

Kurze Belichtungszeiten

Porträts werden vorzugsweise mit einer großen Blendenöffnung und einer längeren Brennweite aufgenommen, um den Hintergrund in Unschärfe verschwimmen zu lassen. Möchten Sie im hellen Sonnenschein den Schatten im Gesicht zusätzlich mit dem Blitz aufhellen, wird die physikalisch-mechanische Grenze der kürzesten Synchronzeit schnell überschritten. Die Kamera quittiert Ihr Vorhaben mit einer Überbelichtungswarnung. Für schnelle Abhilfe könnte eine kleinere Blende sorgen. Dann nehmen Sie jedoch in Kauf, dass der Hintergrund schärfer abgebildet wird. Die Lösung für dieses Problem lautet *Kurzzeitsynchronisation.*

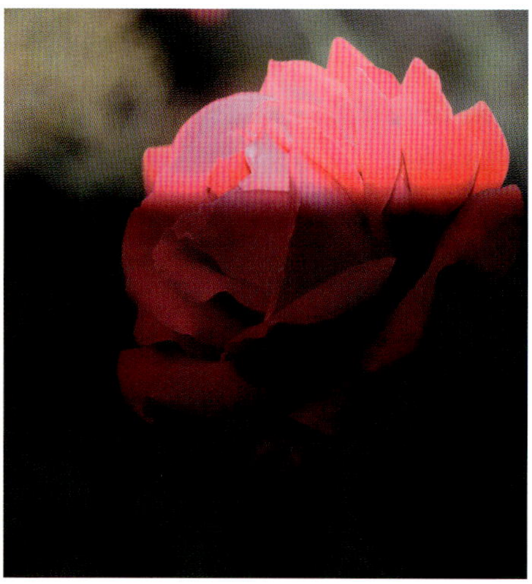

▲ *Ohne High-Speed-Synchronisation erscheint bei Belichtungszeiten, die kürzer als die maximale Synchronzeit der Kamera sind, ein Schatten in der Aufnahme. Je dunkler die Umgebungshelligkeit bzw. je kleiner die gewählte Blende, desto eher tritt der störende Schatten in Erscheinung. Aufnahmebeispiel mit 1/500 Sekunde.*

Funktionsweise der HSS-Blitztechnik

Bei dieser geräteabhängigen Blitztechnik werden mehrere ultrakurze Blitze schnell hintereinander mit einer Frequenz von ca. 50 kHz ausgelöst. Während des gesamten Belichtungsvorgangs leuchtet der Blitz im Prinzip permanent und ermöglicht, je nach Kameramodell, Belichtungszeiten von bis zu 1/8000 Sekunde. Damit haben Sie den vollen gestalterischen Freiraum beim Blitzen!

Kein HSS möglich

Ein interner Kamerablitz kann aufgrund seiner niedrigen Leitzahl keine High-Speed-Synchronisation unterstützen. Auch hier liegt die Grenze der maximalen Synchronzeit bei vielen Kameras etwa bei 1/300 Sekunde. Wenn Ihre Kamera HSS anbietet, sollten Sie ein kompatibles Systemblitzgerät kaufen, das diese unverzichtbare Funktion exzellent unterstützt.

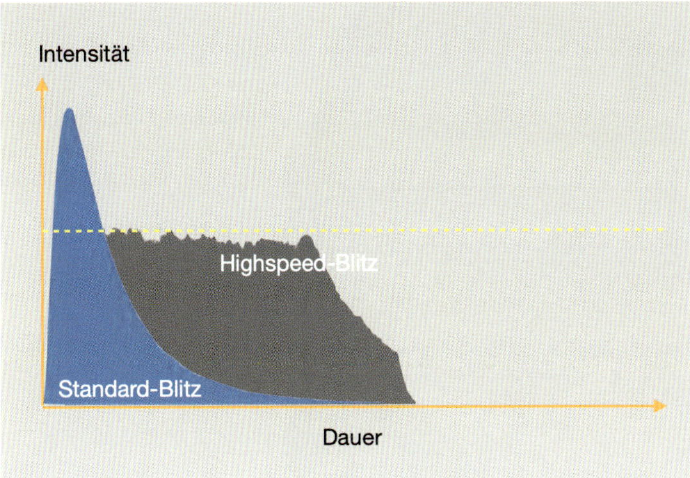

Das vereinfachte Messdiagramm zeigt, dass fast über die gesamte Belichtungszeit konstantes Dauerlicht abgegeben wird. Dies geht natürlich zulasten der Blitzintensität, die im Vergleich zum Standard-TTL-Blitz deutlich reduziert wird.

Schalten Sie den HSS-Blitz mittels Schalter am Blitzgerät selbst bzw. im Blitzmenü der Kamera frei, damit er Ihnen bei Bedarf sofort zur Verfügung steht.

Testreihe einer High-Speed-Synchronisation

Die nachfolgende Aufnahmereihe verdeutlicht den Vorteil der High-Speed-Synchronisation.

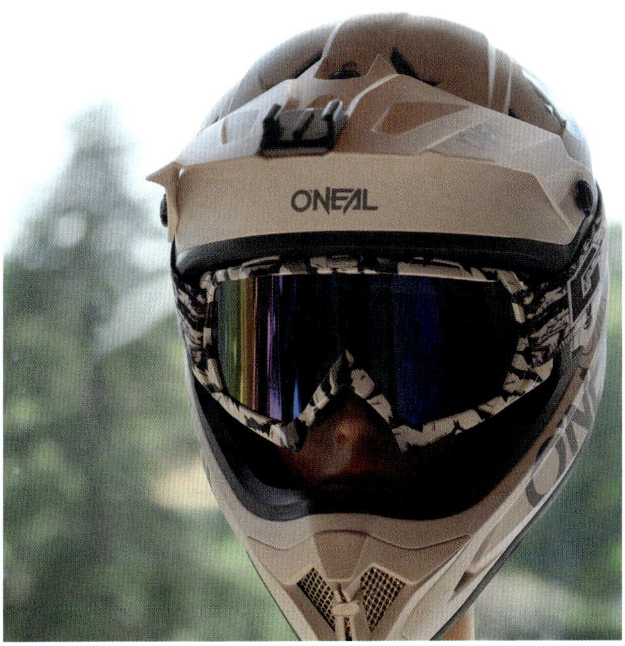

Aufnahme mit offener Blende von f/2.8 und 1/2000 Sekunde ohne Blitz. Der Vordergrund ist unterbelichtet.

TTL-Aufhellblitz +1 EV | seitlich von links | ohne Filter

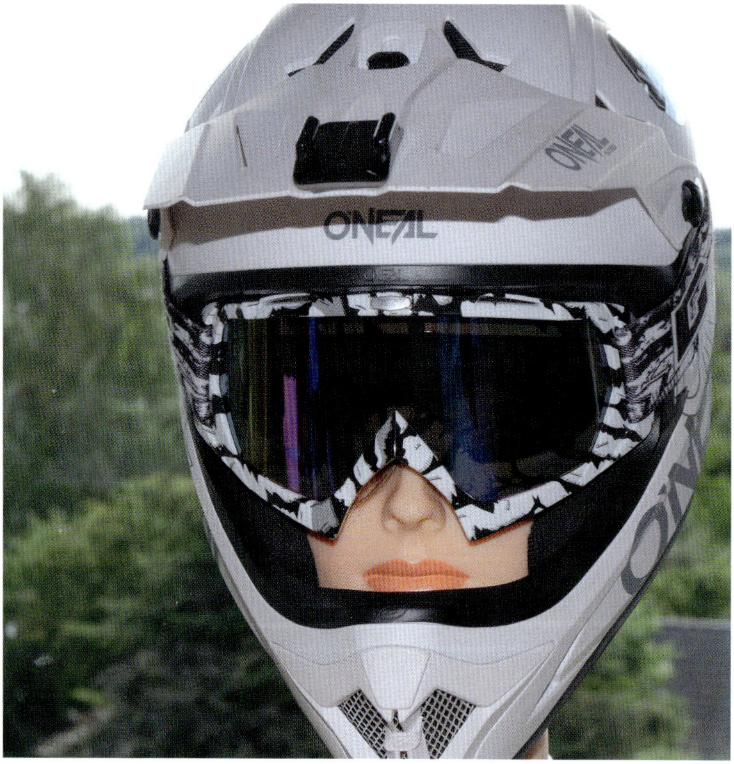

◀ *Aufnahme mit TTL-Blitz und maximaler Synchronzeit von 1/200 Sekunde. Die Aufnahme ist zwar korrekt belichtet, der Hintergrund aufgrund der kleinen Blende von f/8.0 jedoch zu unruhig.*

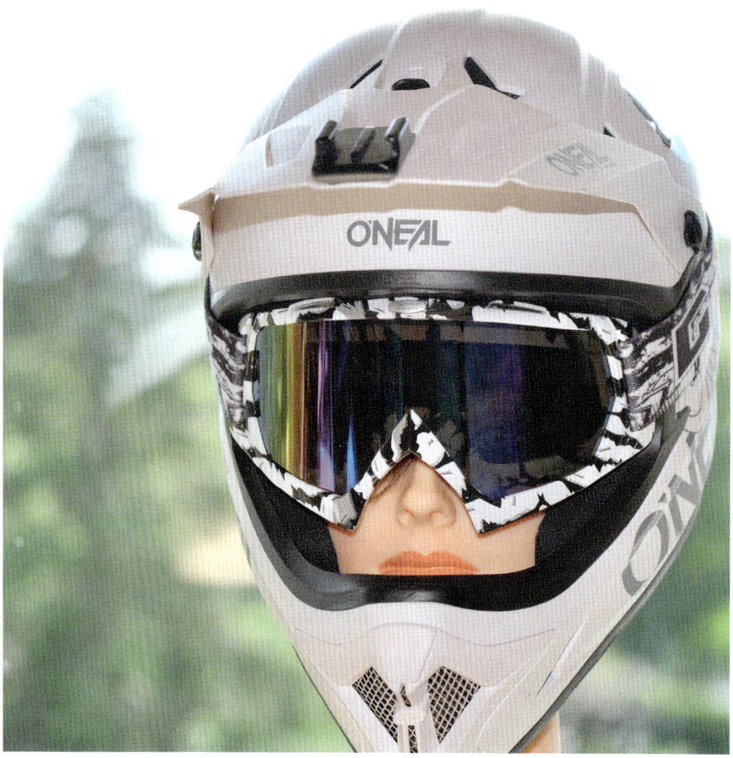

◀ *Dank Kurzzeitsynchronisation kann die Aufnahme mit offener Blende und TTL-gesteuertem Aufhellblitz im hellen Umgebungslicht fotografiert werden.*

▶ *Hier sorgt die kurze Belichtungszeit für einen knapper belichteten Hintergrund bei großer Blendenöffnung. Eine in der finalen Bearbeitung gesetzte Vignette sorgt für noch mehr Spannung in der Aufnahme.*

f/5 | 1/1000 s | ISO 200 | 62 mm | –2 EV | TTL-Aufhellblitz +2 EV | frontal mit MagGrid

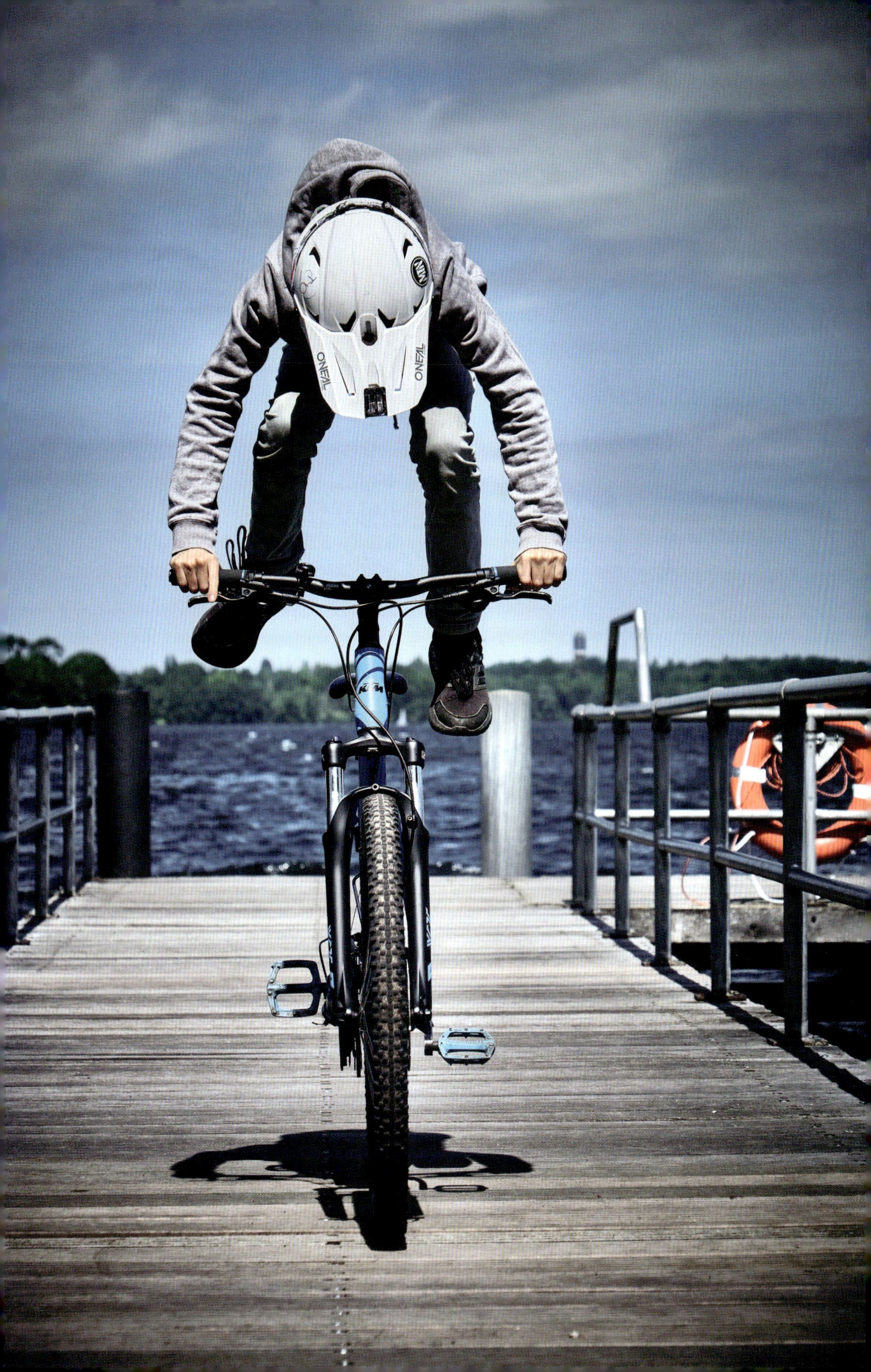
O'NEAL
O'NEAL
KTM

Geringere Blitzreichweite

Die maximale Blitzreichweite verringert sich beim HSS-Blitzen, da dem Blitz schnell „die Puste ausgeht“. So schaffen Sie Abhilfe: ISO-Wert erhöhen, Ausleuchtwinkel des Blitzreflektors verkleinern (Telebereich), Abstand zum Objekt verkleinern oder die Blende öffnen, um den Verlust an Reichweite auszugleichen.

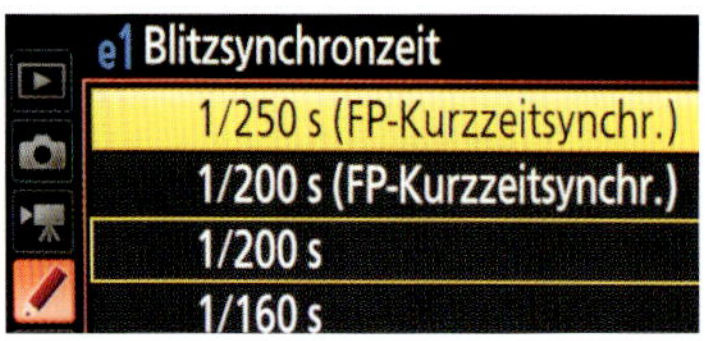

▲ *Bei Nikon-Kameras wird die FP-Kurzzeitsynchronisation entweder zunächst im Menü aktiviert oder direkt am Blitzgerät eingeschaltet.*

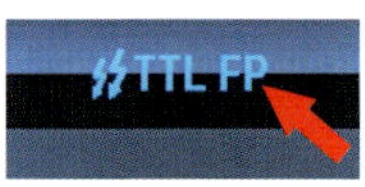

▲ *Bei Metz erscheint das Kürzel FP im Display, wenn die verwendete Nikon-Kamera diese Option zulässt.*

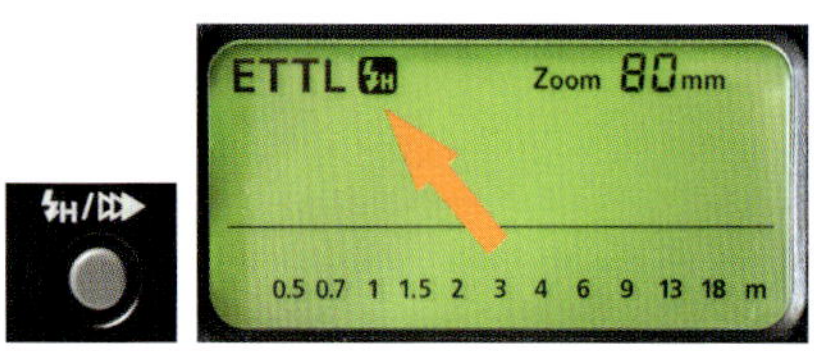

▲ *Drücken Sie am Canon-Blitzgerät die Taste mit dem Blitzsymbol, gefolgt vom Buchstaben H, um in den komfortablen High-Speed-Modus zu wechseln.*

Was bedeutet FP?

Einige Hersteller (z. B. Nikon, Olympus, Fujifilm) verwenden den Begriff FP-Blitz (*Focal Plane Shutter*). Bei dieser Technik wird, ebenso wie beim HSS-Blitz, über eine längere Zeit gleichmäßig Blitzlicht abgegeben, sodass jeder Bereich des Sensors ausreichend belichtet wird.

Kürzer blitzen, als die Kamera erlaubt?

Nehmen wir an, Sie müssten mit 1/300 Sekunde blitzen, Ihre Kamera lässt bei aufgesetztem Blitzgerät aber nur eine Synchronzeit von maximal 1/200 Sekunde zu. Mit einem simplen Trick können Sie trotzdem Ihre Aufnahme machen. Zunächst muss die Kommunikation vom Blitz zur Kamera unterbrochen werden. Hier stehen zwei Optionen zur Auswahl.

1. Verbinden Sie den Blitz über ein einfaches X-Synchronkabel mit dem X-Kontakt der Kamera. Falls die Geräte keine Anschlussmöglichkeit vorhalten, benötigen Sie einen X-Adapter mit Synchronkontakt, der in den Blitzschuh der Kamera bzw. des Blitzgeräts geschoben wird. Der Blitz kann entweder an einer Griffschiene

(Empfehlung) oder entfesselt (Stativ oder Blitzfuß) eingesetzt werden.

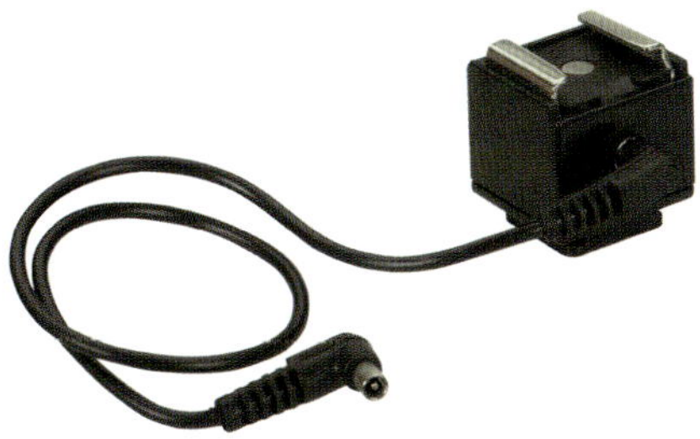

▲ *X-Synchronkabel mit X-Adapterschuh. (Abb. Dörr)*

2 Verbleibt der Blitz auf der Kamera, müssen Sie das Gerät vorsichtig ein paar Millimeter vom Blitzschuh der Kamera schieben, um die Kommunikation zu unterbrechen. Je nach Lage und Größe der Kontakte funktioniert diese Möglichkeit nicht bei jeder Kamera.

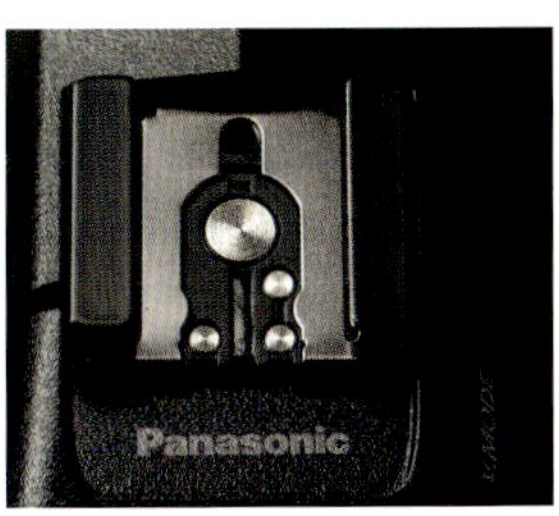

▲ *Wird der Blitz nur wenige Millimeter aus dem Blitzschuh der Kamera geschoben, ist die Kommunikation über die Steuerkontakte zwischen Blitzgerät und Kamera unterbrochen. Mit diesem Trick können kürzere Belichtungszeiten vorgewählt werden.*

Es kann außerdem nicht ausgeschlossen werden, dass der Blitz in dieser Position aus dem Blitzschuh rutscht und herunterfällt! Ziehen Sie daher die Feststellschraube des Blitzgeräts (falls vorhanden) fest und sichern Sie den Blitz gegebenenfalls mit einem Streifen Gaffer Tape!

Testaufnahme und Belichtungsabgleich

Stellen Sie eine kürzere Belichtungszeit ein und drücken Sie den Auslöser, um zu prüfen, ob der Blitz zündet. Die Aufnahme wird vermutlich fehlbelichtet sein, da die TTL-Steuerung außer Kraft gesetzt ist. Wählen Sie am Blitzgerät den Modus M (manuell) oder A (Computerblitz) vor, um die Blitzmenge entweder in Teilstufen oder per Automatikblitz über den Blitzsensor zu steuern. Gleichen Sie die Belichtung mittels ISO-Wert und Blende ab.

Im nächsten Schritt richten Sie die Kamera testweise gegen eine helle Fläche und lösen aus. Die Aufnahme zeigt am Bildrand den Schatten des zweiten Verschlussvorhangs. Bedenken Sie, dass bei sehr kurzen Belichtungszeiten die Schlitzbreite des Verschlusses sehr schmal wird und demzufolge sehr breite schwarze Balken in der Aufnahme zu erkennen sind.

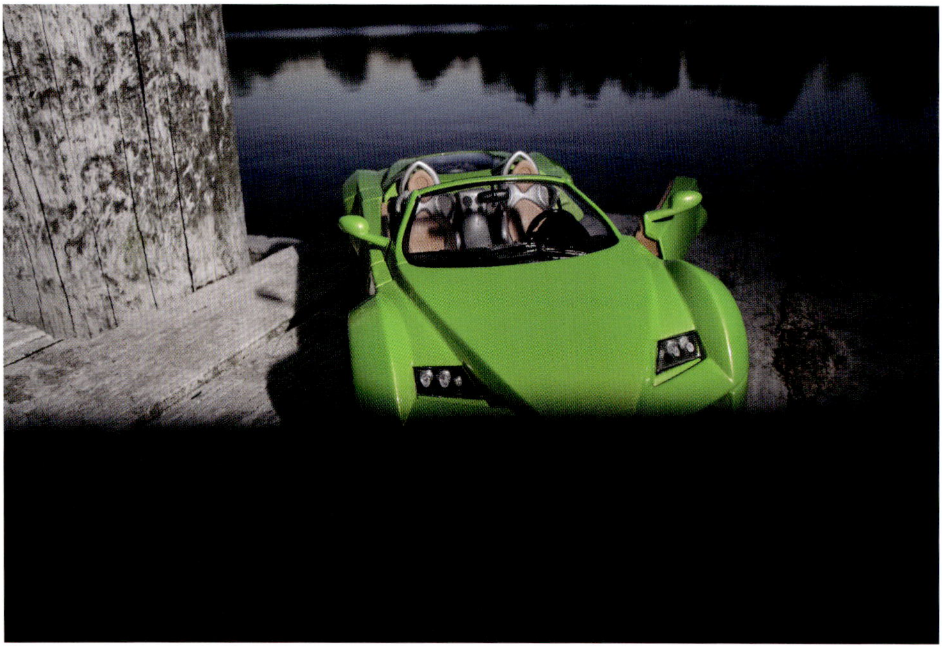

▲ *Die Größe des Balkenschattens ist abhängig von der Kürze der Belichtungszeit. Die Aufnahme wurde mit 1/500 Sekunde geblitzt.*

Finetuning für Querformataufnahmen

Falls Sie im Querformat fotografieren, wird der störende Balken im unteren Bereich des Vordergrunds sichtbar werden, im Hochformat dagegen je nach Kamerahaltung auf der linken oder rechten Seite im Bild. Jetzt können Sie tricksen! Entweder lassen Sie in diesem abgedunkelten Bereich motivseitig etwas Luft und schneiden den Teil später in der Bildbearbeitung weg, oder Sie achten beim Fotografieren darauf, dass sich keine Objekte im Vordergrund befinden, die den Schatten des zweiten Verschlussvorhangs sichtbar machen. Je heller das Umgebungslicht, desto weniger wird der Schatten im Bild auffallen. Mit etwas Übung gelingen Ihnen Aufnahmen mit kurzen Synchronzeiten, auch ohne Einsatz der High-Speed-Technik.

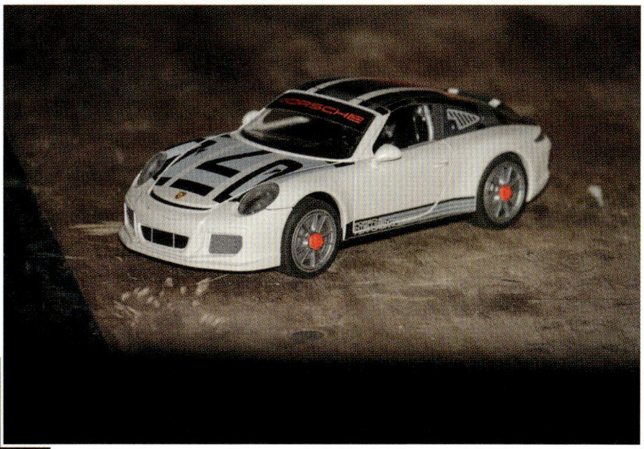

▼ *Der Schatten des zweiten Verschlussvorhangs erscheint am unteren Bildrand.*

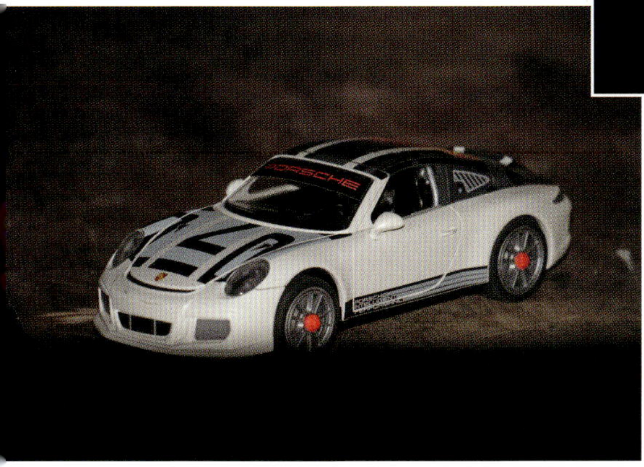

▲ *Wählen Sie eine kleinere Brennweite oder vergrößern Sie den Abstand zum Objekt, um ausreichend Raum für die Ausschnittvergrößerung zu bekommen.*

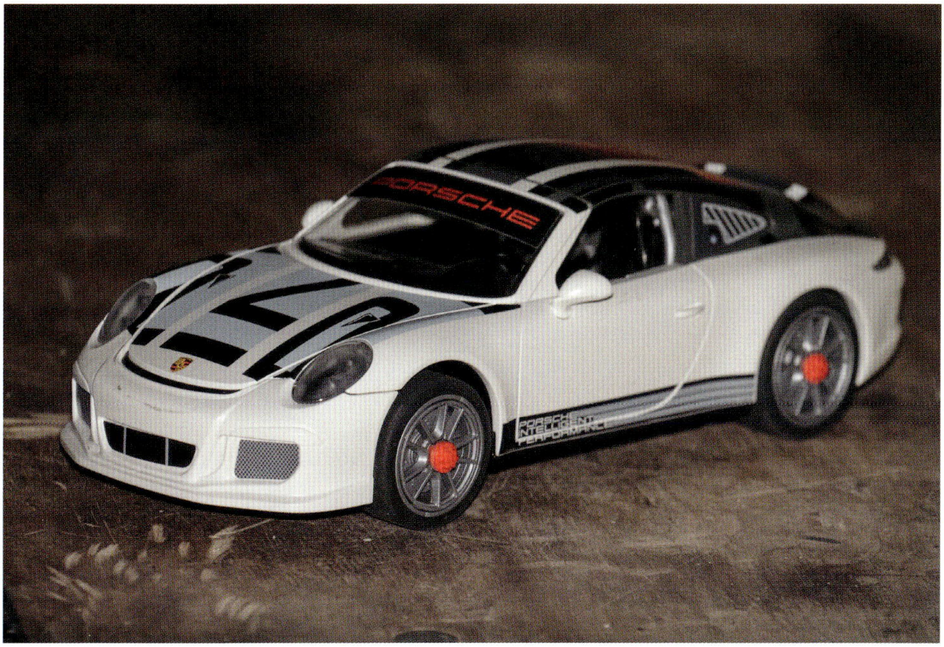

▲ *Ein kleinerer Ausschnitt, schnell erstellt in der Bildbearbeitung, lässt den schwarzen Balken am Bildrand verschwinden.*

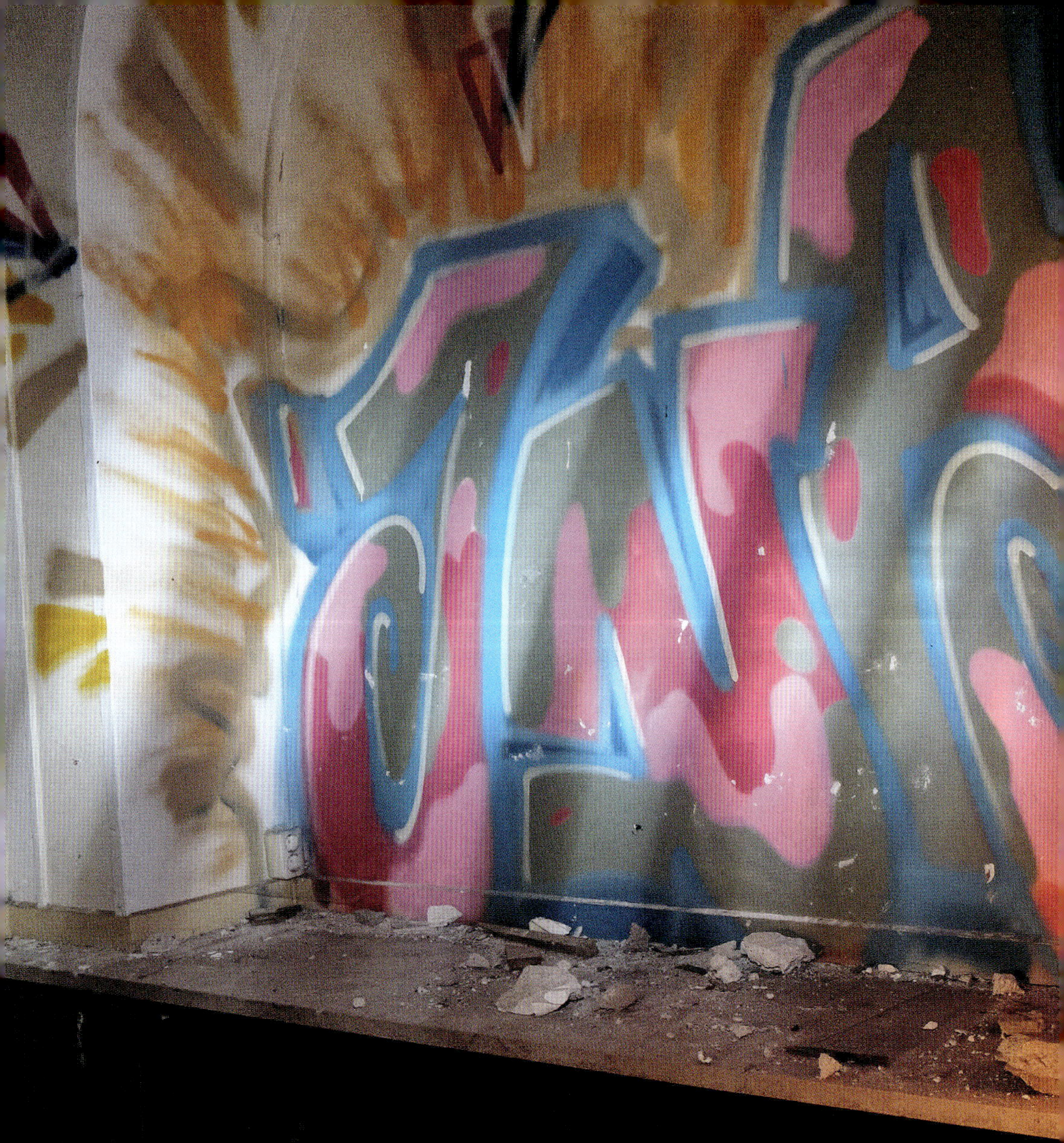

3 AKTUELLE BLITZ-TECHNOLOGIEN

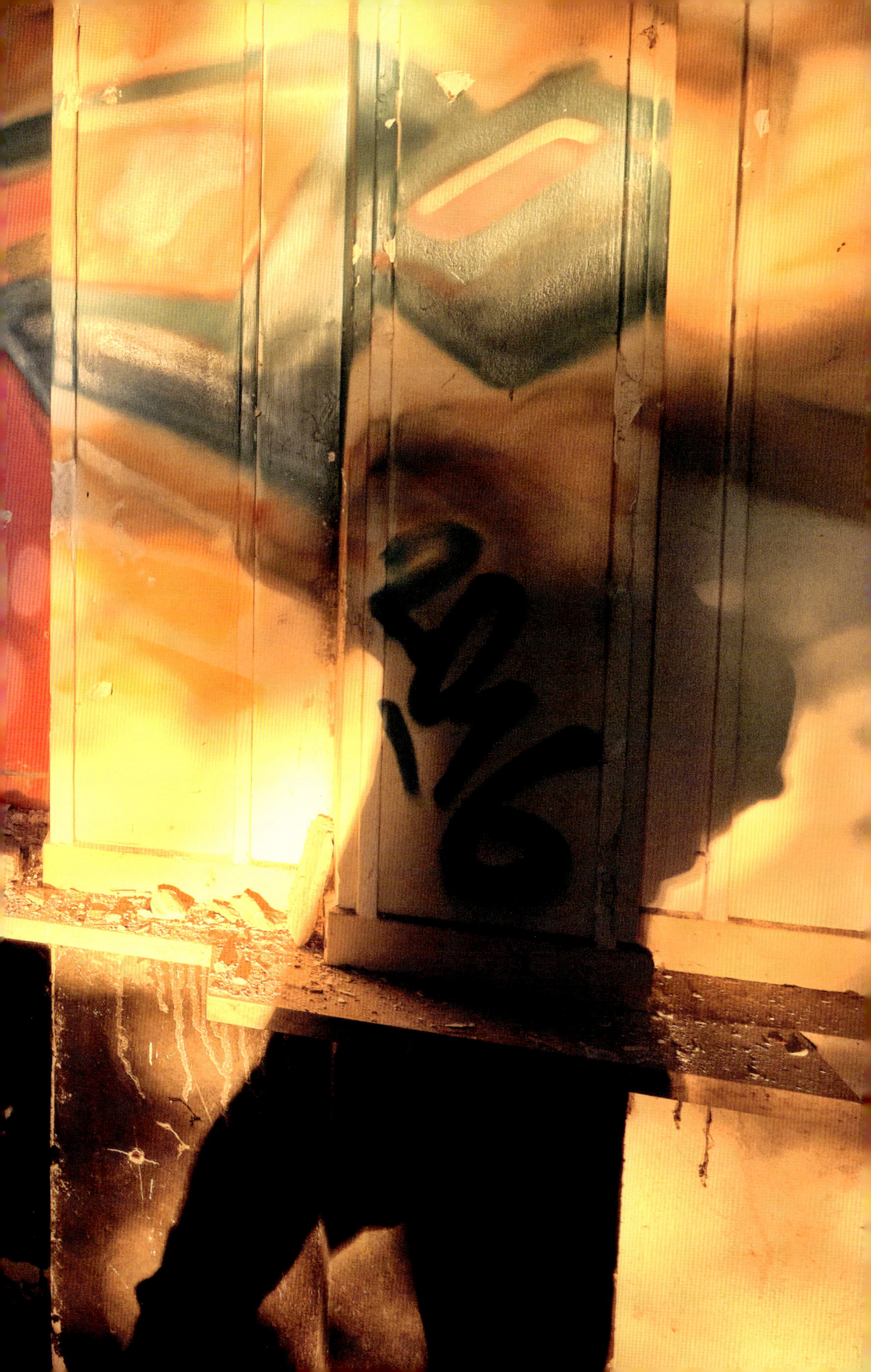

Die TTL-Blitztechnik

Eigentlich ist alles so schön einfach. Sie aktivieren den TTL-Modus und können sich voll und ganz auf das Wunder der automatischen Blitzsteuerung verlassen. Doch in der Praxis werden Sie feststellen, dass bestimmte Motivsituationen bestimmte Eingriffe erforderlich machen, damit Sie keinen Belichtungsschiffbruch erleiden.

Nicht ohne Grund haben die Hersteller einen manuellen Blitzmodus und weitere Raffinessen in ihren Hightechgeräten versteckt. Dieses Kapitel sorgt für Verständnis und Durchblick im manchmal etwas unübersichtlichen Wald der vielen Blitzfunktionen.

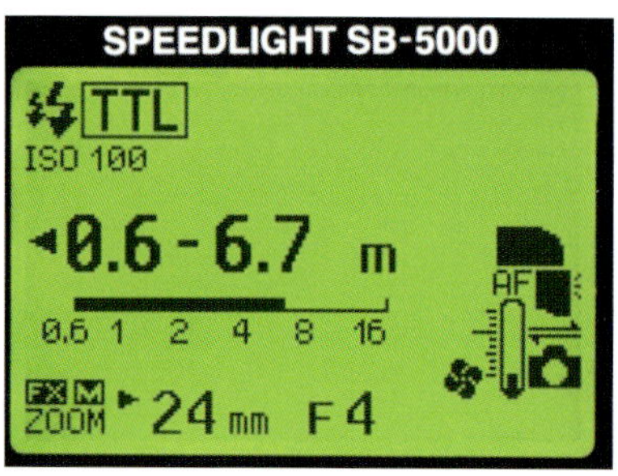

▲ *Blick auf das LC-Display des Nikon SB-5000.*

Bei der TTL-Blitzmessung findet die Belichtungsmessung durch das Objektiv statt (TTL = *Through The Lens*) und berücksichtigt Brennweite und Lichtstärke, vorgesetzte Filter und die Auszugsverlängerung bei Nahaufnahmen. Analoge TTL-Blitzgeräte sind nicht kompatibel zu digitalen Kameras, da die Erfassung des Blitzlichts in analogen SLR-Kameras über die Filmebene ermittelt wurde. Die TTL-Blitztechnik ist nicht genormt und wurde im Laufe der Jahre herstellerseitig mehrfach modifiziert. Systemkompatible Blitzgeräte müssen auf das verwendete Kameramodell abgestimmt sein und sind in der Regel nicht herstellerübergreifend einsetzbar, da die Kontaktbelegung des Blitzschuhs und die Elektronik (Datenprotokoll) abweichen.

Lichtabgabe beim TTL-Blitzen steuern

Eine in der Nähe des Pentaprismas (bzw. Pentaspiegelprismas) verbaute TTL-(Blitz-)Messzelle ermittelt bei einer DSLR-Kamera die benötigte Blitzenergie. Eine dahinter befindliche Elektronik regelt bei konstanter Blitzleistung die Blitzdauer. In der anlogen SLR-Kamera befindet sich die TTL-Messzelle gut versteckt im Kameraboden und erfasst die von der Filmoberfläche reflektierte (Blitz-)Lichtmenge. Ist die Energie des Blitzkondensators nach dem Zündvor-

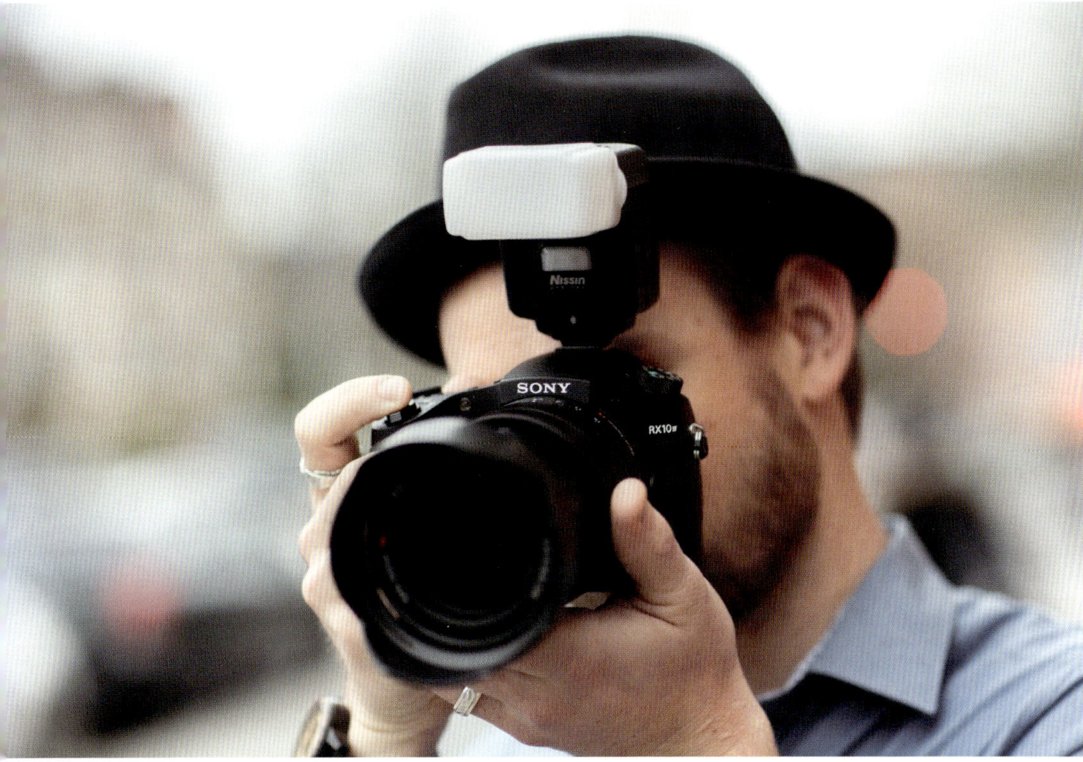

▲ *Sind Hard- und Software kompatibel, akzeptiert die Kamera auch das Blitzgerät eines Fremdherstellers.*

gang des Blitzes aufgebraucht, wird automatisch nachgeladen, deutlich hörbar an einem hohen Piepton, bevor der Blitzröhre neue Energie zur Verfügung gestellt werden kann.

Sehr einfach erfolgt die Messung bei den spiegellosen Systemkameras. Das Erfassen der reflektierten Blitzlichtmenge wird vom Aufnahmesensor übernommen.

Einer für alle?

Die aktuelle Blitztechnik wird in dieser oder ähnlicher Form von verschiedenen Kameraherstellern unter eigenen Bezeichnungen (z. B. P-TTL, ADI, i-TTL) angeboten. Verallgemeinernd darf behauptet werden, dass alle Hersteller das gleiche Lichtsüppchen kochen, wenn auch mit etwas veränderten Zutaten. Übergreifend verwende ich daher nur die Begriffe „TTL-Blitztechnik" oder „TTL-Aufhellblitztechnik", um die Übersichtlichkeit zu wahren.

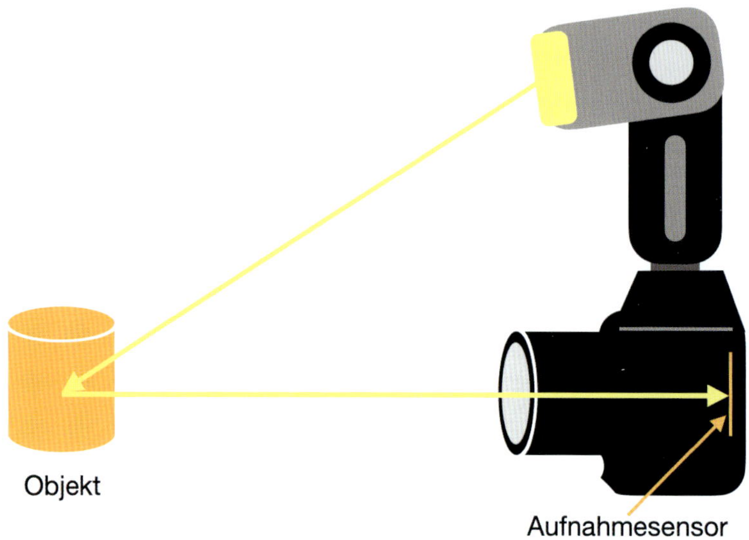

▲ *TTL-Strahlenverlauf einer spiegellosen Systemkamera. Die vom Blitz reflektierte Lichtmenge wird über den Aufnahmesensor erfasst.*

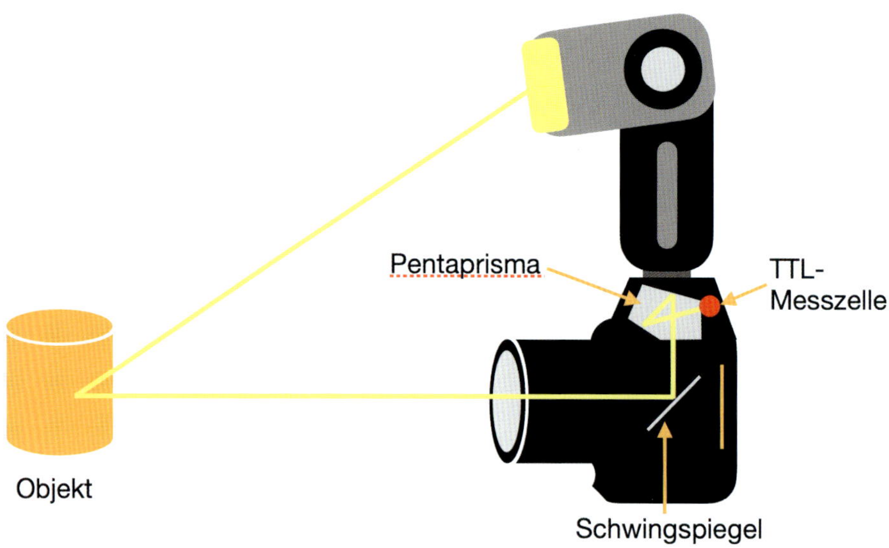

▲ *Bei der DSLR-Kamera werden die Lichtstrahlen vom Schwingspiegel (45 Grad angewinkelt) zum Pentaprisma und dort zur (Blitz-)TTL-Messzelle gelenkt. Die Grafik stellt den Verlauf vereinfacht dar.*

E-TTL-Technik von Canon

Canon stellte erstmals 1996 zusammen mit der EOS 50 (E) eine neue TTL-Technologie vor. Beim E-TTL-Aufhellblitzen – das „E“ steht für *evaluative*, also bewertend – werden die Belichtungen sowohl des Hauptmotivs als auch des Hintergrunds automatisch aufeinander abgestimmt. Anhand der Informationen vom AF-Sensor (mithilfe der AF-Felder) erkennt die Kamera den bildwichtigen Motivbereich und teilt diesem eine höhere Gewichtung als dem Umfeld zu. Nach Druck auf den Auslöser sendet das Blitzgerät einen für uns nicht wahrnehmbaren Messblitz mit geringer Leistung aus. Die Mehrfeldmesszelle in der Kamera misst die Reflexion vom Motiv, ermittelt die notwendige Blitzleistung und bestimmt die Belichtung des Hintergrunds mittels variabel gesteuerter Blende und/oder Belichtungszeit.

Aufgrund der ermittelten Belichtungswerte wird die Blitzintensität für den Vordergrund genau dosiert. Durch Umschalten auf mittenbetonte, Selektiv- oder Spotmessung wird die Intensität des Blitzes hingegen um einen fixen Wert korrigiert. Seit 2004, mit Einführung von E-TTL II, wird auch die Entfernung zum Motiv berücksichtigt, sodass selbst nach einer Ausschnittveränderung oder bei besonders kritischen Objekten präzise belichtete Aufnahmen garantiert werden.

Hierfür müssen die verwendeten Objektive jedoch die Voraussetzung der Entfernungsübertragung zur Kamera erfüllen. Einen zusätzlichen Vorteil bietet die ergänzende zweite Messung, die beim Durchdrücken des Auslösers durchgeführt wird. Die Ergebnisse beider Messungen werden miteinander verglichen, und bei der Bewertung werden besonders die Bildpartien berücksichtigt, die keine großen Helligkeitsunterschiede aufweisen. Selbst stark reflektierende Objekte können die Messung nicht mehr aus dem Gleichgewicht bringen, und die zuvor oft kritisierte Kopplung der Belichtung an die AF-Messfelder, die über dem jeweils aktiven AF-Sensor liegen, ist bei E-TTL II auch passé.

Auffüllen oder aufhellen

Der Blitz kann das geringe Umgebungslicht ausgleichen (auffüllen) oder bei ausreichendem Tageslicht einen Lichtakzent setzen bzw. hohe Kontraste im Gegenlicht minimieren (aufhellen).

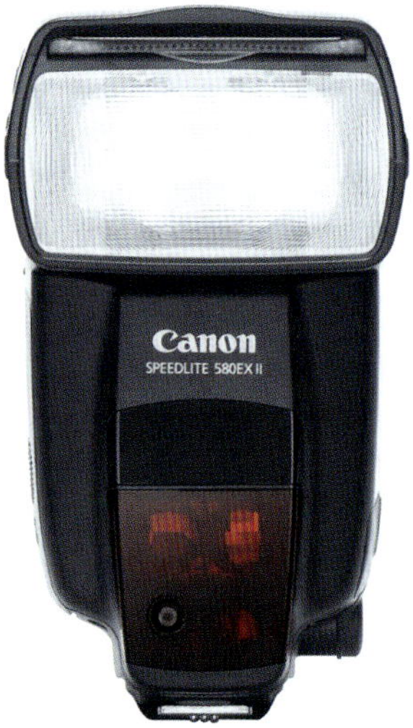

▲ *Das Canon Speedlite 580EX II, ausgestattet mit der fortschrittlichen E-TTL-II-Technik. Der Messblitz, ein Linearblitz aus ca. 20 verschmelzenden Impulsen, hat bei Canon eine deutlich längere Brenndauer (ca. 0,5 Millisekunden) als der Hauptblitz, der nach 55 Millisekunden folgt und mit nahezu voller Intensität abbrennt.*

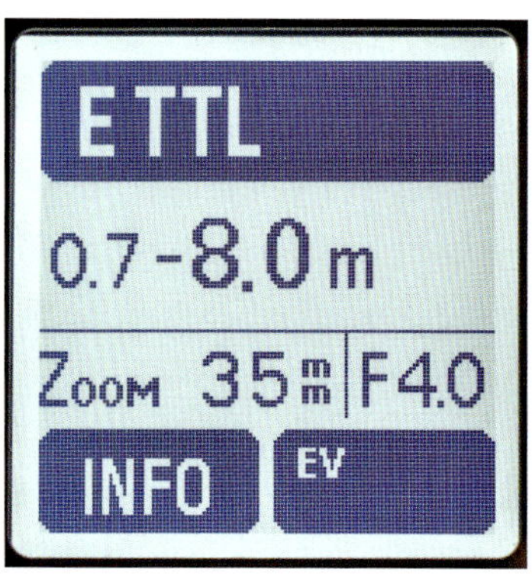

▲ *Bei kompatiblen Fremdblitzgeräten wird die E-TTL-II-Funktion auf dem Display angezeigt.*

Messblitze abschalten?

Die intensitätsschwachen Messblitze werden bekanntermaßen kurz vor dem Hauptblitz gezündet und führen zu einer minimalen Auslöseverzögerung, die sich bei sehr schnellen Objekten (z. B. in der Sportfotografie) insbesondere bei Mitziehern bemerkbar machen kann. Auch Personen könnten durch die Messblitze irritiert werden und vor der Zündung des Hauptblitzes die Augen schließen (Blinzelreflex), insbesondere bei längeren Belichtungszeiten und der Synchronisation auf den zweiten Verschlussvorhang. Lösungsvorschläge:

- Messblitze abschalten (optional).
- Blitzmodus auf Computerblitz (A) oder manuell (M) umschalten, um die Messblitzfunktion zu umgehen.
- Synchronisation auf den ersten Verschlussvorhang.
- Beim indirekten Blitzen werden die Messblitze automatisch deaktiviert.

Die Lösungsvorschläge greifen natürlich nur, wenn Lichtverhältnisse und Bedingungen vor Ort dies zulassen.

Spannend ist, dass dieses Verfahren nicht nur mit einem Blitz funktioniert, sondern dass praktisch beliebig viele Blitze miteinander kombiniert und dabei drahtlos von der Kamera aus gesteuert werden können. Alle aktuellen Canon-Blitzgeräte (Speedlite EX) arbeiten mit allen aktuellen Canon-Kameras im E-TTL-II-Modus und sind sogar abwärtskompatibel zur E-TTL-Technik älterer Kameramodelle.

Entfernungsermittlung

Die ermittelte Entfernung zum Objekt kann nur in die Gesamtberechnung einfließen, wenn der Blitz frontal abgefeuert wird und das jeweilige Objektiv diese Informationen bereitstellt (Beispiel Nikon: G- oder D-Nikkor). Wenn der Blitzreflektor verschwenkt wird, um indirekt zu blitzen, oder auch bei Makroaufnahmen wird der Messblitz in der Regel deaktiviert, da keine verlässlichen Werte für die Berechnung des Hauptblitzes ermittelt werden können. Neben den Messblitzen fließen ISO-Wert, Blende, Belichtungszeit sowie Belichtungs- und Blitzbelichtungskorrektur in die Hauptberechnung der Blitzintensität mit ein.

Den Messblitz sichtbar machen

- Stellen Sie im manuellen Modus der Kamera eine lange Belichtungszeit ein (z. B. 1 Sekunde).
- Aktivieren Sie den zweiten Verschlussvorhang am Blitzgerät bzw. an der Kamera (*REAR*).
- Drücken Sie den Auslöser. Fast zeitgleich mit dem Öffnen des Verschlusses nehmen Sie zunächst einen schwächeren Messblitz wahr. Kurz bevor sich der Verschluss wieder schließt, zündet der Hauptblitz.

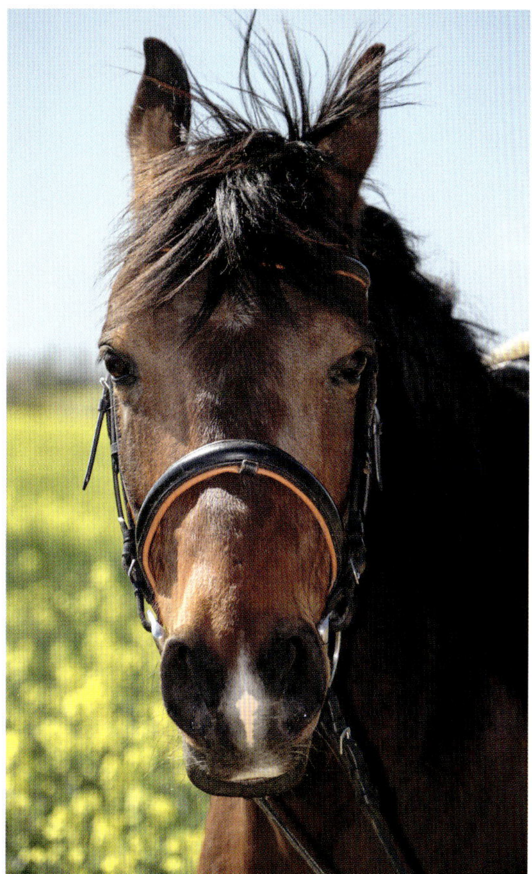

▶ *Selbst anspruchsvolle Motive mit hohen Kontrasten werden dank der Messblitzfunktion nahezu exakt belichtet!*

f/5.6 | 1/280 s | ISO 200 | 120 mm | 0 EV | TTL-Aufhellblitz mit automatischer Korrektur

Canon AI Bounce

Das Speedlite 470EX-AI von Canon ist ein „intelligenter“ Systemblitz, der die Entfernung vom Motiv zur Zimmerdecke ermittelt und den Schwenkreflektor automatisch für eine optimale Ausleuchtung ausrichtet. Im halb automatischen Bounce-Modus wird der Winkel beim Wechsel vom Hoch- ins Querformat angepasst. Auch der Zoomreflektor wählt bei AI Bounce die passende Zoomstellung für das indirekte Blitzen automatisch.

Blitzsteuerung über das Kameramenü

Viele Kameras erlauben die Ansteuerung der Blitzfunktionen direkt im Menü, wenn das externe Blitzgerät kompatibel ist. Bei Fremdblitzgeräten ist diese Option unter Umständen nicht verfügbar. Prüfen Sie die Aktualität der Firmware und nehmen Sie gegebenenfalls ein Firmware-Update vor bzw. schicken Sie das Gerät zum Kundendienstservice.

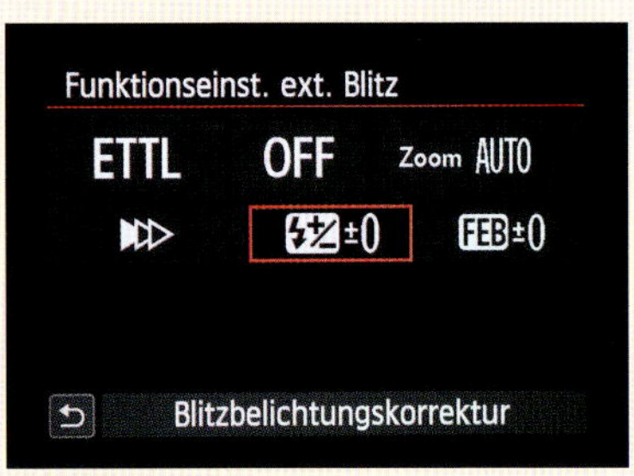

▲ *Praktisch: Die benutzerdefinierten Funktionen für den externen Blitz auf dem Blitzschuh der Kamera können Sie direkt im Kameramenü ansteuern.*

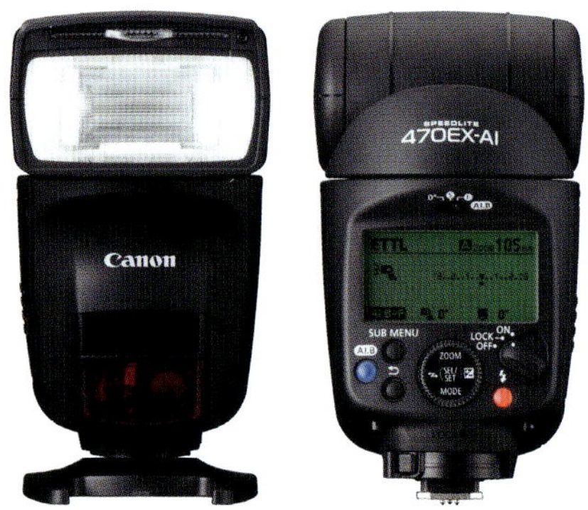

▲ *Die AI-Bounce-Funktion des Speedlite 470EX-AI wird mit der blauen Taste aktiviert.*

Das Nikon Creative Lighting System

Seit der Einführung von SB-800 und SB-600 im Jahr 2003 (zusammen mit der Nikon D70) wird das Nikon CLS (*Creative Lighting System*) in Kameras und Blitzgeräten integriert. Das Nikon-i-TTL-Protokoll arbeitet im Prinzip wie das E-TTL-II-System von Canon. Jedoch sendet Nikon eine größere, motivabhängige Anzahl von Messblitzen unterschiedlicher Intensität vor der Aufnahme aus. Das „i“

steht für *intelligent* und beschreibt die 3-D-Color-Multisensoraufhellblitztechnik, bei der das reflektierte Blitzlicht über eine „Segmentmatrix“ mit vielen Feldern ausgewertet wird.

Die bei hoher Blitzbeanspruchung auftretenden Veränderungen in der Lichtfarbe werden ebenfalls berücksichtigt. CLS bietet weitere Vorteile, wie einen Blitzbelichtungsmesswertspeicher, die automatische FP-Kurzzeitsynchronisation und ein Weitwinkel-AF-Hilfslicht. Das System funktioniert nur mit CPU-gesteuerten Objektiven und CLS-Kameras.

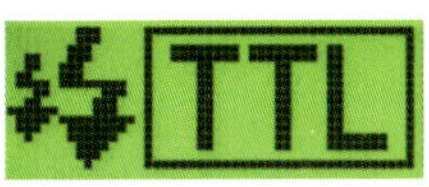

▲ *Der Nikon-Blitz sendet mehrere Messblitze aus, wenn das Doppelblitzsymbol auf dem Display erscheint. Falls mit dem ersten Messblitz (Leuchtzeit ca. 1/20000 s) keine ausreichende Helligkeitsinformation von der TTL-Messzelle ermittelt werden konnte, wird nach ca. 20 Millisekunden ein hellerer Messblitz abgegeben. Der Hauptblitz folgt ca. 70 Millisekunden später.*

Backlit

Ursprünglich bedeutete BL BackLit, aber Nikons Marketing-Gurus haben daraus den Begriff Balanced Fill gemacht.

Begrifflichkeiten

Bei Nikon herrscht auf den ersten Blick ein ziemliches Durcheinander an Begrifflichkeiten. Grund genug, einen detaillierten Blick auf die technischen Unterschiede zu werfen.

i-TTL

Nikons intelligente Blitztechnik, eingeführt mit der D70, wird entweder als i-TTL-Aufhellblitz in der Kamera oder als *TTL BL* im Blitzgerät bezeichnet. Im LCD des Blitzgeräts erscheint zusätzlich das Kürzel BL (BackLit). Die Belichtungsmessung der Kamera (nur Mehrfeld- oder mittenbetonte Messung) balanciert das Vorder- und Hintergrundlicht gleichmäßig aus. Verwenden Sie diese Standardeinstellung in der Kamera bzw. im Blitzgerät, um ausgeglichene Ergebnisse ohne ein überblitztes Hauptmotiv zu erhalten.

▲ *Wenn im Display des Nikon-Blitzgeräts das Kürzel TTL BL erscheint, werden Vorder- und Hintergrundlicht gleichmäßig ausbalanciert. Außerdem verfügt der Blitz im i-TTL-Modus sogar über eine Unterbelichtungswarnung. Blinkt nach dem Auslösen die Blitz-bereitschaftsleuchte für ca. drei Sekunden, wird der EV-Wert der ermittelten Unterbelichtung kurz angezeigt.*

TTL

In der Einstellung *TTL* wird meiner Erfahrung nach etwas mehr Licht vom Blitz abgegeben, und der Hintergrund wird nicht berücksichtigt. Der Blitzmodus TTL wird automatisch aktiviert, wenn die Spotmessung an der Kamera eingestellt wurde oder ein Objektiv ohne CPU (eingebauten Chip) verwendet wird.

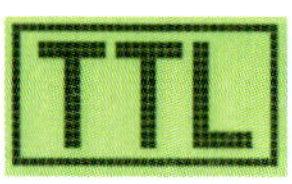

▲ *Wenn nur das Kürzel TTL auf dem Display des Nikon-Blitzgeräts erscheint, arbeitet der Blitz im „Standard-TTL-Modus“, und das Hauptmotiv wird unabhängig vom Hintergrund belichtet.*

D-TTL

Im Vergleich zur Oberfläche eines analogen Films hat der Aufnahmesensor ein deutlich geringeres Reflexionsvermögen, daher konnte die analoge TTL-Blitztechnik nicht „einfach so“ in eine DSLR-Kamera implementiert werden. Bis zur Nikon D100 wurde daher die D-TTL-Blitztechnologie (D = *digital*) in den Spiegelreflexkameras verbaut. Hierbei wurden die vom Blitz ausgesendeten Messblitze über den grau (18 %) eingefärbten ersten Verschlussvorhang reflektiert und von einer TTL-Blitzmesszelle im Kameraboden ausgewertet. Später

Praktisches Einstelllicht

Bei CLS-kompatiblen Blitzgeräten kann das integrierte „Einstelllicht“ aktiviert werden, um vor der Aufnahme die Wirkung von Licht und Schatten zu kontrollieren. Mittels Individualfunktion wird der F1-Taste zuvor die Option *Einstelllicht* zugeordnet. Berücksichtigen Sie bei häufiger Nutzung dieser Option den höheren Stromverbrauch und den stärkeren Verschleiß der Blitzröhre.

Eingebauter Kühler

Coole Sache: Das integrierte Kühlsystem des Nikon-SB-5000-Blitzgeräts verhindert die Wärmeentwicklung innerhalb des Blitzreflektors und ermöglicht über 100 Aufnahmen in schneller Folge bei voller Blitzleistung, ohne zu überhitzen.

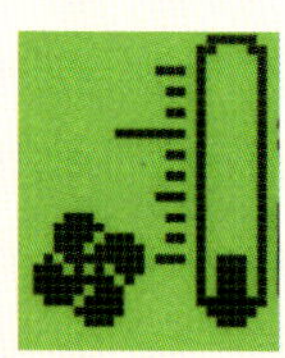

▲ *Das SB-5000 verfügt über ein Kühlsystem, das den Blitz vor Überhitzung schützt und im Blitzmenü aktiviert wird. Ein kleines Symbol im LCD mit einem Ventilator zeigt an, dass der Lüfter eingeschaltet ist und für Kühlung sorgt.*

verwarf Nikon dieses Konzept und verlegte die TTL-Blitzmesszelle in die Nähe des Pentaprismas.

Klassischer Computerblitz

Der Computerblitzmodus A wurde bereits in den 1960er-Jahren entwickelt und in ersten Blitzgeräten der Hersteller Metz und Braun verbaut. Auf der Vorderseite des Blitzgeräts befindet sich eine Fotozelle mit einem Messwinkel von ca. 25 Grad, die während der Blitzbelichtung das reflektierte Licht misst und die abgegebene Blitzmenge bei Erreichen einer korrekten Belichtung abschaltet (Thyristorschaltung). Da werkelt also ein kleiner Computer im Blitz. Die Messung der Lichtmenge findet demnach ohne die Auswertung des internen TTL-Belichtungsmessers der Kamera statt, und aufgrund des fixen Messwinkels werden auch die Brennweite und der Bildwinkel des verwendeten Objektivs nicht berücksichtigt.

Der ISO-Wert und die Blende werden jedoch in der Regel von der Kamera an den Blitz übertragen. Nach Einführung der deutlich vorteilhafteren TTL-Blitztechnik war der Computerblitzmodus nur noch bei wenigen Blitzgeräten anzutreffen. Doch mittlerweile bieten neben Metz und Nissin auch weitere Hersteller den Computerblitz wieder an. Der Vorteil besteht vor allem in der Fähigkeit, auch bei hochgeklapptem Spiegel in der DSLR-Kamera die Blitzlichtmenge autark zu steuern. Der Sensor am Blitzgerät „sieht" während des gesamten Belichtungsvorgangs und kann so in Echtzeit auf Veränderungen reagieren.

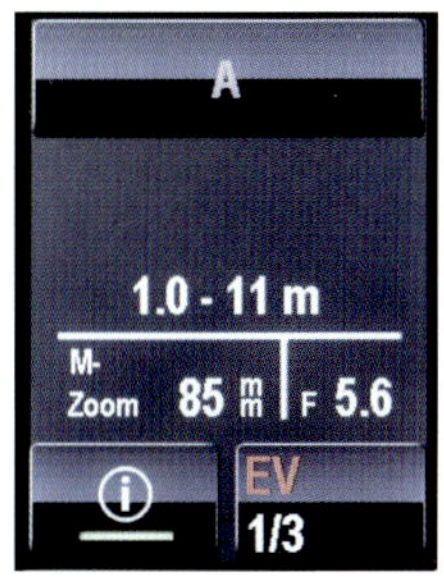

▲ *Das Blitzgerät befindet sich im Computerblitzmodus A und zeigt im Display den Entfernungsbereich in Abhängigkeit von den von der Kamera übertragenen Werten für Blende und ISO an.*

Zuverlässig

Einige Pressefotografen greifen übrigens gern auf den zuverlässigen A-Modus zurück, wenn die moderne TTL-Messblitztechnik mit ihren Messblitzen im Blitzgewitter der Pressekonferenzen überfordert ist und zu Fehlbelichtungen führt.

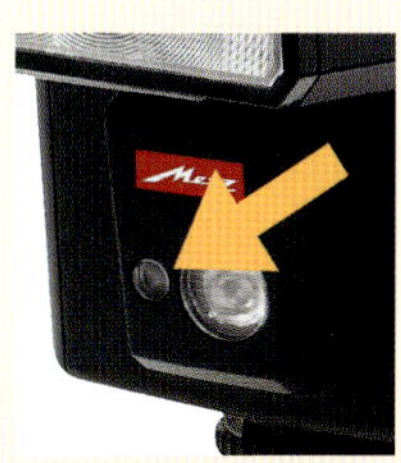

◀ *Der Sensor für die Computerblitzsteuerung befindet sich auf der Frontseite.*

Nikon: A oder AA?

Nikon verwendet den Buchstaben *A* für die klassische Computerblitzsteuerung, die mit allen Nikon-Kameras verwendet werden kann. Diese Blitzsteuerung wird aktiviert, wenn ein Objektiv ohne CPU an der Kamera angebracht ist oder wenn für das angesetzte Objektiv weder Brennweite noch Lichtstärke mittels der Option *Objektivdaten* im Kameramenü eingegeben wurde. Die vorgewählte Blende am Objektiv wird nicht automatisch übermittelt und muss manuell am Blitzgerät eingestellt werden. Auch die Belichtungs- und die Blitzbelichtungskorrektur werden nicht übertragen, und z. B. beim SB-800 werden keine Messblitze ausgelöst.

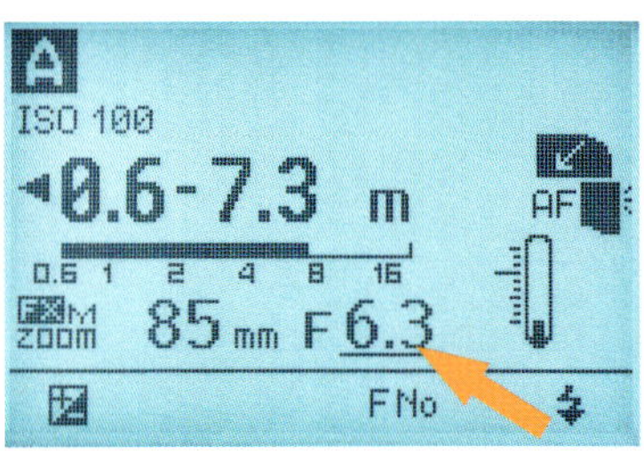

▲ *Im einfachen Computerblitzmodus A muss die vorgewählte Blende auf das Blitzgerät übertragen werden.*

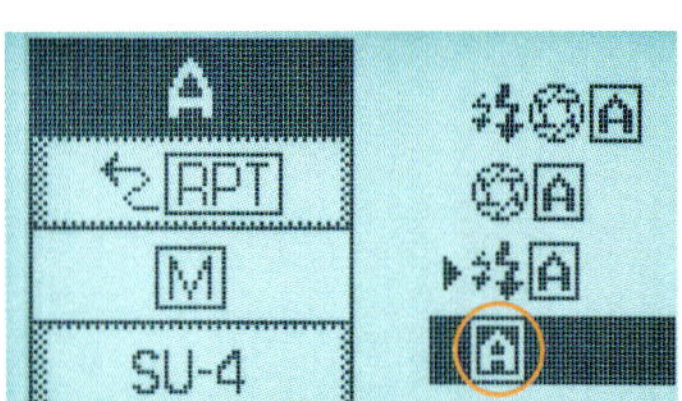

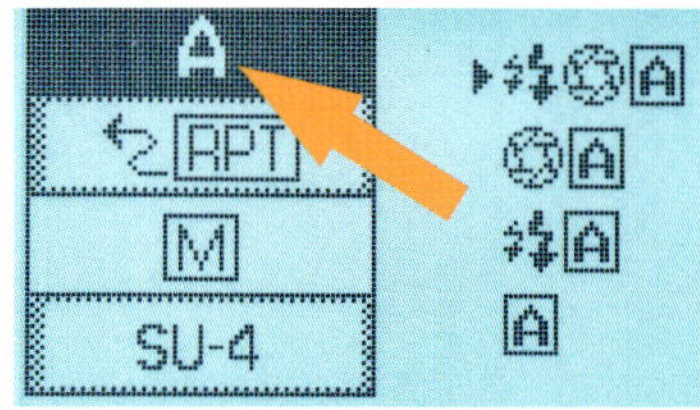

▲ *Im Setup-Menü entsprechender Nikon-Blitzgeräte können die verschiedenen A-Optionen ausgewählt werden. Auf den ersten Blick etwas verwirrend.*

Die Abkürzung AA (*Auto Aperture*) bzw. A mit angehängtem Blendensymbol steht für eine komfortable Computerblitzsteuerung mit automatischer Übertragung von ISO-Wert, Belichtungskorrektur und Blende durch eine CLS-kompatible Kamera.

In den Individualfunktionen des Blitzgeräts können Sie auf Wunsch in den Modus A wechseln.

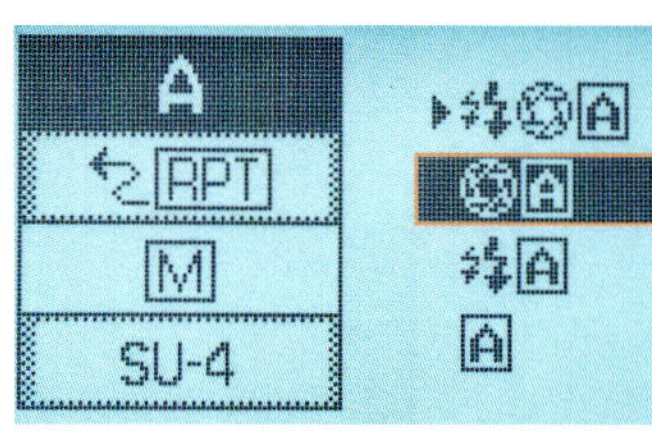

▲ *Dieses Symbol signalisiert, dass die automatische Übertragung von ISO-Wert, Belichtungskorrektur und Blende von der Kamera zum Blitz erfolgt. Bei CLS-Kameras wird automatisch umgeschaltet.*

◀ *Die Anzeige auf dem LC-Display.*

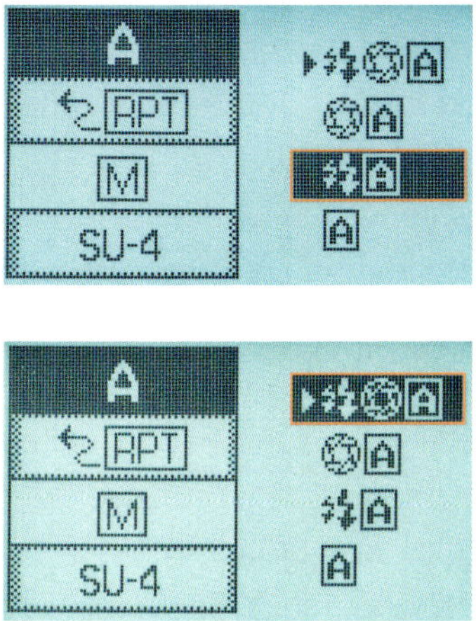

▲ *Die Messblitze (Doppelblitzsymbol) können in beiden Computerblitzmodi an- bzw. ausgeschaltet werden. Sie dienen der exakten Bewertung der Lichtsituation und werden von der Fotodiode auf der Frontseite des Blitzgeräts ausgewertet.*

▲ *Der Blitz arbeitet im Standardcomputerblitzmodus, wird jedoch durch die Messblitze unterstützt.*

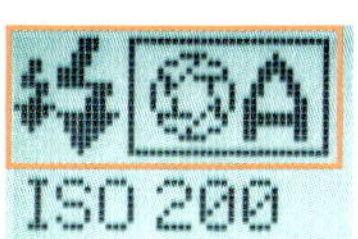

▲ *Wenn alle Symbole auf dem Display erscheinen, fotografieren Sie mit Ihrer Nikon-Kamera im komfortabelsten Computerblitzmodus.*

Computerblitz über X-Synchronkabel

Generell können Sie auch alte Computerblitzgeräte an digitalen Kameras mit Mittenkontaktblitzschuh oder Synchronkabel verwenden. Jedoch sollte die an den Zündkontakten anliegende Spannung nicht deutlich über 12 Volt betragen, um Schäden an der Kameraelektronik zu vermeiden.

Immer den Überblick behalten

Werfen Sie unbedingt einen längeren Blick in die Blitzgeräte-Kompatibilitätstabelle von Nikon, die Sie zu Ihrem Blitzgerät auch als PDF auf der Supportseite von Nikon herunterladen können. Trotz vieler Fußnoten bietet diese Tabelle einen guten Überblick über die Funktionen und die Kompatibilität des verwendeten Blitzgeräts.

Hier ist der Link zum Download-Center:

https://downloadcenter.Nikonimglib.com/de/index.html

Canon-Bezeichnungen

Bei Canon werden folgende Bezeichnungen für den Computerblitz verwendet:

Ext.A (automatische externe Blitzmessung) – nur für EOS-Kameras ab 2007. Die Blende und der ISO-Wert werden von der Kamera automatisch an den Blitz übertragen.

Ext.M (manuelle externe Blitzmessung) – für alle EOS-Kameras. Blende und ISO-Wert müssen manuell am Blitz eingestellt werden. Der Blitz muss sich nicht auf dem Blitzschuh der Kamera befinden und kann optional auch über ein X-Synchronkabel ausgelöst werden.

Blitzleistung manuell steuern

Bei vielen Blitzgeräten können Sie die Blitzleistung manuell in bestimmten Teillichtleistungsstufen steuern. Der Vorteil: Es wird keine automatische Blitzkorrektur durchgeführt, und das Blitzgerät arbeitet ohne Messblitze. Sie können die Blitzenergie in Blendenstufen bzw. Lichtwerten von Wert 1/1 (volle Leistung) bis hinunter zu 1/128 vorgeben. Der Umgang mit einem manuellen geregelten Blitz ist gar nicht so kompliziert.

Aus Leitzahl, ISO-Wert, gewählter Blende und Reflektorposition wird eine feste Reichweite im Display des Blitzgeräts angegeben. Durch die Wahl einer anderen Blende oder die Veränderung der Blitzenergie (Leitzahl) wird die Reichweite des Blitzes beeinflusst. Anwendungsbereiche für den manuellen Blitzmodus finden sich vor allem in der kreativen Blitzfotografie, z. B. in der Offenblitzmethode oder beim entfesselten Blitzen aus der Hand.

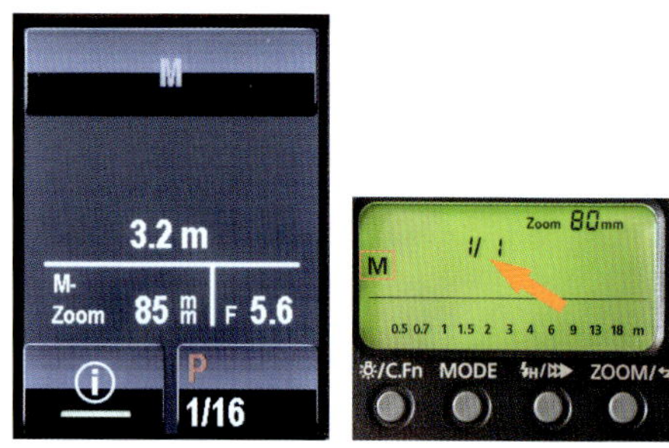

▲ *Im Modus M wird die fixe Entfernung in Abhängigkeit von ISO-Wert, Blende und Reflektorposition im LCD angezeigt. Unten rechts wird die zuvor gewählte Teillichtleistungsstufe 1/16 eingeblendet.*

Im manuellen Blitzmodus können Sie die vom Blitz abgegebene Lichtmenge sehr exakt und vor allem unabhängig von den Reflexionseigenschaften und vom Umgebungslicht dosieren. Bei konstanten Lichtbedingungen nutze ich diese Option gern auch für alltägliche Motive.

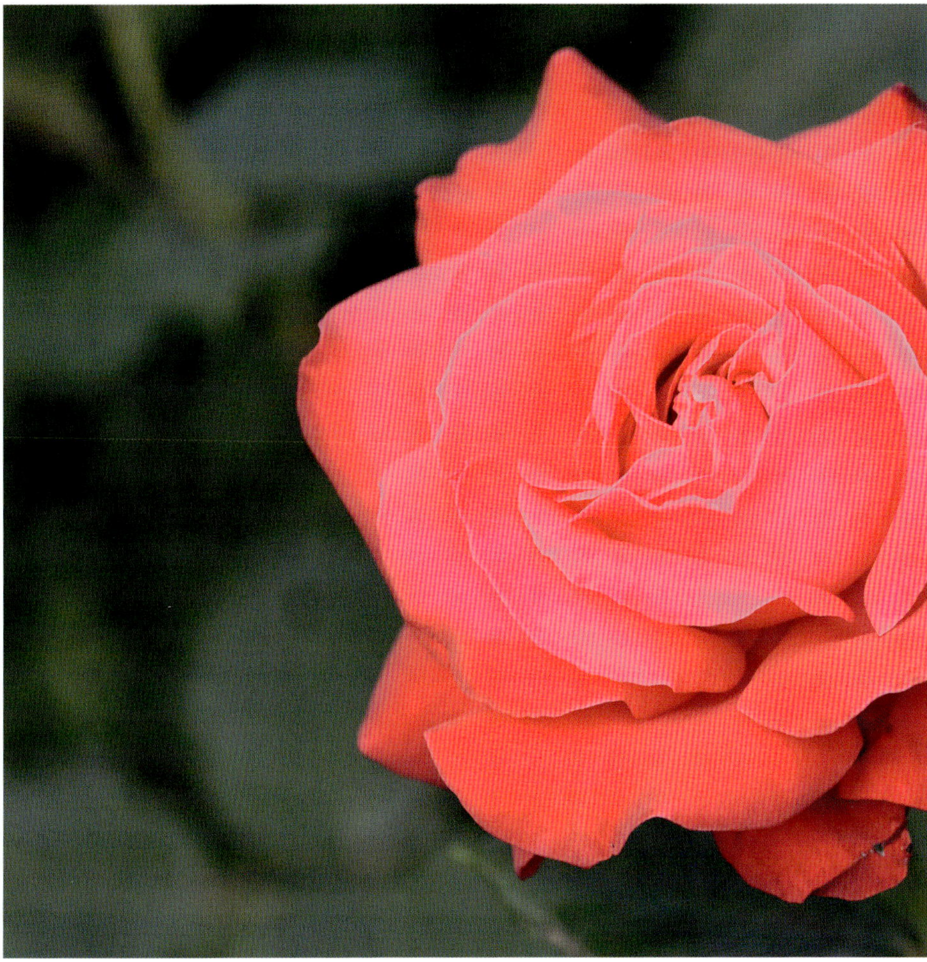

▲ *Auch gewöhnliche Objekte eignen sich für die manuelle Dosierung der Lichtmenge, wenn die Umgebungslichtverhältnisse konstant bleiben.*

f/4.7 | 1/200 s | ISO 800 | 180 mm | –1 EV | Blitz manuell 1/32 | frontal

▼ *Vergleich: Die Blätter im Vordergrund zunächst ohne Blitz und dann mit exakter manueller Dosierung auf 1/128 Leistung. Das Blattgrün leuchtet frisch und hebt sich deutlicher vom Hintergrund ab.*

f/4.8 | 1/60 s | ISO 800 | 200 mm | –1 EV | Blitz manuell 1/32 | frontal

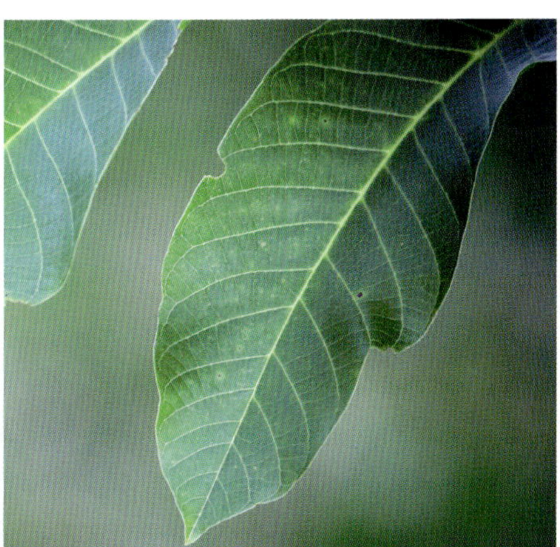

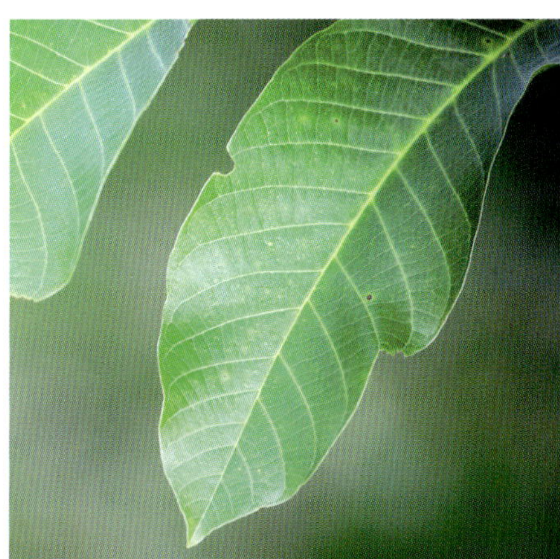

Verhältnis zwischen Lichtabgabe und Abstand

Die Lichtabgabe eines Blitzgeräts verändert sich auch, wenn der Abstand zum Hauptmotiv verändert wird. Für Mathematiker: Das Verhältnis zwischen Abstand und Lichtabnahme lässt sich sogar in Zahlen ausdrücken:

- Beleuchtungsabstand × 1,4 = Reduzierung um 1 Blendenwert

- Beleuchtungsabstand × 2,0 = Reduzierung um 2 Blendenwerte

Anwendungsbeispiel für ein Blitzgerät mit Leitzahl 40 bei Blende f/8 und ISO 100:

- 40 : 8 = 5,00 Meter

- 5,00 Meter × 1,4 = 7 Meter

Wenn Sie die Entfernung des Blitzgeräts zum Motiv auf sieben Meter erhöhen, reduziert sich die Lichtmenge um ca. eine Blendenstufe.

Im Blitzmodus M können Sie den Blitz mit einem einfachen X-Synchronkabel verbinden, um ihn mit der Kamera zu synchronisieren. Achten Sie auf die maximal mögliche Synchronzeit, da die High-Speed-Funktion (FP, HSS) nicht zur Verfügung steht.

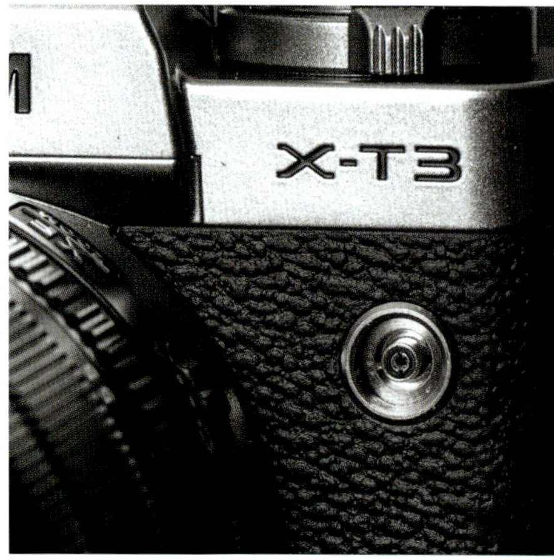

Besonderheit: die GN-Blitzsteuerung

Eine Besonderheit finden Sie bei einigen Nikon-Blitzgeräten. Wählen Sie zunächst den Abstand zum Objekt am Blitz vor und stellen Sie dann die gewünschte Blende an der Kamera ein. Anhand dieser beiden Vorgaben wird die Leistung (Leitzahl) ermittelt und im Display angezeigt.

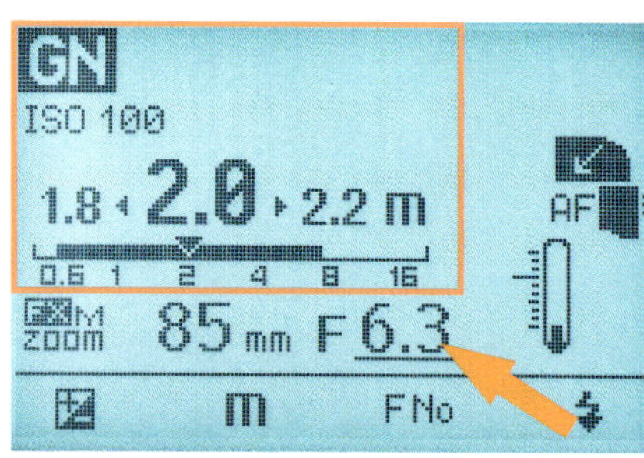

▲ *Trotz unterschiedlicher Blendeneinstellungen wird im GN-Modus immer eine konstante Blitzmenge abgegeben.*

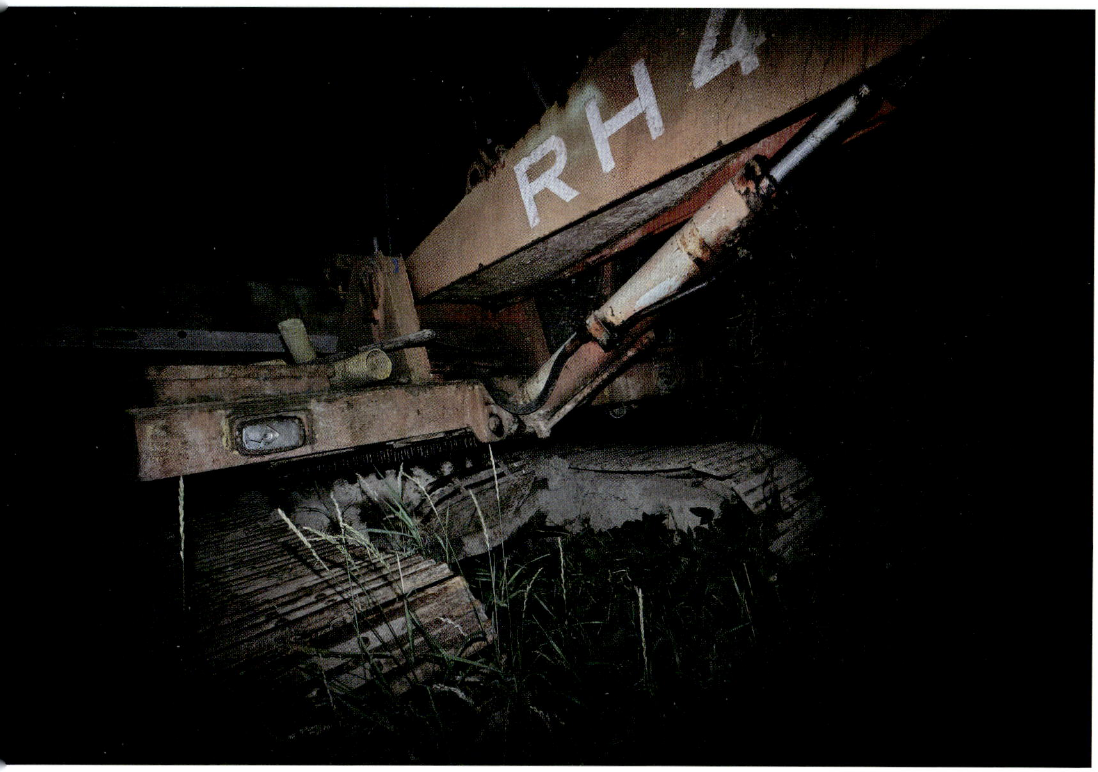

GN

GN bedeutet ***Guide Number*** (Leitzahl) und funktioniert nur, wenn sich der Blitzreflektor in der Frontal- oder der 7-Grad-Position befindet.

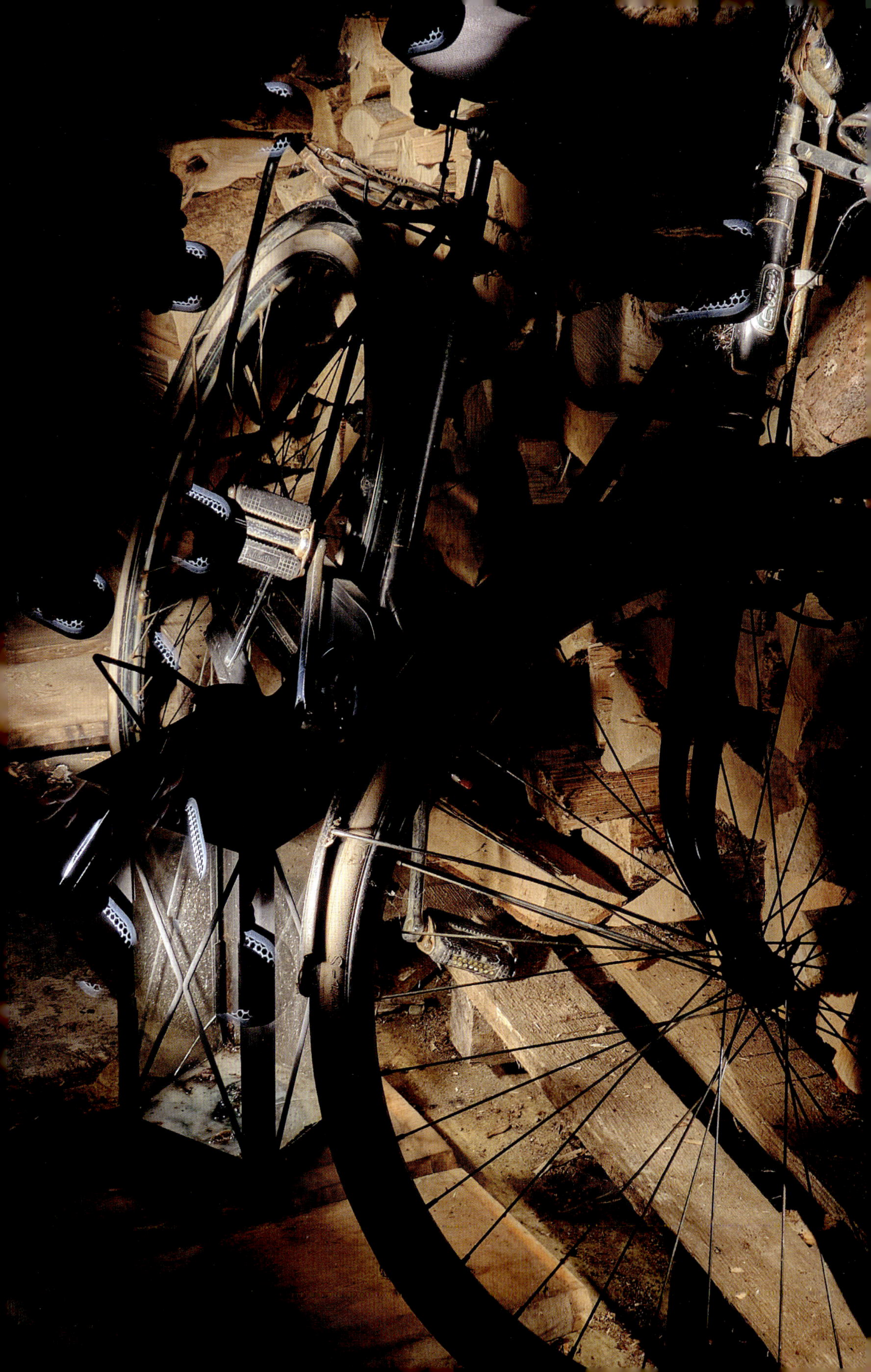

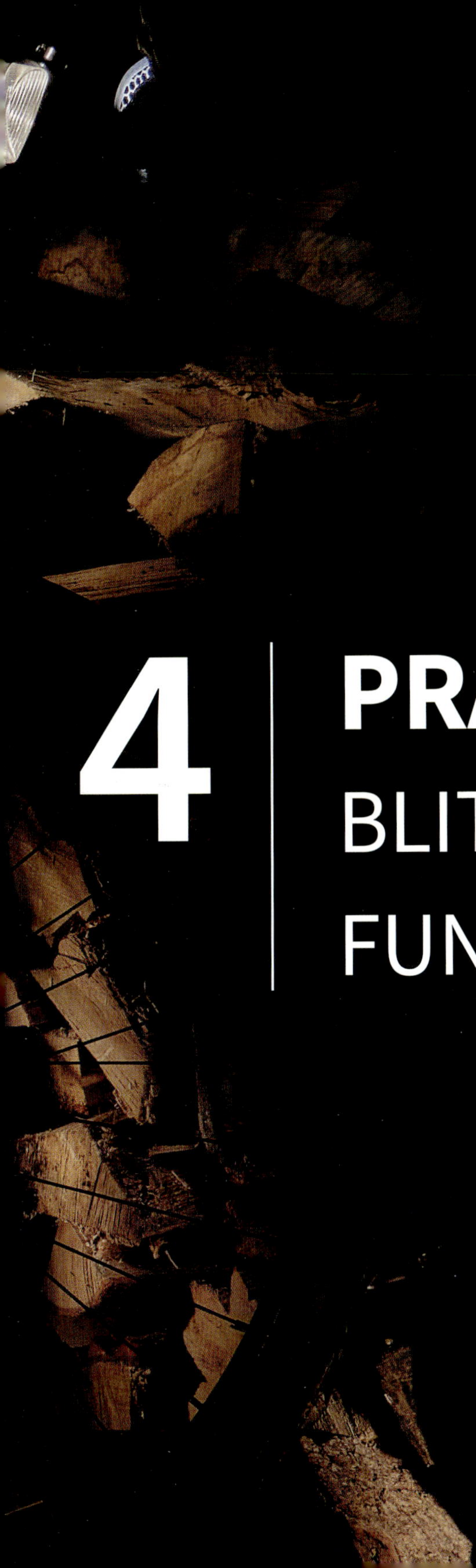

4 PRAKTISCHE BLITZ-FUNKTIONEN

Einen passenden Blitz finden

Systemblitzgeräte in gehobener Ausstattung können individuell an die Vorlieben des Nutzers oder an die jeweilige Aufnahmesituation angepasst werden. Es folgt ein Blick auf interessante Zusatzfunktionen und Ausstattungsmerkmale.

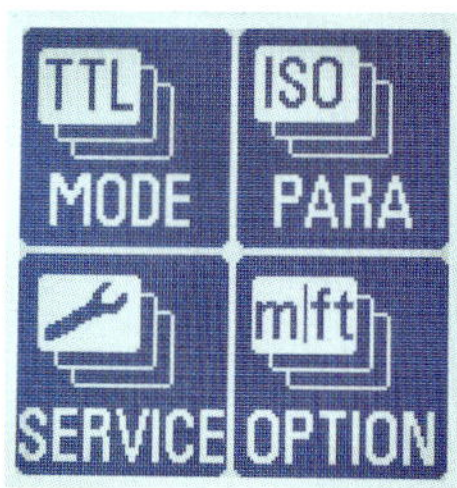

▲ *Im Setup-Menü kann der Blitz individuell angepasst werden. Machen Sie sich unbedingt mit den Funktionen und Optionen vertraut, um in der Praxis keine unangenehmen Überraschungen zu erleben.*

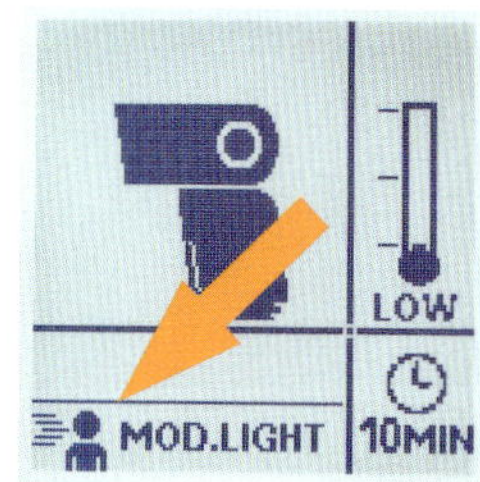

▲ *Die Model-Light-Funktion kann auch per Touch aktiviert werden. (Abb. Metz)*

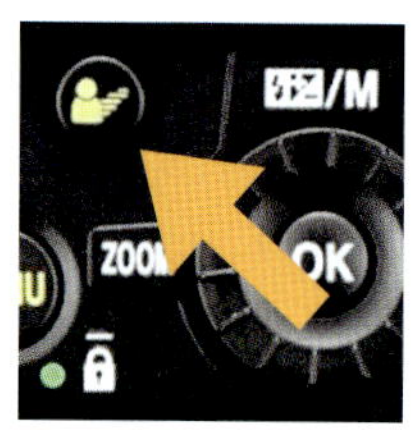

▲ *Die Taste mit dem Männchen aktiviert bei Nikon-Blitzgeräten das Modellierungslicht.*

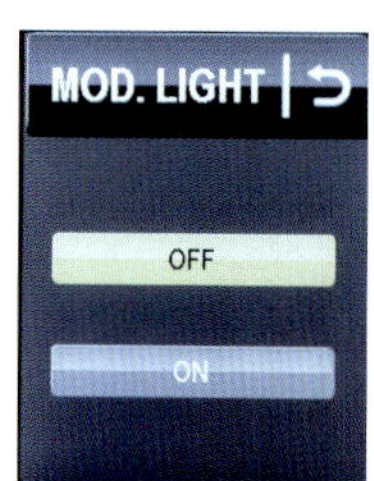

▲ *Unter Umständen müssen Sie die Funktion zuvor im Setup-Menü des Blitzgeräts freischalten.*

■ **Modellierungsblitz** – Um die Schattenwirkung im Bild kontrollieren zu können, ist ein Modellierungslicht, das über die Abblendtaste der Kamera oder am Blitzgerät selbst ausgelöst werden kann, sehr nützlich. Der Blitz zündet durch Druck und Halten der entsprechenden Taste einen Stroboskopblitz mit reduzierter Leistung in Richtung Motiv und erzeugt so eine Art Dauerlicht. Übrigens: Im hochpreisigen „Profibereich" bieten z. B. Godox und Nissin Blitzgeräte mit eingebautem LED-Einstelllicht an, die sich wie „echte" Studioblitze einsetzen lassen.

- **Stand-by-Modus** – Der Blitz schaltet sich bei längerem Nichtgebrauch automatisch ab und wird über den Auslöser der Kamera aus dem Schlafmodus geweckt. Das spart kostbaren Strom und schont die Kondensatoren im Blitzgerät.

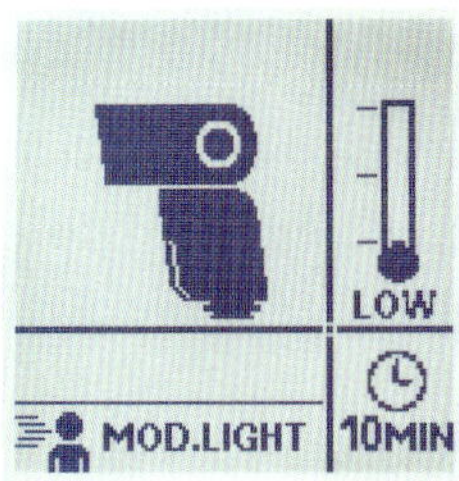

▲ *Die Zeit bis zum automatischen Abschalten wurde in diesem Beispiel auf zehn Minuten gesetzt.*

- **Extended Zoom (Metz)** – Im Motorzoombetrieb leuchtet der Hauptreflektor das Motiv um eine Reflektorposition weiter als erforderlich aus und sorgt auf diese Weise für eine weichere Ausleuchtung des Motivs. Die Leitzahl reduziert sich geringfügig.

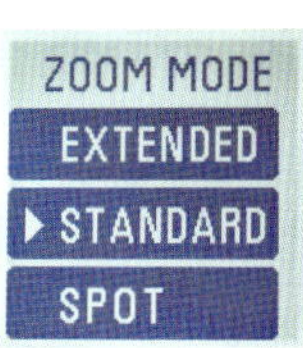

- **Tastenverriegelung** – Verriegelt die Bedienelemente (Schlüsselsymbol) und schützt vor unbeabsichtigtem Verstellen, wenn es mal hektisch zugeht.

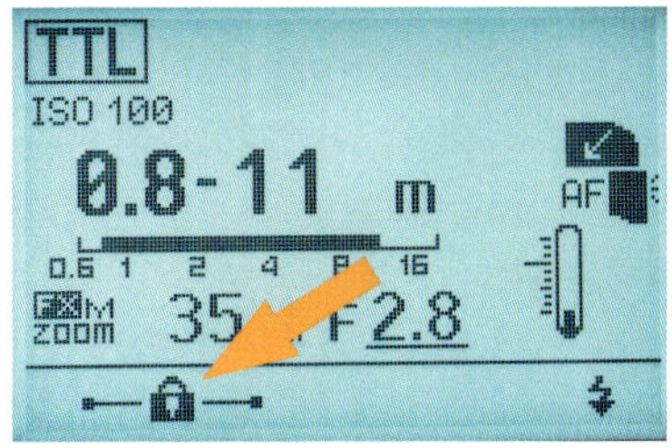

▲ *Nützlich: die Tastenverriegelung.*

- **Motorzoom** – Automatische Anpassung der Zoomposition des Hauptreflektors (Ausleuchtung) an die verwendete Objektivbrennweite und die Sensorgröße.

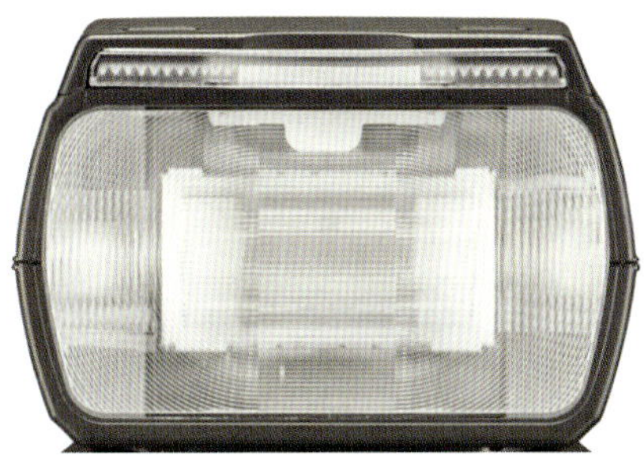

- **Akustisches Signal** – Ein Piepton für Blitzbereitschaft und Blitzbelichtungskontrolle sowie Warntöne können nach Bedarf aktiviert oder, falls störend, auch deaktiviert werden. Vor allem im entfesselten Blitzbetrieb sehr hilfreich, da die Blitzgeräte die Zündbereitschaft deutlich vermelden.

- **LCD-Beleuchtung** – Insbesondere bei Dunkelheit stört das grelle Licht des LC-Displays sehr und verbraucht außerdem unnötig Energie. Kontrast,

Helligkeit und optional auch die Farbe (Grün oder Orange) können bei gut ausgestatteten Blitzgeräten auf Wunsch angepasst werden.

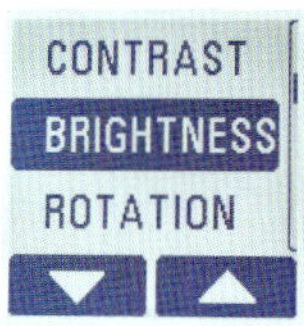

- **FX/DX** – Automatische Anpassung an die Sensorgröße der Kamera, um das Licht bei kleineren APS-C-Sensoren stärker zu bündeln.

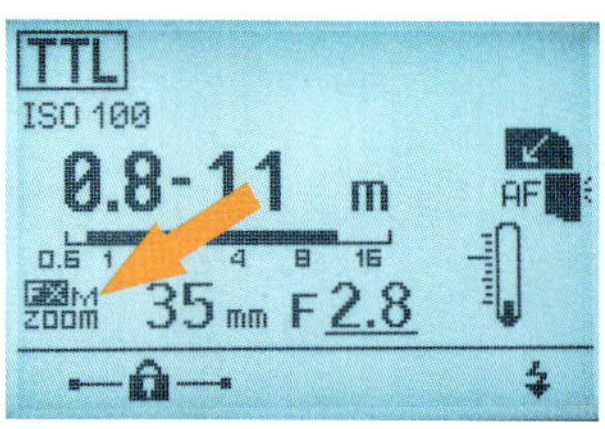

In Abhängigkeit von der Sensorgröße wird der Ausleuchtwinkel automatisch angepasst, um Vignettierungen im Randbereich zu vermeiden und eine höhere Lichtausbeute zu erzielen.

- **Integrierte Drahtlosfunktion** – Angesteuert über Infrarot- oder (besser) per Funkverbindung.

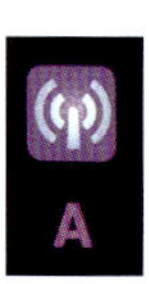

Per Funk kann der Blitz über große Entfernungen drahtlos angesteuert werden.

- **Hohe Leitzahl** – Mindestens 40 (ISO 100) bei 50 mm oder höher, ermöglicht schnelle Blitzfolgezeiten und eine größere Reichweite.

Im Internet und in den Fotofachzeitschriften (z. B. im Fotomagazin) finden Sie gut aufbereitete Tabellen und Testberichte zu aktuellen Blitzgeräten und Blitzzubehör. Was es beim Kauf zu beachten gilt, habe ich nachfolgend für Sie zusammengefasst.

- Nehmen Sie das Gerät in die Hand. Lässt es sich einfach bedienen? Auch mit kalten Händen und mit Handschuhen? Wie verhält sich das Touchdisplay? Insbesondere bei Regen und bei der Bedienung mit Handschuhen rate ich Ihnen eher zu klassischen Bedienelementen. Verzichten Sie deshalb besser auf die überflüssige Touchfunktion.

- Ist das Batteriefach gut zugänglich, und lässt es sich leicht öffnen? Gibt es farbig markierte Kennungen für die richtige Polung (Pluspol)?

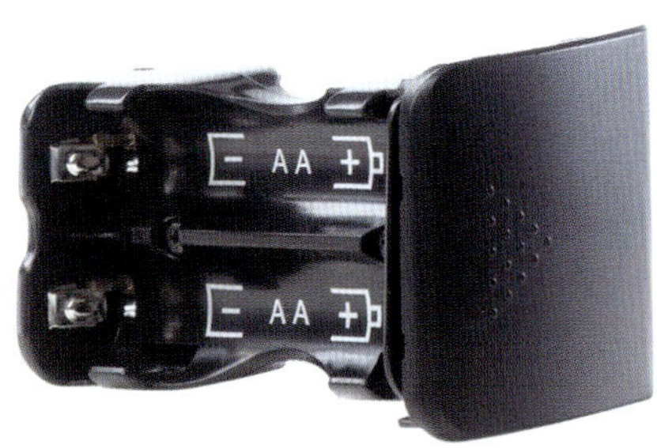

Nissin bietet für das Di700-/Di700A-Blitzgerät auswechselbare Batteriemagazine an (BM-02). Die AA-Mignon-Batterien lassen sich zudem „blind“ wechseln, da die Polung im Magazin in eine Richtung zeigt. Metz hingegen macht den Pluspol im Batteriefach durch einen roten Index kenntlich.

Bietet der Hersteller zusätzlich wechselbare Batteriemagazine an, die den schnellen Austausch ermöglichen?

- Sind wichtigste Funktionen, wie z. B. die Blitzkorrektur, schnell zugänglich?

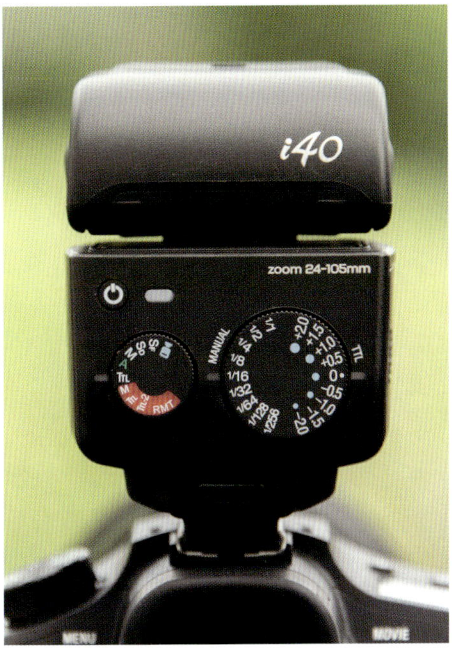

▲ *Einfach zu bedienen über Tasten und Rädchen und ohne blendendes LC-Display. So muss sich für mich ein Blitzgerät anfühlen. (Abb. Nissin)*

- Steht ein Anschluss für ein externes Batteriepack für mehr Power und schnellere Blitzfolgezeiten zur Verfügung?

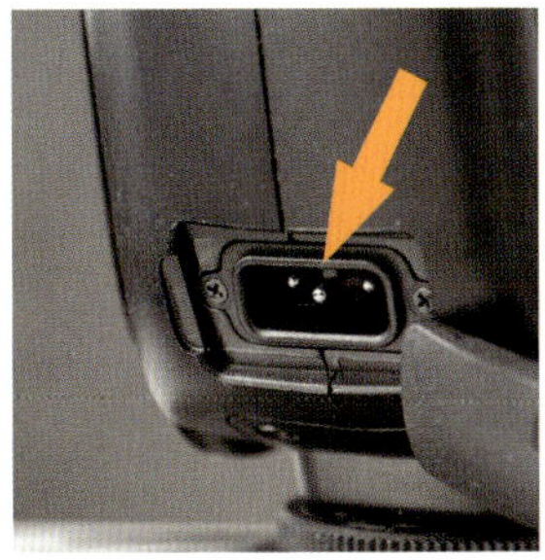

▲ *Der Anschluss für ein Powerpack kann sich auf der Frontseite oder seitlich hinter einer Gummiabdeckung befinden. Achten Sie bei Zubehör von Fremdanbietern unbedingt auf die Kompatibilität (Polung des Steckers, Spannung).*

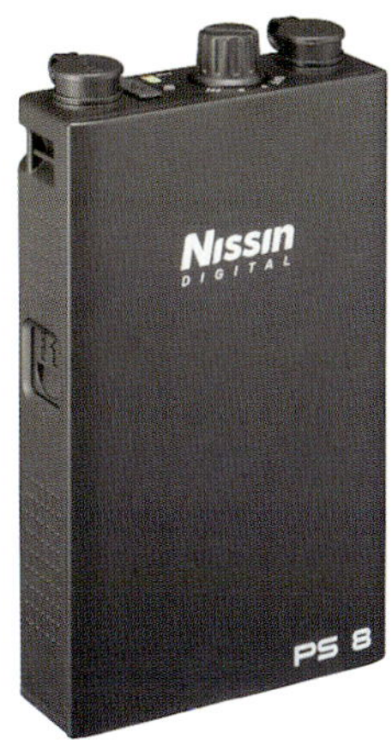

▲ *Im Zusammenspiel mit den internen Batterien des Blitzgeräts werden Leistung und Ausdauer signifikant erhöht, Auflade- und Blitzfolgezeit deutlich verringert, und die maximal mögliche Blitzzahl wird auf bis zu 550 gesteigert. (Abb. Nissin)*

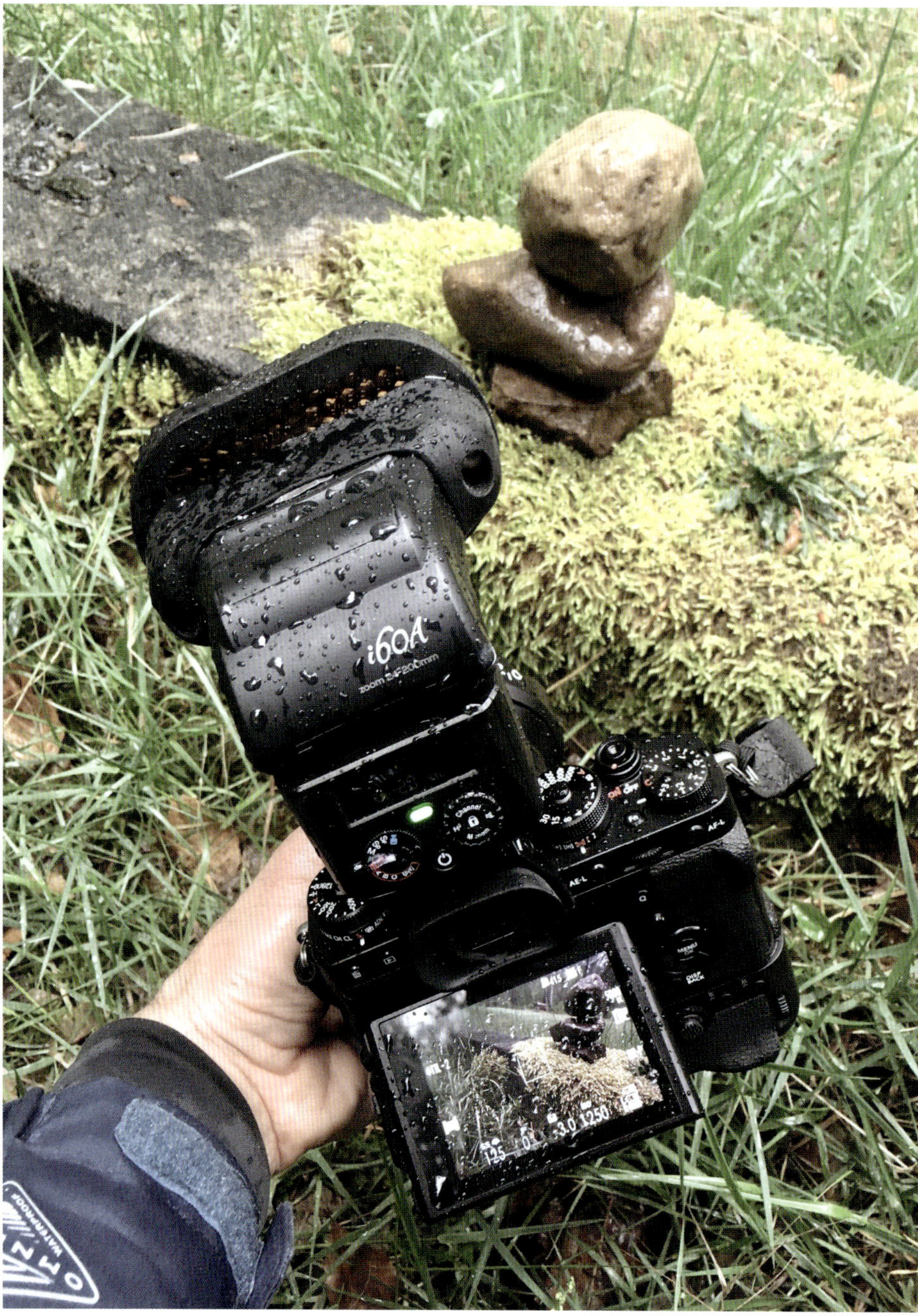

▲ *Wenn Sie sich gern bei jeder Witterung in der Natur aufhalten, sollten die Geräte spritzwassergeschützt sein.*

- Kann der Blitzfuß sicher mit dem Kamerablitzschuh verriegelt werden? Sind die Materialien (Metall) hochwertig und die Stabilität ausreichend?

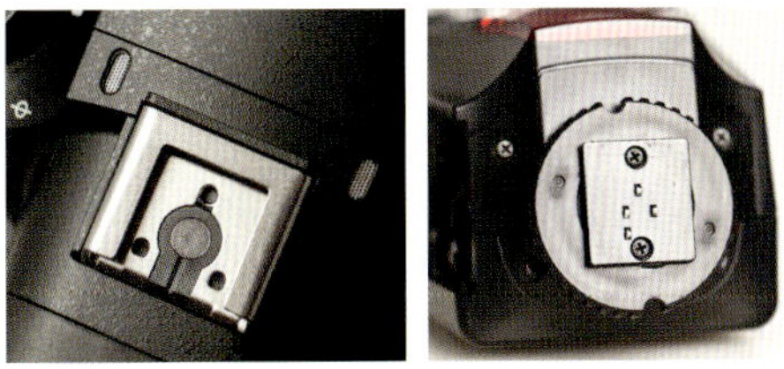

▲ *Stabile Füße und Schuhe aus Metall sorgen für eine sichere Verbindung zwischen Blitz und Kamera.*

- Der Reflektorkopf sollte vertikal um mindestens 90 Grad nach oben und leicht nach unten neigbar sein, um auch den Nahbereich abzudecken.

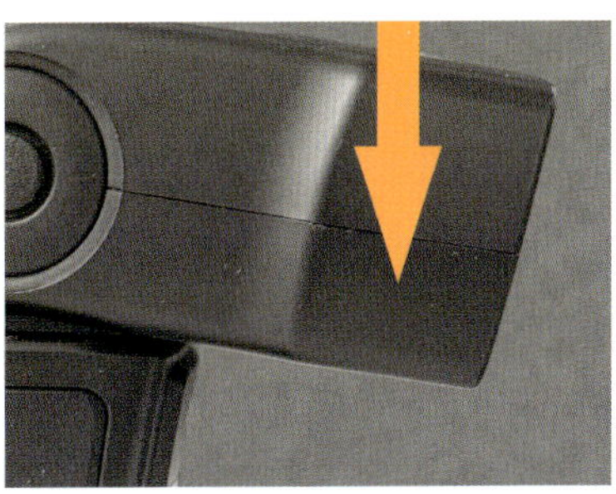

▲ *Im Nahbereich sollte der Reflektor zwecks schattenfreier Ausleuchtung nach unten neigbar sein (ca. 8 bis 10 Grad).*

- Ist das Gerät spritzwassergeschützt und temperaturbeständig?

- Harmoniert das Gewicht des Blitzes mit dem Ihrer Standard-Kamera-Objektiv-Kombination (Balance)?

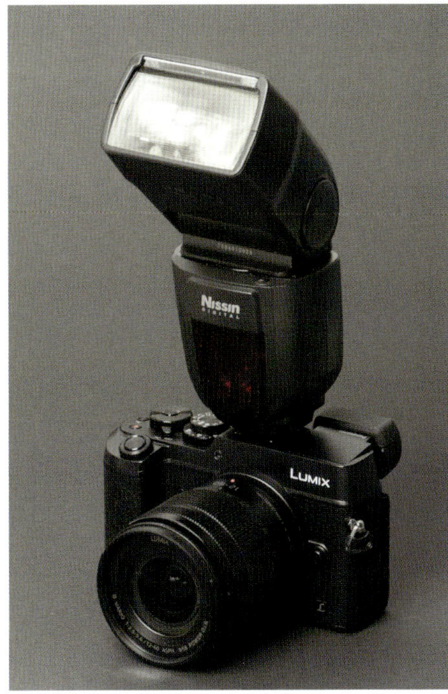

▲ *Insbesondere bei den kleinen Systemkameras bringt ein zu großes und schweres Blitzgerät die Balance ins Wanken.*

- Bietet der Blitz über eine integrierte Weitwinkelstreuscheibe und einen Catchlight-Reflektor?

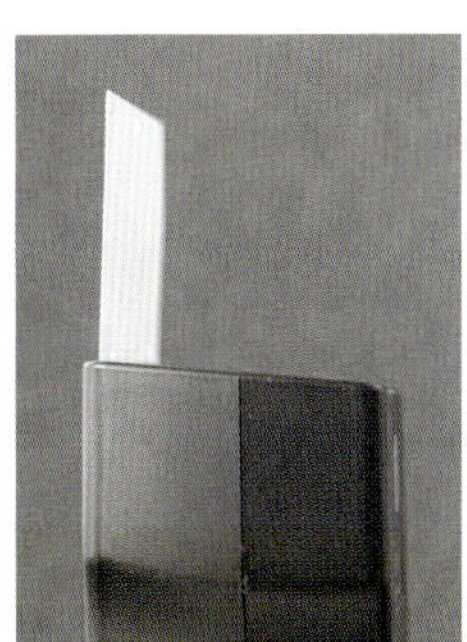

◀ *Die Vorteile eines Catchlight-Reflektors haben Sie bereits kennengelernt.*

■ Von Vorteil ist außerdem eine in der Intensität regelbare Videoleuchte (LED-Dauerlicht) für Videoaufnahmen oder auch als Fotoaufnahmelicht.

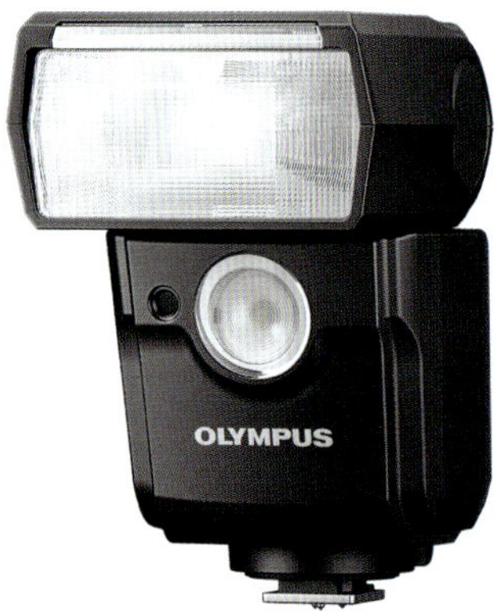

▲ *Das Olympus-Blitzgerät FL-700 WR verfügt über eine integrierte LED für Filmaufnahmen.*

■ Befinden sich Kundenservice und Ansprechpartner in Deutschland? Gibt es überhaupt eine Vertragswerkstatt? Werfen Sie gegebenenfalls einen kritischen Blick auf Rezensionen, um sich ein Bild vom Kundenservice zu machen.

■ Wie lange wird Garantie gewährt?

■ Funktioniert bei Fremdblitzgeräten die Übertragung der kamerarelevanten Daten und Funktionen? Wird der Blitz exakt im TTL-Modus angesteuert? Besteht die Möglichkeit, das Gerät upzudaten?

■ Welches Zubehör wird angeboten? Was gehört zum Lieferumfang? Stimmt das Preis-Leistungs-Verhältnis?

Update über Geräteschnittstelle

Mit dieser Option wird der Kauf ein wenig zukunftssicherer, denn Kamerahersteller nehmen keine Rücksicht bei der Implementierung neuer Kamerafunktionen auf am Markt befindliche Fremdgeräte. Per Firmware-Update kann der Blitz mit den Funktionen der neuen Kamera abgestimmt und Funktionsfehler können beseitigt werden. Mittlerweile bieten viele Blitzgerätehersteller das Firmware-Update direkt über eine USB-Schnittstelle am Blitzgerät oder über den Blitzschuh der Kamera an.

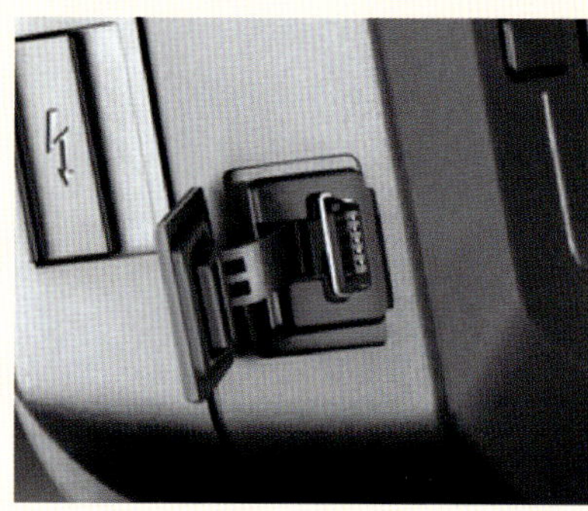

▲ *Bei vielen Blitzgeräten kann das erforderliche Firmware-Update per USB-Schnittstelle zum Blitz übertragen werden. Tipp: Im Rahmen der Garantiezeit kann diese Leistung gegebenenfalls auch vom Anbieter des Blitzgeräts erbracht werden. Hierzu muss das Gerät an die Vertragswerkstatt geschickt bzw. beim zuständigen Fachhändler abgegeben werden. (Abb. Metz)*

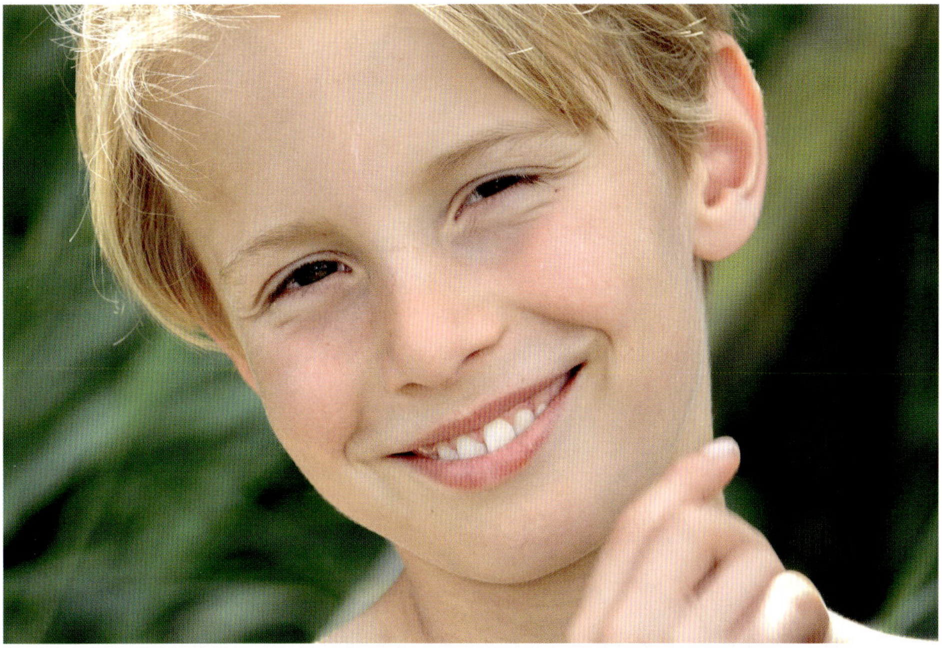

▲ *Blitz und Kamera arbeiten perfekt zusammen, wenn alle internen und externen Parameter gut auf das Hauptmotiv abgestimmt werden.*

f/4 | 1/100 s | ISO 125 | 140 mm | 0 EV | TTL-Aufhellblitz | frontal, mit Diffusor B.I.G.-Mini-Softbox

■ Liegen aktuelle Testergebnisse vor? Manchmal, aber nicht immer, hilft ein Blick in die Foren im Internet, um sich Meinungen und Erfahrungen von anderen Nutzern einzuholen. Doch Vorsicht! Glauben Sie nicht alles, was Sie lesen. In jedem Fall sollten Sie Ihren Favoriten testen! Beim gut aufgestellten und kundenorientierten Fotofachhändler können Sie übrigens auch Blitzgeräte ausleihen.

Autofokus und Blitz kommunizieren

Sobald Sie mit dem Blitz fotografieren, spielen das aktive AF-Messfeld und der ermittelte Abstand zum Objekt (Distanz) eine wichtige Rolle. Die Informationen werden zur Ermittlung der Blitzleistung herangezogen – vollautomatisch. Daher ist es wichtig, dass Sie die richtige Wahl bei AF-Modus und -Messfeld treffen, um perfekt belichtete Aufnahmen in Verbindung mit dem Blitzgerät zu bekommen.

Fokus auf das Hauptobjekt

Richten Sie das aktive AF-Feld immer auf den Bereich im Bild, der vom Blitz erfasst werden soll, um eine exakte Blitzdosierung zu erhalten.

Messblitze und AF-Messfeld

Die nachfolgende Aufnahmereihe stellt die Wichtigkeit der Messblitze dar.

- Das AF-Feld wurde auf das Objekt im Vordergrund gelegt. Die TTL-Blitzbelichtung konnte exakt auf die zuvor ermittelte Entfernung berechnet werden.

- Bei der zweiten Aufnahme zielt das AF-Feld auf den Hintergrund. Die Schärfe wurde gespeichert, und anschließend wurde der Bildausschnitt auf das unscharfe Objekt im Vordergrund gelegt. Dank der ermittelten Reflexionen der zuvor gezündeten Messblitze kann der schlaue Kameracomputer erkennen, dass sich ein Objekt im Vordergrund befindet. Die Blitzlichtmenge wird also trotz Fokus auf „unendlich" exakt dosiert.

Abweichend von diesem Beispiel kann es sein, dass Ihr Kameramodell dieses Kunststück nicht oder nur annähernd beherrscht. Legen Sie daher den Fokus immer auf das Hauptmotiv im Vordergrund.

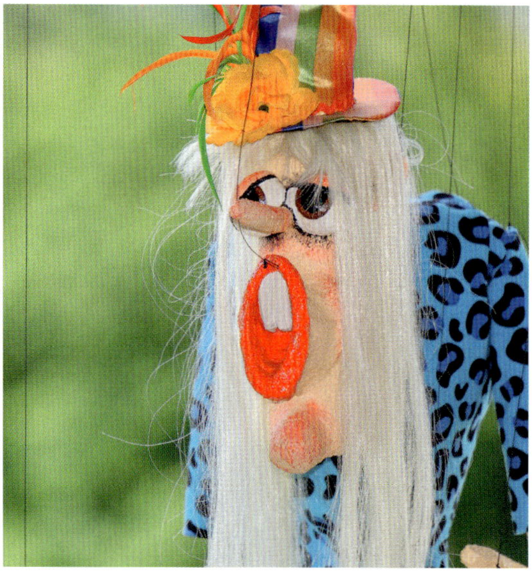

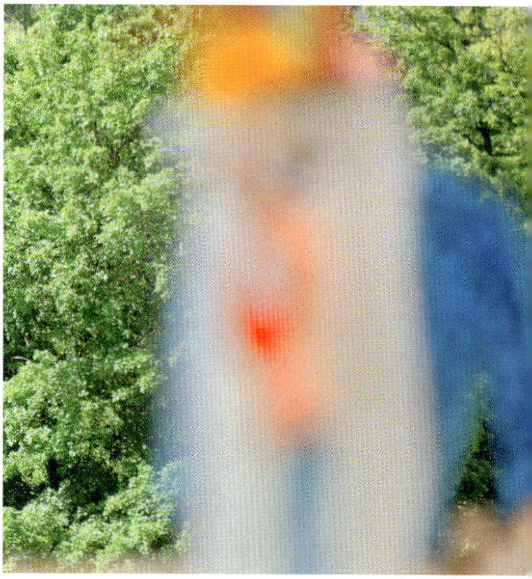

f/4.5 | 1/700 s | ISO 400 | 200 mm | 0 EV | TTL-Aufhellblitz | frontal

Motiverkennung

Wenn Sie die „automatische Motiverkennung“ in der Kamera aktiviert haben, wird der Bereich im Bild, der im Fokus liegen soll, vom Computer festgelegt. Bei der Gesichtserkennung klappt das ganz gut, und der Fokus liegt genau in der bildwichtigen Augenebene. Aber versuchen Sie doch mal, eine Blume, die sich hinter wehenden Gräsern versteckt, mit einer intelligenten Automatik zu erfassen. Bis das System eine richtige Entscheidung getroffen hat, ist die Blume verwelkt.

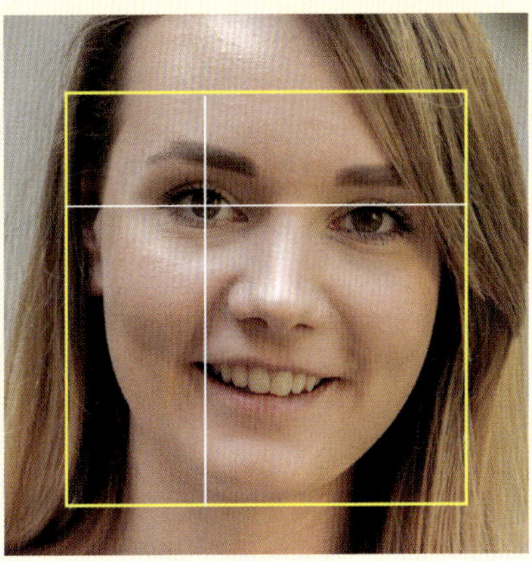

▲ *Die automatische Gesichtserkennung (gelber Rahmen) arbeitet mit dem AF-System zusammen und gibt die gesammelten Informationen an die TTL-Blitzsteuerung weiter, um eine exakte Aufhellung und Farbtonwiedergabe zu gewährleisten.*

Autofokusmodi und Einsatz

Für überwiegend statische Motive

Der Fokusmodus *S*, *AF-S* oder *ONE-SHOT* (Canon) steht, sofern entsprechend konfiguriert, für Schärfegarantie und ist geeignet für statische oder leicht sich bewegende Objekte. Bei zu schnellen Bewegungen kann es vorkommen, dass der Autofokus das Objekt nicht erfassen kann und der Auslöser blockiert. In diesem Fall wird auch der Blitz nicht ausgelöst.

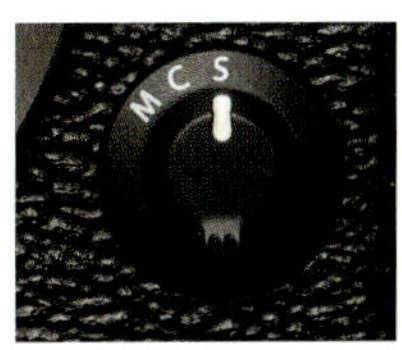

▲ *Im Fokusmodus S bzw. ONE-SHOT wird der Blitz erst dann ausgelöst, wenn das Objekt scharf gestellt wurde. Dies ist die Standardeinstellung für die meisten Motivsituationen.*

Für Objekte in Bewegung

Die Fokusbetriebsart *C*, *AF-C* oder *AI-Servo* (Canon) wird in der Praxis für sich schnell bewegende Objekte verwendet, die kontinuierlich fokussiert werden sollen. Das AF-System versucht,

Doppeltes Belichten, einmal Auslösen

Eine Aufnahme entsteht erstens mit der Blende und zweitens mit der Belichtungszeit. Mit einer langen Belichtungszeit kann ich nicht nur „verwackeln“, ich will es manchmal sogar. Und mit einem Druck auf den Auslöser erziele ich eine schöne Konfrontation von unscharf und scharf. Der Blitz friert aufgrund der kurzen Abbrennzeit einen Teil der Objektbewegung ein. Im Grunde genommen ist daher jede X-Blitzsynchronisation eine Doppelbelichtung.

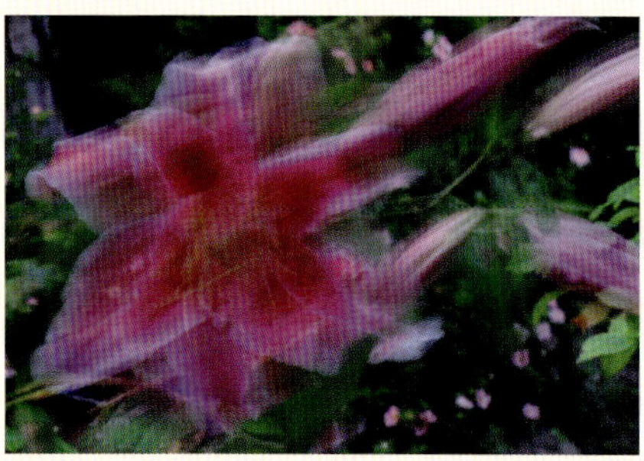

Die Lilie wurde vom Wind bewegt. Die lange Belichtungszeit sorgt für Bewegungsunschärfe.

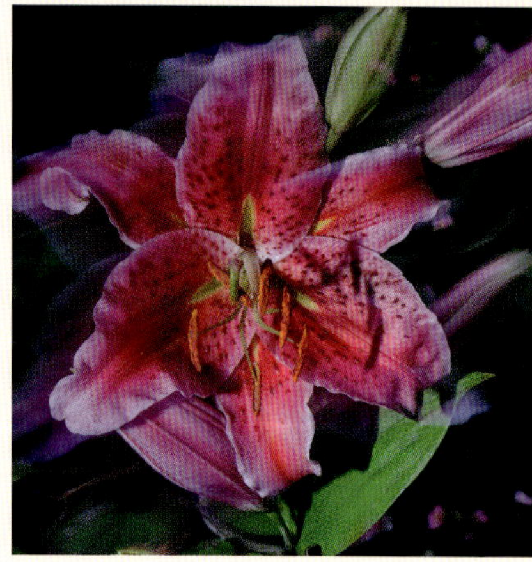

Der Blitz „friert“ bestimmte Bereiche im Bild ein. Die sehr kurzen Blitzleuchtzeiten, insbesondere im Nahbereich, machen diesen Effekt möglich. Tipp: Synchronisieren Sie den Blitz auf den zweiten Verschlussvorhang.

die Bewegung mithilfe des sogenannten prädiktiven Autofokus zu ermitteln bzw. zu berechnen. Sie können in der Standardkonfiguration Ihrer Kamera immer auslösen, unabhängig davon, ob die Fokussierung bereits abgeschlossen ist oder nicht. Schnelle Blitzfolgezeiten sind hierbei wichtig, damit das Objekt in der Aufnahmeserie erfasst werden kann. Mein Tipp: Erhöhen Sie den ISO-Wert, öffnen Sie die Blende, verringern Sie den Leuchtwinkel des Blitzreflektors und verwenden Sie Akkus, um die Blitzfolgezeit zu steigern.

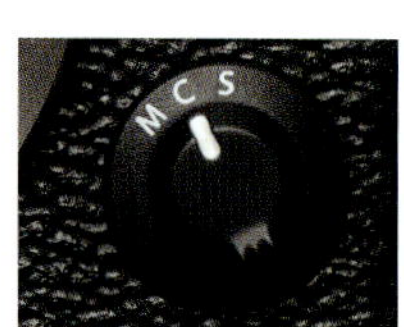

▲ *Der kontinuierliche AF spielt seine Stärken bei in Bewegung befindlichen Objekten in Verbindung mit der Serienbildschaltung aus.*

Bei sehr schneller Objektbewegung kann es vorkommen, dass die Schärfe nicht exakt ermittelt und das Objekt unscharf abgebildet wird. Der Blitz erfasst jedoch eine Objektebene und friert diese für den Moment ein, sodass im Prinzip eine Art Doppelbelichtung erfolgt.

AF-Messfeldauswahl treffen

Sie können im Menü Ihrer Kamera verschiedene AF-Messfeldarten auswählen, um das AF-System objekt- und situationsabhängig anzupassen. Anfangs wird die Standardeinstellung (alle Felder) mit automatischer Motiverkennung völlig ausreichend sein. Doch mit zunehmender Erfahrung werden Sie lernen, eine für die Motivsituation optimale AF-Messfeldart auszuwählen.

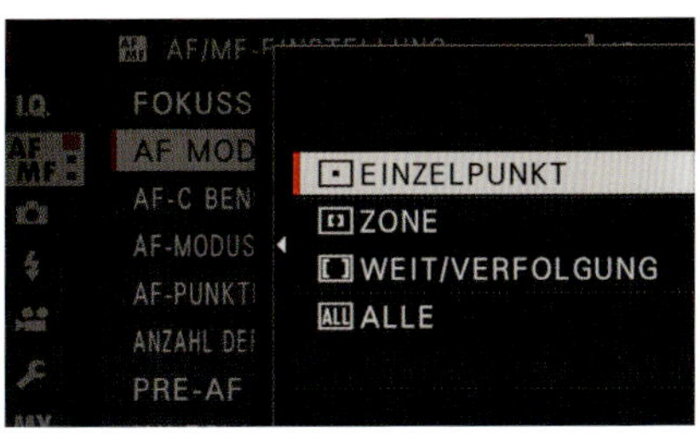

▲ *Die Auswahl der AF-Messfeldart (Beispiel Fujifilm).*

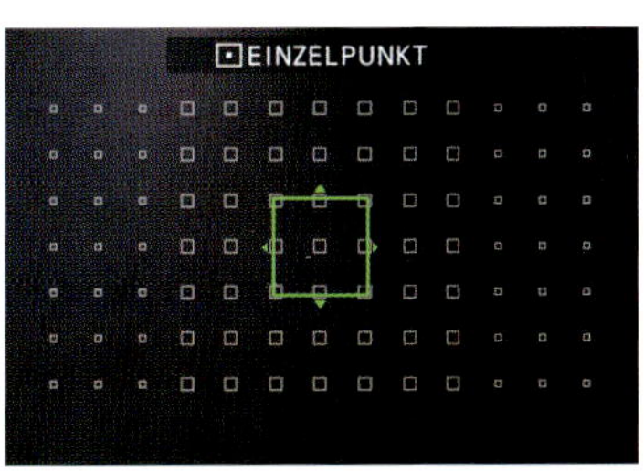

▲ *Das grüne AF-Feld (Beispiel Fujifilm) kann innerhalb des begrenzten Fokussierbereichs verschoben werden.*

Einzelnes AF-Feld

Das einzelne AF-Feld dient dem exakten Fokussieren statischer oder außermittiger Motive, die z. B. vom Stativ aus fotografiert werden. Es erscheint ein einzelnes Feld, das Sie z. B. per Joystick, Navigationstaste oder Touch exakt positionieren können. Alternativ können Sie bei außermittigen Motiven auch das Hauptobjekt anmessen, den Auslöser in der ersten Stufe gedrückt halten (AF-Speicher), den Bildausschnitt festlegen und anschließend auslösen.

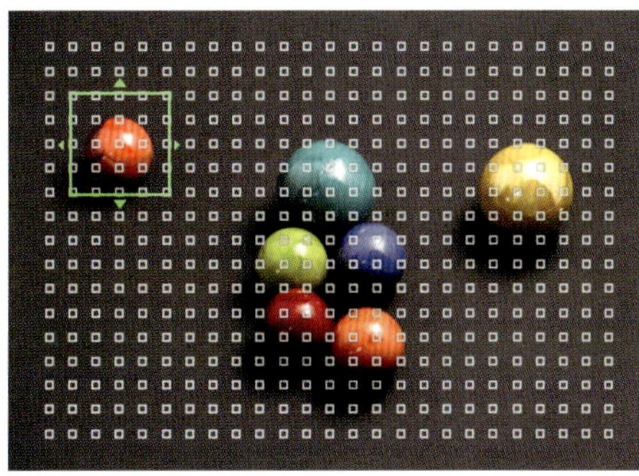

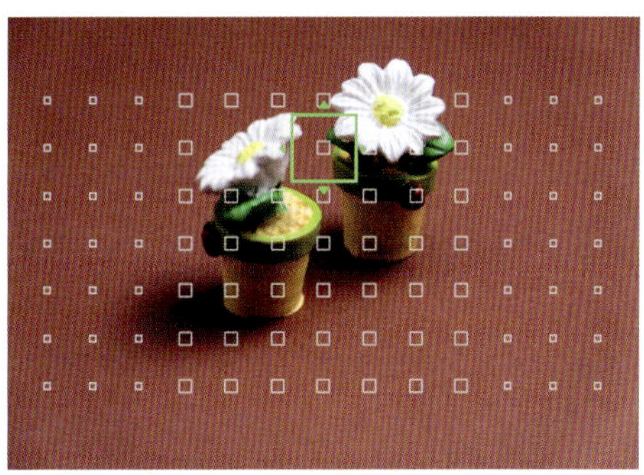

▲ *Einzelpunkt-AF für punktgenaues Fokussieren. Dies ist die Standardeinstellung für die meisten Motive, z. B. für Porträts, und wird oft mit dem Fokusmodus S, AF-S bzw. ONE-SHOT eingesetzt.*

Mehrere AF-Messfelder

Legen Sie vorab die Anzahl und die Größe der Messfelder fest und verschieben Sie den Messfeldbereich dorthin, wo sich das Motiv befindet bzw. die Objektbewegung geschieht.

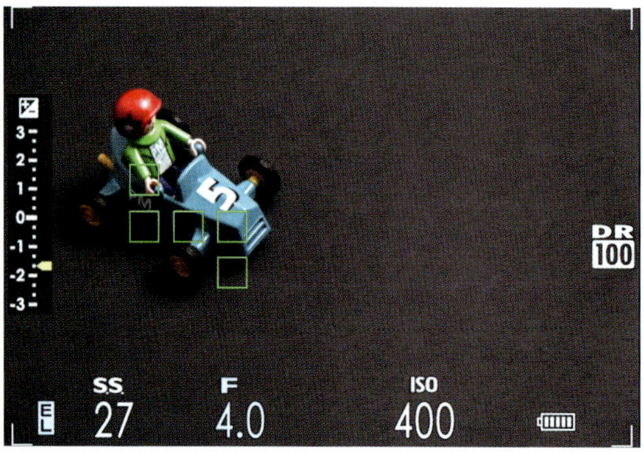

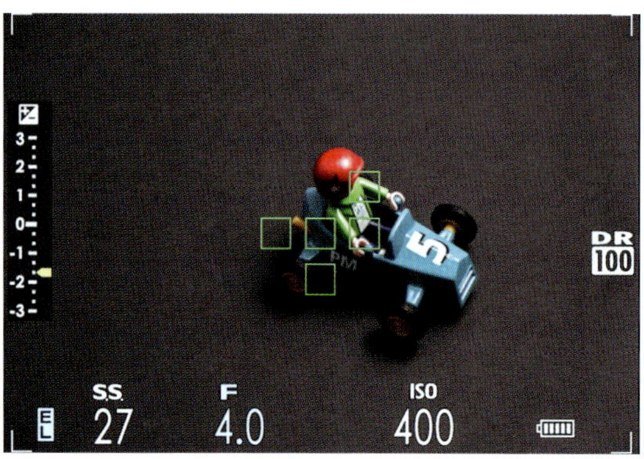

▲ *Die AF-Messfelder verfolgen das Fahrzeug in der Bewegung und übermitteln fortlaufend die exakte Objektentfernung an das Blitzgerät (Beispiel Fujifilm).*

AF-Hilfslicht als Unterstützer

Sofern vorhanden und aktiviert, leuchtet eine eingebaute LED auf der Vorderseite von Kamera oder Blitzgerät bei Bedarf automatisch auf und unterstützt das Autofokussystem bei der Fokussierung. Kritische Motive, die zu dunkel oder kontrastarm sind, können auf diese Weise sicher und schnell erfasst werden. Die Reichweite des AF-Illuminators kann bis zu zehn Meter betragen. Es handelt sich übrigens nicht, wie oft behauptet, um einen Messblitz, sondern um eine kleine, aber kräftige „Taschenlampe“, die entweder ein kontrastreiches Gittermuster projiziert (Blitzgerät) oder, in der Kamera verbaut, einfach nur für zusätzliches Licht sorgt.

Wichtig! AF-S-Modus

Beachten Sie, dass an der Kamera im Regelfall der Modus AF-S (ONE-SHOT) gesetzt sein muss, damit das AF-Hilfslicht automatisch aktiviert wird. Lassen Sie diese nützliche Unterstützung als Standardeinstellung im Menü aktiviert, um in jeder Lichtsituation schussbereit zu sein.

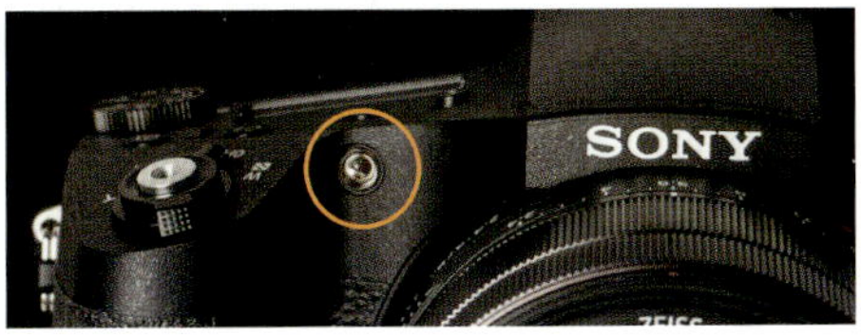

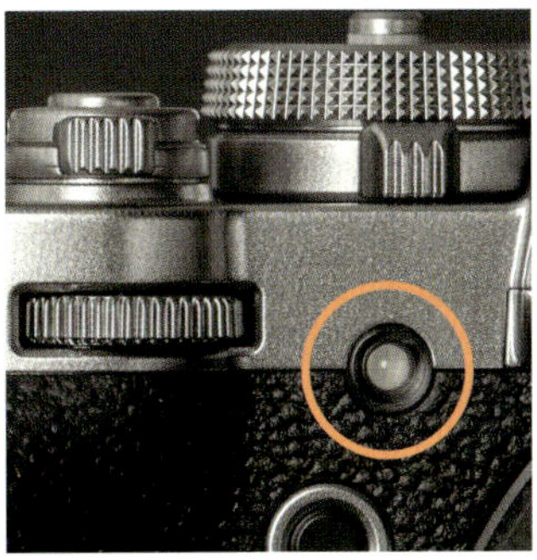

▲ *Auf der Frontseite der Kamera befindet sich die LED zur Unterstützung des Autofokus. Sie darf nicht mit dem Finger verdeckt werden (Beispiel Sony).*

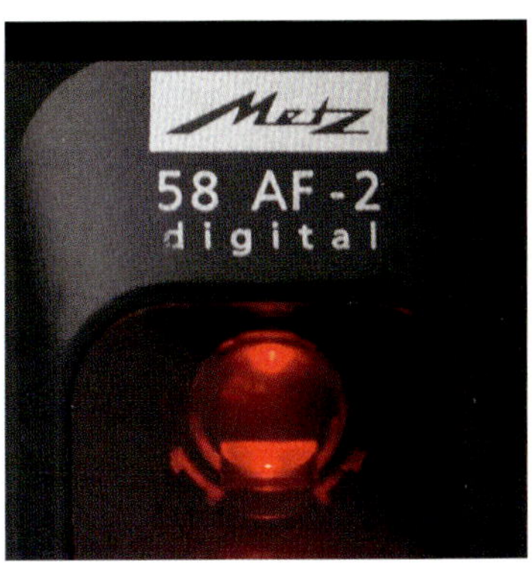

▲ *Das AF-Hilfslicht befindet sich am Blitzgerät hinter der roten Frontabdeckung (Beispiel Metz).*

Wenn das AF-Hilfslicht stört

In bestimmten Motivsituationen, z. B. auf Partys oder bei Nachtaufnahmen, kann das AF-Hilfslicht unter Umständen sehr stören oder unwirksam sein und sollte ausgeschaltet werden. Das gilt auch dann, wenn Sie im Makrobereich mit aufgesetztem Blitzgerät fotografieren. Aufgrund der sehr kurzen Distanz bleibt das Hilfslicht für die Fokussierung in den meisten Fällen unwirksam. Setzen Sie den Blitz daher entfesselt ein (mit TTL-Steuerkabel oder kabellos), um ihn aus größerem Abstand etwas seitlich zu positionieren.

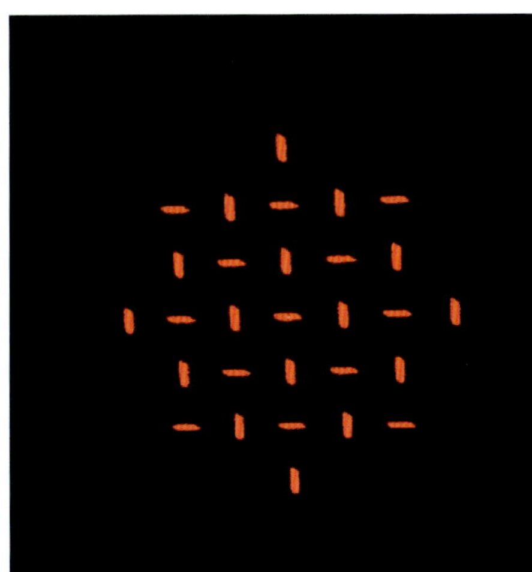

▲ *Das Gittermuster hilft dem AF-System bei der sicheren Ermittlung der Schärfe bei kontrastarmen Motiven oder in der Dunkelheit.*

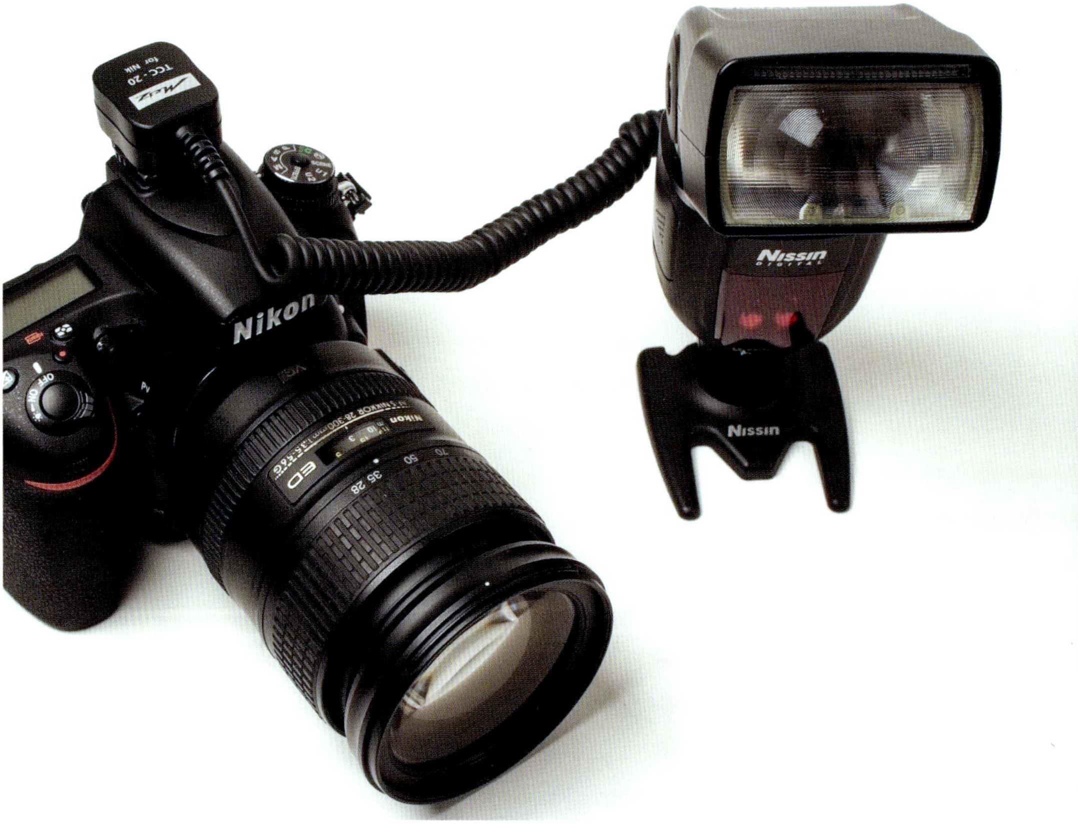

▲ *Im Nahbereich sollte der Blitz entfesselt eingesetzt werden, damit das AF-Hilfslicht seine Wirkung voll entfalten kann.*

Stumm schalten

Wenn die Kamera über einen elektronischen Verschluss verfügt, werden im „Lautlosmodus" in der Regel nicht nur die akustischen Geräusche, sondern auch das AF-Hilfslicht und die Selbstauslöser-LED deaktiviert.

Manuell fokussieren

Natürlich können Sie auch ohne die Unterstützung des AF-Systems fokussieren, z. B. in der Nacht – und Dämmerungsfotografie. Auch in diesem Fall wird die eingestellte Entfernung dem „Blitzcomputer“ der Kamera übermittelt, um die Blitzleistung anzupassen.

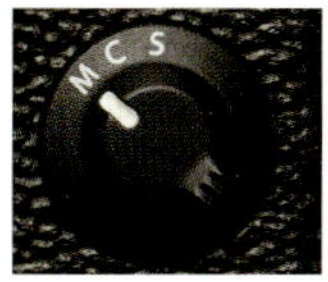

▲ *Manuelle Fokussierung (M, MF). Die Scharfeinstellung erfolgt über den Fokusring am Objektiv.*

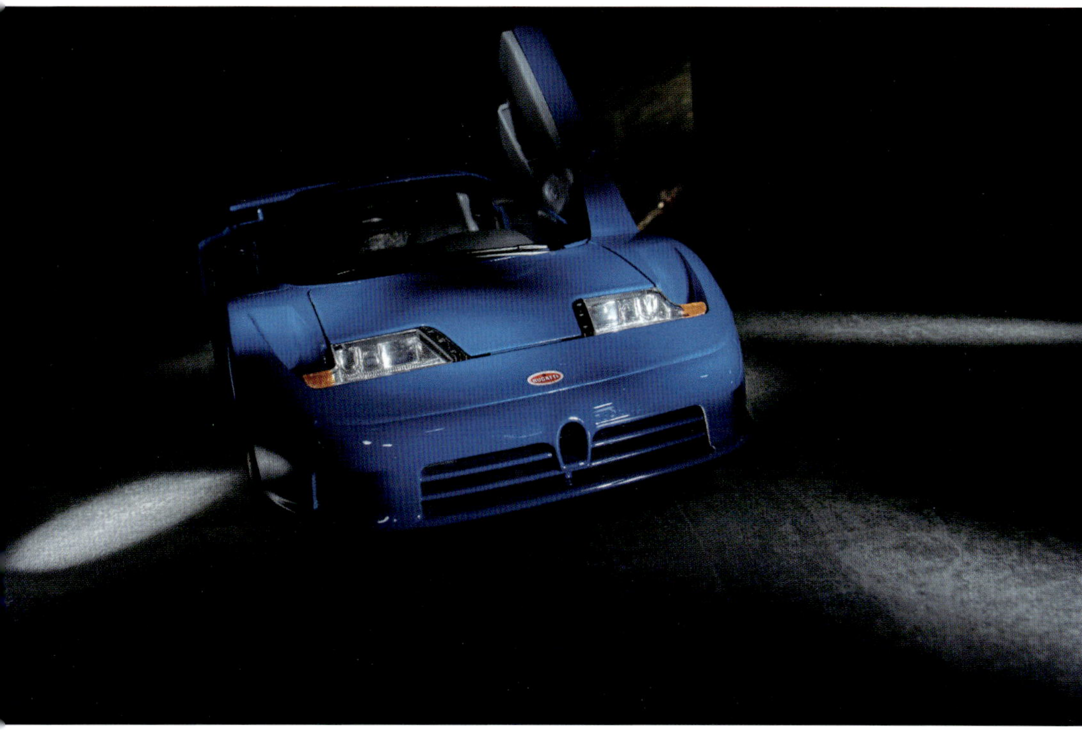

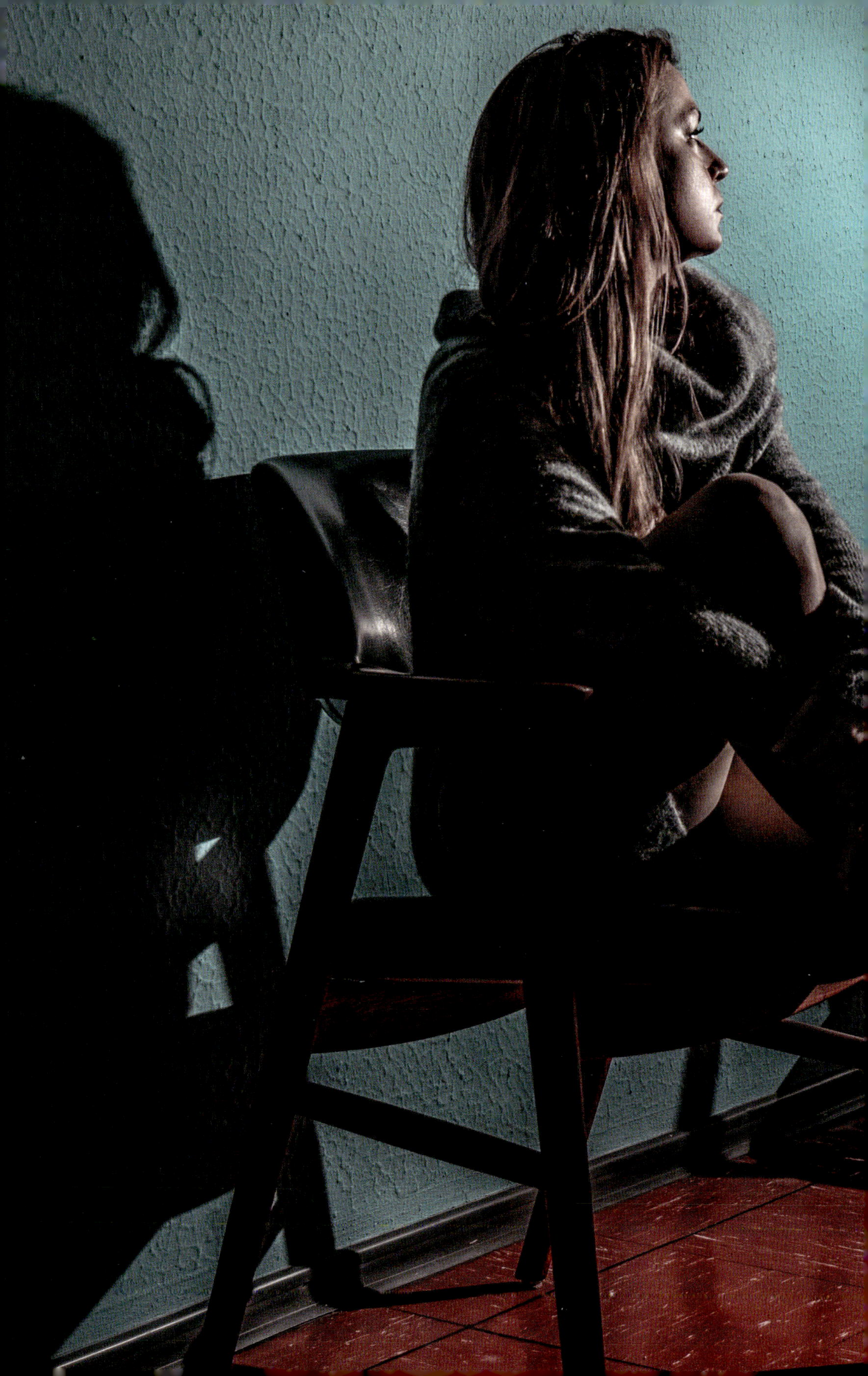

5 DIE KAMERA VORBEREITEN

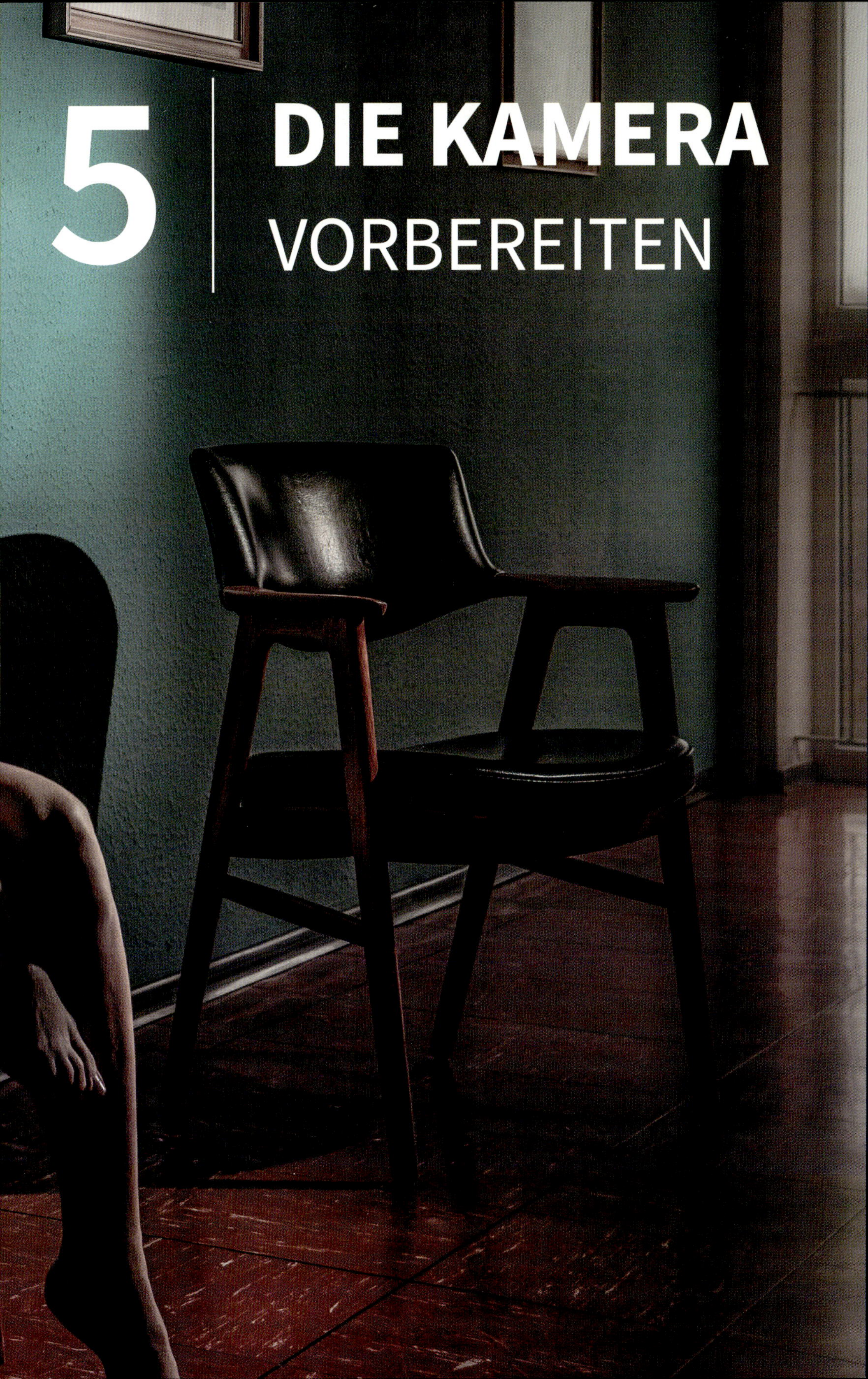

Wichtige Kameraeinstellungen

In diesem Kapitel erhalten Sie Tipps für die wichtigsten Einstellungen der bildwichtigen Parameter Ihrer Kamera, um in Verbindung mit dem Blitzgerät bestmögliche Ergebnisse zu erhalten. Die Informationen sind herstellerübergreifend gehalten, daher kann es möglich sein, dass nicht alle genannten Optionen für Ihr Kameramodell zutreffen.

Das RAW-Format steht für

- mehr Spielraum in kontrastreichen bzw. dynamischen Lichtsituationen bei der Bearbeitung von Schatten und Lichtern,
- höchste Qualität in der Druckausgabe (z. B. Fine-Art-Print),
- mehr Flexibilität und Kreativität im digitalen Workflow,
- Ausgabe und Umwandlung in verschiedene Auflösungen und Dateiformate sowie für
- professionelle Auftragsfotografie.

Das JPEG-Format ergibt Sinn, wenn

- der Spaß an der Fotografie an erster Stelle steht,
- eine schnelle Bildauswahl gefordert wird,
- die Kamera einen großen Dynamikumfang aufweist und auch bei kontrastreichen Motiven sehr gute Bildergebnisse erzielt,
- die bildwichtigen Parameter im Kameramenü optimal auf die jeweilige Aufnahmesituation abgestimmt werden können,
- die Ergebnisse überwiegend auf einem Display oder Monitor angeschaut werden,
- die Ausdrucke über einen Thermosublimationsdrucker (Fotokiosk) ausgegeben werden, wie z. B. im Fotofachhandel oder bei Drogeriediscountern, und wenn
- die Ergebnisse in Bezug auf die Qualität Ihren Vorstellungen voll und ganz entsprechen.

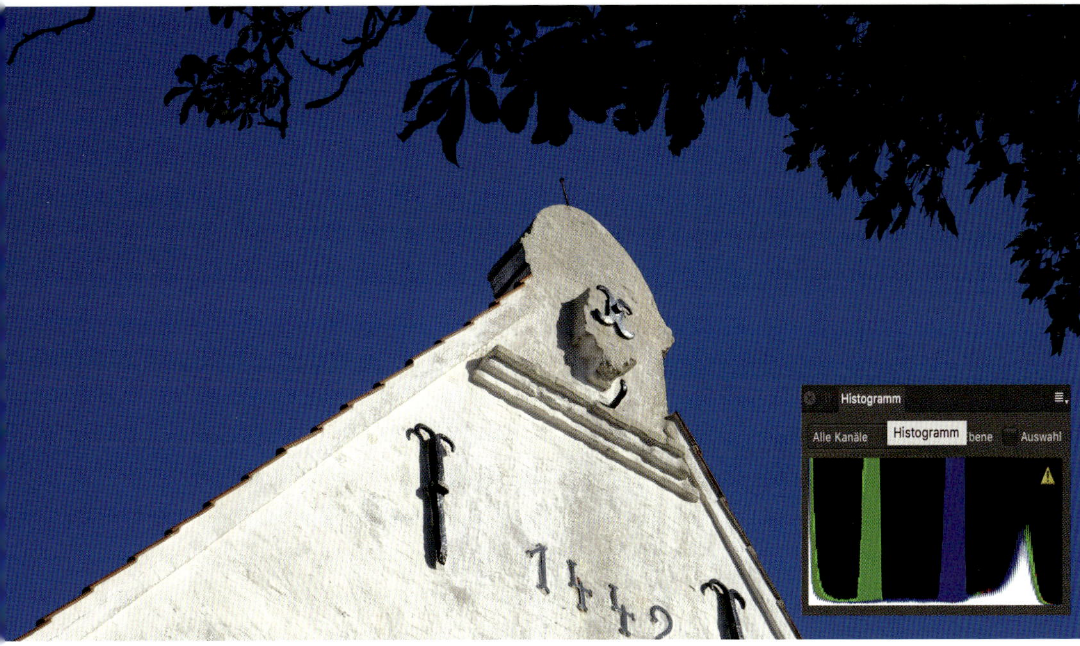

▲ *Fotografieren im JPEG-Format macht Spaß und kommt völlig ohne die Bearbeitung der Dateien aus, wenn die Kamera auch bei extrem hohen Kontrasten einen guten Job macht. Die Aufnahme wurde mit der Fujifilm X-E3 mit Dynamikerweiterung auf 200 % erstellt. Sowohl Schatten als auch Lichter zeigen keinen nennenswerten Detailverlust – ganz ohne Bearbeitung!*
f/9 | 1/600 s | ISO 200 | 60 mm | 0 EV

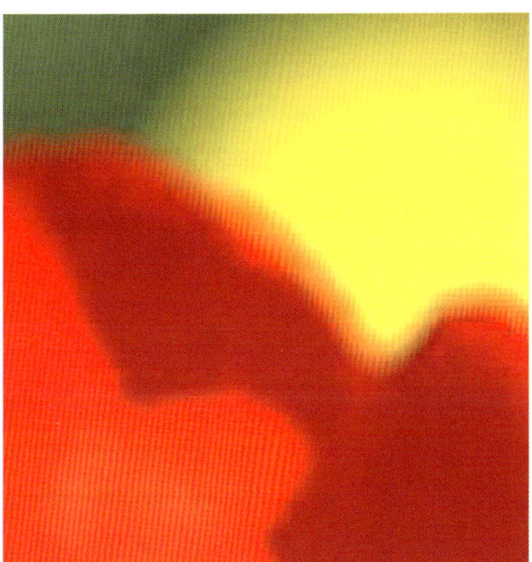

▲ *Bei starker Komprimierung und Vergrößerung der Aufnahme sind die berüchtigten (Block-)Artefakte als kleine Klötzchen in der Aufnahme erkennbar.*

JPEG und RAW parallel speichern

Sie wollen sich nicht festlegen? Okay, dann gehen Sie auf Nummer sicher und speichern Ihre Aufnahmen parallel im sicheren RAW-Format ab. Sollte Ihre Kamera über zwei getrennte Kartenslots verfügen, ist Folgendes noch besser: Legen Sie die Dateien im ersten Slot im JPEG- und in Slot zwei im RAW-Format für die spätere Bearbeitung oder als Qualitätsreserve für großformatige Ausdrucke ab. Berücksichtigen Sie jedoch die deutlich höhere Datenmenge, die gesichtet, bearbeitet und archiviert werden muss.

Beachten Sie: Ihre Kamera reduziert aufgrund des hohen Datendurchsatzes die maximal erzielbare Serienbildrate und die Anzahl der Aufnahmen unter Umständen erheblich. Bei Sport- und Actionaufnahmen kann das einen erheblichen Nachteil bedeuten. Insbesondere Amateurkameramodelle zeigen hier deutliche Schwächen. Wenn Sie sich überwiegend mit Landschafts- oder Tabletop-Fotografie befassen, spielt der Geschwindigkeitsnachteil hingegen keine bedeutende Rolle.

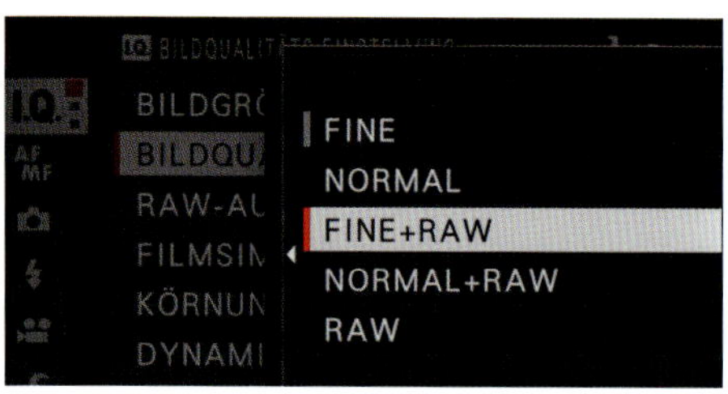

▲ *Im Menü der Kamera wählen Sie die höchste JPEG-Qualität und zusätzlich das RAW-Format aus.*

Kritische Bildkontrolle

Nehmen Sie sich Zeit für die kritische Nachkontrolle Ihrer Aufnahme auf dem Kameradisplay. Vergrößern Sie das Bild im Lupenmodus und kontrollieren Sie vor allem, ob sich das Objekt exakt in der Schärfeebene befindet und ob irgendwo kleinste Verwacklungsunschärfen auftreten. Nichts ist ärgerlicher, als später auf einem großen Monitor die Feststellung zu machen, dass die Aufnahme für die Tonne ist.

Im JPEG-Format fotografieren

Im JPEG-Format wird der gesamte Entstehungsprozess der Aufnahme unter Einbeziehung aller bildwichtigen Parameter von den schlauen Algorithmen Ihrer Kamera vorgenommen. Nachfolgend erhalten Sie einen Blick auf einige wichtige Voreinstellungen und Parameter, die – je nach Kameramodell – entweder in den Menüregistern zu finden sind oder direkt über eine entsprechende Funktionstaste aufgerufen werden. Das Ziel ist es, nach Möglichkeit das Optimum an Bildqualität herauszukitzeln und nur dort in den kamerainternen Entwicklungsprozess einzugreifen, wo es erforderlich ist.

Bildbearbeitung im JPEG-Format?

Innerhalb eines eng umfassten Bereichs sind kleinere Eingriffe in der Bildbearbeitung im JPEG-Format durchaus möglich. Falls Sie mit Adobe Photoshop oder Affinity Photo arbeiten, sollten Sie vorab in den 16-Bit-Modus umschalten, um die gefürchteten Tonwertabrisse im Zaum zu halten, bevor Sie mit den Retuschearbeiten beginnen. Übrigens funktioniert die Umwandlung in ein Schwarz-Weiß-Bild sehr gut.

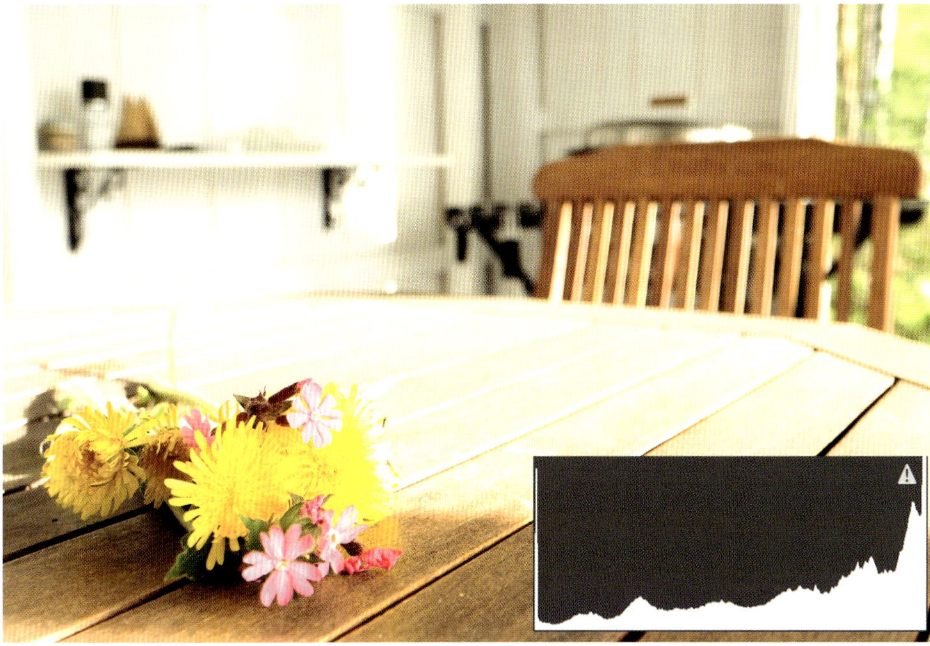

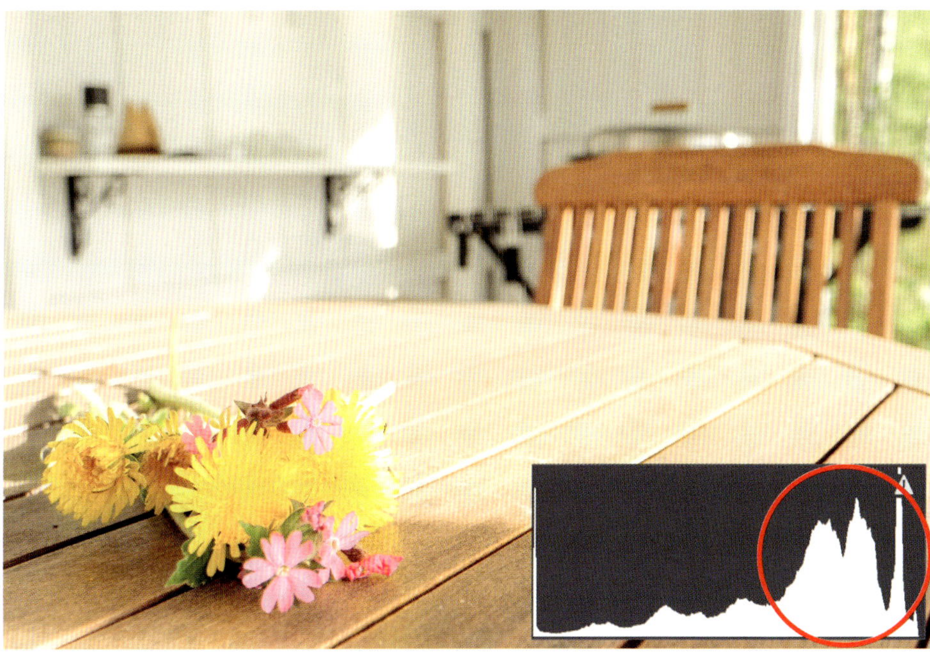

▲ *Wenn alle Parameter in der Kamera optimal eingestellt sind, meistert das JPEG-Format auch hohe Kontraste. Eine anschließende moderate Bearbeitung in Lightroom kitzelt noch ein wenig Zeichnung in Lichtern und Schatten heraus.*

f/2.8 | 1/200 s | ISO 200 | 12 mm | 0 EV

Bildstile und Bildeffekte anwenden

Sie können auf Knopfdruck gewöhnliche Motive außergewöhnlich erscheinen lassen und Ihren Aufnahmen eine persönliche Note geben.

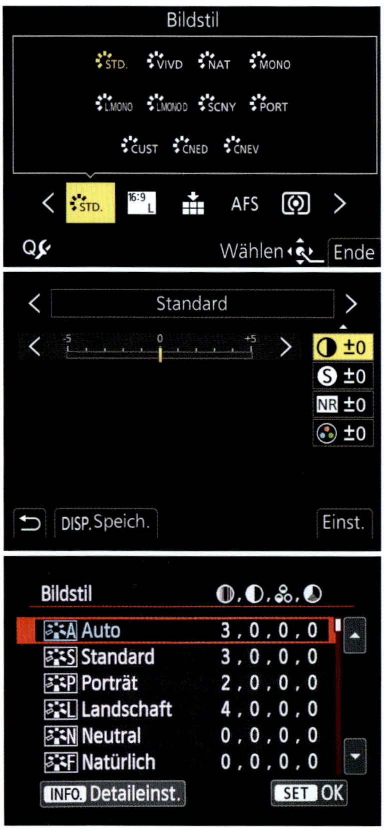

▲ *Im Kameramenü können die Parameter für den gewählten Bildstil (z. B. Kontrast, Sättigung, Schärfe) manuell angepasst werden. Experimentieren Sie mit den kreativen Möglichkeiten Ihrer Kamera, insbesondere in Kombination mit dem Blitzgerät. Wenn alle Parameter optimal zusammenpassen, muss die Aufnahme den zeitaufwendigen Bearbeitungsprozess nicht mehr durchlaufen.*

Unbeschwerte JPEG-Fotografie mit hoher Zeitersparnis

Klammern wir die technischen Nachteile des JPEG-Formats einfach mal aus. Vorausgesetzt, Sie verwenden eine technisch hochwertige Kamera, die nicht zwangsläufig teuer sein oder über einen großen Sensor verfügen muss, bekommen Sie ein durchaus brauchbares Bildergebnis. Im Grunde genommen läuft ein klassischer Diafilm-Workflow ab mit einem Bildergebnis, das im Idealfall fotografisch auf den Punkt komponiert, exakt belichtet und entwickelt aus der Kamera kommt. Von noch größerer Bedeutung für mich ist jedoch der Spaß an der Fotografie, den auch Sie wiederentdecken werden, wenn Sie einfach mal in JPEG fotografieren.

Die kreativen Bildmanipulatoren stehen Ihnen in der Programmautomatik, der Zeitautomatik, der Blendenautomatik sowie in der manuellen Einstellung Ihrer Kamera zur Verfügung. Je nach Hersteller und Modell können Sie auf eine umfangreiche Auswahl zurückgreifen.

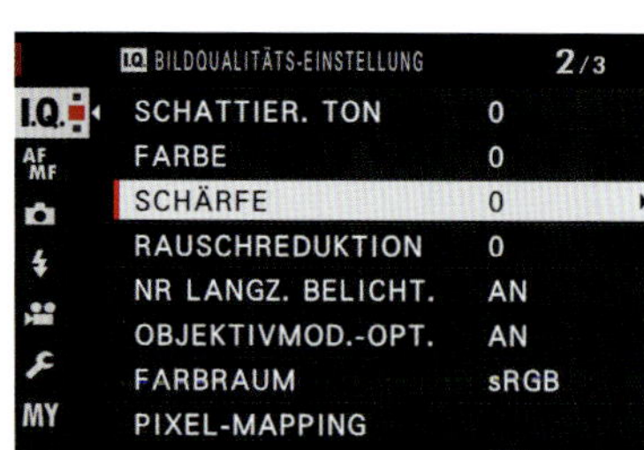

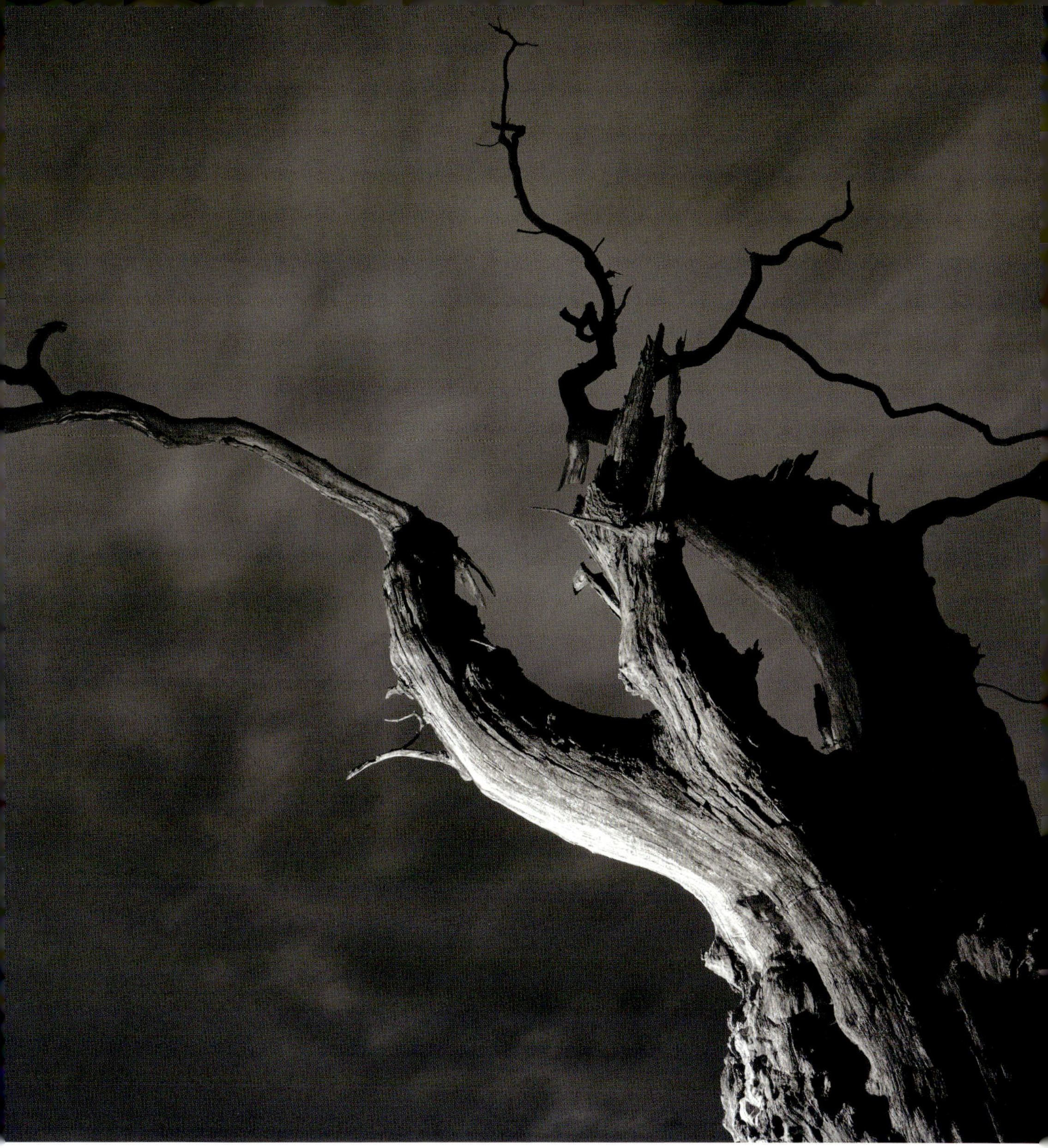

◀ *Speziell Fujifilm bietet im Menü sehr viele Bildparameter zur individuellen Anpassung von Lichtern, Schatten, Tonwerten etc. für das JPEG-Format an. Die Ergebnisse können sich sehen lassen und erfordern häufig keine weitere Nachbearbeitung.*

▲ *Diese Schwarz-Weiß-Aufnahme kommt direkt aus der Kamera. Ein harter Schwarz-Weiß-Film (Fujifilm Acros), der entfesselte Blitz von der Seite kommend und eine etwas knappere Belichtung sorgen für die krasse Dynamik im Bild (Beispiel Fujifilm X-T3).*

f/4 | 30 s | ISO 80 | 12 mm | 0 EV | Blitz manuell 1/1 | seitlich von links aus der Hand gezündet | MagGrid | Stativ

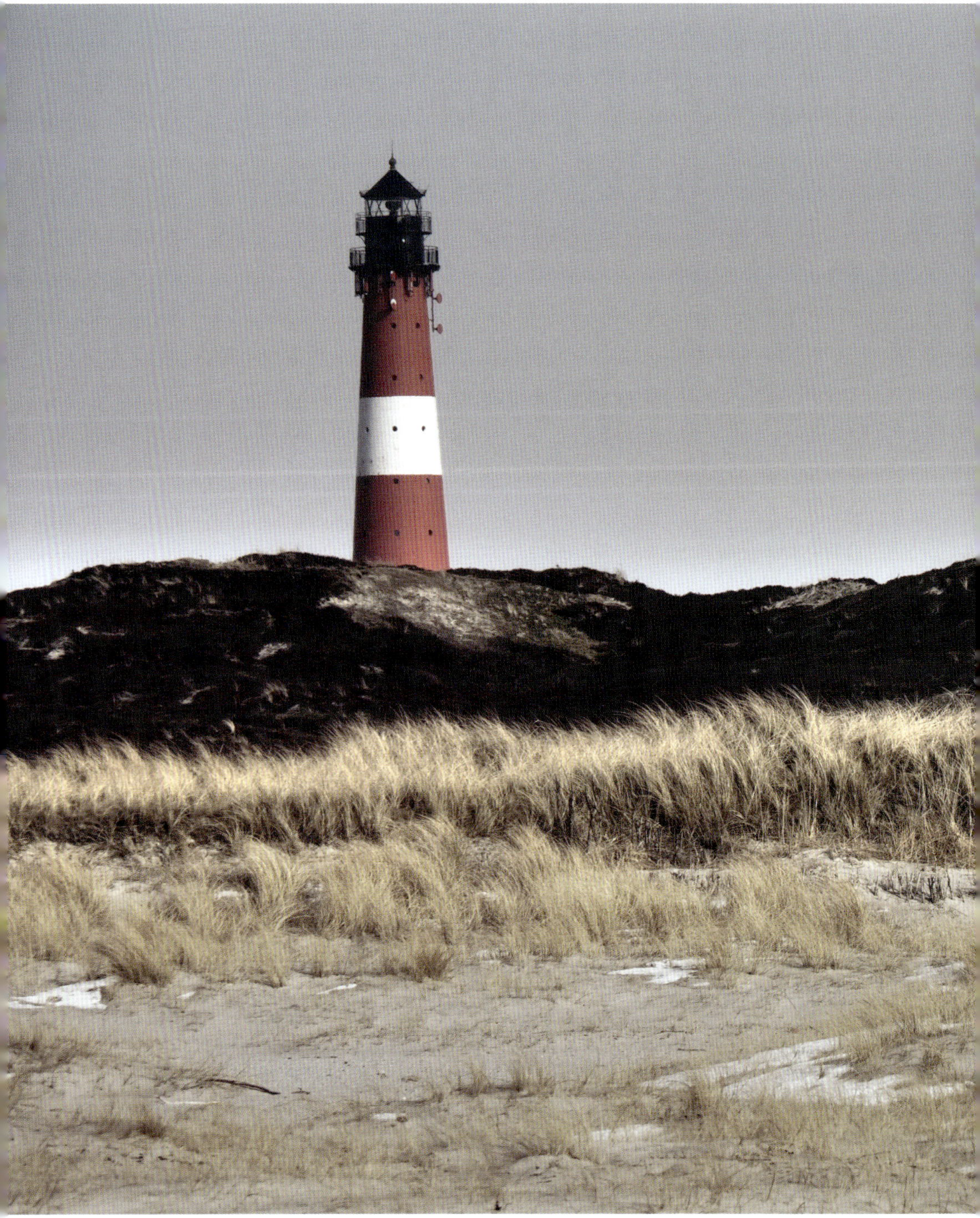

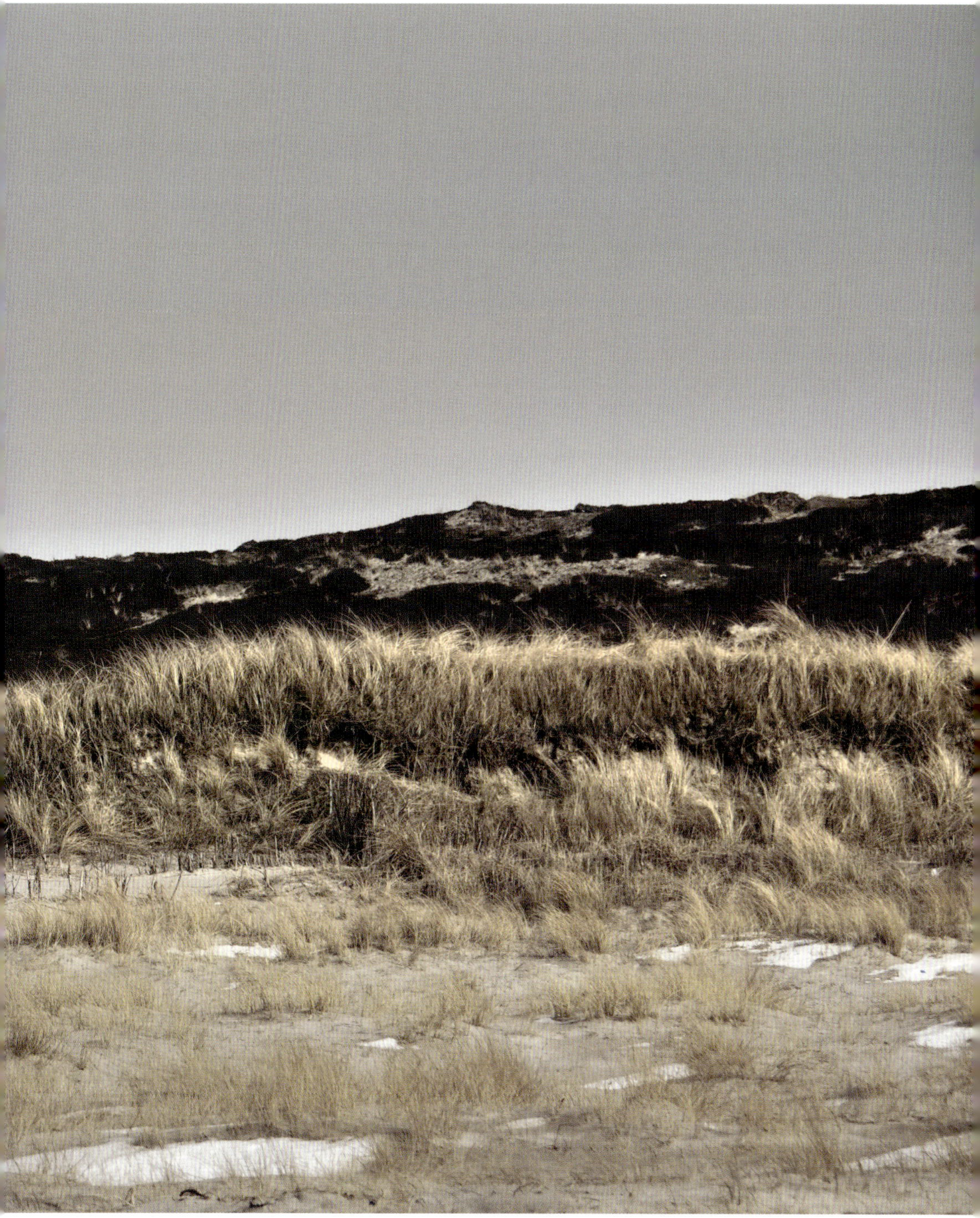

▲ *Bildstile geben den Charakter analoger Filmtypen wieder, während sich die Bildeffekt-einstellungen sehr eng an der digitalen Bildbearbeitung (an den Effektfiltern) orientieren.*
f/5.6 | 1/640 s | ISO 200 | 90 mm | –1 EV

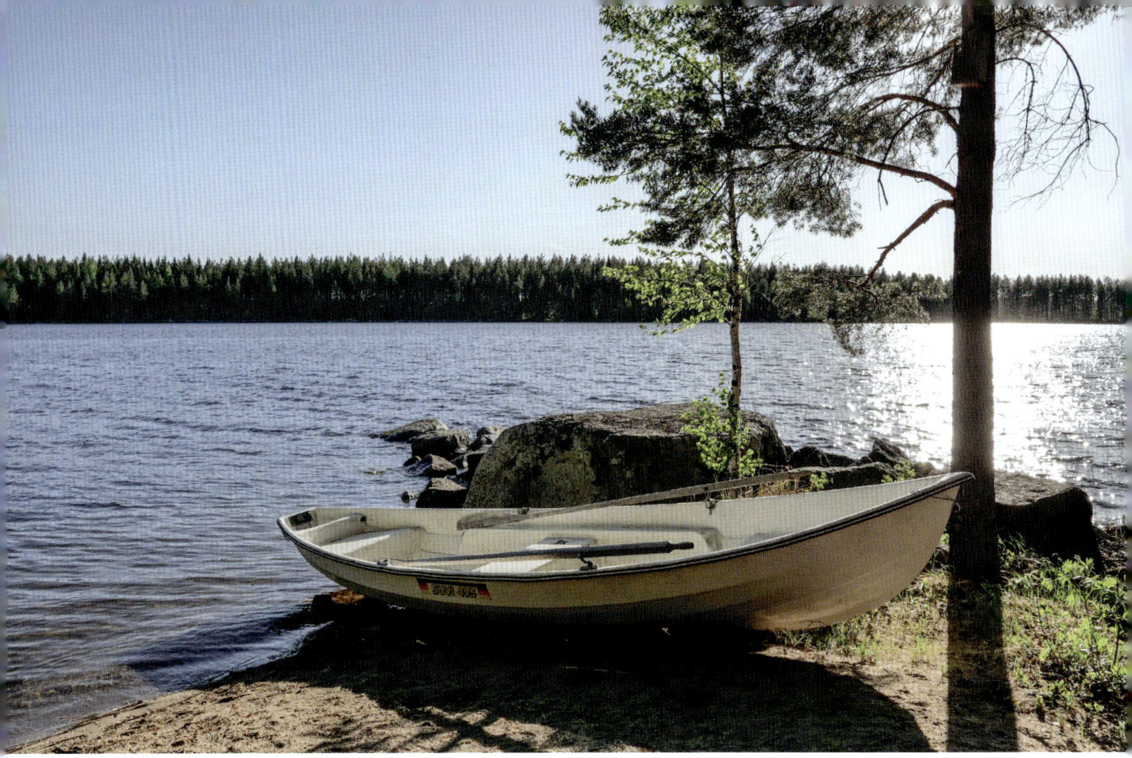

▲ *Hohe Kontraste im Bild führen schnell zu ausgefressenen Bildbereichen in den Lichtern (z. B. Spiegelungen auf der Wasseroberfläche), die auch in der Bildbearbeitung nicht unbedingt „gerettet" werden können.*

f/4.5 | 1/1600 s | ISO 200 | 12 mm | –1 EV

Hohe Kontraste in den Griff bekommen

Unser Auge ist in der Lage, einen recht hohen Kontrastumfang von ca. 1:1000 zu verarbeiten. An einem trüben oder diffusen Tag ist der Kontrastumfang in einer Aufnahme eher gering, eine sonnige Schneelandschaft mit hohen Kontrasten kann bereits Probleme verursachen. Je nachdem, wie das Belichtungsmesssystem der Kamera die Situation auswertet, wird die Gewichtung entweder stärker auf die Schatten oder mehr auf die Lichter gelegt – mit der Folge, dass entweder in den dunklen oder in den hellen Bereichen nicht mehr ausreichend Zeichnung (Struktur) vorhanden ist.

Dynamikumfang

Dieser Begriff beschreibt, vereinfach ausgedrückt, die Differenz zwischen den Lichtern und Schatten einer Aufnahme, die vom Aufnahmesensor noch aufgezeichnet und wiedergegeben werden kann. Die Angabe erfolgt in Blendenstufen (LW oder EV).

ISO-Wert und Dynamikumfang

Eine Erhöhung des ISO-Werts wirkt sich, je nach Kameramodell, auch deutlich sichtbar auf den darstellbaren Dynamikumfang aus. Hohe ISO-Werte reduzieren insbesondere bei kleineren Aufnahmesensoren den Dynamikumfang bereits um mehrere EV-Stufen.

Tonwertumfang und Graustufen

Der Tonwertumfang gibt die effektive Zahl an Graustufen wieder, die eine Kamera differenzieren kann. Das theoretische Maximum von 8 Bit (256 Stufen) ist in der Praxis kaum erreichbar, aber bereits 7 Bit (128 Stufen) gelten als akzeptabler Wert. Da dieser Messwert vom Rauschen negativ beeinflusst wird, korrespondiert ein hoher Wert mit geringem Rauschen.

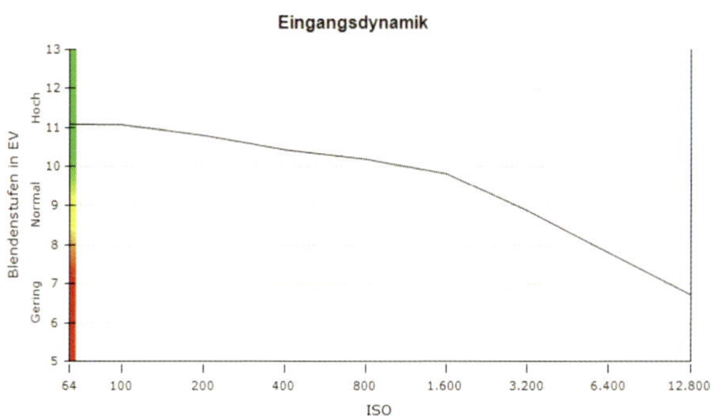

Vor allem sehr kleine Aufnahmesensoren brechen bei hohen ISO-Werten im darstellbaren Dynamikumfang stark ein. Tonwertabrisse sind die Folge (Beispiel Sony RX10 IV mit 1-Zoll-Sensor, Labortest von digitalkamera.de).

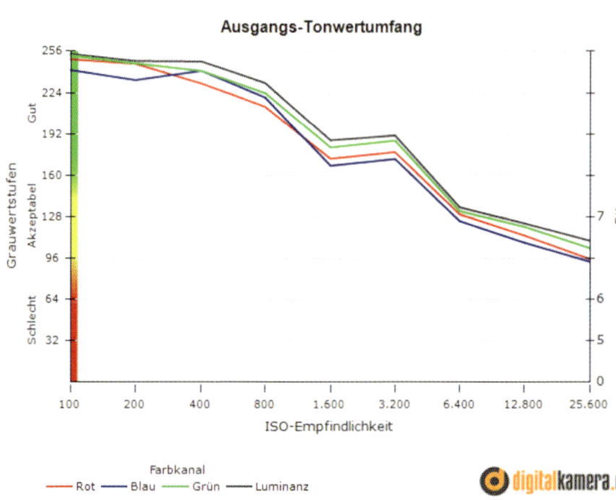

Die Beeinflussung der Tonwertverteilung in Abhängigkeit des gewählten ISO-Werts ist in der Grafik gut erkennbar (Beispiel Panasonic G9, Labortest von digitalkamera.de). Ab ISO 6400 können nur noch 128 Graustufen dargestellt werden. Tonwertabrisse in der Aufnahme können die Folge sein.

Elektronische Bildverbesserer

Die Erweiterung des Dynamik- und Tonwertumfangs in einer Kamera kann hardwareseitig über entsprechende Sensortechnologien (z. B. Art und Anordnung der Pixel, Sensorarchitektur) erfolgen. Eine weitere Möglichkeit ist die Verarbeitung des Bildsignals mithilfe von kamerainterner Software, indem zunächst die Gewichtung auf die kritischeren Lichter abgestimmt und etwas knapper belichtet wird. In einem weiteren Schritt werden dann die Tonwerte von den Schatten bis zu den Mitteltönen hin angehoben, und das Bildrauschen wird durch einen niedrigeren ISO-Wert abgesenkt.

Mehr Bit

Das menschliche Helligkeitsempfinden ist logarithmisch, das Verhalten von Sensor und Analog/Digital-Wandler ist jedoch linear aufgebaut. Aufgrund dieses Missverhältnisses erscheint die Tonwertdifferenzierung von den Lichtern hin zu den Schatten für unser Auge in groben Stufen. Zum Ausgleich digitalisieren alle Kameras, die diese Technik unterstützen, intern mit einer Farbtiefe von 14 statt der üblicheren 12 Bit. Die zusätzlichen 2 Bit erlauben eine Anhebung des Signals um zwei Blendenstufen.

Oftmals wird der verfügbare ISO-Bereich automatisch begrenzt. Die Hersteller gehen übrigens davon aus, dass bei Verwendung der internen Hilfsmittel in der Regel kein Blitzgerät eingesetzt wird. Im Menü Ihrer Kamera finden Sie, je nach Kameramodell und Baujahr, einen speziellen Menüpunkt vor. Passen Sie die Einstellungen moderat anhand von Testaufnahmen an.

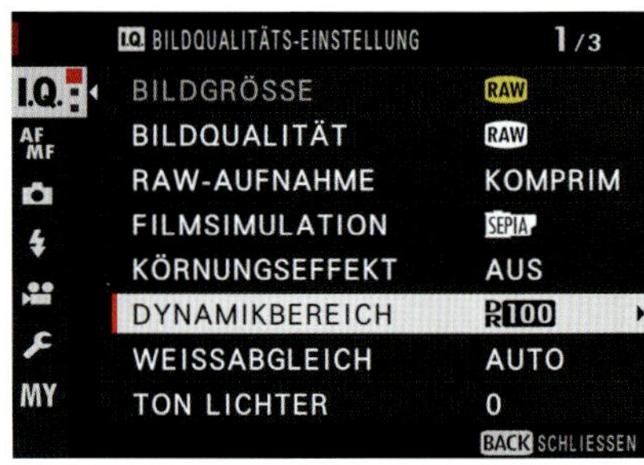

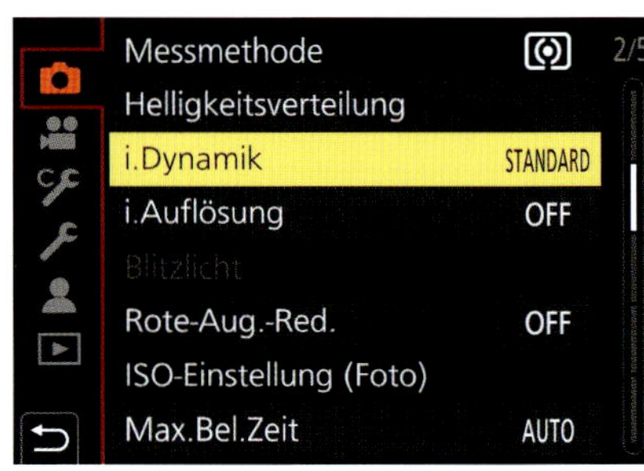

▲ *Setzen Sie den Wirkungsgrad bzw. den Einfluss der „elektronischen Bildverbesserer" moderat ein und experimentieren Sie vorab mit den Einstellungen, um einen subjektiven Eindruck der Wirkungsweise zu bekommen.*

HDR und Blitz?

Bei einer HDR-Aufnahme (*High Dynamic Range*) werden üblicherweise zwei Aufnahmen kurz hintereinander erstellt und intern zu einer Aufnahme mit höherem Dynamikumfang verrechnet. Kombinieren Sie diese Funktion auf keinen Fall mit dem Blitz, da ein Doppeleffekt bei Überlagerung der Bildserie mit dem Blitz auftreten kann.

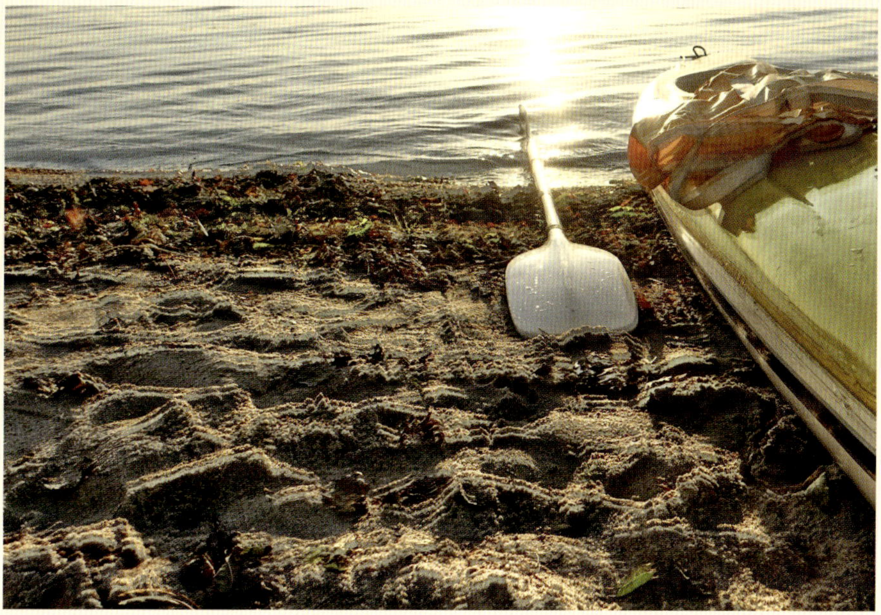

Im RAW-Format fotografieren

Das herstellereigene RAW-Format bietet Sicherheit hinsichtlich der Reserven bei starken Überbelichtungen, im Dynamikbereich, bei der Farbtreue und dem Weißabgleich in der Aufnahme. Im RAW-Format können pro Farbe (Rot, Grün, Blau) mindestens 12 Bit und damit 4.096 Abstufungen (Tonwerte) dargestellt werden, im JPEG-Format hingegen nur 8 Bit mit 256 Abstufungen. Bei der Entwicklung können so die Belichtung und der Tonwertumfang innerhalb bestimmter Stufen korrigiert werden – wie in einem analogen Entwicklungsprozess.

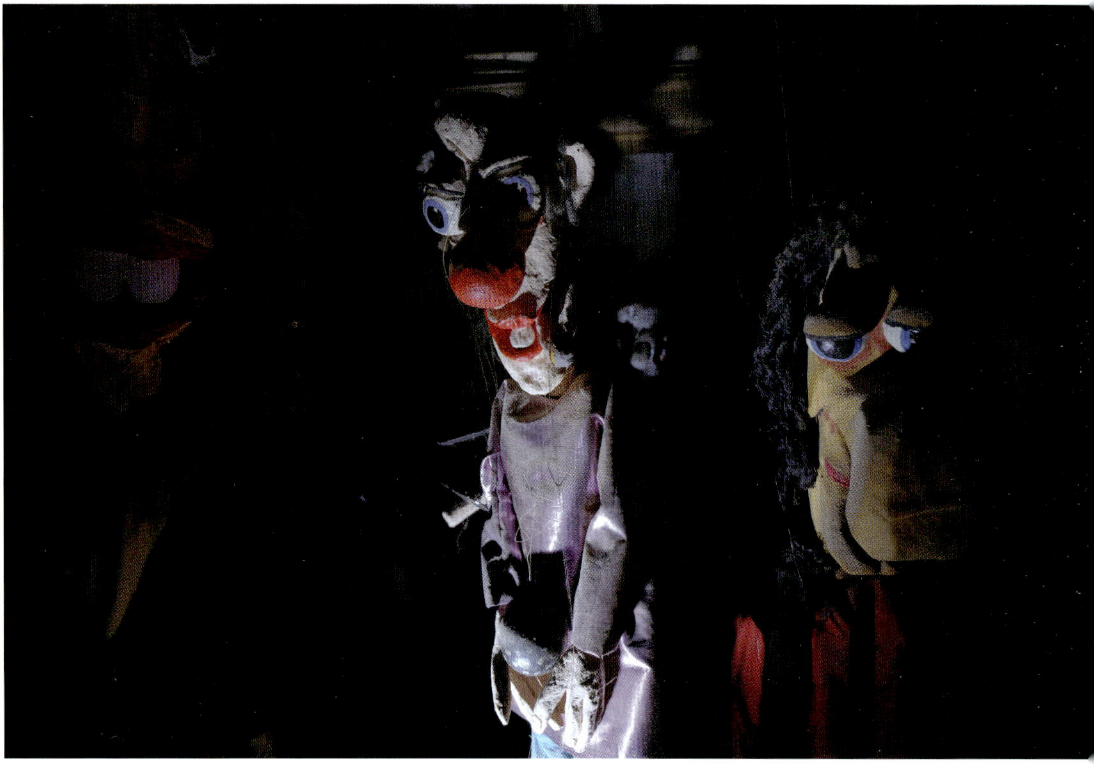

▲ Die Original-JPEG-Datei aus der Kamera.

▼ Das bearbeitete RAW, abgespeichert im JPEG-Format. Insbesondere in den Lichtern und Schatten macht sich der Zugewinn an Tonwerten bemerkbar.

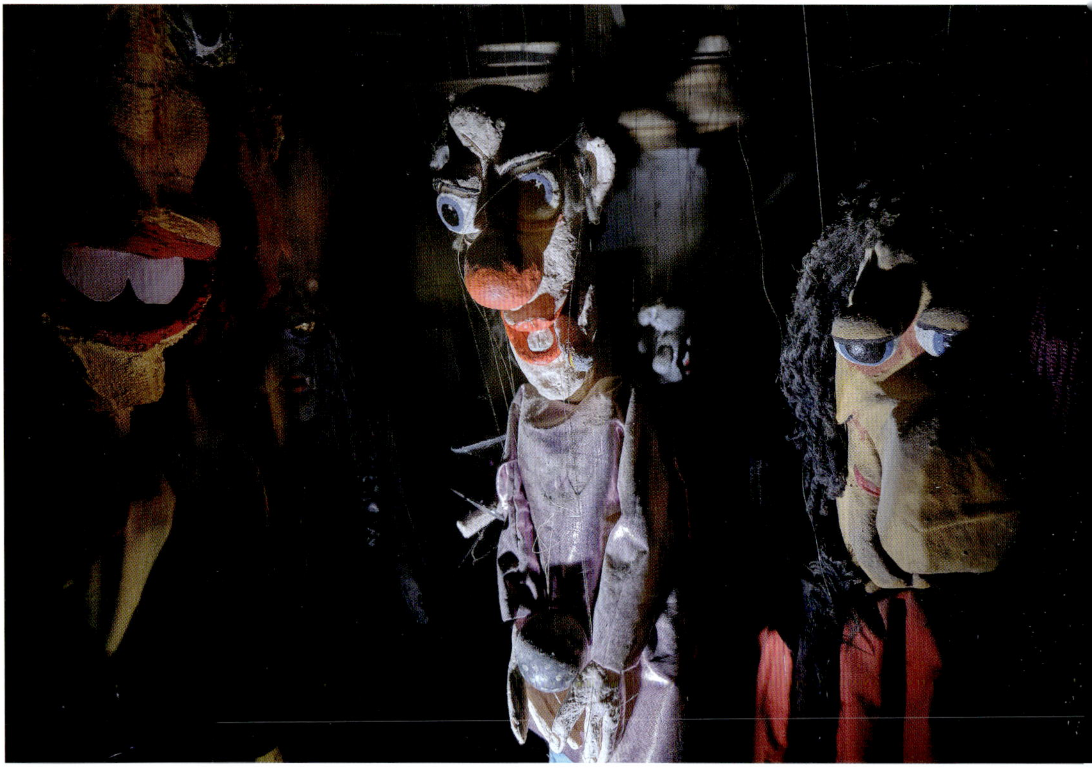

RAW-Dateien durchlaufen nicht den Bildverarbeitungsprozessor der Kamera. Somit können alle Bildparameter, wie z. B. Schärfe, Sättigung oder Weißabgleich, nachträglich in der professionellen Bildbearbeitung am Computer verändert werden. Das setzt natürlich voraus, dass Sie über tiefergehende Softwarekenntnisse, einen kalibrierten Monitor und über Erfahrungen in den Prozessabläufen im digitalen Labor verfügen. Sonst gilt die Devise: Finger weg von rohen Daten!

RAW sieht mehr

Bei hohen Kontrasten, in der Available-Light-Fotografie und bei Nachtaufnahmen greife ich grundsätzlich auf das RAW-Format zurück, um ausreichend Reserven in Bezug auf die Belichtung und den Weißabgleich zu haben. Außerdem lässt das RAW-Format ausreichend Raum zum Experimentieren. Merken Sie sich einfach folgenden Satz: Je extremer die Lichtverhältnisse, desto eher sollten Sie auf das RAW-Format zurückgreifen.

Werkzeuge für die finale RAW-Entwicklung

Auf der Sollseite des RAW-Formats stehen vor allem der erhöhte Zeitaufwand bei der „Entwicklung“ der Dateien sowie die nötigen Fachkenntnisse im Umgang mit dem RAW-Konverter. Hardwareseitig wird ein schneller Rechner mit großem Arbeitsspeicher, ein kalibrierter Monitor sowie z. B. ein Raid-System für die Archivierung der großen Datenmengen benötigt. Um die Kette von der Aufnahme bis zur Printausgabe zu komplettieren, sollte ein eigener Großformatdrucker für hochwertige Fine-Art-Prints zur Verfügung stehen.

Nicht alle Konverter entwickeln die rohen Daten aus der Kamera gleich gut. Hier gibt es erhebliche Unterschiede. Ebenso sollten Sie immer die aktuelle Softwareversion auf dem Rechner haben, damit der Konverter einen guten Job machen kann. Für welches Programm Sie sich entscheiden, hängt auch von Ihren persönlichen Vorlieben ab.

Nachdem ich viele Jahre mit Adobe Lightroom gearbeitet habe, bin ich seit einiger Zeit bei Capture One Pro gelandet, da dieser RAW-Konverter sehr gut mit den Dateien aus meiner Fujifilm X-T3 harmoniert. Am besten laden Sie sich vorab eine Testversion Ihres Favoriten herunter und befassen sich in Ruhe mit dem Programm, bevor Sie es mieten oder kaufen. Und in jedem Fall sollten Sie sich, z. B. über Tutorials, intensiv mit den Werkzeugen und deren Funktion und Anwendung vertraut machen, um Pannen zu vermeiden.

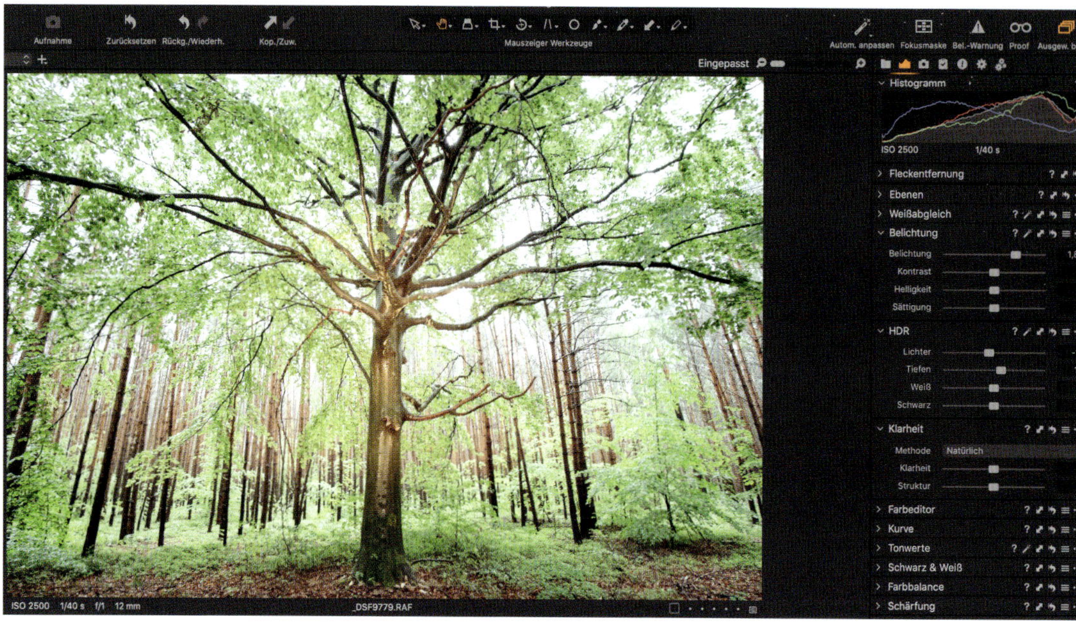

▲ *Ein professioneller RAW-Konverter bietet einen sehr gut abgestimmten Workflow und effektive Werkzeuge für die schnelle und effektive Bildbearbeitung (Beispiel Capture One).*

Mein RAW-Workflow in Capture One Pro

Mit dem Freistellungswerkzeug experimentiere ich häufig und beschneide meine Aufnahmen gern, um die Bildaussage zu beeinflussen oder störende Bereiche im Motiv auszuklammern. Hier nutze ich beispielsweise das 16:9- oder das quadratische 1:1-Format. Extreme Panoramaformate können ebenfalls sehr reizvolle Ergebnisse liefern. Tipp: Erstellen Sie zunächst eine virtuelle Kopie Ihrer Aufnahme, damit das Original unangetastet bleibt.

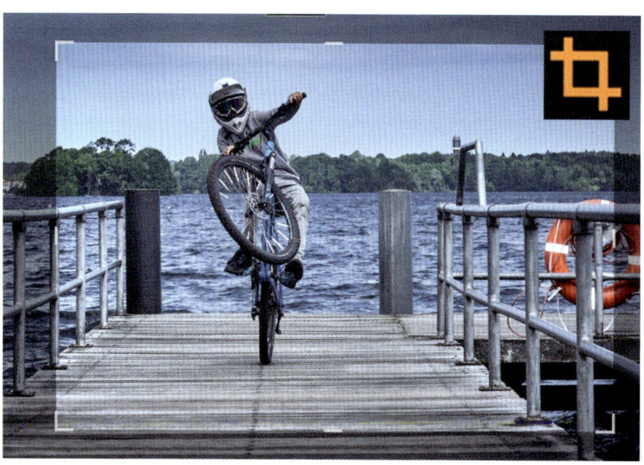

▶ *Das Quadrat schränkt das Blickfeld ein und lenkt den Blick mehr in die Tiefe, das längliche 16:9-Format hingegen gibt dem Motiv mehr Raum.*

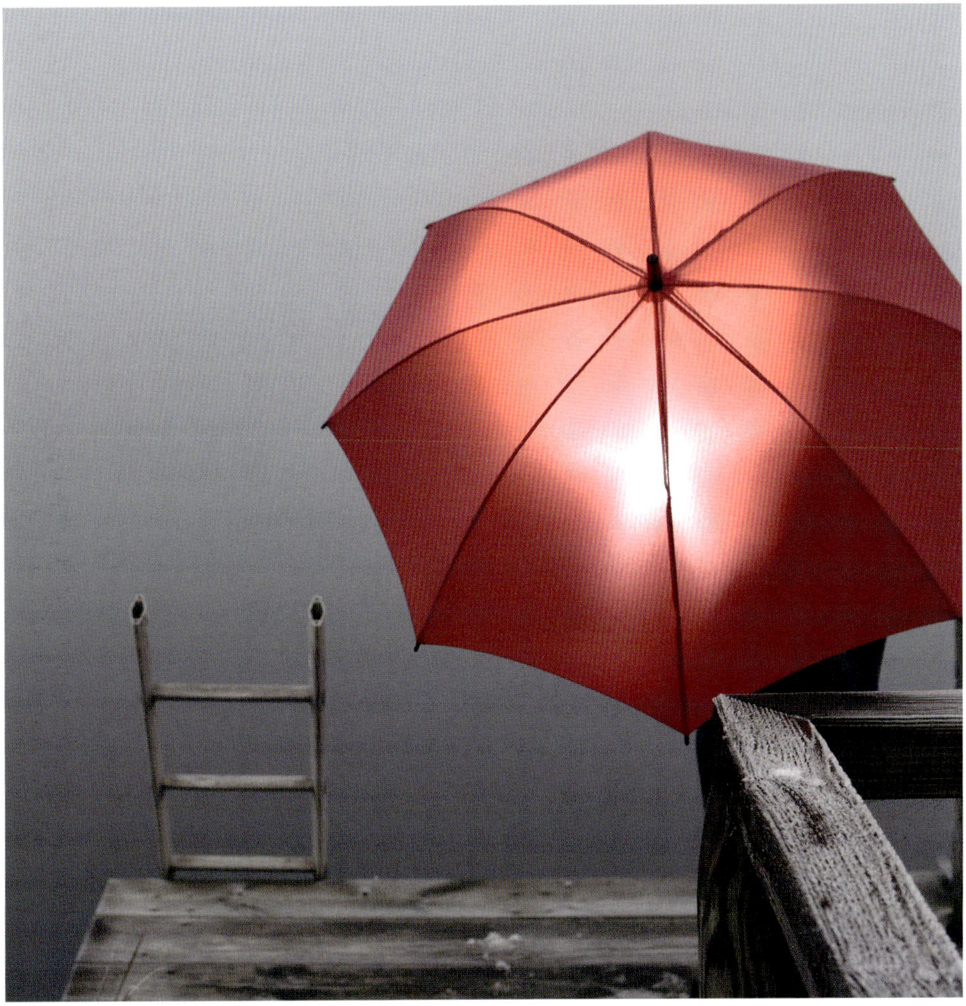

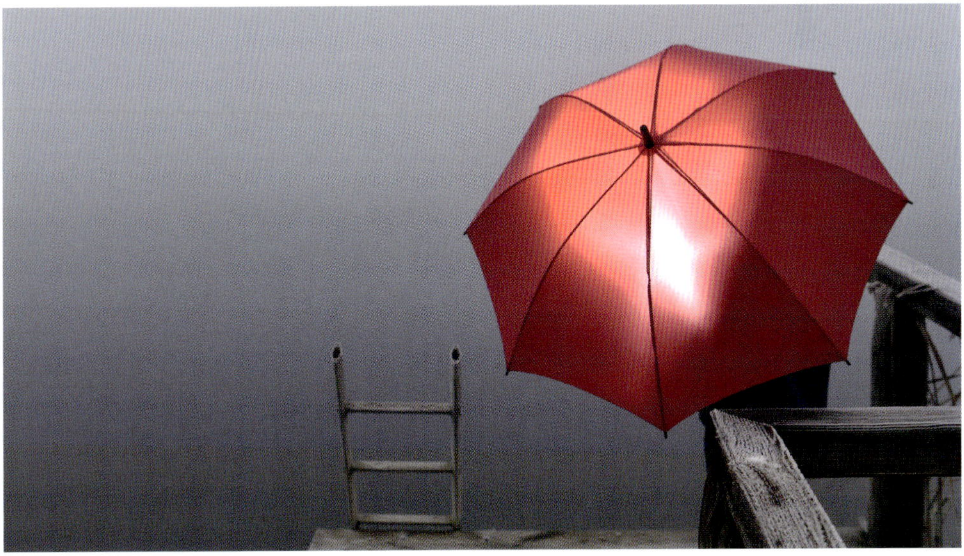

Die automatische Entwicklung der RAW-Datei lässt sich in den Grundeinstellungen individualisieren und funktioniert nach meiner Erfahrung sehr genau. In der Regel müssen die vom Programm gewählten Korrekturwerte nur geringfügig angepasst werden.

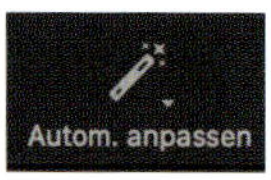

Die fünf Regler *Schwarz*, *Tiefen*, *Belichtung*, *Weiß* und *Lichter* bestimmen vereinfacht gesagt die Helligkeit der extremen Schatten, der Schatten, der mittleren Tonwerte, der Lichter und der extremen Lichter. Der entsprechende Tonwertbereich wird durch die Regler entweder aufgehellt (positive Werte: rechts) oder abgedunkelt (negative Werte: links).

Die Regler *Kontrast* und *Klarheit* beeinflussen den Gesamtkontrast bzw. den Konturenkontrast im Bild. Ich empfehle Ihnen, die Regler von oben nach unten abzuarbeiten. Behalten Sie immer das Histogramm im Blick und aktivieren Sie die Warnungen für ausgefressene und zugelaufene Bereiche. Hieraus ergibt sich nachfolgende vereinfachte Vorgehensweise im Workflow mit Capture One.

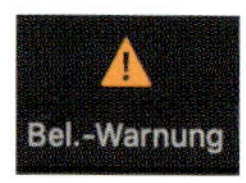

▲ *Das Symbol für die Belichtungswarnung in Capture One.*

▼ *Zugelaufene Schatten werden blau und ausgefressene Lichter rot hervorgehoben, wenn die Warnungen im Histogramm aktiviert sind.*

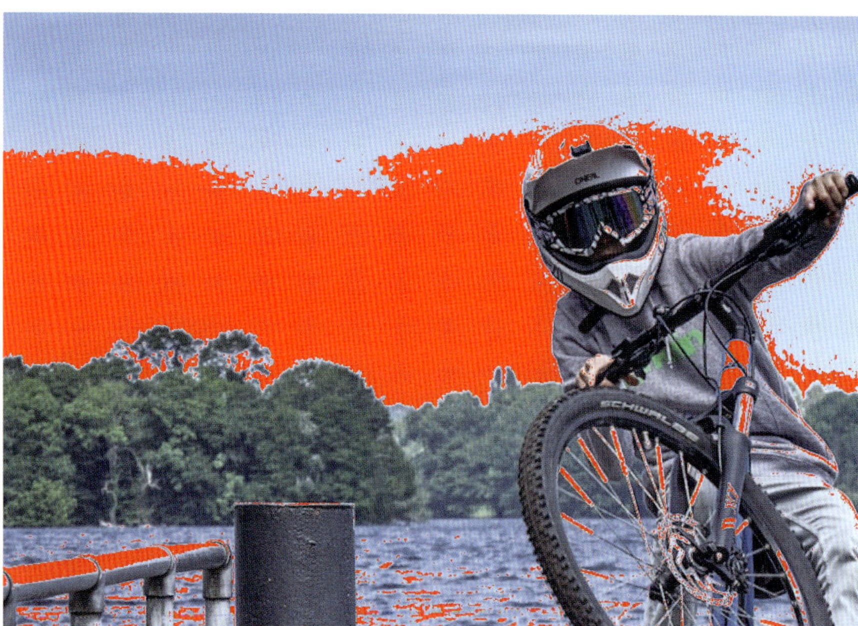

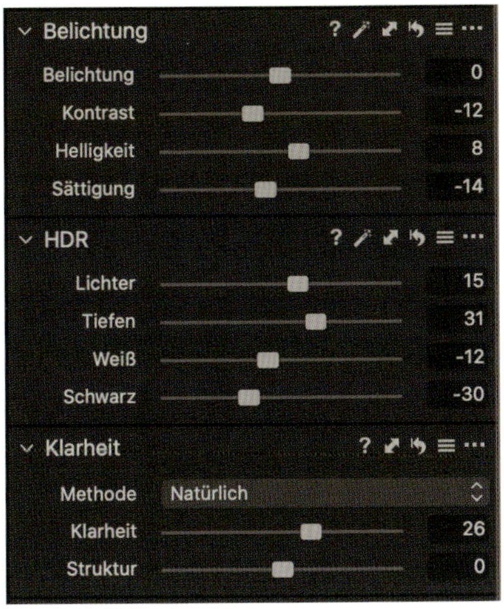

■ *Belichtung* passt die Mitteltöne, also die „mittelhellen“ Bildbereiche an.

■ Der *Kontrast* wird festgelegt, ohne auf die extremen Schatten und Lichter im Bild zu achten.

■ Anschließend werden die *Lichter* und das *Weiß* bearbeitet, mit *Tiefen* und *Schwarz* werden die Schatten verbessert.

■ *Sättigung* stellt die Sättigung aller Bildfarben gleichmäßig auf einen Wert zwischen –100 (monochrom) und +100 (doppelte Sättigung) ein und eignet sich auch sehr gut dazu, das Bild schrittweise in Schwarz-Weiß umzuwandeln.

■ *Klarheit* verringert oder erhöht den Eindruck von Schärfe in einem Bild. Es erhält mehr Biss, es wird knackig. Grundsätzlich handelt es sich um eine Kontrasterhöhung in den lokalen Mitteltonkontrasten und sollte daher sehr behutsam eingesetzt werden.

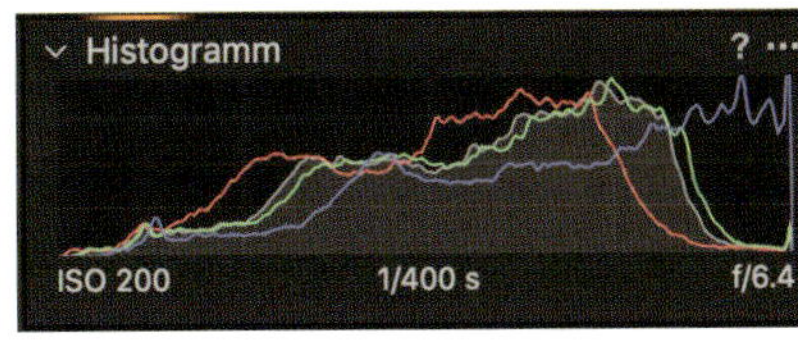

▲ *Anhand des Histogramms können Sie die Veränderungen der Tonwerte gut beurteilen und gegebenenfalls in den zuvor genannten (Regler-)Bereichen korrigierend eingreifen.*

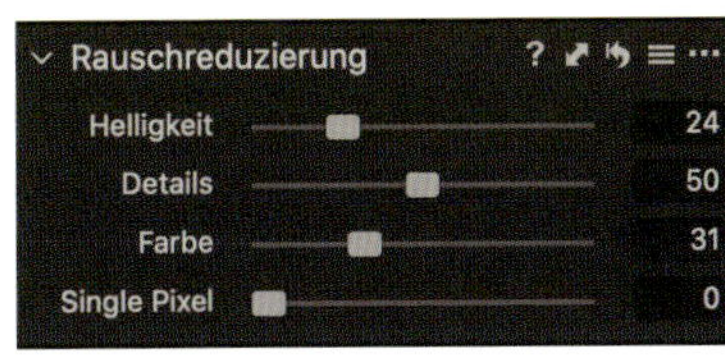

Abschließend kontrolliere ich das Bildrauschen und nehme gegebenenfalls kleinere Korrekturen mit den Schiebereglern *Helligkeit*, *Details* und *Farbe* vor.

Zielfarbe fotografieren für den Weißabgleich

Wenn Sie in das erste Bild Ihrer Aufnahmeserie eine neutral graue Karte halten, können Sie später in der RAW-Bearbeitung den Grauwert mit der Pipette aufnehmen und den Weißabgleich optimal abstimmen. Novoflex bietet eine Grau- bzw. Weiß-Karte (20 × 15 cm) aus wasserbeständigem Kunststoff für ca. 17 Euro an.

▲ *Die Graukarte von Novoflex für den schnellen Weißabgleich in der Bildbearbeitung.*

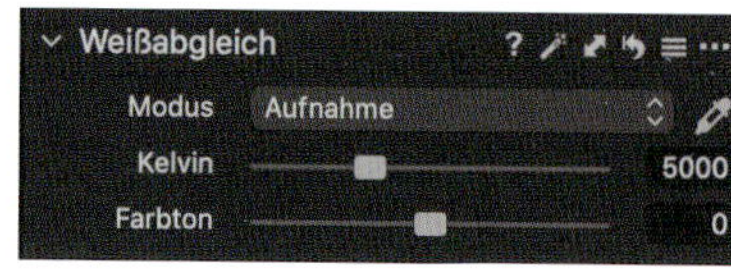

▲ *Im Register für den Weißabgleich finden Sie auch die Pipette, um das neutrale Grau in der Aufnahme anzuklicken.*

▼ *Zwecks besserer Darstellung wurde die Pipette auf diesem Screenshot vergrößert.*

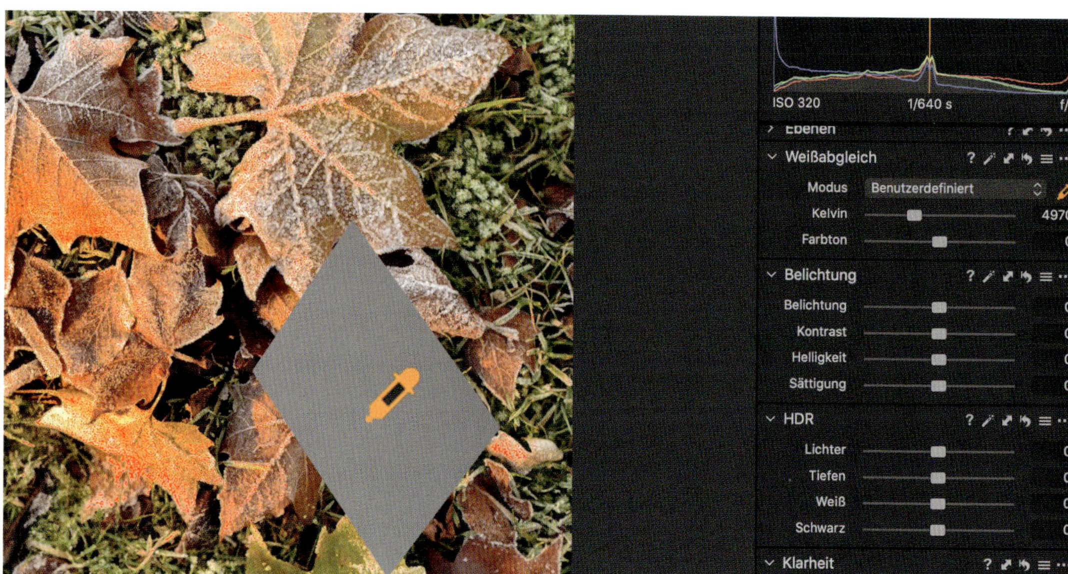

Farbgetreuer Weißabgleich

Jedes Motiv wird unter bestimmten Lichtverhältnissen aufgenommen: etwa im Kerzenschein, in der Dämmerung oder zu einer bestimmten Uhrzeit bzw. Jahreszeit bei Tageslicht. Der automatische Weißabgleich (AWB, *Automatic White Balance*) erkennt diesen Farbstich aufgrund der Farbtemperatur der Lichtquelle und filtert ihn mit einer entsprechenden Gegenfarbe automatisch heraus. In den meisten Aufnahmesituationen werden Sie daher mit dem Ergebnis der Automatik ganz sicher zufrieden sein.

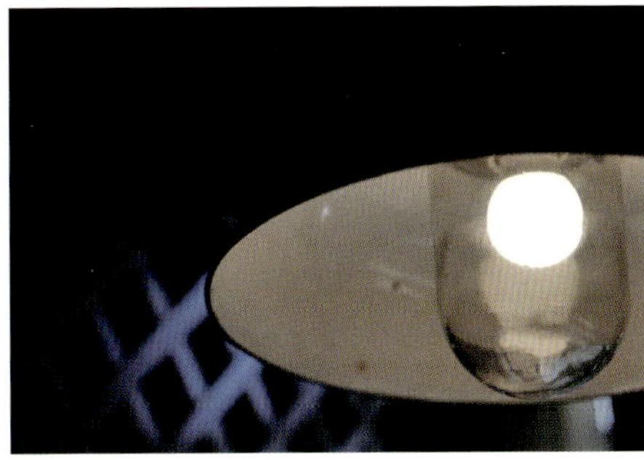

▲ *Die Farbtemperatur des rötlichen Lichts der Glühlampe weicht erheblich von der kühleren Farbtemperatur des Umgebungslichts ab. Unabhängig davon, ob Sie den Weißabgleich wie in der Aufnahme auf die Glühlampe oder auf den Hintergrund abstimmen, wird immer der Farbstich der Gegenfarbe in der Aufnahme sichtbar bleiben.*

f/4 | 1/1600 s | ISO 400 | 73 mm | –3 EV | WB Glühlampe

▼ *Bei unterschiedlichen Farbtemperaturen (Lichtquellen) entsteht zwangsläufig ein Farbstich im Bild. Dieser muss jedoch nicht immer als störend empfunden werden.*

f/3.5 | 1/60 s | ISO 2000 | 12 mm | 0 EV | WB Auto

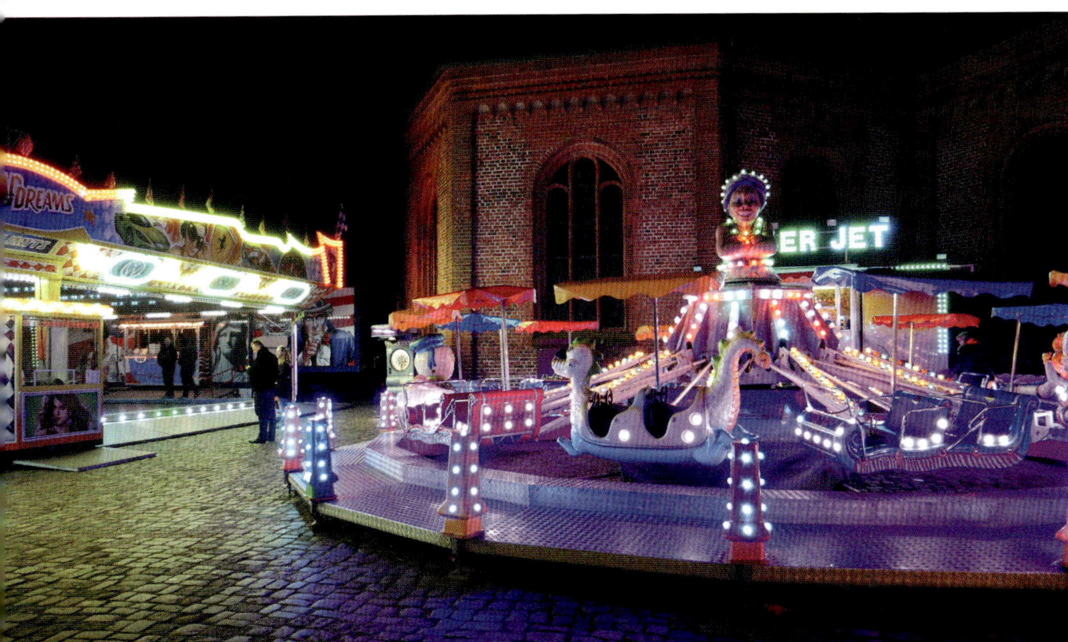

Farbtemperatur

Die Farbtemperatur beschreibt eine bestimmte Lichtsituation mit einem einzigen Zahlenwert. Dieser entspricht der Temperatur eines idealen schwarzen Körpers, dessen Strahlungsspektrum ungefähr der Lichtsituation entspricht. Das Spektrum der Farbtemperatur für Innenaufnahmen liegt zwischen 2.500 Kelvin (Glühlampe) und 4.000 Kelvin (Leuchtstoffröhre). Farblich neutral (Weiß) ist Licht mit einer Farbtemperatur von 5.000 Kelvin. Bei Außenaufnahmen ist der Bereich der Farbtemperatur noch größer:

Vom frühen Sonnenaufgang bis zur Mittagssonne steigt die Farbtemperatur von 3.500 auf 6.000 Kelvin an, um bis zum späten Abend wieder deutlich abzufallen. Bei bedecktem Himmel oder Nebel steigt die Farbtemperatur auf 6.500 bis 8.000 Kelvin an. Fotografiert man bei blauem Himmel im Schatten, entsprechen die Lichtverhältnisse einer Farbtemperatur von zum Teil über 10.000 Kelvin. Die Tatsache, dass die Farbtemperatur bei nebligem Wetter höher liegt als in der Mittagssonne, liegt am kräftigeren Farbeindruck, den der Nebel verursacht.

Automatischer Weißabgleich

Wenn innerhalb eines Motivs unterschiedliche Lichtquellen (Farbtemperaturen) vorherrschen, bildet der automatische Weißabgleich in der Regel einen Mittelwert oder richtet sich nach der Farbtemperatur einer Lichtquelle. Farbstiche in der Aufnahme, ob erwünscht oder nicht, sind die Folge. Der automatische Weißabgleich versagt übrigens auch gern bei Aufnahmen im Dämmerlicht. Legen Sie den Weißabgleich je nach Aufnahmesituation manuell fest oder – falls möglich – verwenden Sie Lichtquellen mit identischer Farbtemperatur (z. B. im Innenraum).

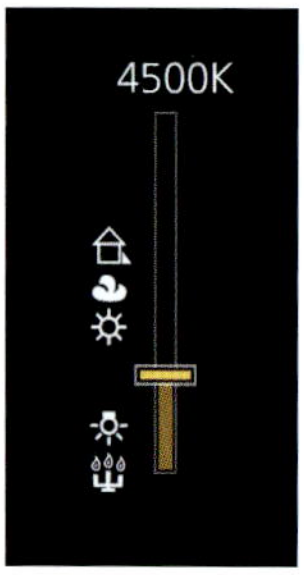

◀ *Anpassen der Farbtemperatur nach Kelvin-Wert im Kameramenü (Beispiel Panasonic).*

Kelvin

Der Messwert für Farben hat die Einheit Kelvin (K). Je höher der Kelvin-Wert, desto höher ist der Blauanteil in der Farbe (kaltes Licht), je niedriger der Wert, desto höher ist der Anteil von Gelb/Rot (warmes Licht).

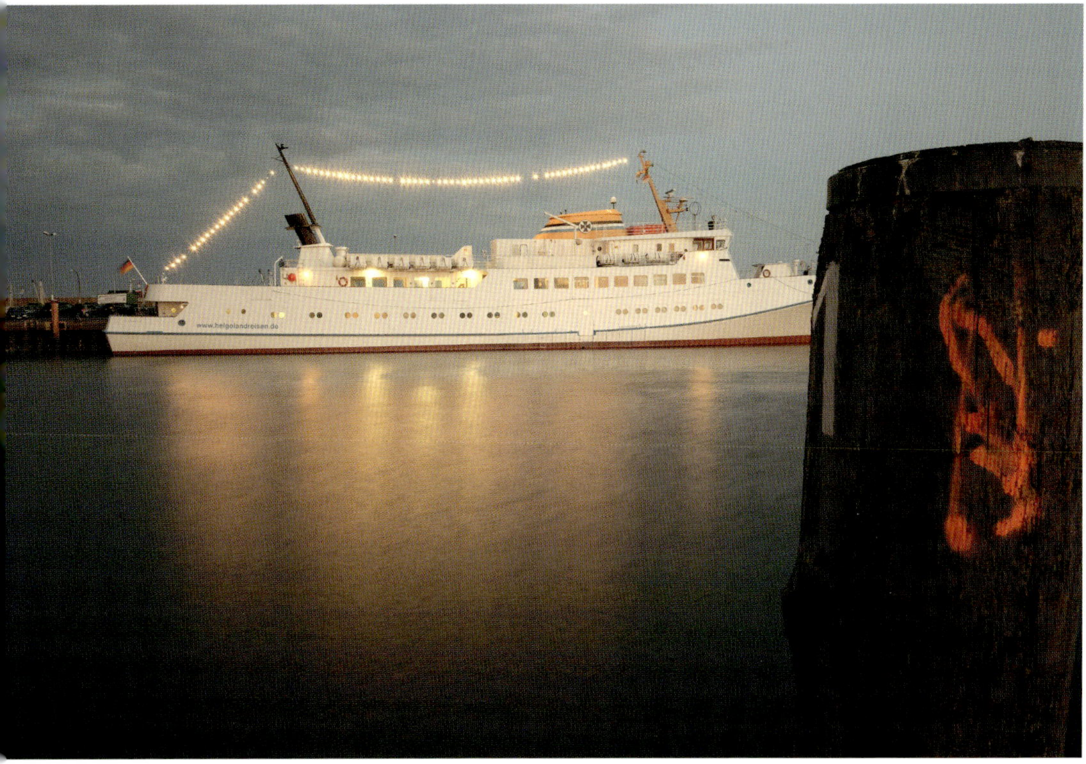

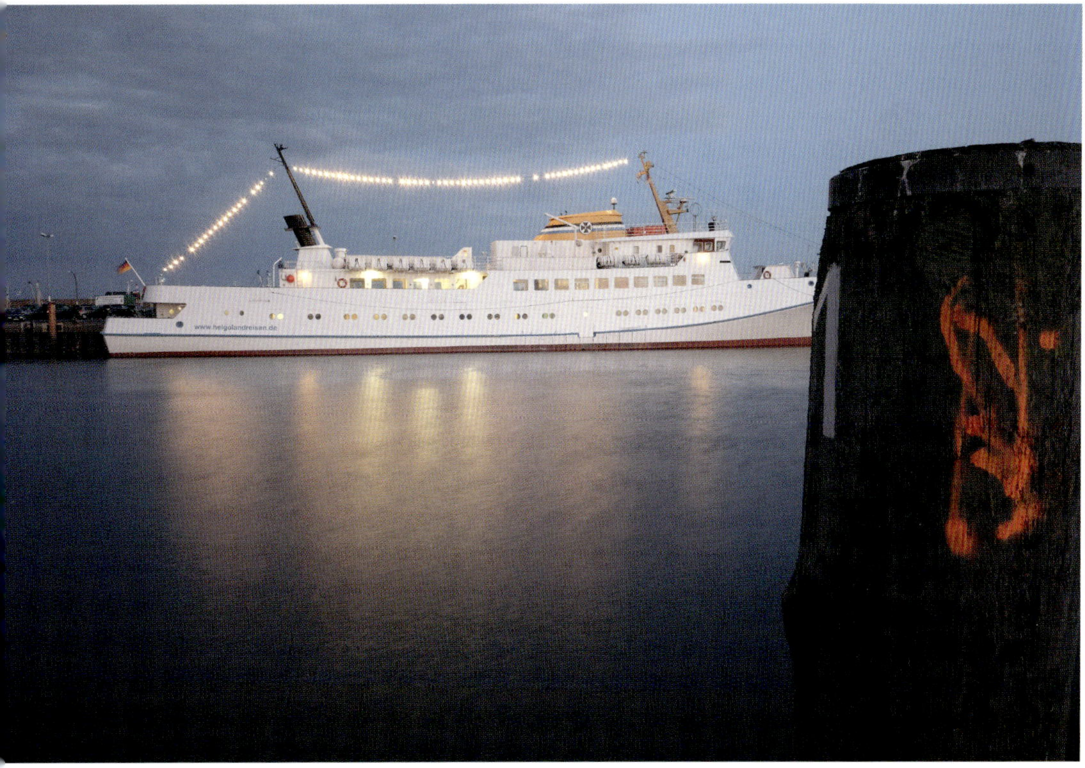

▲ *Wenn die Farbtemperatur in der Aufnahme von Ihren Vorstellungen abweicht, sollten Sie den Weißabgleich manuell setzen.*

Manueller Weißabgleich

Bei konstanten Lichtbedingungen z. B. in Innenräumen bietet sich der manuelle Weißabgleich an, um konstante Ergebnisse mit gleicher Farbtemperatur zu erhalten. Bedenken Sie, dass der Weißabgleich neu gesetzt werden muss, wenn sich die Farbtemperatur am Aufnahmeort, z. B. durch einen Wechsel von Sonne zu Wolken, verändert.

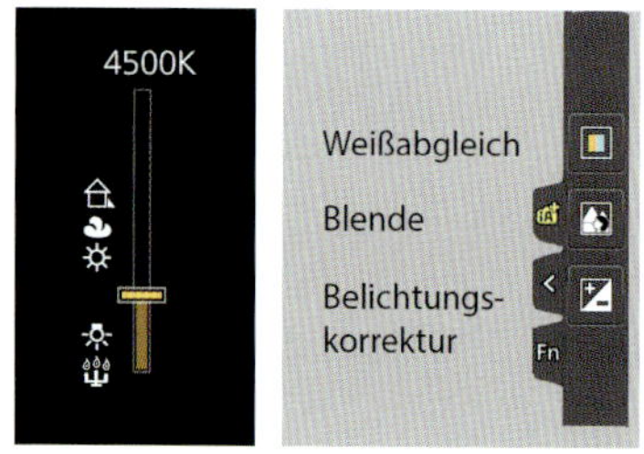

▲ *Oftmals verstecken sich die Optionen für den Weißabgleich auch in einem Fly-out-Menü und können per Touch aufgerufen werden (Beispiel Panasonic).*

▲ *Die Taste für den Weißabgleich werden Sie häufig benötigen. Belegen Sie gegebenenfalls eine Funktionstaste mit dem Weißabgleich, um schnellen Zugriff zu haben.*

▼ *Der eher warme Farbton im Innenraum wurde durch eine manuelle Veränderung des Weißabgleichs erzeugt.*

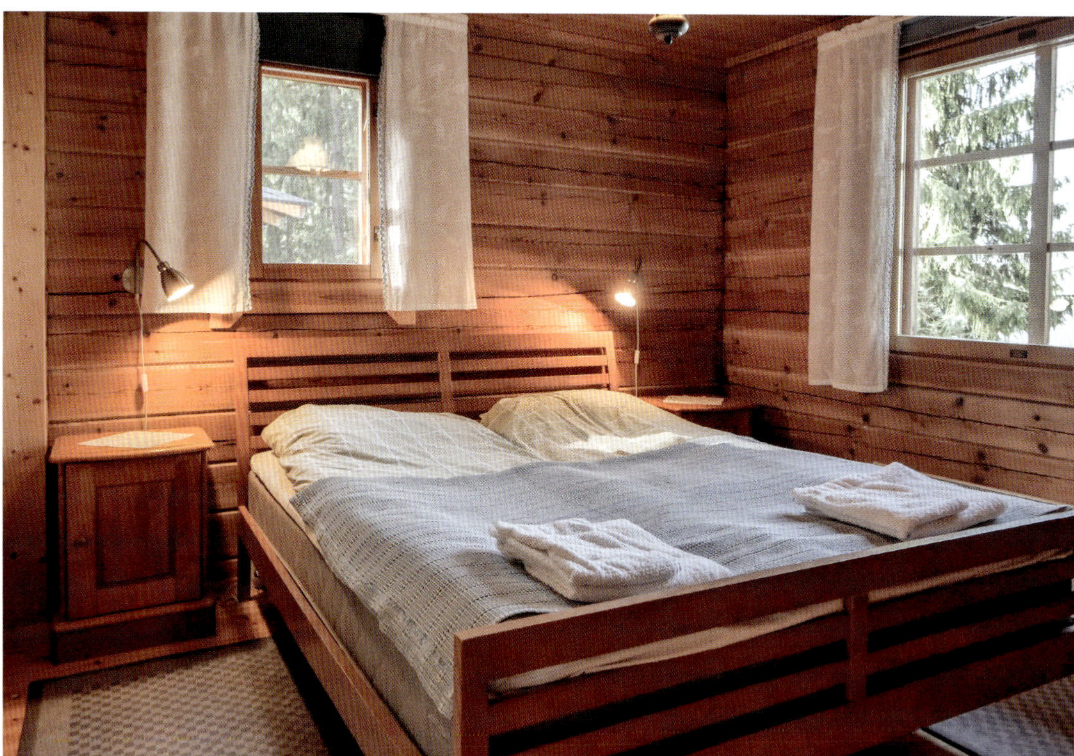

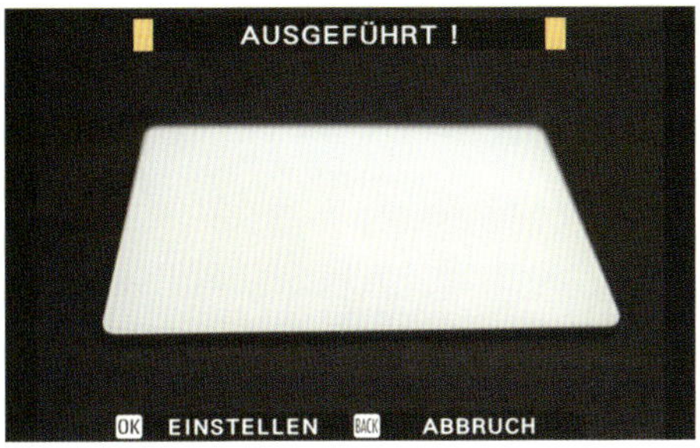

▲ *Der manuelle Weißabgleich wird über eine neutral weiße Fläche (ohne optische Aufheller!) ermittelt und als Referenz gespeichert (Beispiel Fujifilm).*

Farbe wahrnehmen

Da sich unsere Augen den Lichtbedingungen anpassen, bemerken wir die Farbigkeit des Lichts oft erst auf der fertigen Aufnahme. Nicht immer ist eine Korrektur von Vorteil, in vielen Fällen ist ein solcher „Stich" erwünscht, da er eine besondere Atmosphäre wiedergibt. Stellen Sie sich einen Sonnenuntergang ohne seine rötlichen Farben vor – undenkbar. Auch gibt es Situationen, in denen eine Farbanpassung oder Filterung nicht hilft, vor allem bei Farbstichen, die im Bild beispielsweise durch Reflexionen entstehen. Hier hilft nur, das Auge zu schulen, um solche Situationen zu erkennen und zu vermeiden.

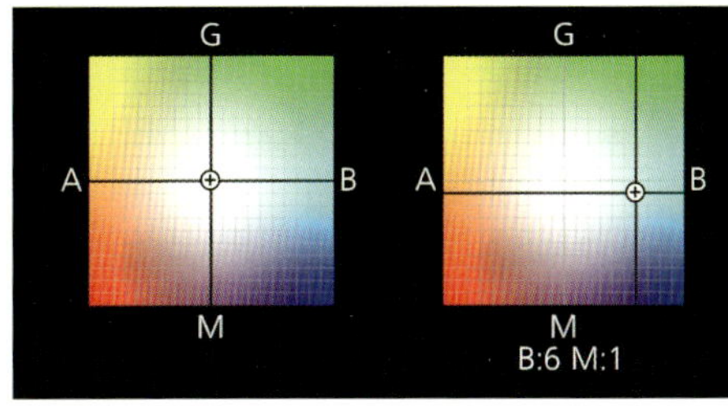

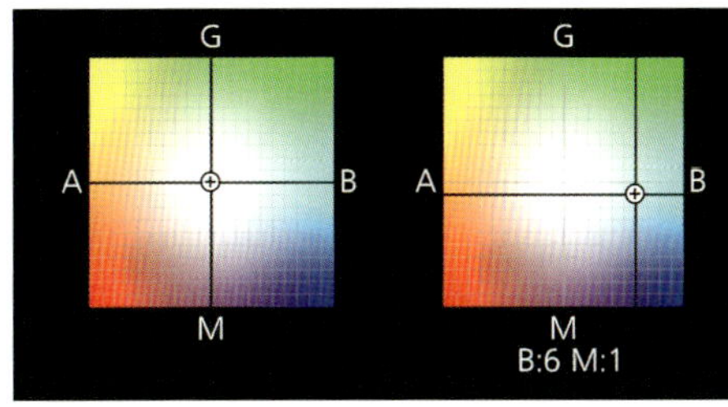

▲ *Die Anpassung der Farbtemperatur kann auch „nach Sicht" über die Farbbalance im Menü der Kamera erfolgen. Vermeiden Sie hier unbedingt Fremdlichteinfall auf den Monitor und nutzen Sie – falls vorhanden – den elektronischen Sucher Ihrer Kamera.*

Weißabgleich und Blitzgerät

Etwas umfassender wird die Anpassung des Weißabgleichs, wenn Sie zusätzlich mit dem Blitzgerät fotografieren. Sobald der Blitz von der Kamera erkannt wird, also im eingeschalteten Zustand, wird der automatische Weißabgleich (AWB) auf die Farbtemperatur des Blitzgeräts abgestimmt. Die vom Blitz erfassten Bereiche im Vordergrund werden also „neutral" wiedergegeben. Falls das Hintergrund- bzw. Umgebungslicht eine andere Farbtemperatur aufweist, entsteht ein Farbstich in der Aufnahme.

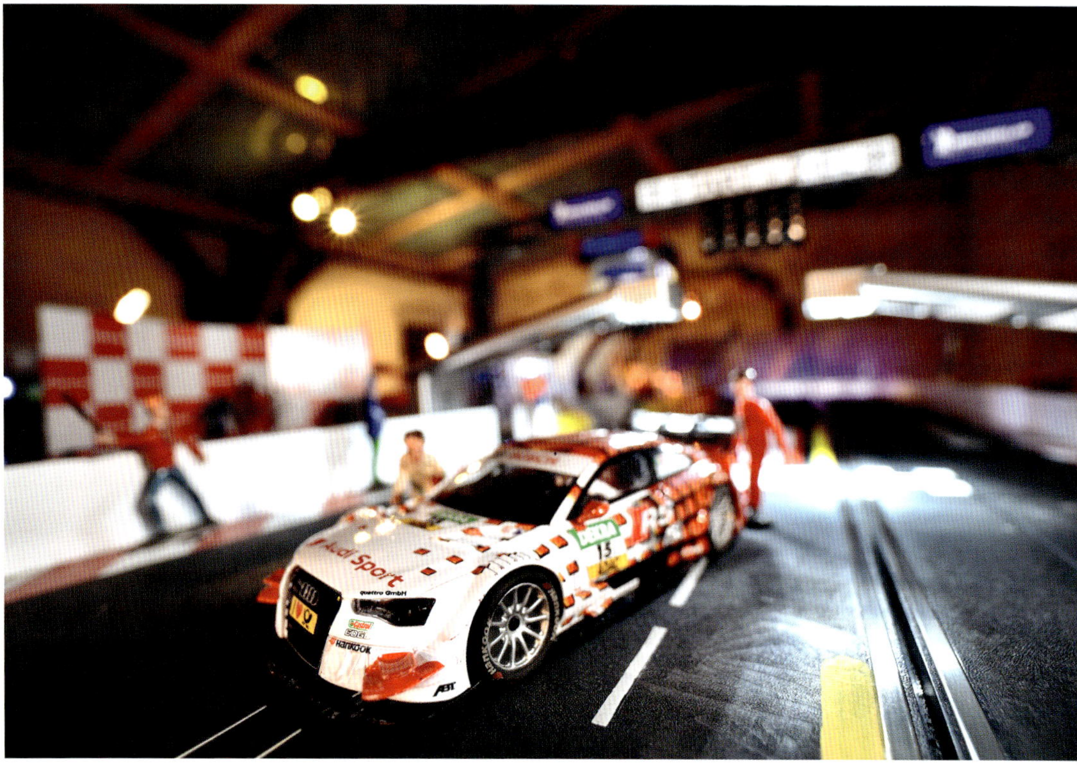

▲ *Im Idealfall passen Farbfilter und Umgebungslicht zusammen, und die Aufnahme einer Rennbahn ist frei von störenden Farbstichen. Hier sorgt ein leichter Orangefilter für eine etwas wärmere Farbtemperatur des Blitzes.*

ƒ/4 | 1/6 s | ISO 400 | 15 mm | –1 EV | TTL-Aufhellblitz –2 EV | frontal mit B.I.G.-Mini-Softbox | Filter: CTO 1/2

Gerät hierdurch die Farbbalance zu sehr aus dem Gleichgewicht, muss die Farbtemperatur des Blitzgeräts mit Kompensationsfiltern an die vorhandene Lichtstimmung angepasst werden. Viele Hersteller liefern für Blitzgeräte der gehobenen Preisklasse spezielle Farbkorrekturfilter mit, die über einen Kenncode die Farbtemperatur an den Blitz und weiter zur Kamera übertragen.

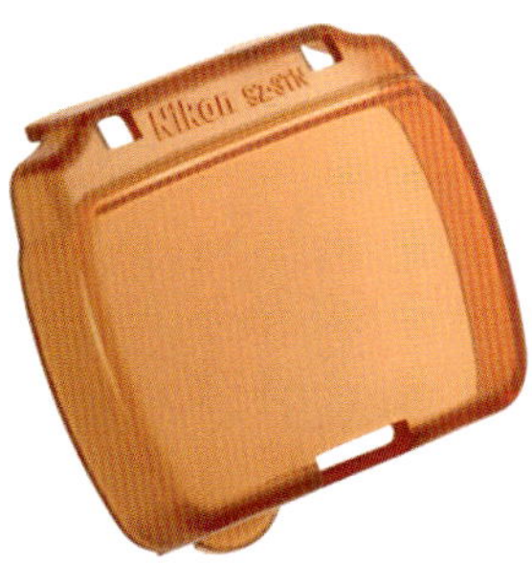

▲ *Der im Lieferumfang enthaltene Farbkorrekturfilter SZ-3TN des Nikon SB-5000 wird am Blitzreflektor befestigt und übermittelt automatisch die Farbtemperatur per Kenncode an die Kamera.*

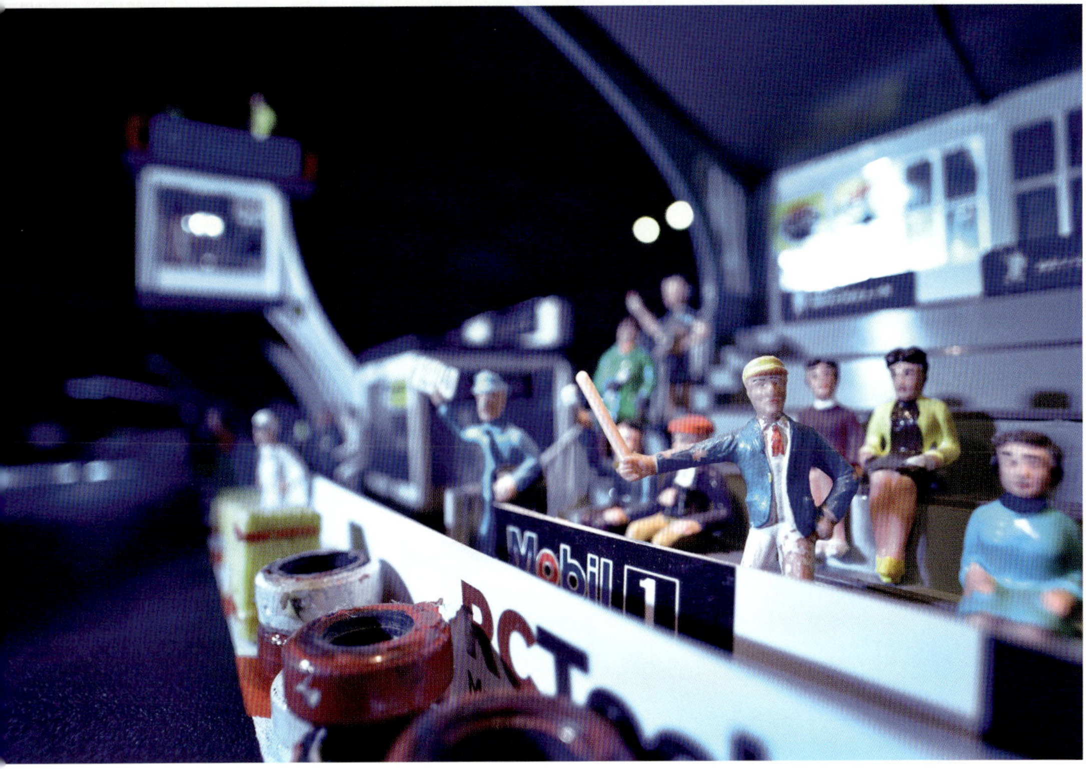

▲ *Der Blaufilter sorgt bei dieser Aufnahme für eine kühle Stimmung. Das Umgebungslicht wurde mit einer Korrektur von –3 EV deutlich reduziert.*

f/4 | 1/6 s | ISO 400 | 15 mm | –3 EV | TTL-Aufhellblitz –1 EV | seitlich von rechts | Blaufilter

Einfluss des Filters

Bei Tageslicht haben Blitz und Umgebungslicht etwa die gleiche Farbtemperatur. Bei Einstellung auf Kunstlicht (3.200 Kelvin) wird ermittelt, wie viel Blau zu einem neutralen Licht fehlt. Als Resultat wird das Umgebungslicht blau wiedergegeben. Natürlich wäre auch der geblitzte Motivteil nun zu blau. Mit einer amber- bzw. orangefarbenen Folie vor dem Blitz wird dieser Fehler ausgeglichen. Gut eignet sind Gegenlichtsituationen mit deutlich reduziertem Umgebungslicht, damit der Blitz dominieren kann.

Filteroptionen

Die Einsatzvarianten eines Farbfilters drehen sich um die Anpassung des Blitzlichts an vorherrschendes Licht, das Einfärben des Motivs mittels farbigen Lichts oder das Einfärben des Hintergrunds mittels Weißabgleich.

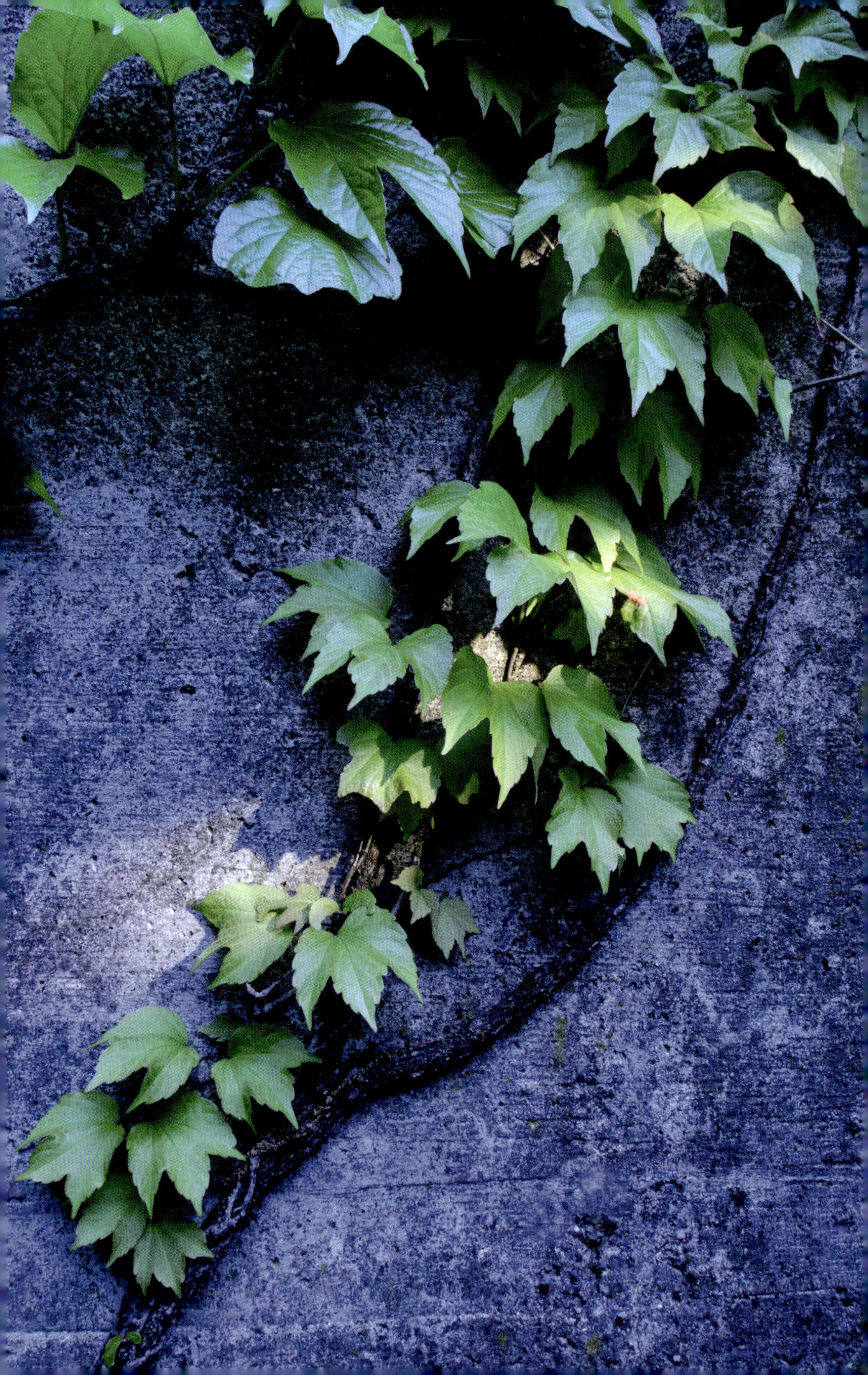

Halter für Farbfilterfolien

Die einfachste Möglichkeit, eine Farbfilterfolie am Blitzreflektor zu befestigen, ist, sie hinter die ausgeklappte Streuscheibe zu klemmen. Dabei gibt es aber Nachteile, die es zu beachten gilt: Zum einen kann die Frontscheibe des Reflektors aufgrund der Hitze zwischen den Flächen verschmoren, und zum anderen kann der Filter herausrutschen. Auch die Zoomposition bleibt konstant auf Weitwinkel stehen. Letzteres Problem könnte bei einigen Blitzgeräten im Menü entsprechend behoben werden. Investieren Sie lieber in einen preiswerten Blitzhalter, der mittels Gummiband oder Klett mit ausreichendem Abstand vor den Reflektor gesetzt wird.

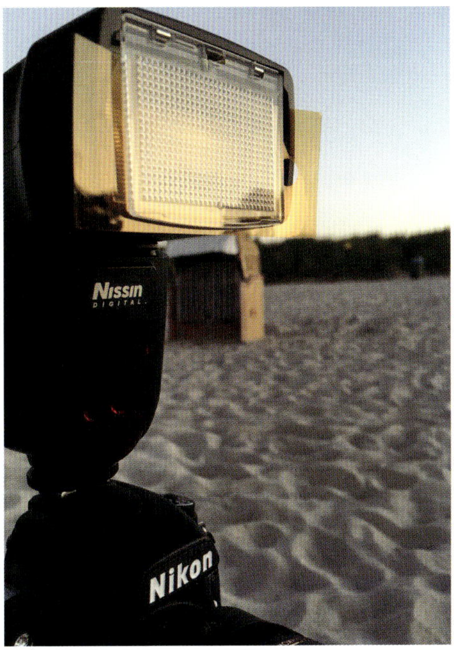

▲ *Im Notfall können Sie den Filter einfach hinter die Streuscheibe schieben. Bei geringer Blitzleistung treten keine Schäden auf. Trotzdem eine riskante Sache.*

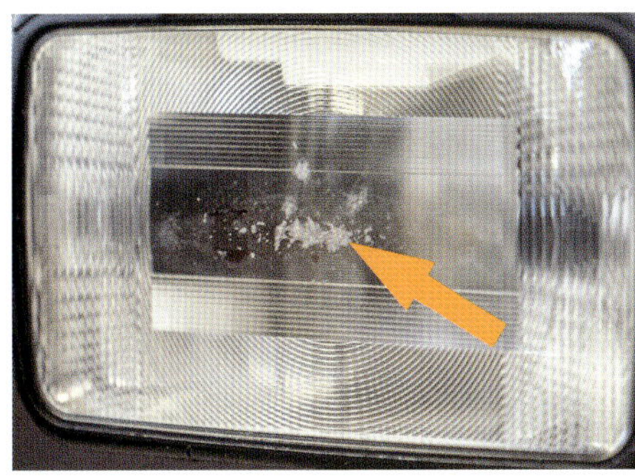

▲ *Bei zu hoher Blitzleistung verschmort die Streuscheibe des Blitzreflektors.*

Falls Ihr Blitzgerät im Lieferumfang keine Filter mitbringt, können Sie im Zubehörsegment auf eine große Auswahl an Filtern nebst Filterhalter zurückgreifen.

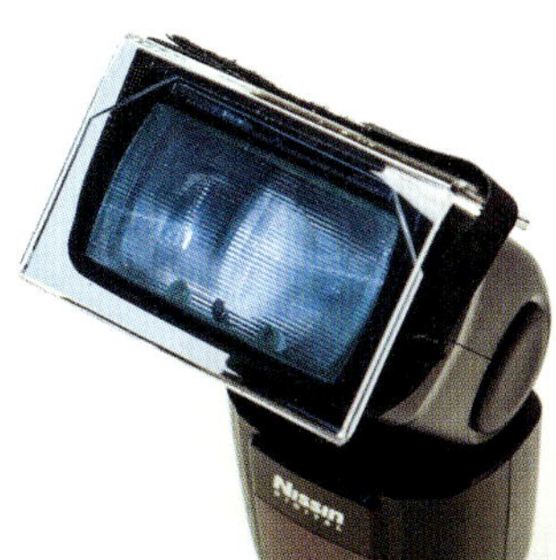

◄ *Der manuelle Weißabgleich wurde auf 3.200 Kelvin gesetzt und färbt die Aufnahme blau ein. Der orangefarbene Korrekturfilter vor dem Blitzreflektor gleicht den Farbstich aus und neutralisiert das Blitzlicht.*

f/2 | 1/60 s | ISO 80 | 12 mm | –2 EV | TTL-Aufhellblitz 0 EV | seitlich von rechts mit MagSnoot | Filter: CTB 1/1

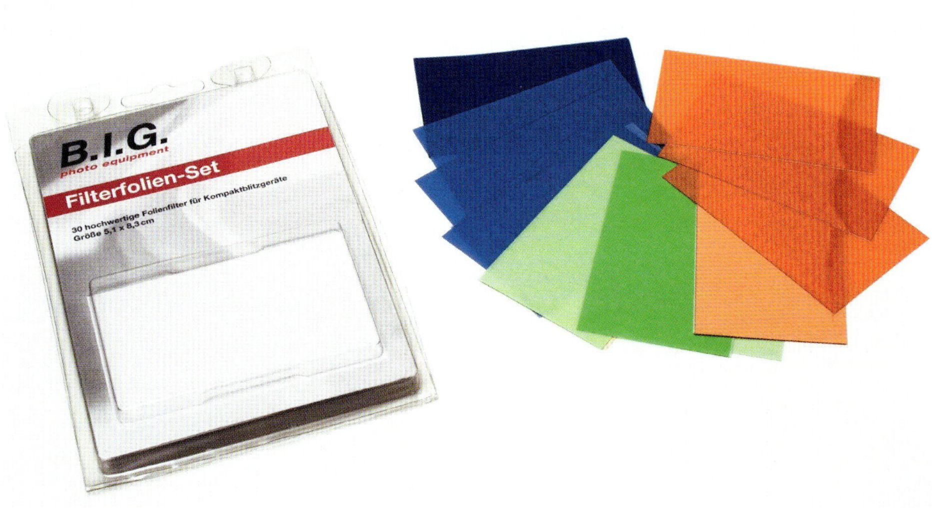

▲ *Tut, was er soll, der B.I.G.-Folienfilterhalter und das dazu passende Filterfolienset mit 30 Filtern.*

Musterfilterkatalog von LEE

Der LEE-Musterkatalog kostet rund 7 Euro und bietet eine unglaublich große Auswahl an hitzebeständigen Filterfolien. Der einzige Nachteil hierbei ist, dass Sie das Ding in mühevoller Kleinarbeit zerlegen und die kleinen Datenzettel von den Filtern trennen müssen. Aber der Aufwand lohnt sich. Sortieren Sie eine kleine Filterauswahl der wichtigsten Farben (Orange, Blau, Rot, Gelb) beschriftet in ein kleines Etui. Anmerkung: Offenbar hat sich dieser „Geheimtipp“ mittlerweile herumgesprochen, da der Filterkatalog immer häufiger ausverkauft ist …

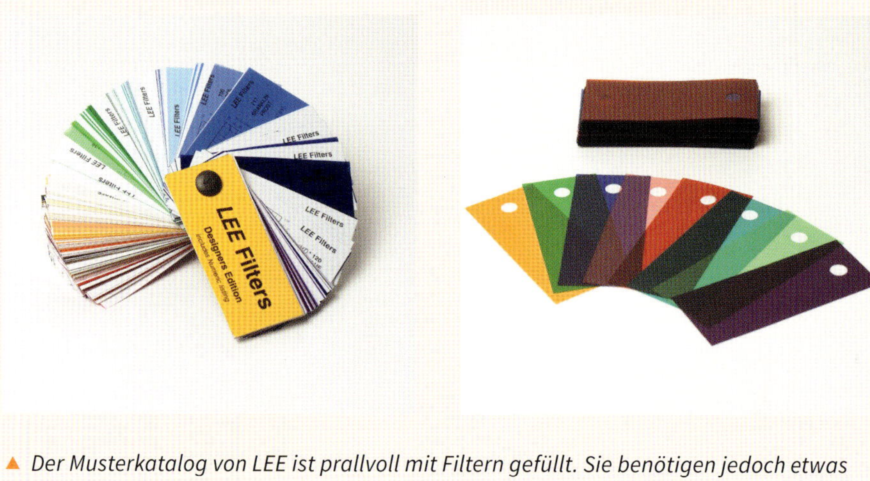

▲ *Der Musterkatalog von LEE ist prallvoll mit Filtern gefüllt. Sie benötigen jedoch etwas Geduld, um die einzelnen Filter aus dem Katalog zu selektieren.*

CTB- und CTO-Korrekturfolien

CTB (*Color Temperature Blue* = Blaufolie) und CTO (*Color Temperature Orange* = Orangefolie) sind Korrekturfolien, um warmes bzw. kaltes Licht zu erzeugen oder zu korrigieren. Sie werden in unterschiedlichen Dichtestufen angeboten.

WEISSABGLEICHSEINSTELLUNGEN BEIM EINSATZ EINES BLITZGERÄTS	
Automatischer Weißabgleich (ca. 3.500–8.000 K)	Automatische Anpassung der Farbtemperatur an Blitz oder/und Umgebungslicht (Standardeinstellung). In der Regel die erste Wahl beim Blitzen, insbesondere dann, wenn es schnell gehen muss.
Direktes Sonnenlicht (a. 5.200 K)	Um die Mittagszeit.
Kunstlicht (ca. 3.000 K)	Glühlampenlicht, ca. 100 Watt, oder Halogenlampen.
Bewölkter Himmel (ca. 6.000 K)	Bedeckter Himmel, diffuse Beleuchtung, um die Mittagszeit.
Schatten (ca. 8.000 K)	Bei Aufnahmen im Schatten.
Blitz (5.400 K)	Diese Einstellung stimmt die Farbtemperatur konstant auf das verwendete (kompatible) Blitzgerät ab.

Geeigneten Farbraum wählen

Als Farbraum wird die Gesamtheit aller Farbtöne bezeichnet, die ein Farbmodell oder ein Gerät umfasst. Er ist bei Ihrer Kamera werkseitig auf sRGB (Standardfarbraum) eingestellt, wenn Sie im JPEG-Format fotografieren. Für die Ausgabe der Bilder über das Fotolabor, den Sofortbilddrucker (Kiosksystem) oder einen Fotoprinter ist diese Vorgabe sehr gut geeignet. Der Farbtonumfang des Adobe RGB-Farbraums ist im Vergleich zu sRGB höher, speziell in den Übergängen von Cyan nach Grün und Orange. Adobe RGB überzeugt aufgrund einer optimierten Farbwiedergabe auch beim Druck und kann optional in den kleineren Farbraum umgewandelt werden. Adobe RGB-Dateien erkennen Sie übrigens am Unterstrich vor dem Dateinamen – z. B. *_DSCF00001.JPG*.

6 LICHT MESSEN

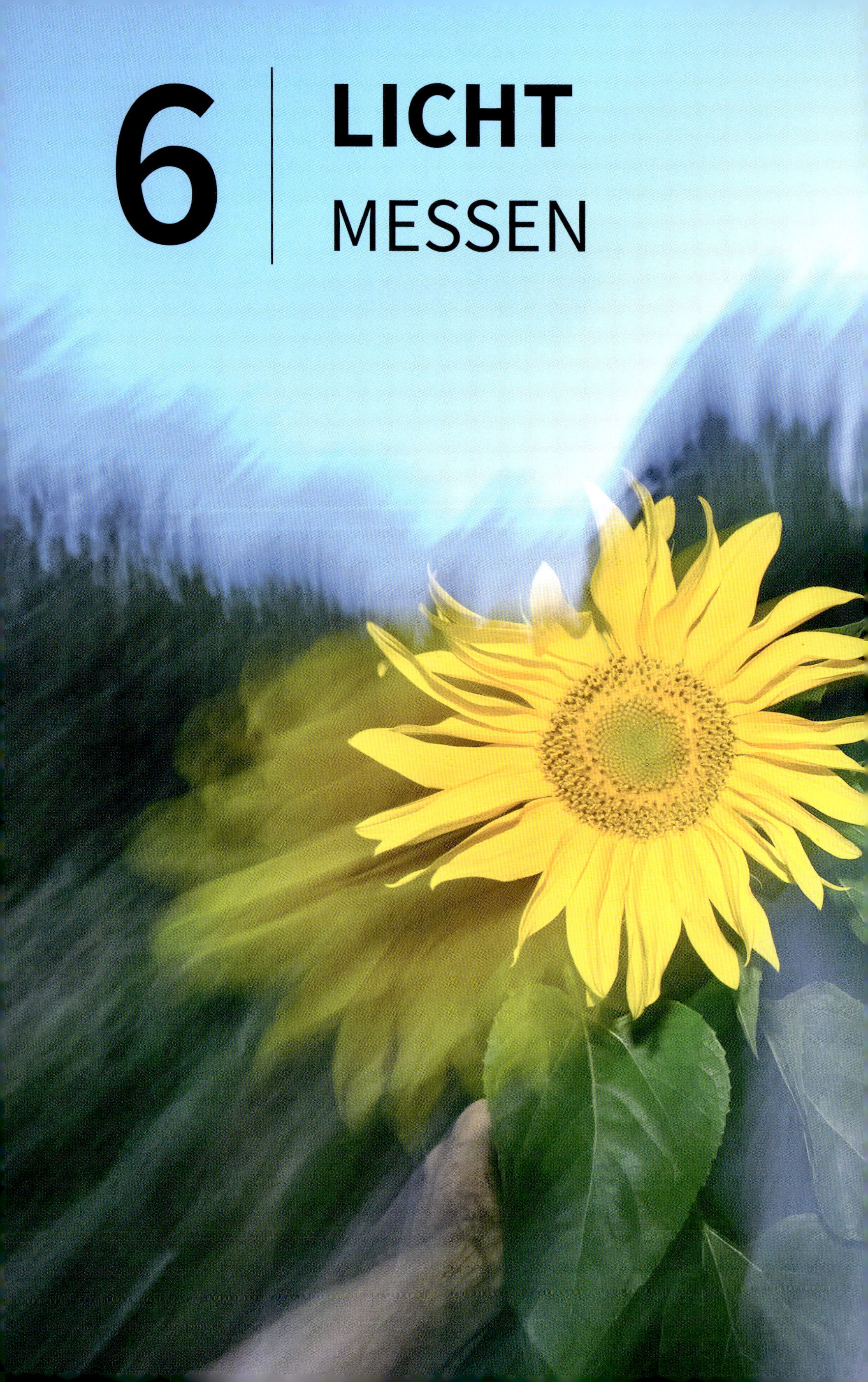

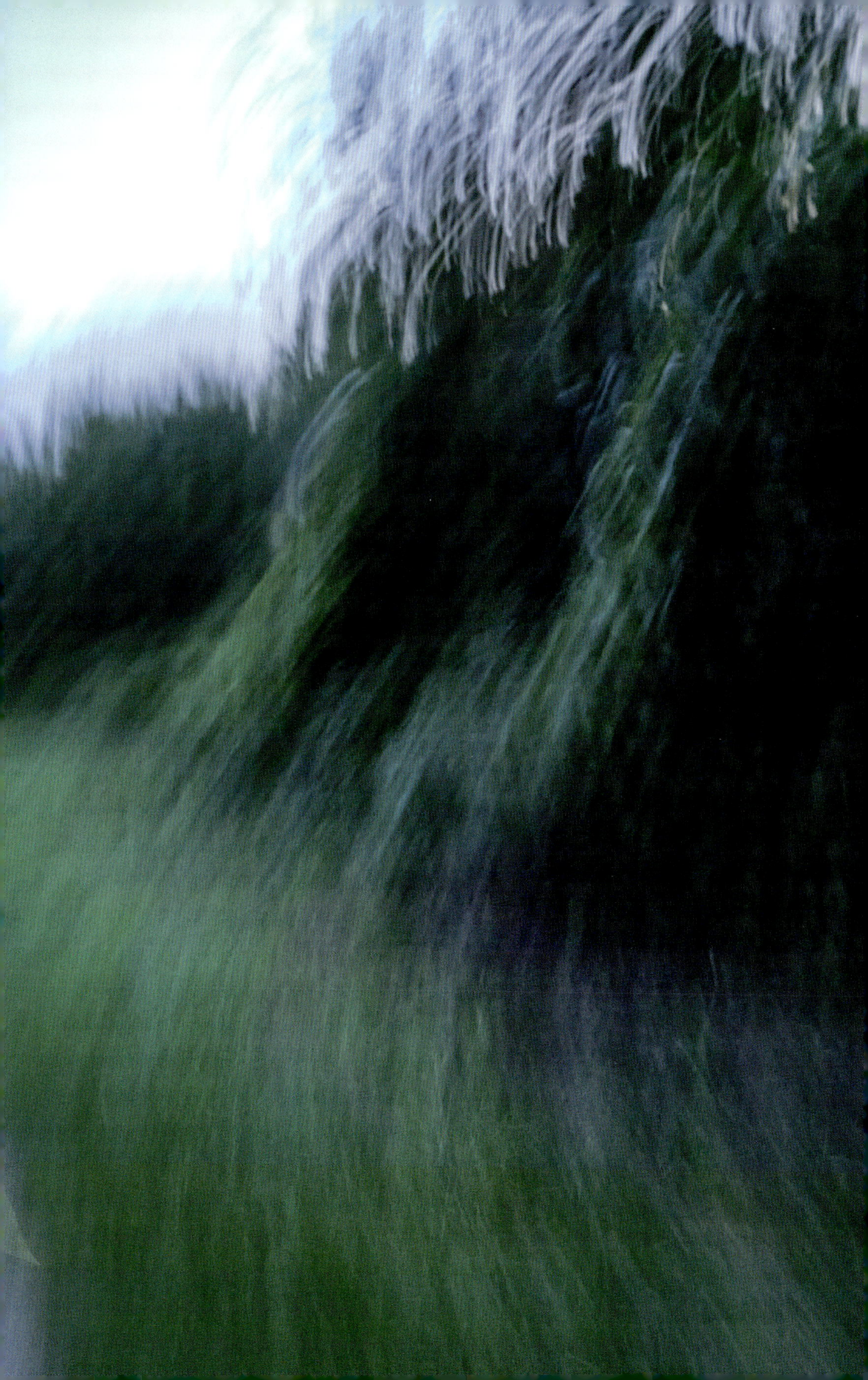

Wie die Kamera das Licht sieht

Das kreative Experimentieren mit Blende und Belichtungszeit in der Blitzfotografie setzt zunächst voraus, dass Sie sich mit den Grundsätzen der Belichtungsmessung befassen, und zwar unabhängig davon, ob Sie im manuellen Modus fotografieren oder in der Zeit- oder Blendenautomatik.

Irgendwann sind die Grenzen des Belichtungsmesssystems erreicht, und die vorgenommenen Einstellungen werden mit entsprechenden Warnungen und Ergebnissen quittiert. Die Grundlagen von Zeit und Blende sind in der Blitzfotografie die Basis für eine ausgewogene Belichtung. Wie sieht Ihre Kamera das Licht? Welche Belichtungsmessart eignet sich am besten beim Blitzen? Wie wird das vorhandene Licht am Aufnahmeort gemessen? Mehr dazu erfahren Sie jetzt.

Das vom Objekt reflektierte Licht gelangt, ebenso wie das Blitzlicht, zunächst durch das Objektiv (TTL-Messprinzip) ins Innere der Kamera zu einer sensiblen Messzelle. Bei einer DSLR-Kamera befindet sich das Belichtungsmesssystem separat im Prismensucher, bei anderen Kamerasystemen (etwa bei spiegellosen Systemkameras) wird der Job vom Aufnahmesensor mit übernommen. Eine Belichtungswaage auf dem Monitor oder im Sucher der Kamera signalisiert, ob das Bild korrekt belichtet wird. Dieses Prinzip nennen wir Fotografen *Objektmessung*.

Alle Belichtungsmesssysteme, unabhängig davon, ob analog oder digital arbeitend, orientieren sich an einem gemeinsamen (Vergleichs-)Wert. Dieser Durchschnittswert oder die mittlere Dichte stellt sozusagen die Norm dar. In der Praxis kommen Reflexionsgrade von 2 % (mattschwarzes Papier) bis 90 % (hellweißes Papier) vor. Durchschnittlich reflektieren die meisten Motive jedoch nur etwa 18 % des auftretenden Lichts. Und diesem Remissionswert entspricht die genormte Graukarte, auf der die Berechnung sämtlicher Belichtungsmesssysteme beruht.

▲ *Graukarten, hier das B.I.G.-Graukartenset, gibt es auch in einer klappbaren Faltvariante, die in der Fototasche nur wenig Platz beansprucht. (Abb.: Brenner)*

Leider reflektieren viele Motive nicht immer normgerecht durchschnittlich und weichen oftmals extrem vom Grauwert ab – etwa in Schneelandschaften oder Nachtaufnahmen. Hinzu kommt, dass ein großer Kontrastumfang, wie er zum Beispiel im Sommer am Strand oder im Winter bei Schnee vorherrscht, sehr schnell zu ausgefressenen Lichtern oder zugelaufenen Schatten führt. Sie dürfen demnach nicht erwarten, dass Ihre Kamera bei strahlendem Sonnenschein und blauem Himmel am Strand sowohl die Person im hellen Sand als auch die Person im Schatten mit allen Details wiedergeben kann. Hier sind die Grenzen vieler Digitalkameras schnell erreicht. Nur der gezielte Einsatz eines Blitzgeräts zur Kontrastsenkung hilft dann weiter.

Lichtwert

Der *Lichtwert* (LW), engl. *Exposure Value* (EV), bezeichnet in der Fotografie unterschiedliche Kombinationen aus Blendenwerten und Belichtungszeiten. Diese verhalten sich zueinander äquivalent, sodass in Abhängigkeit von der Motivhelligkeit immer die gleiche Menge Licht auf den Film oder Bildsensor gelangt. Ein Lichtwert von 0 definiert die Belichtung, die zu Blende f/1 und einer Belichtungszeit von 1 Sekunde rechnerisch äquivalent ist. Jede Erhöhung des Lichtwerts um den Wert 1 entspricht einer Halbierung der Belichtung, jede Verringerung um einen Wert einer Verdopplung.

LICHTWERT AUS DER KOMBINATION VON BLENDE UND BELICHTUNGSZEIT

LW	2 s	1 s	1/2 s	1/4 s	1/8 s	1/15 s	1/30 s	1/60 s	1/125 s	1/250 s	1/500 s	1/1000 s
f/32	9	19	11	12	13	14	15	16	17	18	19	20
f/22	8	9	10	11	12	13	14	15	16	17	18	19
f/16	7	8	9	10	11	12	13	14	15	16	17	18
f/11	6	7	8	9	10	11	12	13	14	15	16	17
f/8	5	6	7	8	9	10	11	12	13	14	15	16
f/5.6	4	5	6	7	8	9	10	11	12	13	14	15
f/4	3	4	5	6	7	8	9	10	11	12	13	14
f/2.8	2	3	4	5	6	7	8	9	10	11	12	13
f/2	1	2	3	4	5	6	7	8	9	10	11	12
f/1.4	0	1	2	3	4	5	6	7	8	9	10	11
f/1	–1	0	1	2	3	4	5	6	7	8	9	10

Messmethode gezielt einsetzen

In der Regel stehen Ihnen drei Belichtungsmessmethoden für die unterschiedlichsten Motivsituationen und Ansprüche zu Verfügung: die Mehrfeldmessung, die Spotmessung und die klassische mittenbetonte Integralmessung. Canon bietet zusätzlich eine Selektivmessung an, die im Prinzip wie eine abgeschwächte Spotmessung werkelt. Ich habe jedoch nur sehr selten davon Gebrauch gemacht. Wichtig zu wissen: Grundsätzlich verändern sich Arbeitsweise und Gewichtung einer Messmethode, wenn ein Blitzgerät an der Kamera verwendet wird.

Einsatz der Mehrfeldmessung

Einfach erklärt, wird das gesamte Bild in viele einzelne Felder unterteilt, daher der Begriff Mehrfeldmessung. In jedem dieser Felder (Bereiche) – bei aktuellen Kameras sind das Tausende – wird das vom Objekt auftreffende Licht separat erfasst. Im nächsten Schritt werden die einzelnen Felder miteinander verglichen, und der Kontrastumfang im Motiv wird ermittelt. Jetzt fließt noch die Entfernungsinformation vom Objektiv und die Lage der aktiven Autofokusfelder in die Auswertung ein.

Der Aufnahmesensor liefert außerdem Informationen über erkannte Gesichter und Personen, und die vor der Aufnahme gezündeten Messblitze checken die Reflexionseigenschaften des angepeilten Hauptmotivs. Aufgrund der vielen Informationen kann das System ziemlich genau erkennen, wo sich das Hauptmotiv befindet und wie stark seine Oberfläche vom Durchschnittsgrau abweicht.

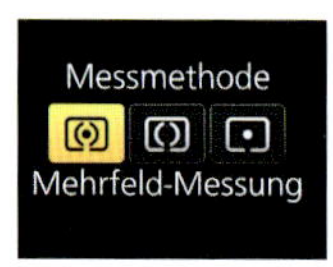

Die gesammelten Datenmengen werden abschließend mit Tausenden gespeicherten Motivmustern (Matrix) verglichen, die wiederum mit einer bestimmten Belichtungsvariante verknüpft sind. Die Trefferquote liegt bei fast 100 %, und in Verbindung mit dem Systemblitzgerät spielt die Mehrfeldmessung ihre Vorteile noch viel exakter aus, da der Hintergrund unabhängig vom Vordergrund gewichtet wird. Das ist besonders bei hohen Kontrasten in Gegenlichtsituationen ein nicht zu unterschätzender Vorteil.

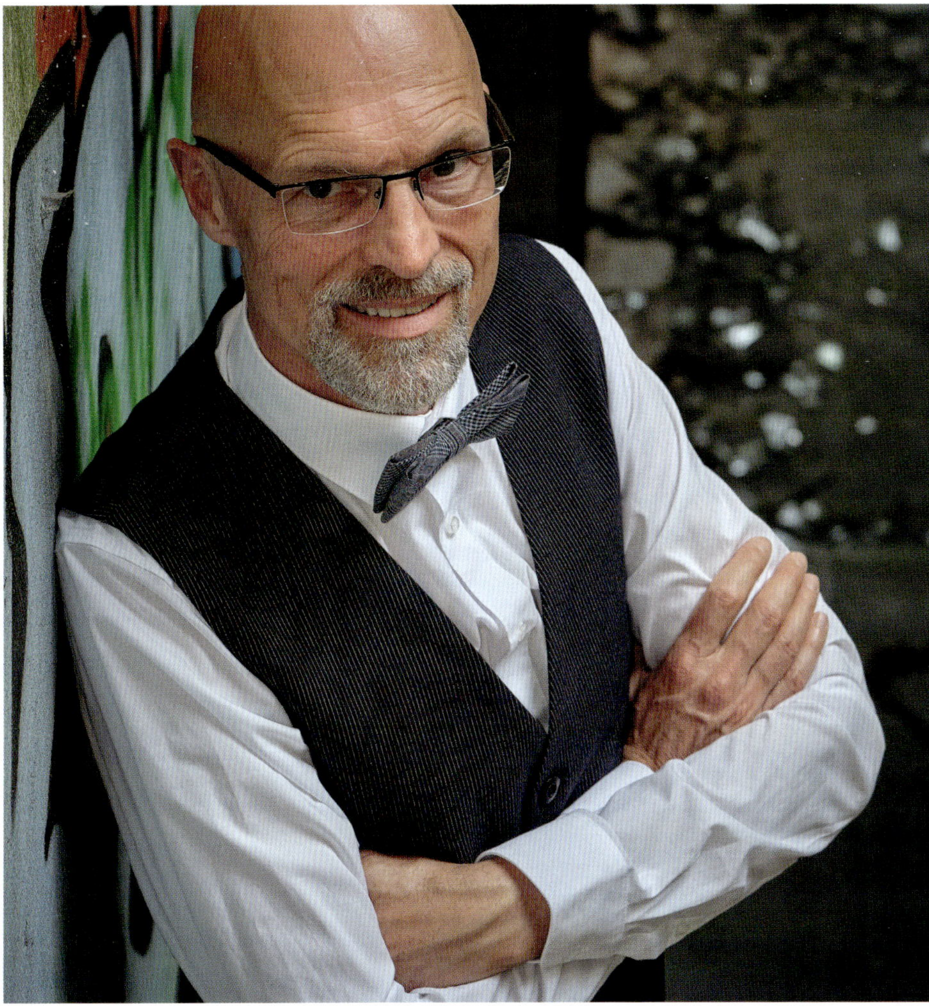

▲ *Die Mehrfeldmessung zeigt in Verbindung mit dem Blitzgerät im TTL-Aufhellblitzmodus das ganze Spektrum ihrer Fähigkeiten.*

f/4 | 1/60 s | ISO 1000 | 60 mm | 0 EV | TTL-Aufhellblitz | frontal mit MagSpehre-Diffusor

Praxisübung zur Mehrfeldmessung

Die Arbeitsweise der Mehrfeldmessung mit und ohne Blitz:

1. Aktivieren Sie die Mehrfeldmessung und die Programmautomatik bei einem fixen ISO-Wert und stellen Sie folgende Gegenlichtsituation nach. Beachten Sie, wie sich die Werte für Belichtungszeit und Blende zwischen den beiden Übungen verändern.

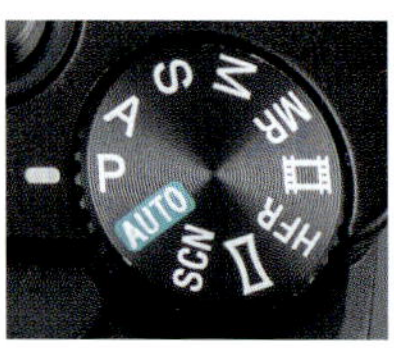

Legen Sie das Fokusmessfeld auf ein Objekt im Gegenlicht ohne Blitzgerät: Jetzt liegt die Gewichtung stärker auf dem Vordergrund, und der Hintergrund wird vernachlässigt. Die Lichter sind ausgefressen, und ein Grünstich vom Blätterwerk des Baums macht sich bemerkbar.

2. Verändern Sie den Bildausschnitt nicht und schalten Sie das Blitzgerät im TTL-Aufhellblitzmodus hinzu. Ihre Kamera dreht den Spieß um: Der Hintergrund bekommt in diesem Beispiel etwas mehr Gewichtung. Der Vordergrund wird vom Blitzlicht aufgehellt.

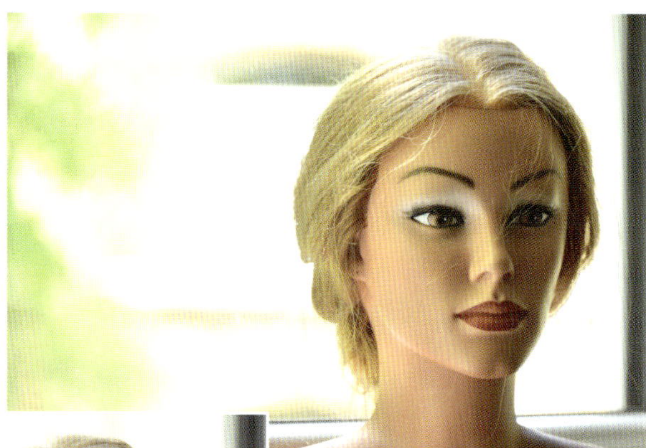

f/5.6 | 1/80 s | ISO 800 | 200 mm | 0 EV | WB Auto

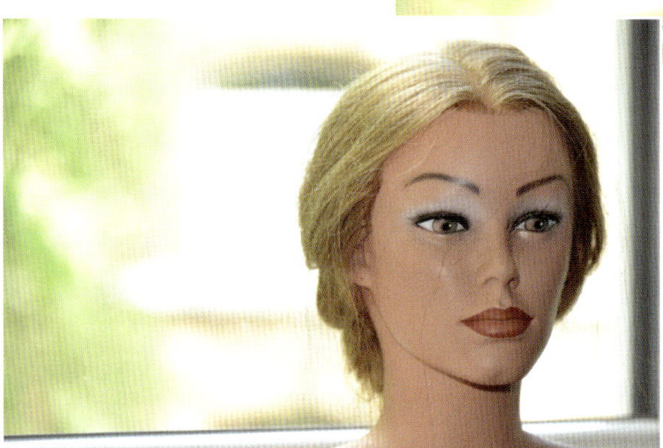

f/5.6 | 1/150 s | ISO 800 | 200 mm | 0 EV | WB Auto | TTL-Aufhellblitz | frontal

Einsatz der Spotmessung

Bei der Spotmessung konzentriert sich die Belichtungsermittlung ausschließlich auf einen sehr kleinen Bereich im Bild (ca. 4 %). Je länger die verwendete Brennweite, desto enger ist auch der Messradius der Spotmessung. Diese nicht einfach zu handhabende Messmethode wird für den Makrobereich oder für das gezielte Anmessen eines bestimmten Details im Motiv eingesetzt. Unbedingte Voraussetzung im Umgang mit der Spotmessung ist das Erkennen des „Grauwerts" im Bild und Kenntnisse über die Grenzen des Belichtungsumfangs.

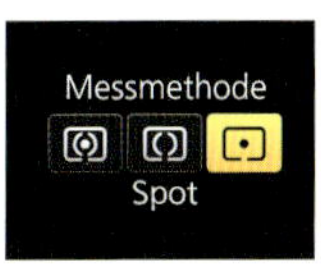

▲ *Bei Verwendung eines Blitzgeräts wird die Spotmessung für die Festlegung des Hintergrund- bzw. Umgebungslichts eingesetzt.*

Praxisübung zur Spotmessung

Die Arbeitsweise der Spotmessung mit und ohne Blitz:

1. Aktivieren Sie die Programmautomatik bei einem fixen ISO-Wert und stellen Sie die folgende Gegenlichtsituation nach. Richten Sie im ersten Schritt das Spotmessfeld auf einen bildwichtigen Bereich im Hintergrund. Speichern Sie dann den ermittelten Wert mit der Belichtungsmesswertspeichertaste (schönes Wort) Ihrer Kamera. In der Regel ist das die AE-L-Taste (*Auto Exposure Lock*) oder eine entsprechend belegte Funktionstaste. Legen Sie nun das AF-Messfeld auf das Objekt im Gegenlicht und lösen Sie nach erfolgter Scharfstellung ohne Blitz aus.

2. Wiederholen Sie die Übung und schalten Sie den Blitz hinzu. Die Belichtung des Objekts im Vordergrund wird wie zuvor auch von der Blitz-TTL-Messung ermittelt, und die abgegebene Blitzlichtmenge wird entsprechend dosiert.

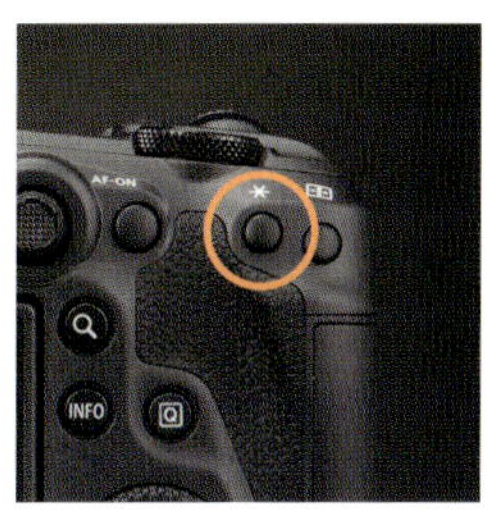

▲ *Bei Canon-Kameras wird die Belichtung mit der Sternchentaste gespeichert.*

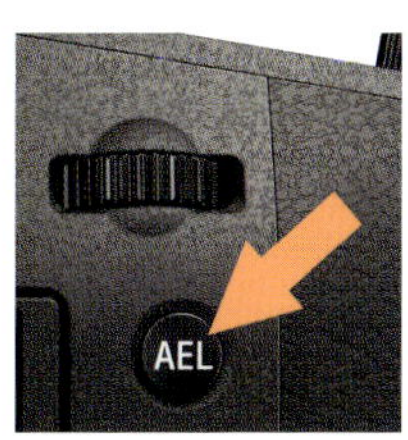

▲ *Andere Hersteller belegen die AE-L-Taste mit dieser Funktion.*

Belegung der Speichertaste prüfen

Prüfen Sie vorab im Kameramenü die Belegung der Belichtungsmesswertspeichertaste! Oftmals ist diese Taste als AE-L/AF-L-Taste mit einer Doppelfunktion belegt und speichert die Belichtung und den Autofokus zusammen. Entkoppeln Sie diese Option, um ausschließlich die Belichtung zu speichern. Häufig ist auch die AE-L-Taste als Blitzbelichtungsmesswertspeicher ausgelegt. In diesem Fall zündet die Kamera einen Messblitz auf den Hintergrund und ermittelt hierfür die abzugebende Blitzleistung.

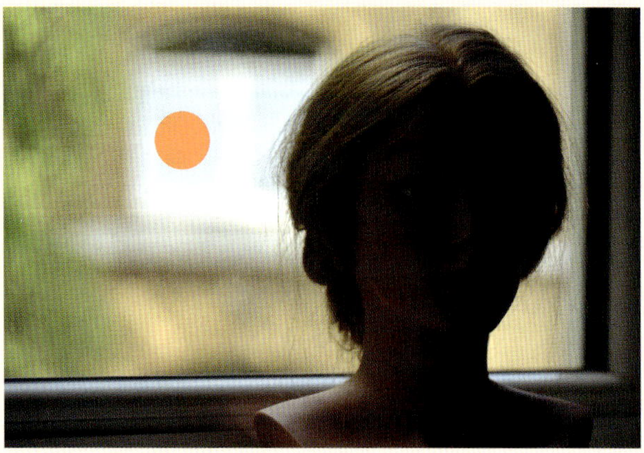

▲ *Beim Einsatz eines Blitzgeräts wird mit der Spotmessmethode zunächst das Hintergrundlicht (Kreismarkierung) festgelegt und gespeichert.*

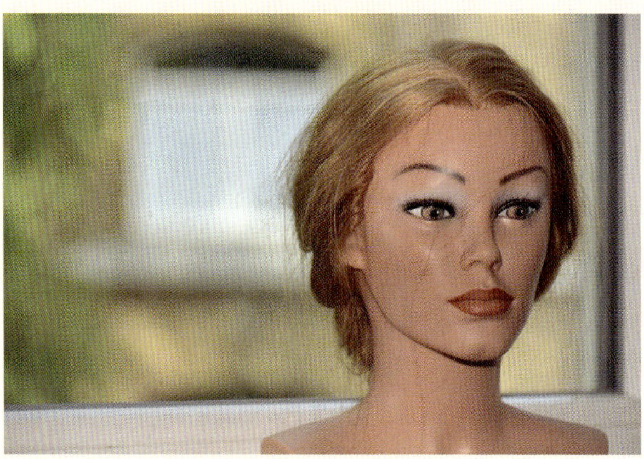

▲ *Diese Vorgehensweise erfordert Erfahrung und Zeit und ist daher primär für statische Motive (Landschaft, Innenräume) geeignet. Bei exakter Vorgehensweise werden Sie mit perfekt belichteten Aufnahmen belohnt.*

Einsatz der mittenbetonten Messung

Wie die Bezeichnung bereits verrät, liegt die Hauptgewichtung in der Mitte des Bildbereichs, während das Umfeld etwas abgeschwächt gewichtet wird. Ursprünglich wurde diese Messmethode aufgrund der Tatsache entwickelt, dass die meisten Menschen ihr Objekt in den mittleren Bereich des Bilds setzen. In Verbindung mit dem Blitzgerät bietet sie keine herausragenden Vorteile und wurde von der präziser arbeitenden Mehrfeldmessung verdrängt.

Gesamtbelichtung korrigieren

In der Blitzfotografie wird das vorhandene Raum- bzw. Umgebungslicht durch den ISO-Wert, die Blende und die Belichtungszeit beeinflusst. Mit der Belichtungskorrektur der Kamera können Sie eine Aufnahme heller (+) oder dunkler (–) belichten. Im Prinzip wird (intern) der ISO-Wert der Kamera bei einer Minuskorrektur angehoben und bei einer Pluskorrektur um den eingegebenen Korrekturwert abgesenkt. Wenn Sie in einem der automatischen oder halb automatischen Belichtungssteuerungsmodi fotografieren (A, AV, S, TV, P), wird demzufolge die Zeit oder/und die Blende entsprechend dem vorgegebenen Wert korrigiert. Die Belichtungskorrektur beeinflusst somit den Vordergrund (Blitz) und den Hintergrund (Umgebungslicht), sie packt also beide Ebenen in einen Topf.

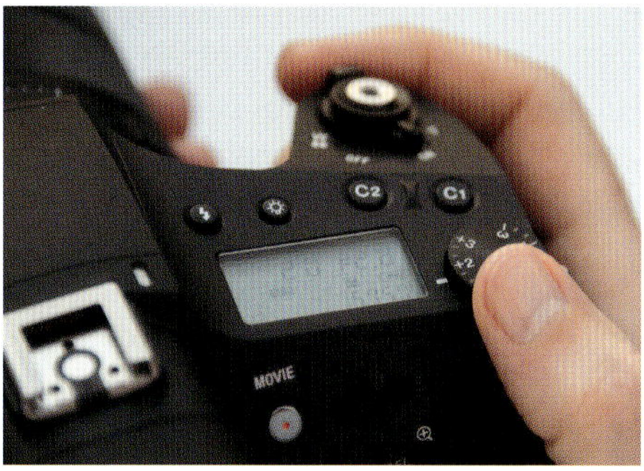

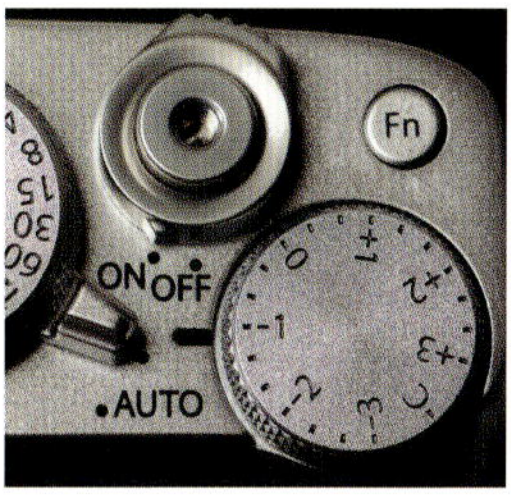

◄ *Praktisch und funktionell: klassisches Korrekturrad an einer Sony RX10 III und an einer Fujifilm X-E3 für den schnellen Zugriff.*

Zweimal Licht

Prinzipiell setzt sich eine geblitzte Aufnahme aus zwei unterschiedlichen Lichtarten zusammen: dem vorhandenen Dauerlicht und dem Blitzlicht. Im Normalfall regelt die Kamera die Gewichtung der beiden Lichtarten automatisch. Insbesondere im Bereich der Porträtfotografie und in stimmungsvollen Motivsituationen (Dämmerung, Innenaufnahmen) kann es sinnvoll und notwendig sein, eine individuelle manuelle Korrektur der Blitzintensität vorzunehmen.

Hintergrund oder Vordergrund?

Bei einigen Kameramodellen (z. B. bei Nikon und Olympus) ist es möglich, die Belichtungskorrektur entweder für den Hintergrund oder für den Vordergrund (Blitz) zu setzen. Prüfen Sie unbedingt die Einstellung im Menü Ihrer Kamera, denn nach Möglichkeit sollten die Korrekturen für Hintergrund und Vordergrund immer getrennt voneinander vorgenommen werden. Bei vielen Canon-Kameras ist das große Daumenrad auf der Rückseite für die Korrektur des Umgebungslichts zuständig. Super Sache.

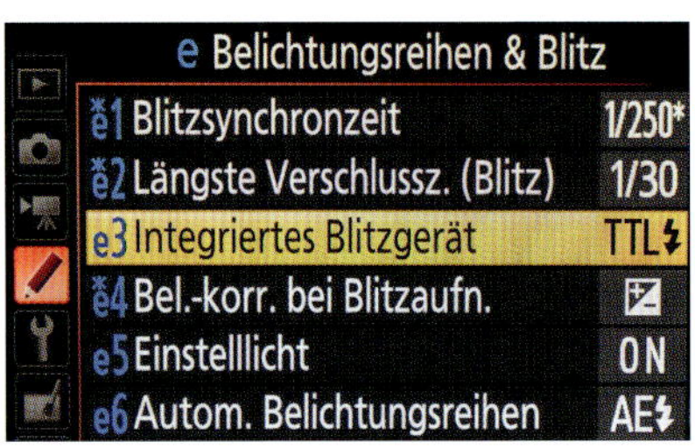

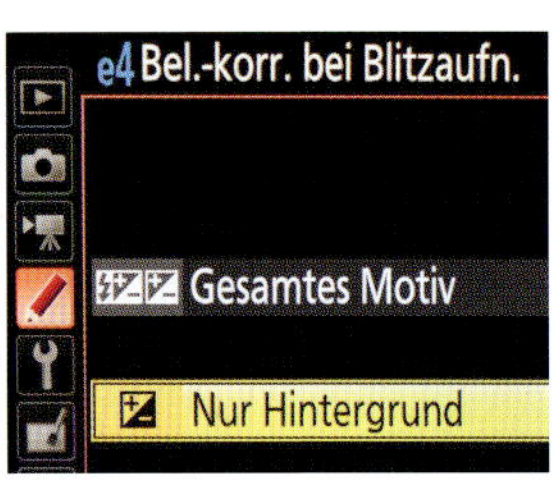

▲ *Im Blitzmenü können Sie bei bestimmten Nikon-Kameras die Doppelfunktion der Korrekturtaste entkoppeln. Das ergibt Sinn.*

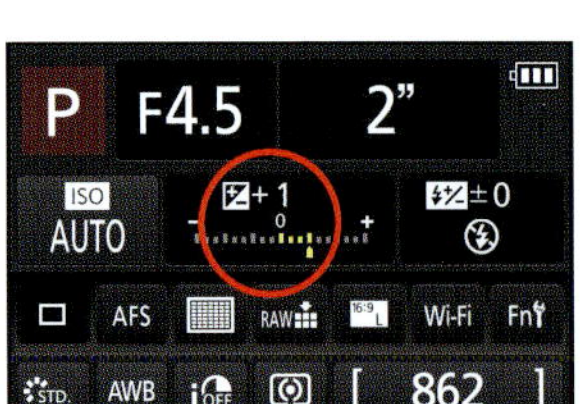

Manuelle Blitzkorrektur

Eine Korrektur der Blitzintensität wirkt sich nur auf den Vordergrund, also auf das Hauptmotiv aus. Im Porträtbereich nutze ich, abhängig vom Hauttyp, ein Blitzgerät nebst Diffusor vor dem Reflektor und wende eine manuelle Blitzbelichtungskorrektur von –1 bis –2 EV an, um eine natürliche Aufhellung zu erreichen.

Sie können die manuelle Blitzkorrektur in allen Belichtungssteuerungsmodi Ihrer Kamera mit dem externen oder internen Blitz verwenden. Nutzen Sie hierzu entweder die entsprechende Taste oder das Korrekturrad am Blitzgerät oder an der Kamera.

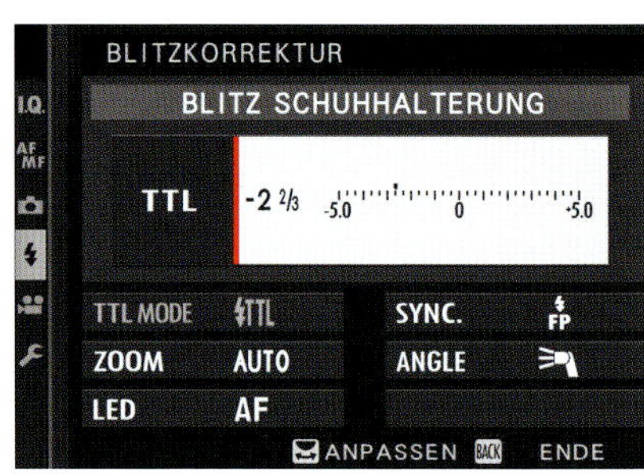

▲ *Umständlich: Eingabe der Blitzkorrektur über das Kameramenü. Um schnell auf die Blitzkorrektur zugreifen zu können, sollten Sie eine gut erreichbare Funktionstaste an der Kamera oder am Blitzgerät nutzen.*

◀ *Die Belichtungskorrekturanzeige im LCD-Display einer Panasonic-Kamera.*

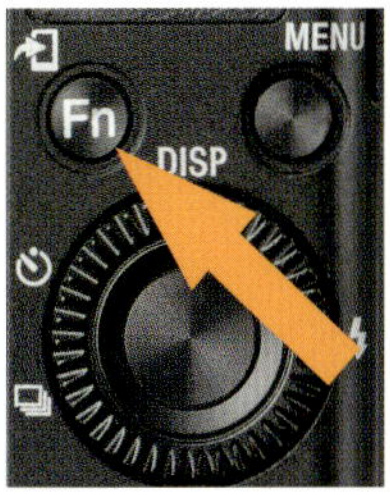

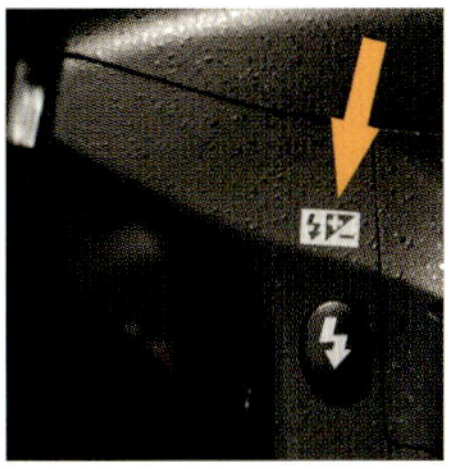

▲ *Belegen Sie optional eine schnell zu erreichende Funktionstaste mit der Blitzkorrektur. Die Blitzkorrekturtaste an einer Nikon-Kamera.*

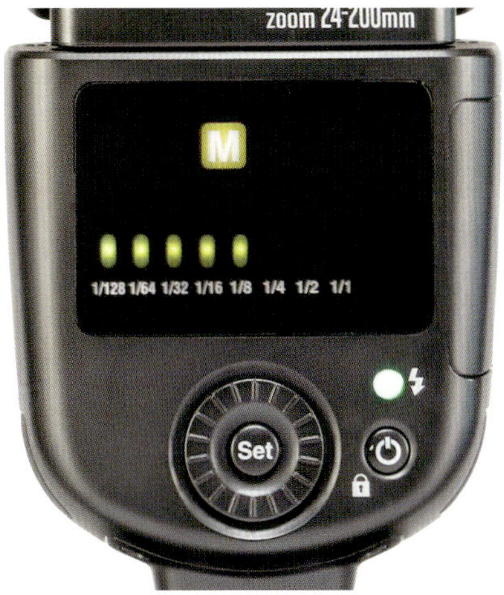

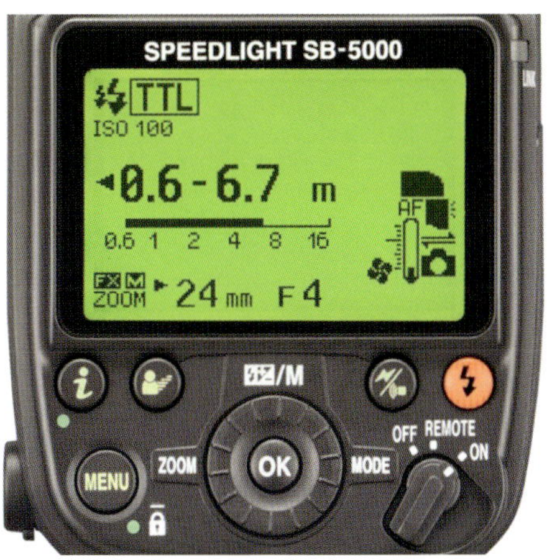

▲ *Ideal: schnelle Wahl der manuellen Blitzkorrektur am Blitzgerät über ein griffiges Rädchen (Nissin, Nikon).*

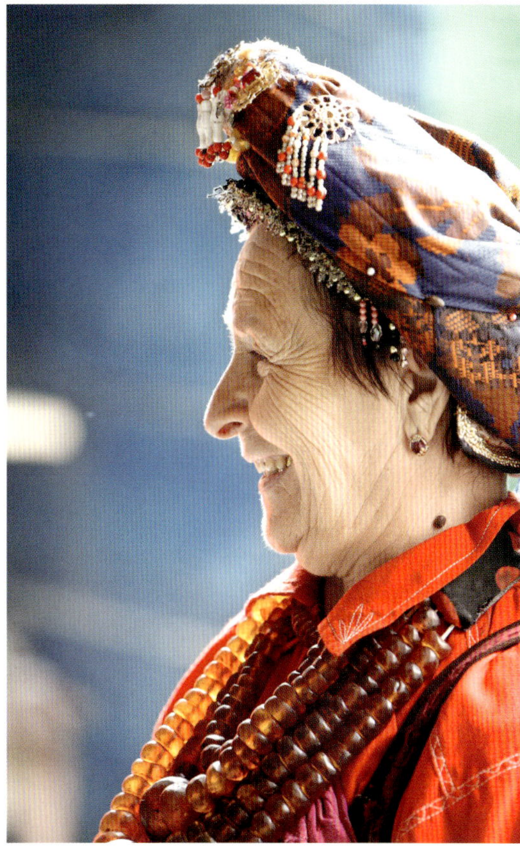

▲ *Mit einer manuellen Blitzkorrektur von –2 EV wird die Person im Vordergrund etwas dunkler wiedergegeben. Bei Porträts sollten Sie die Blitzleistung auf die Hauttöne abstimmen.*

Wichtige Sonderfunktionen

An dieser Stelle möchte ich Ihnen die folgenden beiden Sonderfunktionen nicht vorenthalten: die Blitzbelichtungsreihe und die Blitzmesswertspeicherung.

Blitzbelichtungsreihe erstellen

Bei mehrfachem Druck auf den Auslöser wird eine Blitzaufnahmereihe (FEB, *Flash Exposure Bracketing*) mit drei Aufnahmen erstellt: der ersten Aufnahme mit dem Mittelwert, für die nächsten Aufnahmen wird um den eingestellten Varianzwert nach unten bzw. nach oben korrigiert. Sie finden diese optionale Funktion entweder am Blitzgerät oder im Menü Ihrer Kamera.

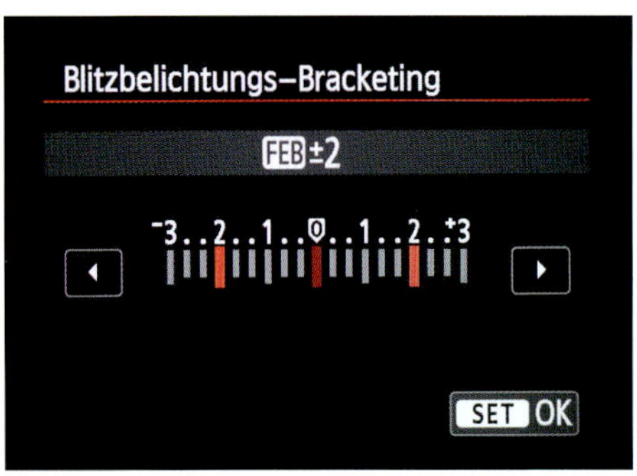

▲ *Aktivieren und Konfigurieren am Beispiel von Canon. Die Kamera erstellt drei Aufnahmen mit einer Blitzkorrektur von −2 EV, 0 EV und +2 EV.*

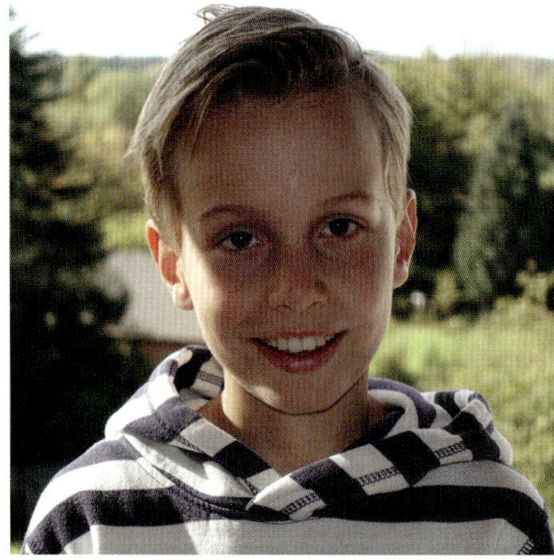

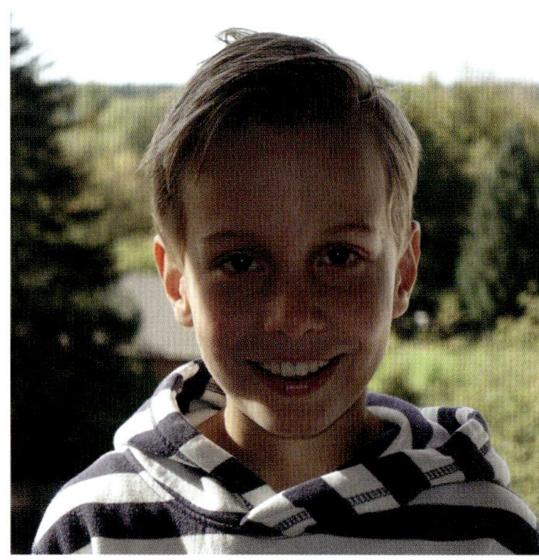

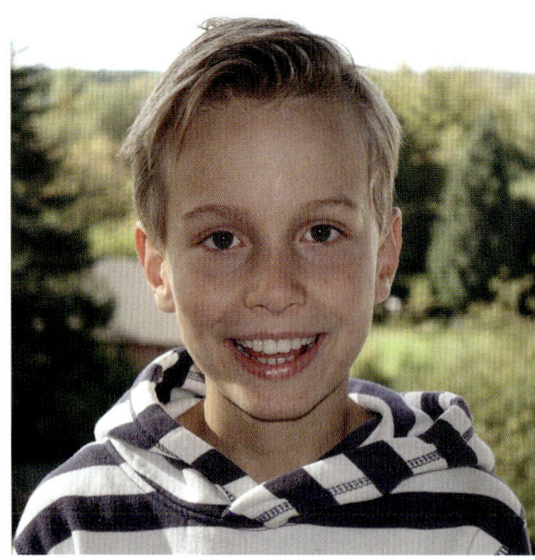

▶ *Die Abstufungen der Blitzleistung sind gut zu erkennen. Der Hintergrund bleibt von der Korrektur natürlich unberührt.*

Blitzmesswertspeicherung anwenden

In der Regel wird die Mehrfeldbelichtungsmessung mit den aktiven AF-Feldern verknüpft, um das Hauptmotiv perfekt zu erfassen. Wenn nach erfolgter Fokussierung die Kamera jedoch verschwenkt wird, um den Ausschnitt neu zu bestimmen, kann es vorkommen, dass das Hauptmotiv fehlbelichtet wird. Die Ursache: Die vorab gezündeten Messblitze sind wirkungslos, da sie nach dem Auslösen „in den leeren Raum" blitzen. Hier hilft die Blitzmesswertspeicherung (FE-L = *Function Exposure Lock*) weiter.

In der Praxis: Richten Sie die Kamera mit eingeschaltetem Blitz auf das Hauptmotiv und drücken Sie die Blitzmesswertspeichertaste (Canon: FEL, M-Fn oder Sternchentaste, Nikon: FV-Taste). Nun wird ein Messblitz auf das Objekt abgefeuert, die reflektierte Blitzmenge wird ermittelt und für die nächste (Blitz-)Aufnahme gespeichert. Im Sucher bzw. auf dem Monitor wird über einen entsprechenden Index die korrekte Speicherung signalisiert (z. B. FE-L).

Befindet sich das Motiv außerhalb der Reichweite des Messblitzes, blinkt das Blitzsymbol. Reduzieren Sie den Abstand zum Objekt, öffnen Sie die Blende oder erhöhen Sie den ISO-Wert und lösen Sie einen weiteren Messblitz aus.

Wenn das Zielobjekt zu klein ist, funktioniert die FE-L-Speicherung unter Umständen nicht einwandfrei.

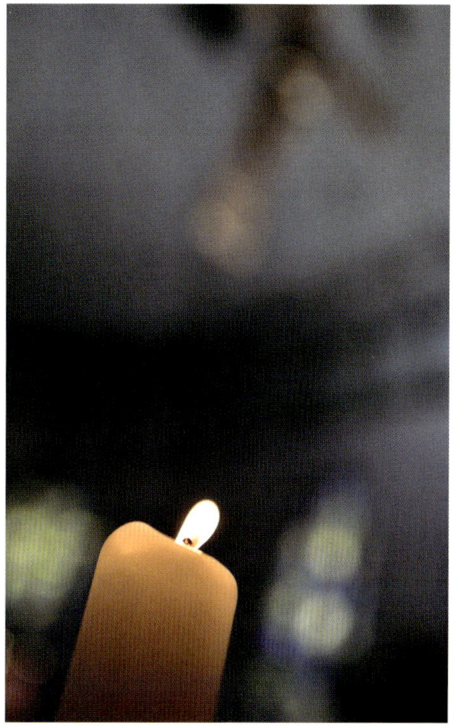

▲ *Die Blitzmesswertspeicherung ist ideal geeignet, um statische Objekte im Vordergrund exakt mit dem Blitz erfassen zu können.*

f/2 | 1/800 s | ISO 800 | 35 mm | –1 EV | TTL-Aufhellblitz | frontal

Fn-Taste belegen

Legen Sie im Setup-Menü der Kamera die Blitzmesswertspeicherung auf eine freie Funktionstaste (Fn), falls Ihr Kameramodell keine separate FE-L-Taste hierfür bereitstellt.

Hinweis für Nikon-Fotografen

Die Blitzmesswertspeicherung ist mit CLS-kompatiblen Blitzgeräten im Modus i-TTL und (sofern unterstützt) auch in den Blitzautomatiken (A) verfügbar. Die TTL-BL-Steuerung (Balance Light) und die FV-Funktion harmonieren unter Umständen nicht. Daher sollten Sie bei Nutzung der FV-Taste nur im TTL-Modus ohne BL fotografieren. Die Aufnahmen werden sonst überbelichtet!

FUJIFILM TTL-LOCK

Bei Fujifilm-Kameras müssen Sie zuvor eine Fn-Taste belegen, um die Blitzmesswertspeicherung (TTL-Lock) anwenden zu können.

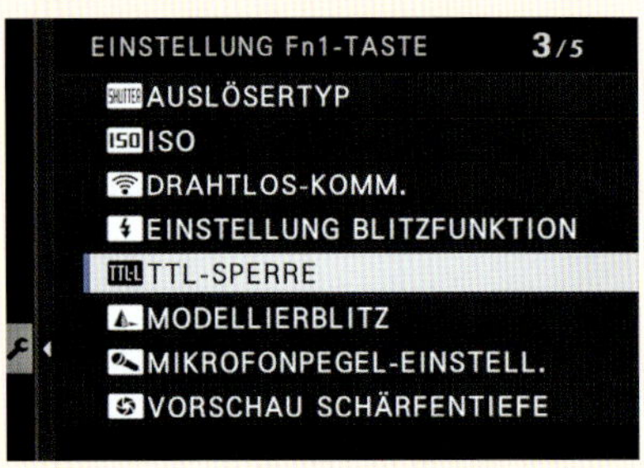

▲ *In den Blitzeinstellungen sollten Sie eine Fn Taste mit der Funktion TTL-Sperre konfigurieren.*

Aktivieren Sie anschließend im Menü *BLITZ-EINSTELLUNG* die Option *MIT MESSBL. SPERREN*. Im Sucher bzw. auf dem Monitor erscheint neben der Verschlusszeit zusätzlich das Kürzel *TL* (TTL-LOCK), wenn die zuvor belegte Fn-Taste gedrückt und die Messblitze abgegeben wurden.

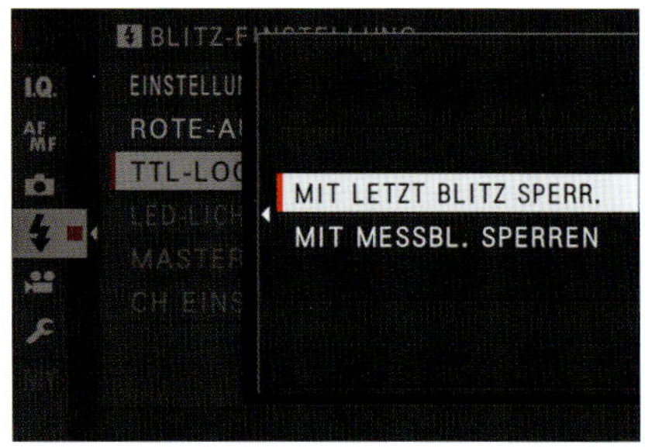

▲ *Nun ist alles richtig konfiguriert, um mit der TTL-Lock-Funktion arbeiten zu können.*

Belichtung prüfen

Über den Monitor lässt sich zwar die Bildkomposition gut überprüfen, die Belichtung ist hingegen nur schwer zu beurteilen. Grund ist die variable Helligkeit des Monitors, die entweder manuell oder automatisch (über einen kleinen Lichtsensor) angepasst werden kann, sowie Fremdlichteinwirkung, die eine Beurteilung ebenfalls unmöglich macht. Auch ein elektronischer Sucher ist nur bedingt brauchbar.

Zum Glück bietet Ihnen Ihre Kamera sehr brauchbare Hilfen an. In den Aufnahme- oder Wiedergabeoptionen des Kameramenüs müssen Sie vorab die Option *Histogramm* mit einem Häkchen versehen, damit es auf dem Monitor bzw. im Sucher eingeblendet werden kann.

Kontrolle mit dem Histogramm

Das Histogramm zeigt die statistische Häufigkeit aller Grau- oder Farbwerte in einem Bild als Balkendiagramm auf und erlaubt eine ungefähre Aussage über den Kontrastumfang und die Helligkeit einer Aufnahme. Je höher der Balken über einem bestimmten Tonwert ist, desto häufiger kommt dieser schlussendlich auch im Bild vor. Eine Unter- oder Überbelichtung wird schnell erkannt und kann mit einer entsprechenden Belichtungskorrektur oder dem gezielten Einsatz des Blitzgeräts behoben werden.

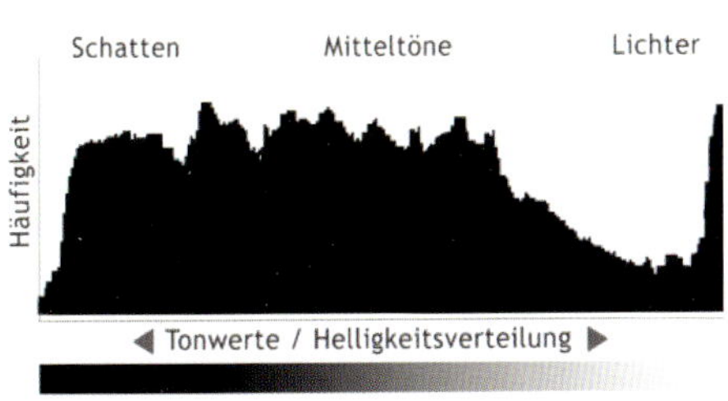

▲ *Gut zu erkennen: die Bereiche im Histogramm für Schatten, Mitteltöne und Lichter.*

Blicken Sie zunächst auf den rechten Bereich. Je mehr Pixel dort in den Lichtern angehäuft sind, desto größer sind die überbelichteten Bereiche. Ausgefressene Lichter, also Bereiche ohne Zeichnung, sollten nach Möglichkeit klein gehalten oder ganz vermieden werden. Insbesondere im JPEG-Format ist der Spielraum hier sehr gering. Der ganz linke Bereich im Histogramm sagt etwas über den Kontrast und die Anhäufung der schwarzen Tonwerte im Bild aus. Hier besteht, bei einer großen Anhäufung von Tonwerten, schnell die Gefahr zugelaufener (abgesoffener) Schattenbereiche im Bild. Je nach Kameramodell können die kritischen Schatten- und Lichterbereiche im Bild farbig blinkend dargestellt werden.

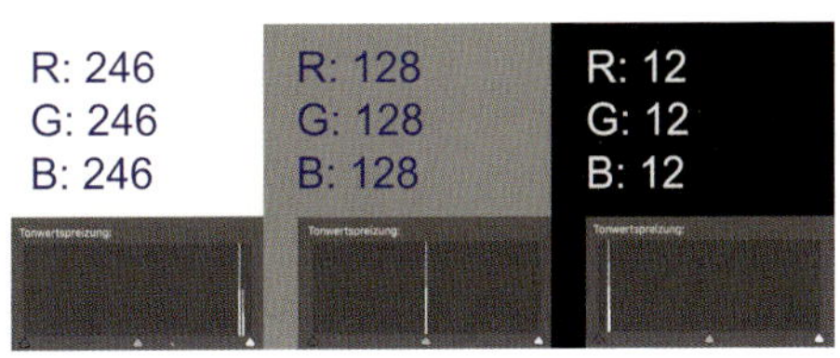

▲ *So werden die Tonwerte in der Aufnahme bei Darstellung von Schwarz, Grau und Weiß im Histogramm angezeigt.*

Exakte Belichtung braucht Zeit

Nehmen Sie sich Zeit und belichten Sie Ihre Aufnahme auch im RAW-Format korrekt, damit keine wichtigen Bildinformationen (Tonwerte) verloren gehen. Durch gezielte Belichtung können Sie den Bereich der Tonwerte ausdehnen und mehr Bildinformationen aus dem Motiv herauskitzeln.

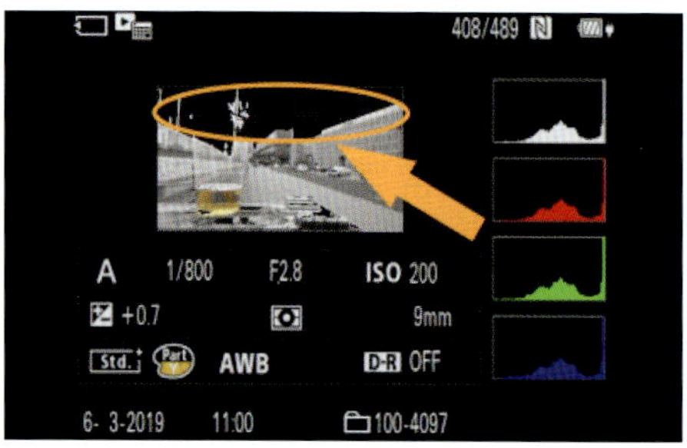

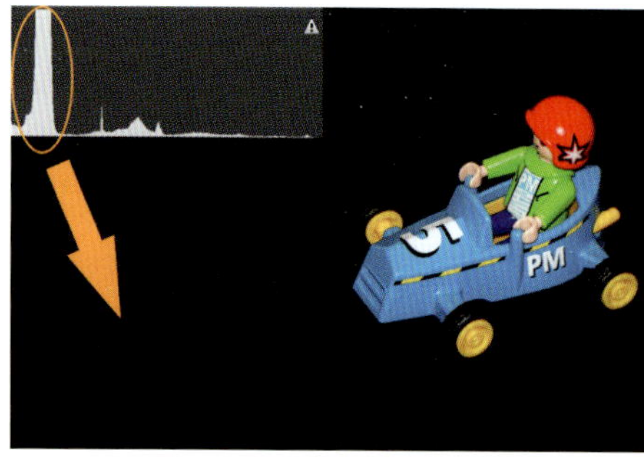

▲ *Unterbelichtete Bereiche im Bild führen zu einer Anhäufung der Tonwerte auf der linken Seite des Histogramms. Belichten Sie die Aufnahme heller.*

◀ *Die Spitzlichterwarnung signalisiert, welche Bereiche im Bild keine Zeichnung mehr aufweisen und auch in der Bildbearbeitung nicht mehr gerettet werden können. In diesem Beispiel ist der Himmel „ausgefressen".*

▼ *Dieses Histogramm zeigt ausgefressene Lichter. Die Aufnahme sollte dunkler belichtet werden.*

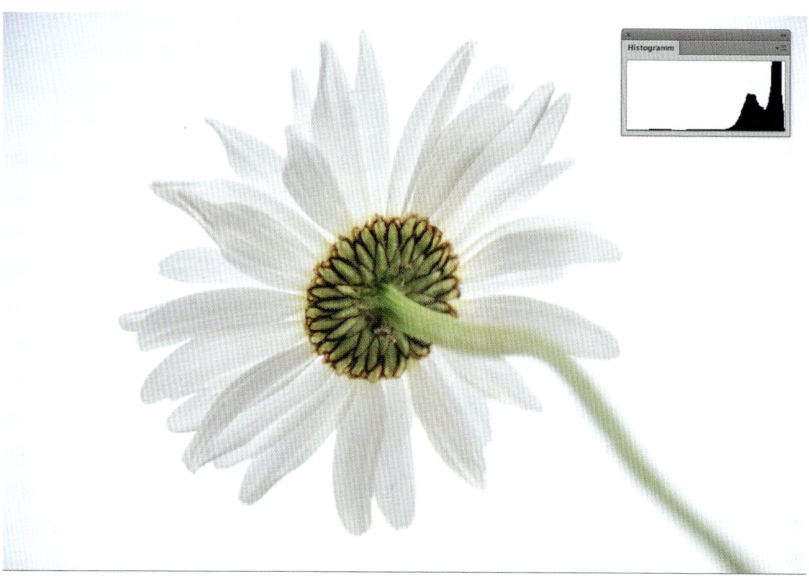

Mehr Tonwerte binden

Bei Verwendung eines Blitzgeräts können Sie deutlich mehr Tonwerte in Ihrer Aufnahme unterbringen. So lässt sich der Hintergrund getrennt vom Vordergrund belichten, ohne dass Zeichnung in den Lichtern und Tiefen verloren gehen.

Das ideale Histogramm?

Es gibt es kein ideales Histogramm. Vielmehr hat jedes Foto, abhängig von der Anzahl der hellen und dunklen Tonwerte sowie der Mitteltöne im Bild, seine individuelle Verteilung der Tonwerte. Und ein tolles Histogramm ist keine Garantie dafür, dass Ihnen Ihr Foto wirklich gelungen ist!

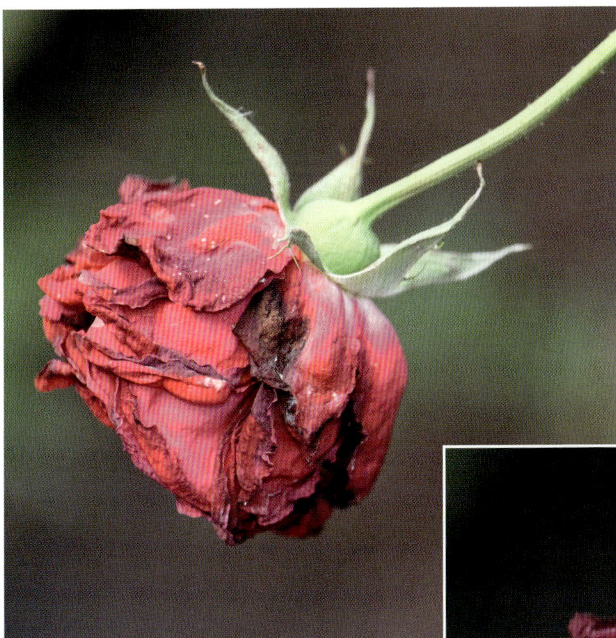

◂ *Hier wurde der Hintergrund bewusst heller belichtet. Die Rose im Vordergrund wird vom Blitzlicht erfasst.*

f/4 | 1/60 s | ISO 640 | 200 mm | +1 EV | TTL-Aufhellblitz 0 EV | frontal

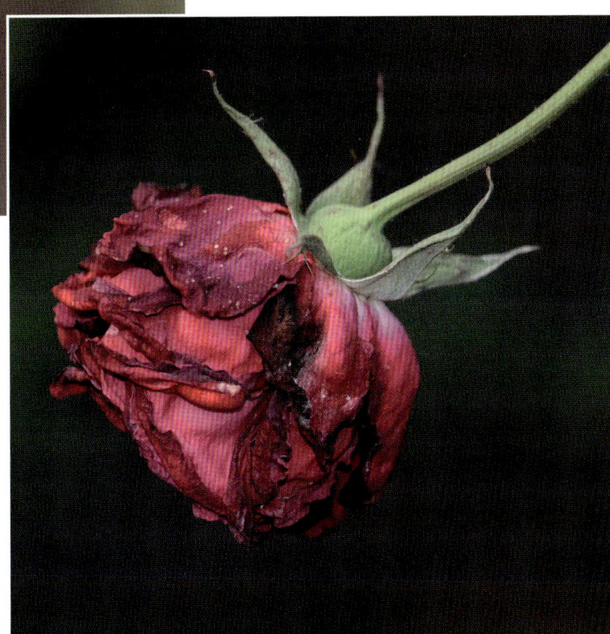

▸ *Diese Aufnahmevariante zeigt einen dunkleren Hintergrund. Die Rose im Vordergrund wird hiervon nicht beeinflusst.*

f/4 | 1/250 s | ISO 640 | 200 mm | –1 EV | TTL-Aufhellblitz 0 EV | frontal

7 FOTOGRAFISCHES EINMALEINS

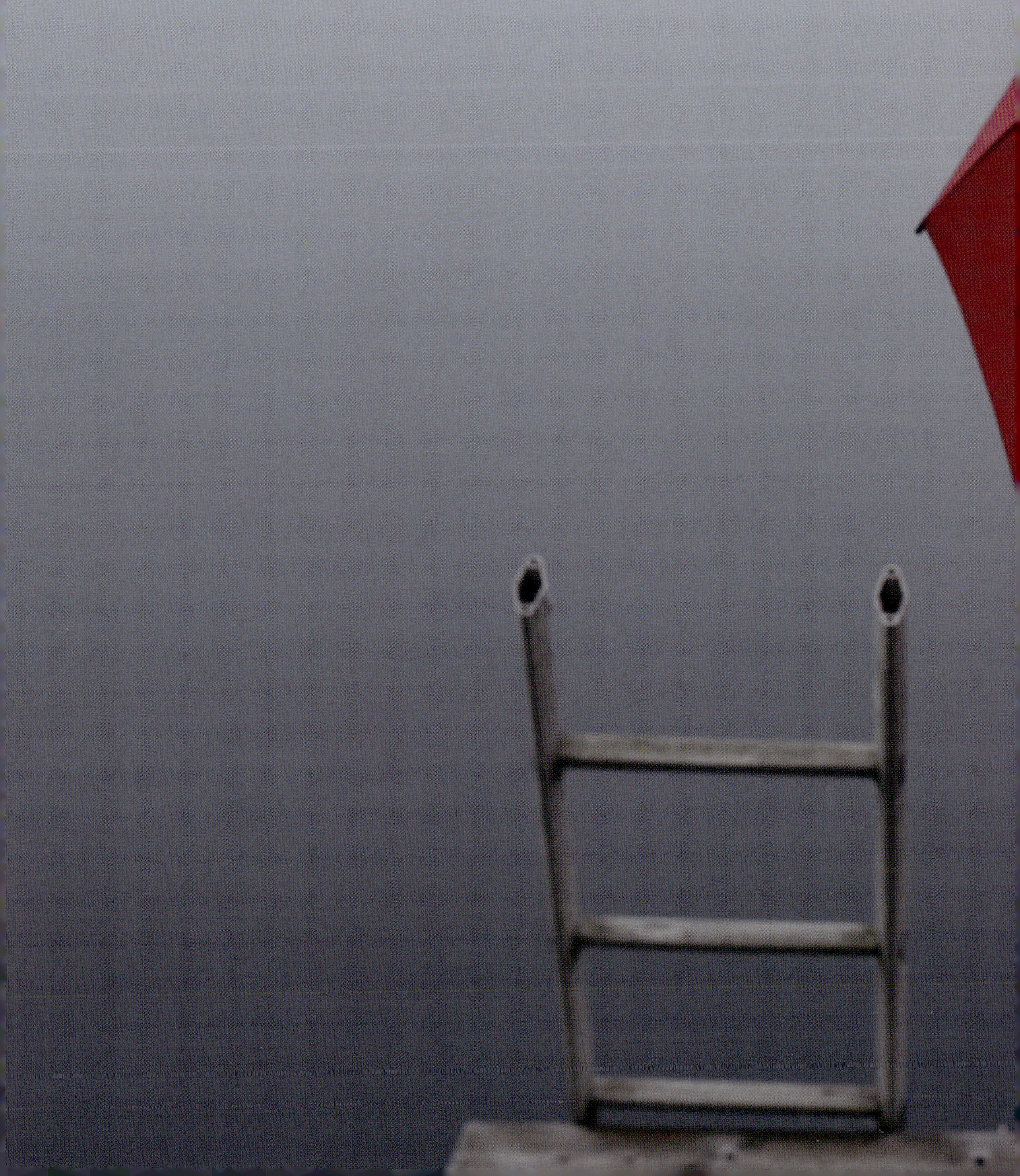

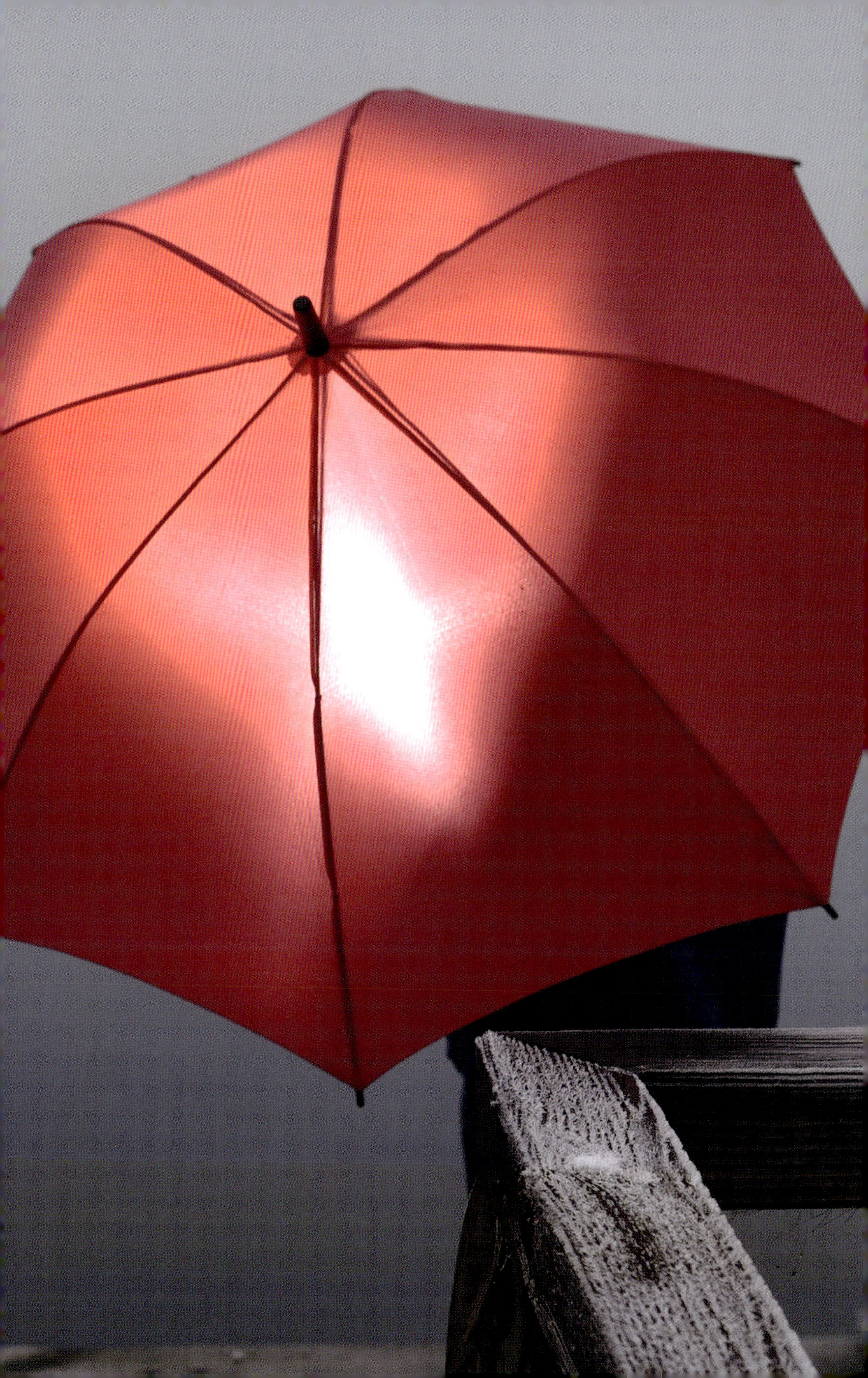

Fundament der Belichtung

Welchen Einfluss hat die Belichtungszeit beim Blitzen? Spielt die Blende neben dem bildgestalterischen Aspekt des Schärfebereichs noch eine weitere Rolle? Wird zunächst der ISO-Wert eingestellt? Viele Fragen, auf die Sie in diesem Exkurs praxisnahe Antworten bekommen.

Der ISO-Wert bildet das Fundament der Belichtung und hat demzufolge einen großen Einfluss auf den Bereich der möglichen Blenden und Belichtungszeiten. Bei einem hohen ISO-Wert können Sie selbst bei schwachen Lichtverhältnissen noch fotografieren und auf das Stativ verzichten. Ein niedriger ISO-Wert eignet sich für sehr helle Lichtverhältnisse oder um hochwertige Aufnahmeergebnisse mit geringem Bildrauschen und einem großen Dynamikbereich zu erhalten.

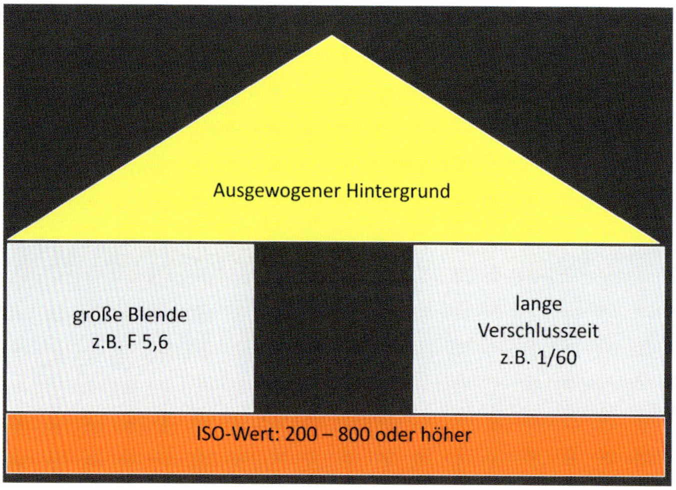

▲ *Die drei bildwichtigen Parameter ISO, Blende und Belichtungszeit bilden zusammen das Dreieck der Belichtung. Wird ein Element verändert (z. B. der ISO-Wert), muss mit einem anderen Element (z. B. der Blende) gegengesteuert werden, um die Grundbelichtung der Aufnahme unverändert zu lassen.*

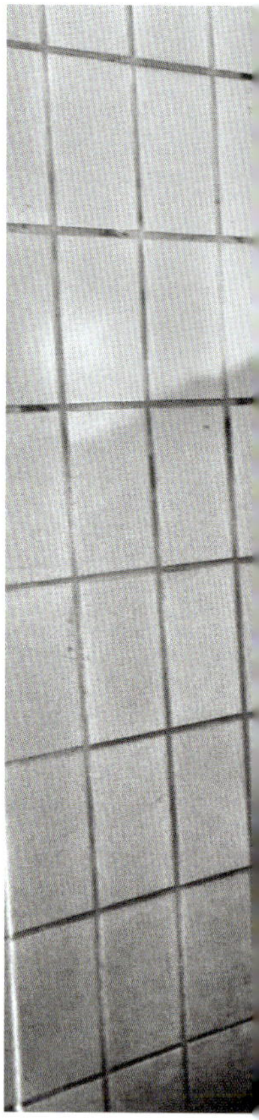

▶ *Auch ein verrauschtes Bild kann, in Schwarz-Weiß umgewandelt, eine sehr interessante Körnigkeit erhalten.*

f/4 | 1/125 s | ISO 2000 | 18 mm | 0 EV | Blitz manuell 1/64 | entfesselt | am Fahrrad befestigt

ISO und Aufnahmesensor

Der Aufnahmesensor Ihrer Kamera hat eine gewisse physikalische Grundlichtempfindlichkeit, die in der Regel zwischen ISO 100 und ISO 200 liegt. Wenn der ISO-Wert erhöht wird, steigt bei den meisten Kameras auch die Spannungsversorgung des Aufnahmesensors. Dieser erwärmt sich, und es kann sich, besonders in den dunklen Bildbereichen, ab einem bestimmten ISO-Wert störendes Rauschen bemerkbar machen.

Bei vergleichsweise kleinen Aufnahmen, die später in ein Fotobuch kommen oder ins Internet gestellt werden, macht sich Bildrauschen kaum bemerkbar. Großformatige Bilder (Poster) hingegen zeigen verrauschte Bereiche deutlich stärker. Im Menü Ihrer Kamera werden Sie bestimmt auf mindestens einen optionalen Rauschfilter treffen, um die Störungen im JPEG-Format herauszurechnen. Sehr effektiv arbeiten Filter, die Farbrauschen

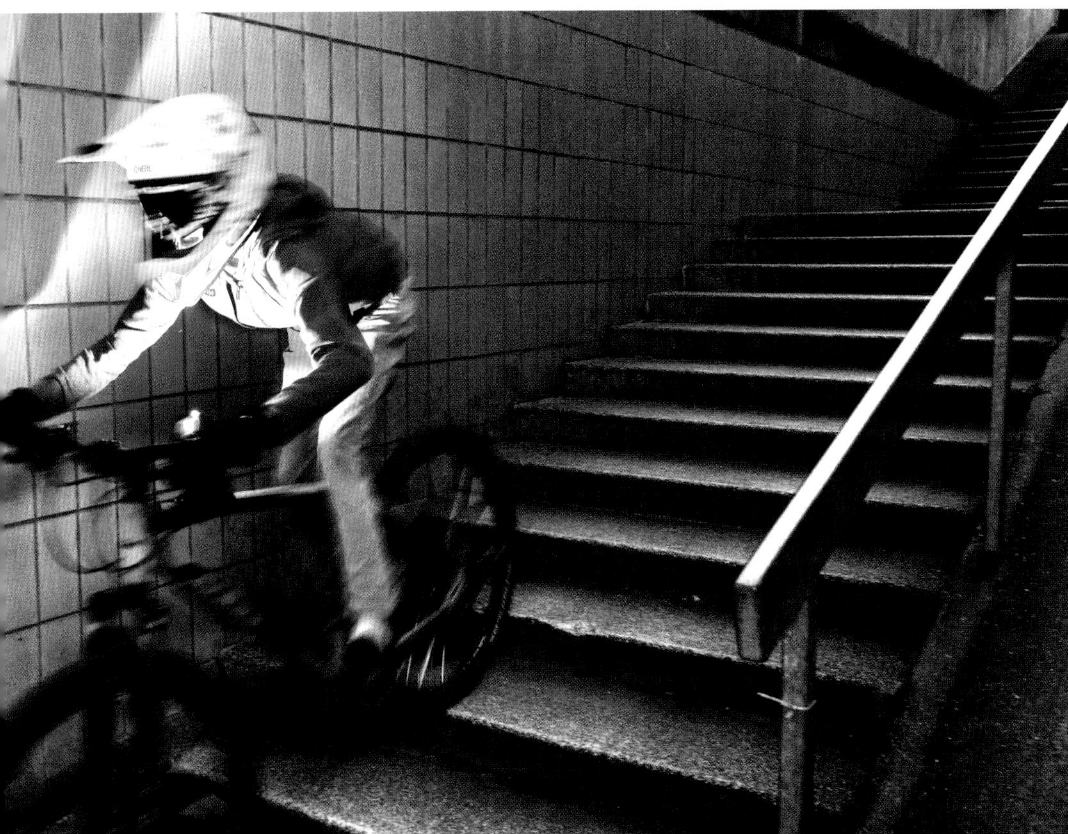

Jede rauscht anders

Weitere Faktoren, wie die Größe des Aufnahmesensors, die Pixelgröße und -dichte, die Sensorarchitektur und die Signalaufbereitung in der Software der Kamera, haben ebenso einen nicht unerheblichen Einfluss auf das Rauschverhalten der Kamera. Insbesondere sehr kleine Bildsensoren sind bekannt für deren Rauschneigung. Fujifilm ist übrigens bekannt für die sehr rauscharmen Sensoren, die in den Kameras verbaut werden. Erreicht wird dieses geringe Grundrauschen durch die Tatsache, dass nicht mehr das analoge Signal verstärkt wird, sondern die Anpassung des ISO-Werts erst am digital vorliegenden Signal erfolgt (ISO-Invarianz).

Kein Wundermittel

Setzen Sie die elektronische JPEG-Rauschreduzierung Ihrer Kamera moderat ein. Experimentieren Sie mit unterschiedlichen Einstellungen und werten Sie die Aufnahmen anschließend in der 100 %-Ansicht auf dem Computermonitor aus. Oft werden die Aufnahmen deutlich weicher und detailärmer ausgegeben, wenn die kleinen Softwarehelferlein überambitioniert im Hintergrund werkeln! Außerdem nimmt die Verrechnung der Datensätze auch mehr Zeit in Anspruch.

und Helligkeitsrauschen getrennt voneinander bearbeiten. Leider hat eine umfangreiche Reduzierung auch eine starke Weichzeichnung zur Folge. Hier müssen Sie auf Basis eigener Tests das richtige Maß ermitteln.

ISO-Werte und Rauschverhalten

Die folgenden Aufnahmen zeigen die Zunahme des Rauschverhaltens bei steigenden ISO-Werten am Beispiel einer Fujifilm X-T3. Bis ISO 1600 macht sich praktisch kein Bildrauschen bemerkbar. Sie können die Unterschiede in den 200 %-Bildausschnitten (JPEG-Format) deutlich erkennen.

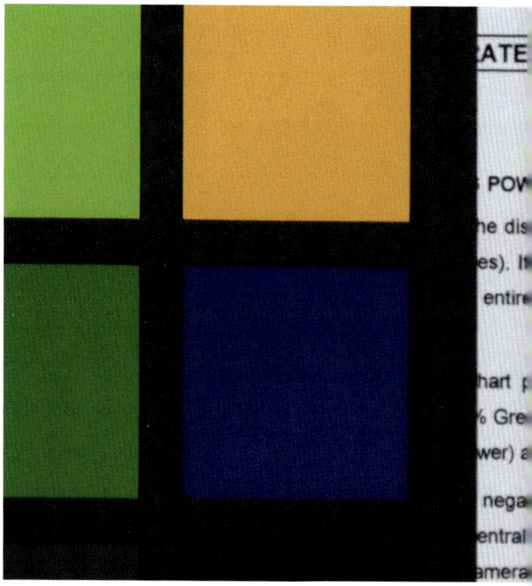

▲ *Selbst bei ISO 1600 ist kein Bildrauschen erkennbar.*

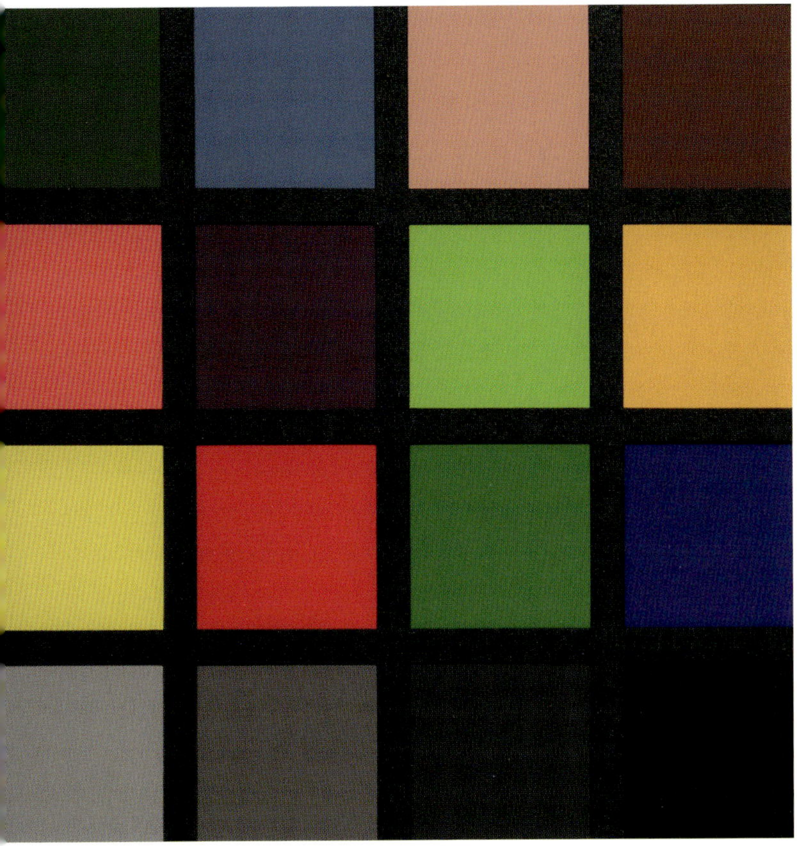

Das Testchart für die Vergleichsreihe.

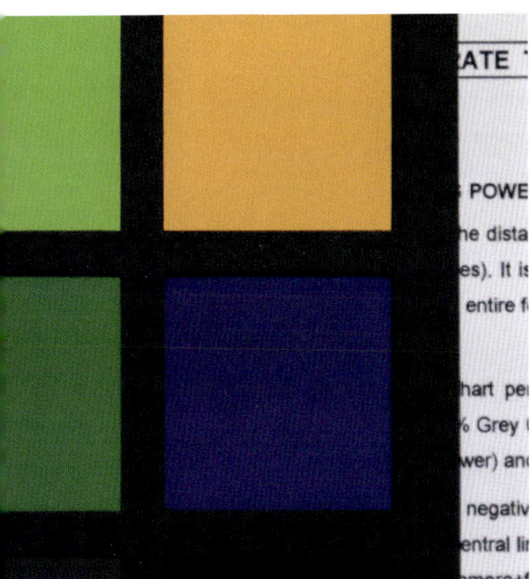

ISO 3200. Leichtes Bildrauschen. Feine Details verlieren etwas an Schärfe.

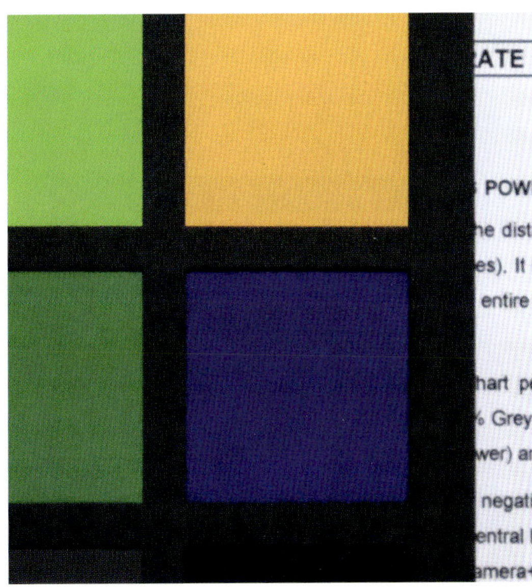

ISO 12800. Das Bildrauschen wird durch die zugeschaltete Rauschminderung (Stufe 2) insgesamt etwas weicher.

Kamerainterne Rauschfilter

■ **Canon** – Unter Langzeitbelichtungen versteht Canon Belichtungszeiten ab einer Sekunde und länger. In der Einstellung *AUTO* trifft die Kamera die Entscheidung, ob und wie stark das Rauschen im Bild reduziert wird. In der Einstellung ON wird die Rauschreduktion ab einer Sekunde Belichtungszeit aktiviert. Bei aktivierter Rauschreduzierung nimmt die Bearbeitung des Bilds exakt die Dauer der Belichtungszeit in Anspruch.

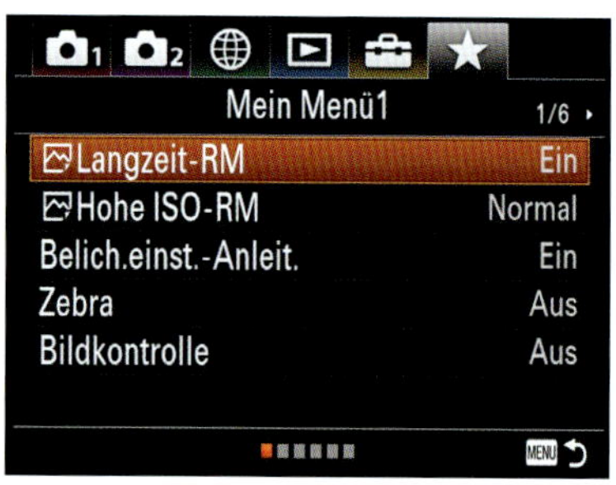

▲ *Auch bei Sony-Kameras können Sie auf eine Langzeitrauschminderung zurückgreifen.*

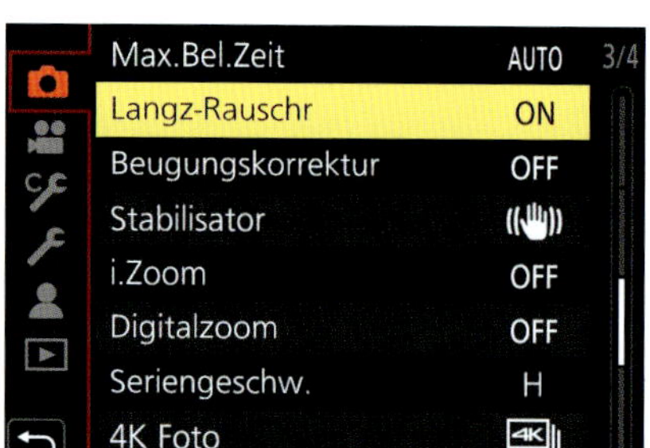

▲ *Die Optionen im Menü einer Panasonic-Kamera.*

Bei einer Zeit von einer Sekunde benötigt die Kamera demnach insgesamt zwei Sekunden, bis das Ergebnis auf dem Display erscheint. In dieser Zeit wird bei geschlossenem Verschluss eine weitere Aufnahme belichtet, und das gewonnene Dunkelbild wird mit der eigentlichen Aufnahme verrechnet (die sogenannten Hotpixel werden entfernt). Das wirkt sich übrigens auch auf RAW-Dateien aus. Die optionale *High ISO Rauschreduzierung* vermindert bei hohen und auch bei niedrigeren ISO-Werten das Bildrauschen in dunkleren Bildbereichen.

■ **Nikon** – Nikon bezeichnet die Rauschunterdrückung im Menü mit *Rauschunterdrückung bei Langzeitbelichtung* und *Rauschunterdrückung bei ISO+*.

Zusätzliches Bildrauschen vermeiden

- Die Live-View-Funktion bei DSLR-Kameras nur bei Bedarf einsetzen, um die Erwärmung des Sensors gering zu halten.
- Exakt belichten (im Zweifel etwas heller), um eine nachträgliche Aufhellung der Schatten in der Bildbearbeitung zu vermeiden (Gefahr von Luminanzrauschen).
- Die Kamera nach längerer permanenter Nutzung (z. B. im Videomodus) kurz abkühlen lassen.

- **Sony** – Die Kamera kombiniert beim Auslösen mit *Multiframe-RM* mehrere Bilder, um ein finales Bild mit deutlich geringerem Bildrauschen zu generieren. Diese Funktion kann sogar ohne Stativ eingesetzt werden und ist für Aufnahmen bei Nacht oder in der Dämmerung bei hohen ISO-Werten geeignet. Eine zusätzliche Verwendung des Blitzgeräts ist nur bedingt zu empfehlen.

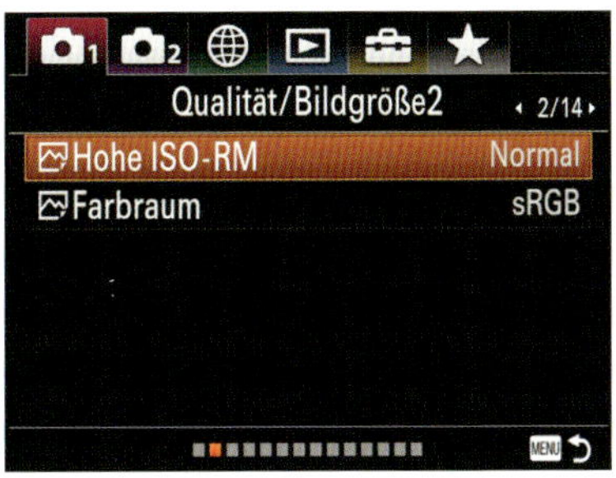

▲ *Durch das automatische Verrechnen mehrerer Aufnahmen in der Kamera reduziert sich das Bildrauschen im JPEG-Format deutlich.*

- **Fujifilm** – Fujifilm X-Kameras setzen eine äußerst effiziente Rauschunterdrückung bei Verwendung hoher ISO-Werte ein. Sie können den Filter im Aufnahmemenü unter *RAUSCHREDUKTION* aktivieren.

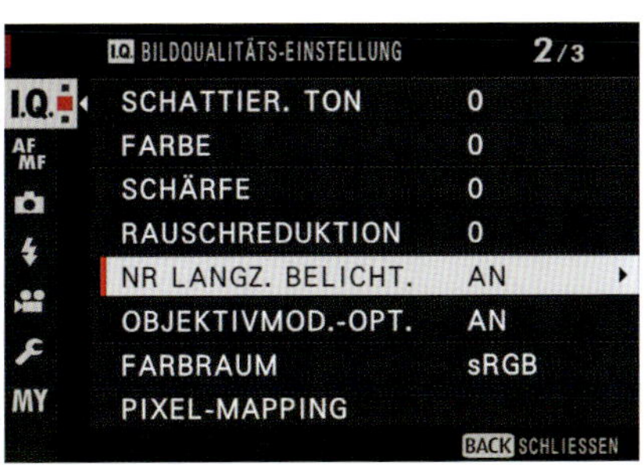

ISO-Automatik oder manuell?

In der optionalen ISO-Automatik der Kamera wird der Empfindlichkeitsbereich in Abhängigkeit von Blende, Belichtungszeit und den vorherrschenden Lichtbedingungen automatisch angepasst. Diese Funktion hat den Vorteil, dass Sie bei der Wahl der Blende und/oder der Belichtungszeit einen relativ großen Spielraum für Ihre fotografische Kreativität haben.

Bei vielen Kameras können Sie den Arbeitsbereich der ISO-Automatik im Kameramenü festlegen. Werfen Sie besser vor Beginn der Aufnahmen noch mal einen Blick ins Menü und prüfen Sie die dortigen Einstellungen. In der Regel ist hier bereits werkseitig ein moderater Bereich vorgegeben, den Sie nach Belieben verändern können.

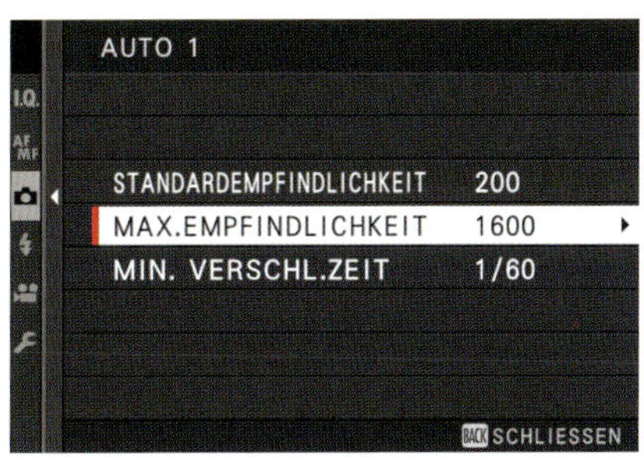

▲ *Grenzen Sie den Arbeitsbereich (Beispiel Fujifilm) der ISO-Automatik ein.*

Stopp!

Setzen Sie die ISO-Automatik nicht ein, wenn Sie eine gleichbleibende Bildqualität (Bildrauschen) und einen konstanten Dynamikumfang in einer Aufnahmereihe erhalten möchten. Im Zweifel sollten Sie lieber einen fixen ISO-Wert vorgeben.

Wirkung der Blende

Kleiner Exkurs: Die Blende (engl. Aperture = Öffnung) ist eine mechanische Vorrichtung, mit deren Hilfe der Lichteinfall durch das optische System (Objektiv) geregelt wird. Sie ist entweder als Lamellen- oder als Irisblende aufgebaut, sodass der Lichtdurchlass verringert oder erweitert und das einfallende Lichtbündel kleiner oder größer wird – wie bei unseren Augen. Die Blende wird als dimensionslose Blendenzahl angegeben, die aus dem Verhältnis von Brennweite zu Öffnungsweite des Objektivs errechnet wird.

Abstand, Blende und Brennweite

Um den Bereich vor und hinter einem fokussierten Objekt bei einer großen Blende unscharf wiederzugeben, gibt es eine praktische Faustregel: „rangehen oder ranholen“. Mit einem Weitwinkelobjektiv müssen Sie aufgrund des großen Schärfebereichs ganz dicht an das Motiv herangehen, um den Hintergrund in Unschärfe aufzulösen, mit dem Teleobjektiv können Sie es heranzoomen. Achten Sie darauf, dass sich das Objekt weit genug vom Hintergrund entfernt befindet, um es freizustellen zu können und um beim Blitzen (störende) Schattenbildung zu vermeiden.

INTERNATIONALE BLENDENREIHE											
0.7	1.0	1.4	2.0	2.8	4.0	5.6	8.0	11	16	22	32

▲ *Von links nach rechts: Blende offen (kleine Blendenzahl) bis Blende geschlossen (große Blendenzahl). Die benachbarten Werte einer Blendenreihe stehen, da sie sich auf den Durchmesser der Öffnung beziehen, immer im Verhältnis 1 : 1,4 (Wurzel aus 2), sodass sich die offene Fläche im Quadrat dieser Werte ändert.*

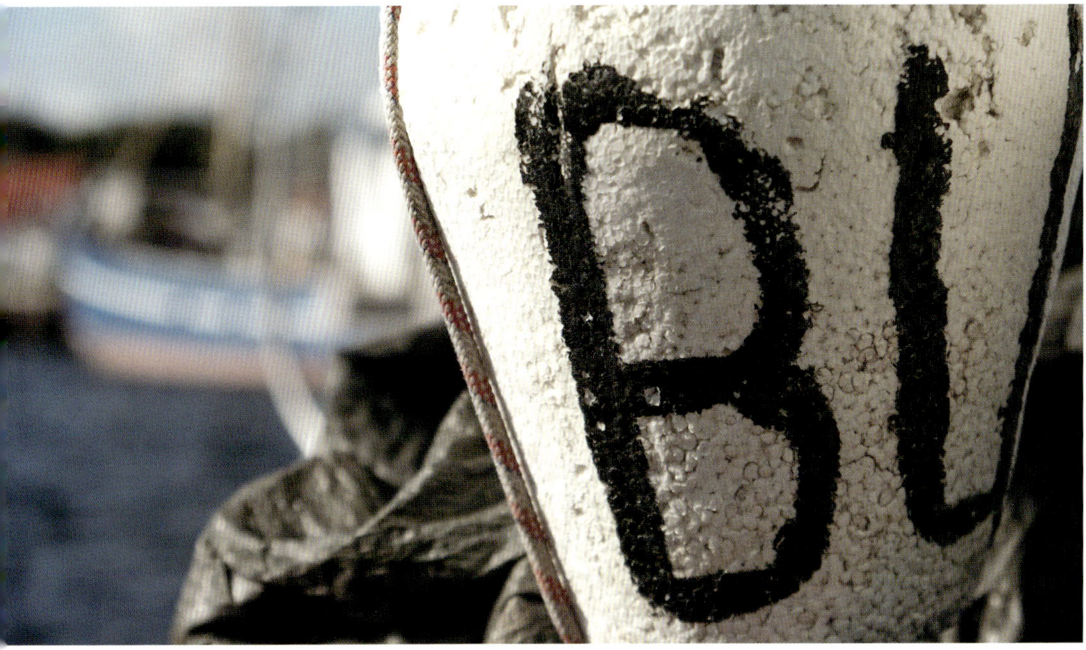

▲ *Aufnahme mit Weitwinkelobjektiv und Blende f/1.8 aus gleichem Abstand.*

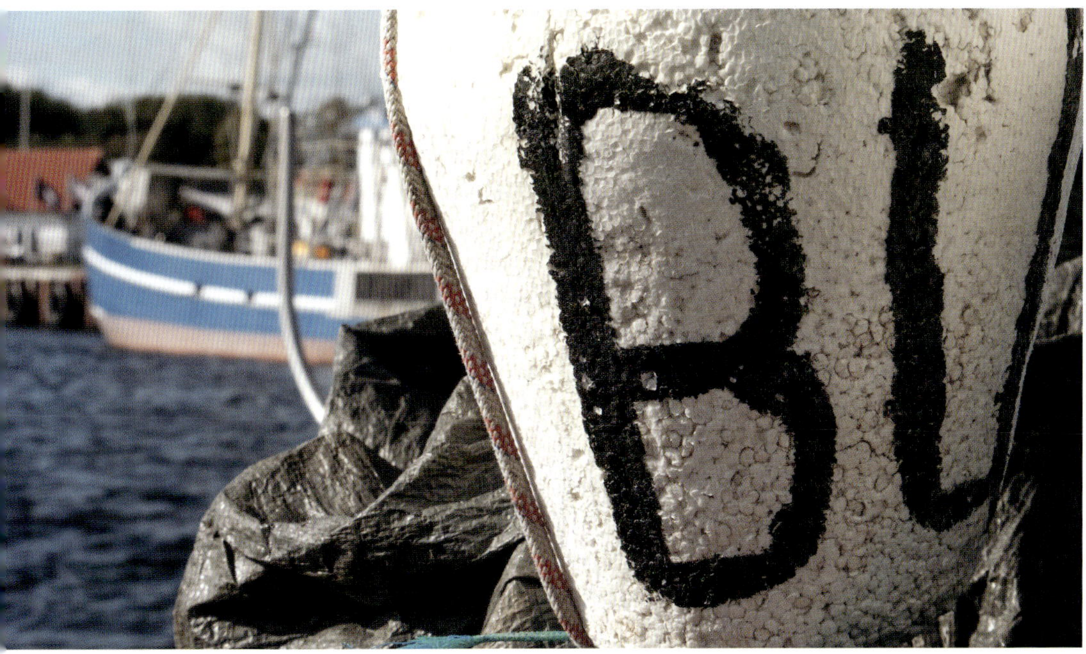

▲ *Die gleiche Aufnahme, mit Blende f/16 festgehalten. Der Schärfebereich dehnt sich vor allem nach hinten aus.*

Nicht nur die Wahl der Blende, sondern auch der Abstand zum Motiv und der Abbildungsmaßstab – im weitesten Sinne die Wahl der Brennweite – nehmen Einfluss auf den Schärfebereich. Vereinfacht erklärt, gilt, dass kurze Brennweiten (Weitwinkelobjektive) bei großer Blendenöffnung einen großen Schärfebereich und lange Brennweiten (Teleobjektive) einen kleinen Schärfebereich abbilden. Darüber hinaus beeinflusst die Blende auch den Anteil des vorhandenen Lichts.

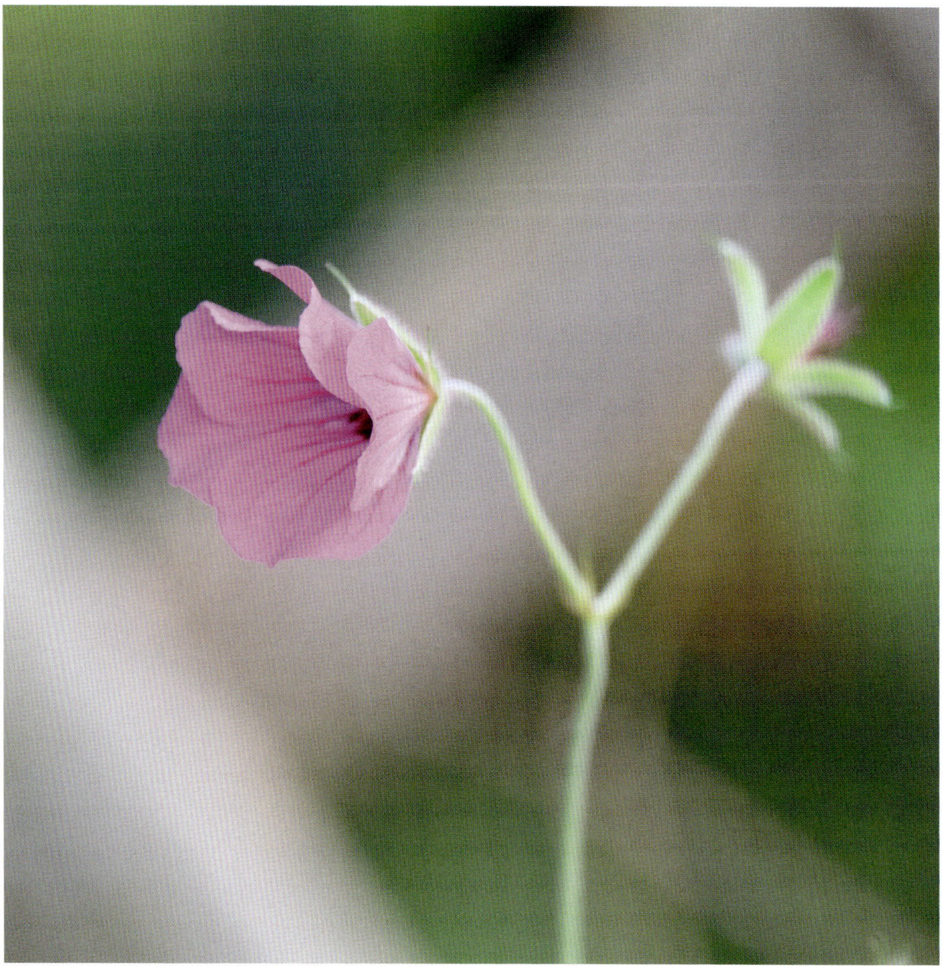

▲ *Lange Brennweite, große Blende und TTL-Aufhellblitz. In dieser Aufnahme ist alles stimmig.*
f/5.6 | 1/30 s | ISO 800 | 200 mm | 0 EV | TTL-Aufhellblitz –1 EV | frontal

Einfluss der Blende beim Blitzen

In der Blitzfotografie kommt noch eine weitere Komponente hinzu: Die Leitzahl und die damit verbundene Reichweite des Blitzgeräts ändern sich ebenfalls in Abhängigkeit von der eingestellten Blende! Das ähnelt einem Spagat, Sie müssen also fotografische Prioritäten setzen:

- Spielt der Schärfebereich eine Rolle? Dann hat die Blende oberste Priorität, und ISO-Werte bzw. Belichtungszeiten haben sich unterzuordnen.

- Wenn hingegen eine große Blitzreichweite erforderlich ist, sollten Sie eine große Blende mit einem hohen ISO-Wert bevorzugen.

Praxisübung zu Blende und Blitz

Die Blitzbelichtung wird durch die Wahl der Blende beeinflusst. Das können Sie ganz einfach testen: Setzen Sie die Kamera in den Modus M und den Blitz auf TTL. Wenn Sie nun die Belichtungszeit verändern, bleibt der Arbeitsbereich auf dem Display konstant. Wird hingegen die Blende verändert, variiert auch die angegebene Reichweite.

Mit langer Belichtungszeit blitzen

Wird mit langer Belichtungszeit geblitzt, handelt es sich um eine Langzeitsynchronisation. Mögliche Anwendungsbereiche sind Nacht-, Dämmerungs- oder Innenraumfotografie. Die vorhandene Lichtstimmung wird beibehalten und das Objekt im Vordergrund leicht hervorgehoben. Im Kameramenü, am Blitzgerät selbst oder über eine separate Blitztaste an der Kamera können Sie diese spannende Funktion (*SLOW*) aktivieren.

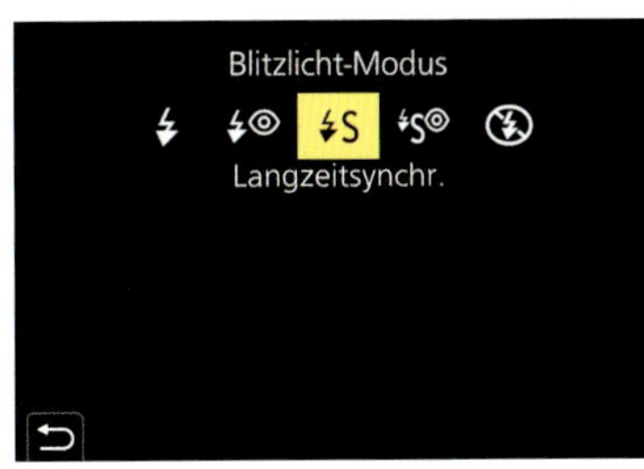

▲ *Aktivierung der Langzeitsynchronisation im Blitzmenü von Panasonic.*

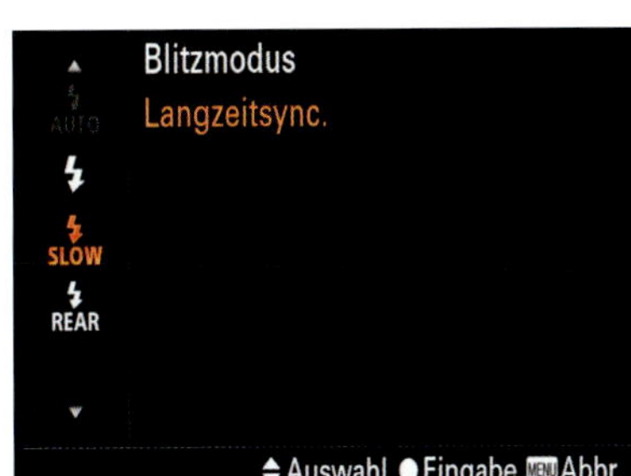

▲ *Umstellung auf SLOW im Menü der Sony-Kameras.*

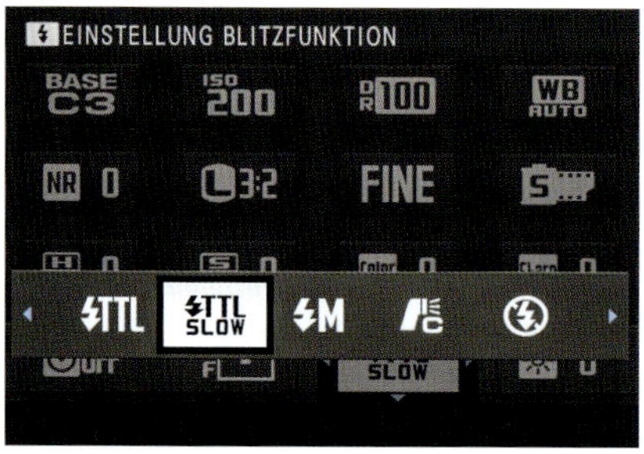

▲ *Schneller Zugriff über das Q-Menü bei Fujifilm.*

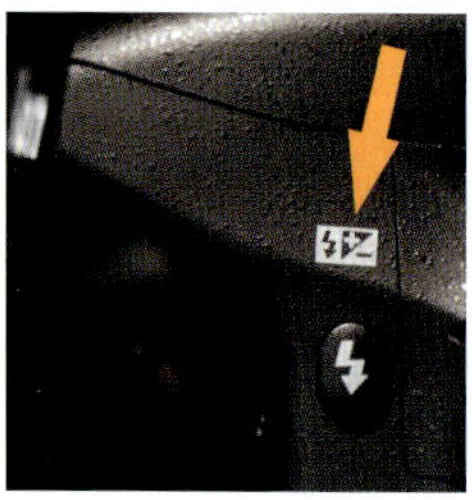

▲ *Bei vielen Nikon-Kameras wird die Langzeitsynchronisation bequem durch Druck auf die Blitztaste und anschließendes Drehen am Einstellrad aktiviert.*

Wirkung der Belichtungszeit

In der Kamera befindet sich ein mechanisch oder ein elektronisch werkelnder Verschluss, der die Dauer der Belichtung steuert und beim Blitzen außerdem Einfluss auf die Darstellung von Bewegungen nimmt. Bei der Wahl der Belichtungszeit spielen Bewegungsgeschwindigkeit und -richtung des Objekts eine große Rolle. Beispiel: Um einen Fußgänger in der Bewegung scharf festzuhalten, genügt bereits 1/60 Sekunde. Ein rasender Sportwagen benötigt hingegen eine sehr kurze Belichtungszeit (z. B. 1/8000 Sekunde), um „eingefroren" wiedergegeben zu werden. Ohne Blitz! Je nachdem, wie hoch der Anteil des vorhandenen Umgebungslichts ist, vermischt sich das einfrierende (sehr kurze) Blitzlicht mit dem vorhandenen Licht! Und genau das macht den besonderen Reiz in der Blitzfotografie aus!

▲ *Die Kombination aus einer langen Belichtungszeit mit Bewegung und Blitz schafft eine besondere Attraktivität.*

f/1.4 | 1/15 s | ISO 800 | 35 mm | 0 EV | TTL-Aufhellblitz –1 EV | seitlich von rechts | ohne Filter

▶ *Wenn das Blitzlicht im dunklen Raum (z. B. einem Studio) dominiert, spielt die Belichtungszeit hingegen keine Rolle!*

f/5.6 | 1 s | ISO 80 | 12 mm | –2 EV | TTL-Aufhellblitz –1 EV | Gegenlicht mit MagSphere

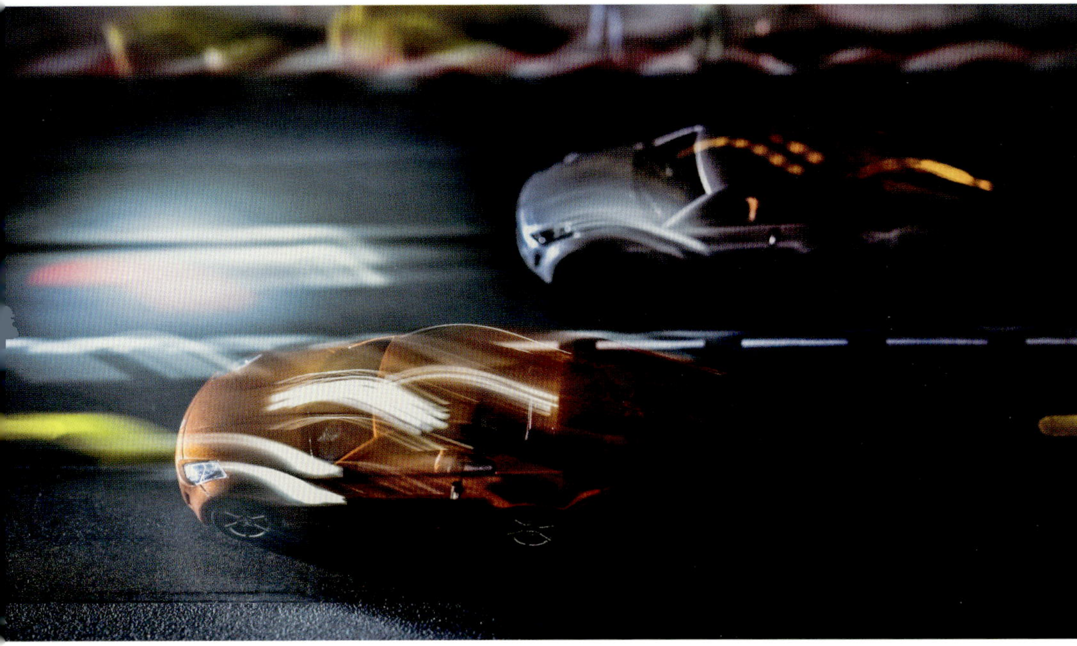

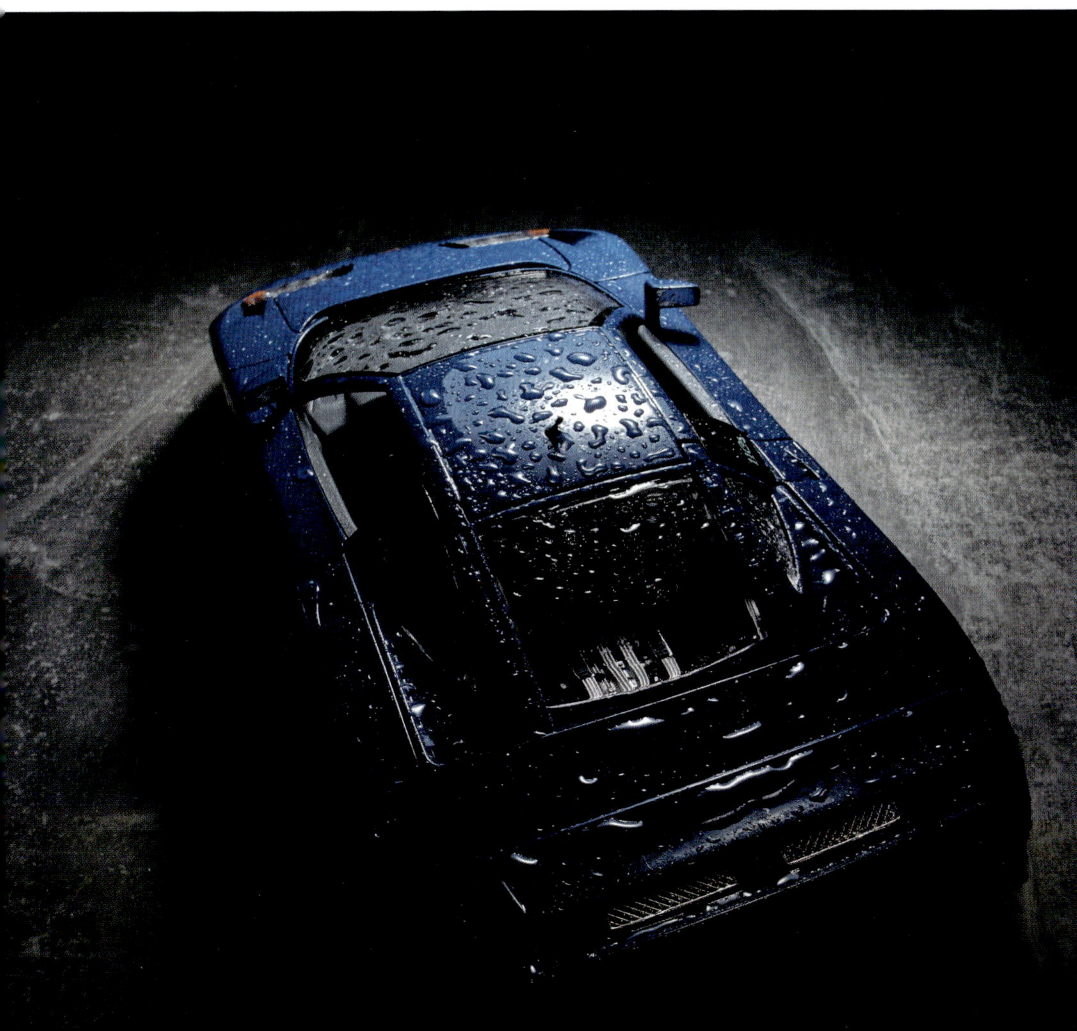

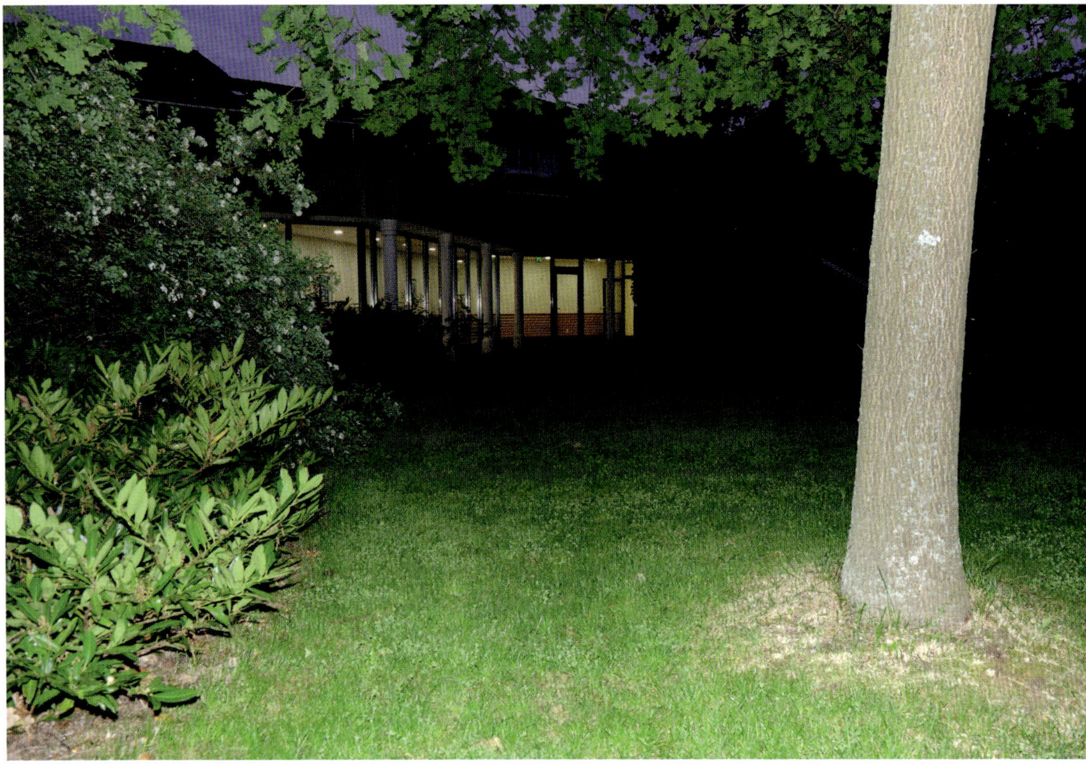

▲ *Aufnahme vom Stativ aus mit kurzer Synchronzeit. Die Aufnahme wirkt typisch geblitzt.*

f/5.6 | 1/15 s | ISO 400 | 20 mm | +1 EV | TTL-Aufhellblitz 0 EV | frontal | WB Auto

Lange Zeiten

Prüfen Sie vorab die werkseitigen Vorgaben im entsprechenden (Blitz-)Kameramenü. Im Regelfall werden in der Langzeitsynchronisation bis zu 30 Sekunden in der Zeit- oder Programmautomatik ansteuert.

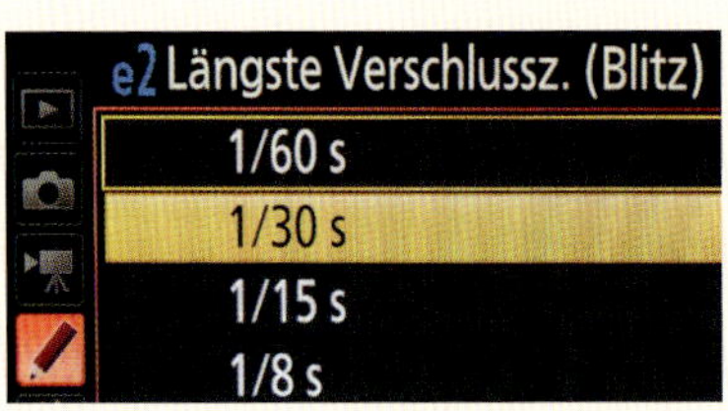

▲ *Im Blitzmenü (Nikon) kann die maximale Belichtungszeit für die Automatikmodi A und P manuell vorgegeben werden.*

▶ *Der Blitz wurde manuell auf –2 EV reduziert und hellt den Vordergrund dezent auf.*

f/5.6 | 0,5 s | ISO 400 | 20 mm | 0 EV | TTL-Aufhellblitz –2 EV | frontal | WB Auto

Einfluss langer Belichtungszeiten

Die nachfolgende Aufnahmereihe verdeutlicht den Einfluss langer Belichtungszeiten bei Dämmerungs- und Nachtaufnahmen.

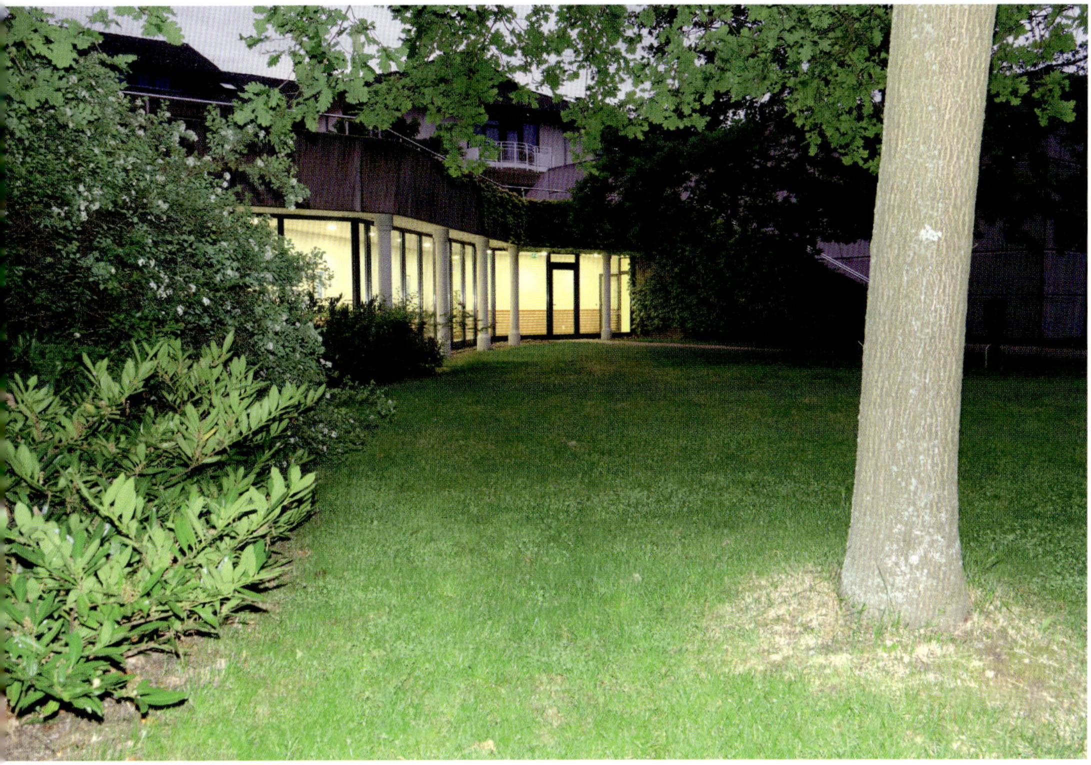

▲ *Mit Langzeitsynchronisation wird das Umgebungslicht stärker einbezogen. Die Aufnahme bekommt mehr Tiefe und wird insgesamt stimmiger.*

ƒ/5.6 | 0,5 s | ISO 400 | 20 mm | 0 EV | TTL-Aufhellblitz 0 EV | frontal | WB Auto

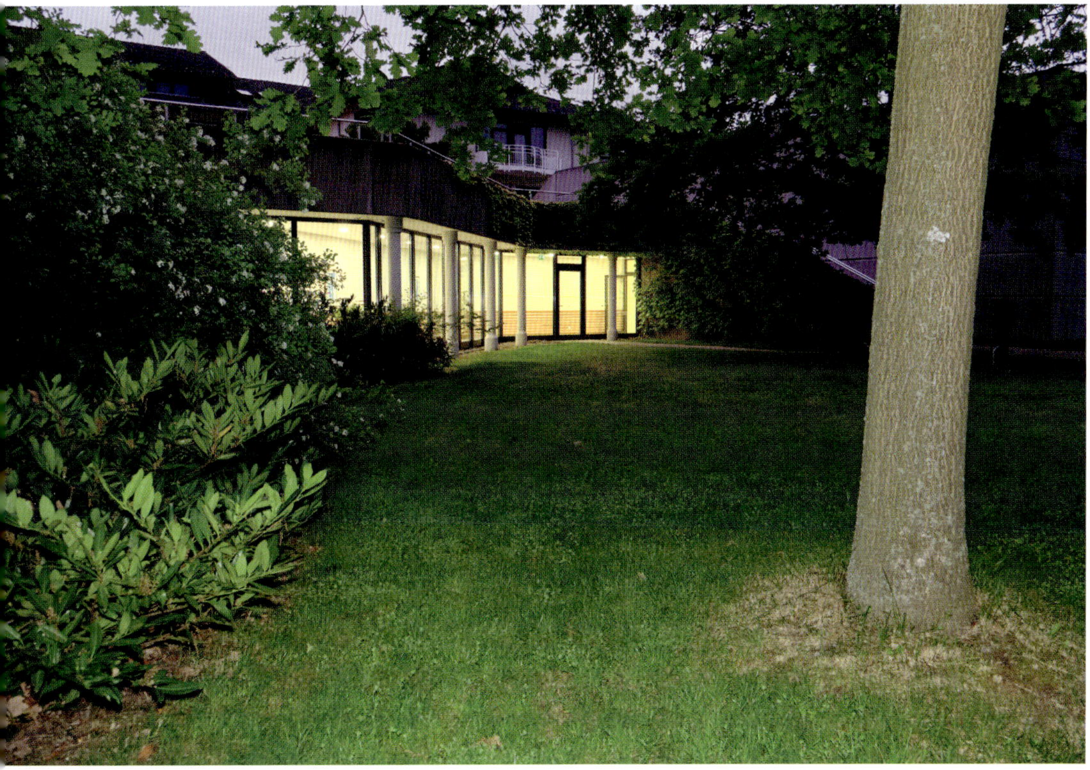

Checkliste vor der Aufnahme

- Prüfen Sie gegebenenfalls in den Blitzeinstellungen im Kameramenü, ob Belichtungszeiten bis 30 Sekunden (oder länger) freigeschaltet sind.
- In der Zeitautomatik (A, Av) oder der Programmautomatik (P) wird die Belichtungszeit von der Kamera automatisch gewählt.
- Im Modus Blendenautomatik (S, Tv) können Sie die gewünschte Belichtungszeit vorwählen.
- Im manuellen Modus der Kamera (M) haben Sie alle Freiheiten.
- Mit der Plus-/Minuskorrektur an der Kamera bestimmen Sie die Helligkeit des Hintergrunds bzw. des vorhandenen Lichts (nur in P, A, AV, S, TV).
- Der Blitzmenge für das Hauptmotiv im Vordergrund kann über die manuelle Blitzkorrektur in der Intensität angepasst werden.
- Den Weißabgleich sollten Sie insbesondere in Mischlichtsituationen manuell mit der Farbtemperatur der vorhandenen Lichtquellen abgleichen.
- Verwenden Sie ein Stativ und aktivieren Sie die Selbstauslöserfunktion der Kamera (besser: Fernauslöser), um kleinste Verwacklungsunschärfen bei langen Belichtungszeiten zu vermeiden.

Synchronisation auf den zweiten Vorhang

Für kreative Blitzfotos kommt eine in der Fotowelt weitverbreitete und oft genutzte Funktion ins Spiel: das Blitzen auf den zweiten Verschlussvorhang.

Ein Beispiel vorweg: Wenn Sie bei geringen Lichtverhältnissen mit längerer Belichtungszeit ein sich bewegendes Objekt, z. B. ein Auto, mit eingeschaltetem Licht anblitzen, kann es zu einem ziemlich irritierenden Effekt kommen: Die Streifen der Frontscheinwerfer und der roten Rückleuchten bilden sich vor dem Fahrzeug ab. Es scheint sich auf dem Foto entgegengesetzt, also rückwärts, fortzubewegen.

Zur Erklärung: Der Blitz löst üblicherweise am Anfang eines Belichtungsvorgangs aus und bildet das Objekt scharf geblitzt ab. Nun bewegt es sich jedoch weiter und wird durch die längere Belichtungszeit abgebildet. Um den Effekt umzukehren, müssen Sie entweder im Kameramenü oder am Blitzgerät selbst die Synchronisation auf den zweiten Verschlussvorhang aktivieren. Jetzt wird der Blitz erst am Ende der Belichtungszeit abgefeuert, um das Objekt im letzten Augenblick zu erfassen.

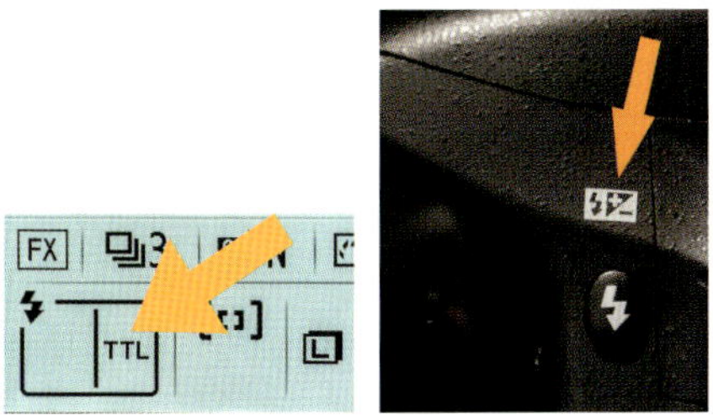

▲ *Im Info-Menü (in der Schnellübersicht) oder über die Blitztaste (Beispiel Nikon) können Sie festlegen, wann der Blitz beim Belichtungsvorgang zünden soll.*

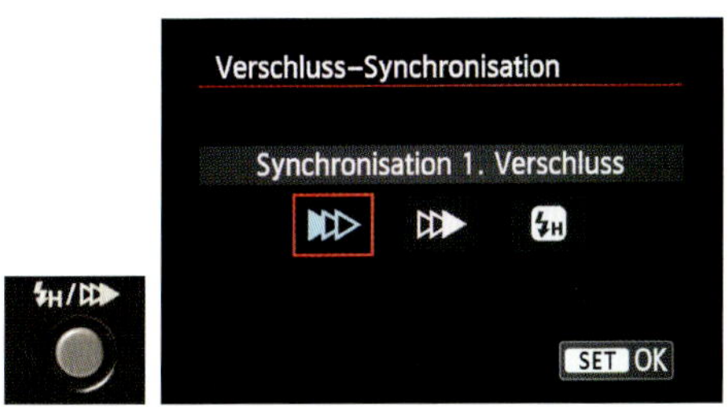

▲ *Bei Canon wird die Synchronisation auf den zweiten Verschlussvorhang entweder über das Doppelpfeilsymbol im Menü oder direkt am Blitzgerät aktiviert.*

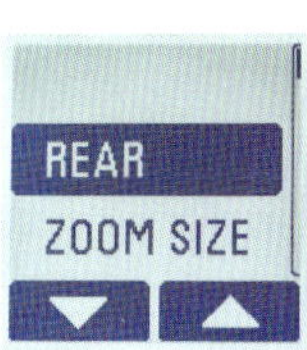

▲ *Oder bequem per Touch, wie bei diesem modernen Blitz von Metz.*

Zweiter ist besser

Wenn Sie Bewegungen auf den zweiten Verschlussvorhang mit langen Belichtungszeiten blitzen, entspricht die Aufnahme eher unserer Sehgewohnheit, als wenn Motive eine Licht- und Bewegungsspur vor sich herschieben. Das Umgebungslicht sollte in der Aufnahme so reduziert werden, dass die Lichtspuren vom Fahrzeug gut zu erkennen sind. Der Blitz wird über die Blitzkorrektur auf das Objekt im Vordergrund angepasst, und ein Diffusor sorgt für weiches Licht. Fotografieren Sie im manuellen Modus der Kamera, um die Zeit-Blende-Kombination fix vorgeben zu können.

Praxisübung Blitz und lange Belichtungszeit

Experimentieren Sie doch mal mit unterschiedlichen Belichtungszeiten bei sich bewegenden Motiven. Ziehen Sie die Bewegung mit und verfolgen Sie das Objekt oder lassen Sie es an der Kamera vorbeiziehen. Natürlich sind auch fliegende Blätter, Luftballons oder Seifenblasen sehr gut für diese Art der Fotografie geeignet. Im Modus Blendenautomatik (Tv, S) und in der ISO-Automatik haben Sie genügend fotografischen Spielraum für effektvolle Aufnahmen mit Blitz. Also machen Sie mal!

Vergleich erster und zweiter Vorhang

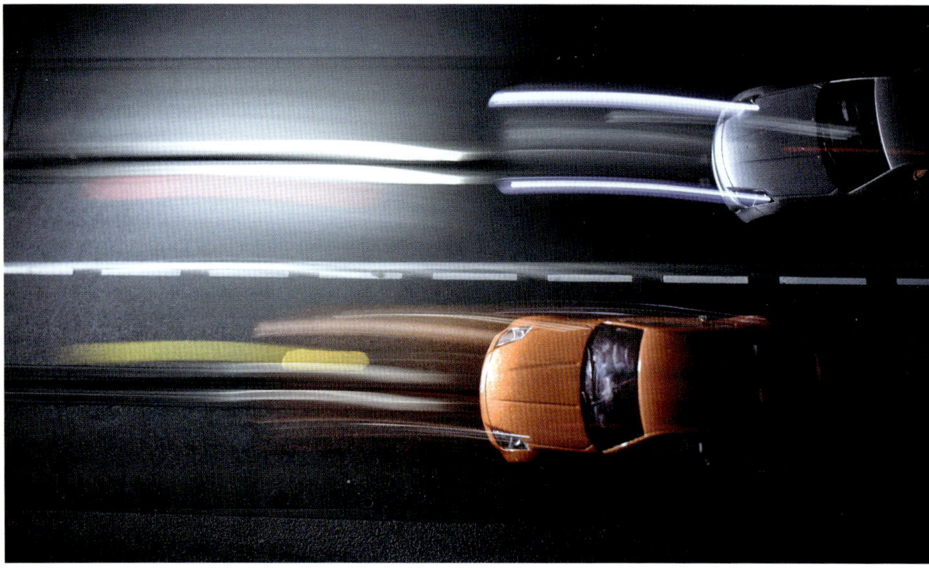

▲ *Die Kamera wurde, mit langer Verschlusszeit und Blitzsynchronisation auf den ersten Vorhang, an den stehenden Fahrzeugen horizontal von rechts nach links vorbeigezogen. Der Bewegungseffekt wird nur von der Kamerabewegung hervorgerufen. Lange Verschlusszeiten und eine korrekte Kameraführung sind hierfür erforderlich. Scheinbar bewegen sich die Autos rückwärts.*

f/4 | 1/15 s | ISO 800 | 35 mm | 11 EV | TTL-Aufhellblitz +1 EV | entfesselt seitlich von links

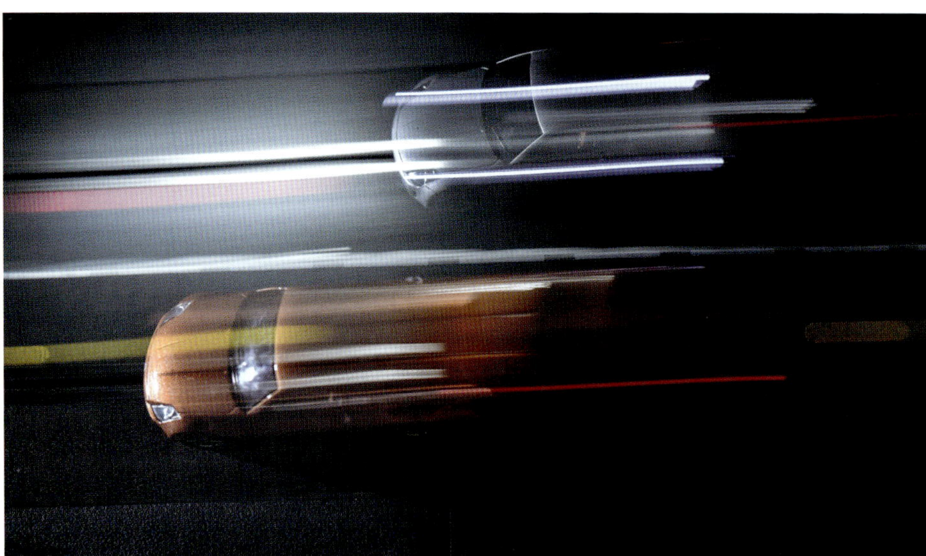

▲ *Der gleiche Ablauf mit Blitzsynchronisation auf den zweiten Vorhang. Lichtspuren und Fahrzeugbewegung werden jetzt folgerichtig wiedergegeben.*

Kreative Bewegungseffekte

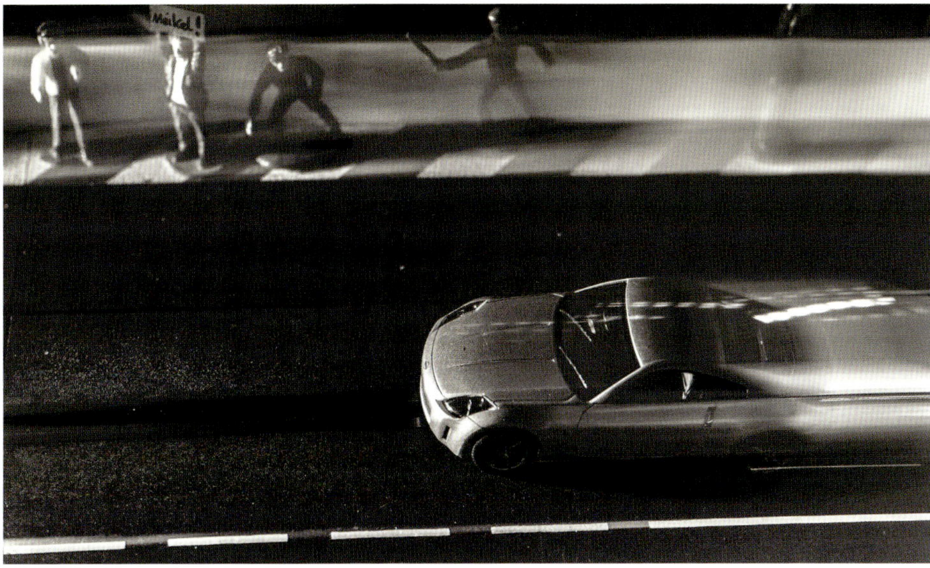

▲ *Der Blitz friert einen Teil der Bewegung des Fahrzeugs im Vordergrund ein. Die Aufnahme bekommt Dynamik und Schwung! Die Synchronisation erfolgte auf den zweiten Vorhang.*

f/1.4 | 1/15 s | ISO 1000 | 35 mm | –1 EV | TTL-Aufhellblitz +1 EV | entfesselt seitlich von links

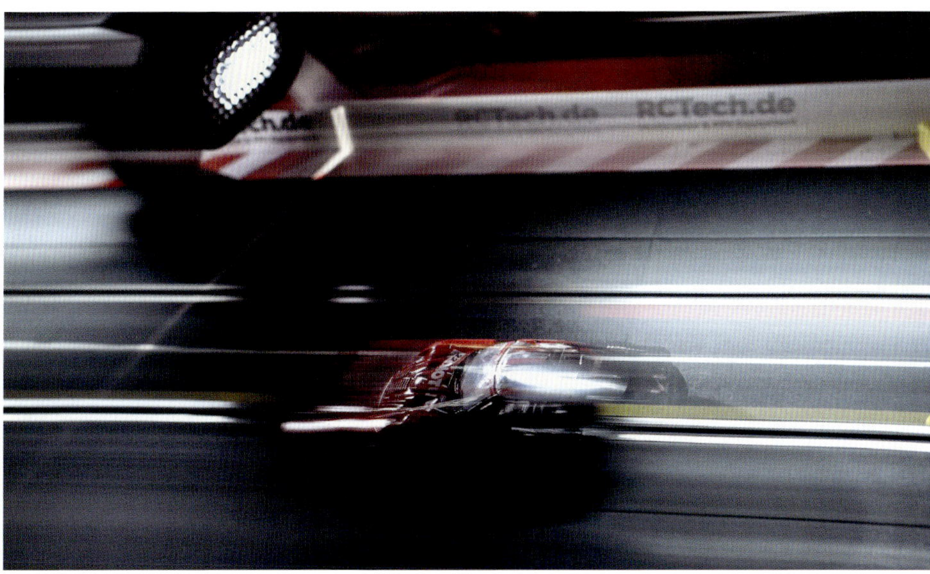

▲ *Diese Aufnahme wurde aus der freien Hand mitgezogen. Der Blitz wurde entfesselt eingesetzt und ist oben links im Bild zu erkennen. Synchronisiert wurde auf den ersten Vorhang.*

f/1.4 | 1/15 s | ISO 1000 | 35 mm | –1 EV | TTL-Aufhellblitz –1 EV | frontal | entfesselt

Mehrfachbelichtung mit Blitz

■ Der dynamische Bewegungseffekt in der Aufnahme lässt sich auch über folgenden „Umweg“ erzielen:

■ Sorgen Sie für ausreichend Umgebungslicht.

■ Aktivieren Sie die Mehrfachbelichtung Ihrer Kamera und wählen Sie 2 Aufnahmen.

■ Nehmen Sie das Objekt für die erste Aufnahme mit einer längeren Belichtungszeit auf (z. B. 1/15 Sekunde) und bewegen („wischen“) Sie die Kamera horizontal am Objekt vorbei.

■ Kontrollieren Sie die erste Aufnahme. Ist der Wischeffekt gelungen?

■ Alles okay? Dann folgt die zweite Aufnahme.

■ Schalten Sie das Blitzgerät in den TTL-Modus und nehmen Sie die nächste Aufnahme vom Objekt ohne Bewegung auf. Achten Sie darauf, dass sich die beiden Aufnahmen passend überlagern.

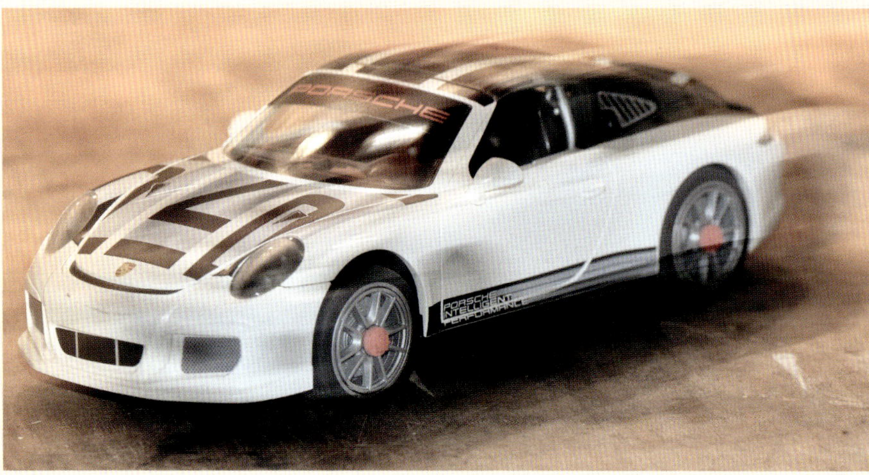

▲ *Mit zwei überlagerten Belichtungen können Sie mit etwas Übung auch einen dynamischen Bewegungseffekt erzielen, ohne auf den zweiten Verschlussvorhang zurückgreifen zu müssen.*

f/4 | 1/15 s | ISO 1200 | 128 mm | 0 EV | TTL-Aufhellblitz –1 EV | frontal

Scharfe Bewegung

Achten Sie darauf, dass das Blitzlicht die bestimmende Lichtquelle für das Motiv ist, um die Bewegung scharf einzufrieren. Reduzieren Sie bei Bedarf das vorhandene Licht stärker, indem Sie den ISO-Wert herabsetzen oder die Blende verkleinern. Außerdem können Sie die Kamera in der Bewegung parallel zum Objekt mitziehen.

8 AUFNAHME-MODI BEIM BLITZEN

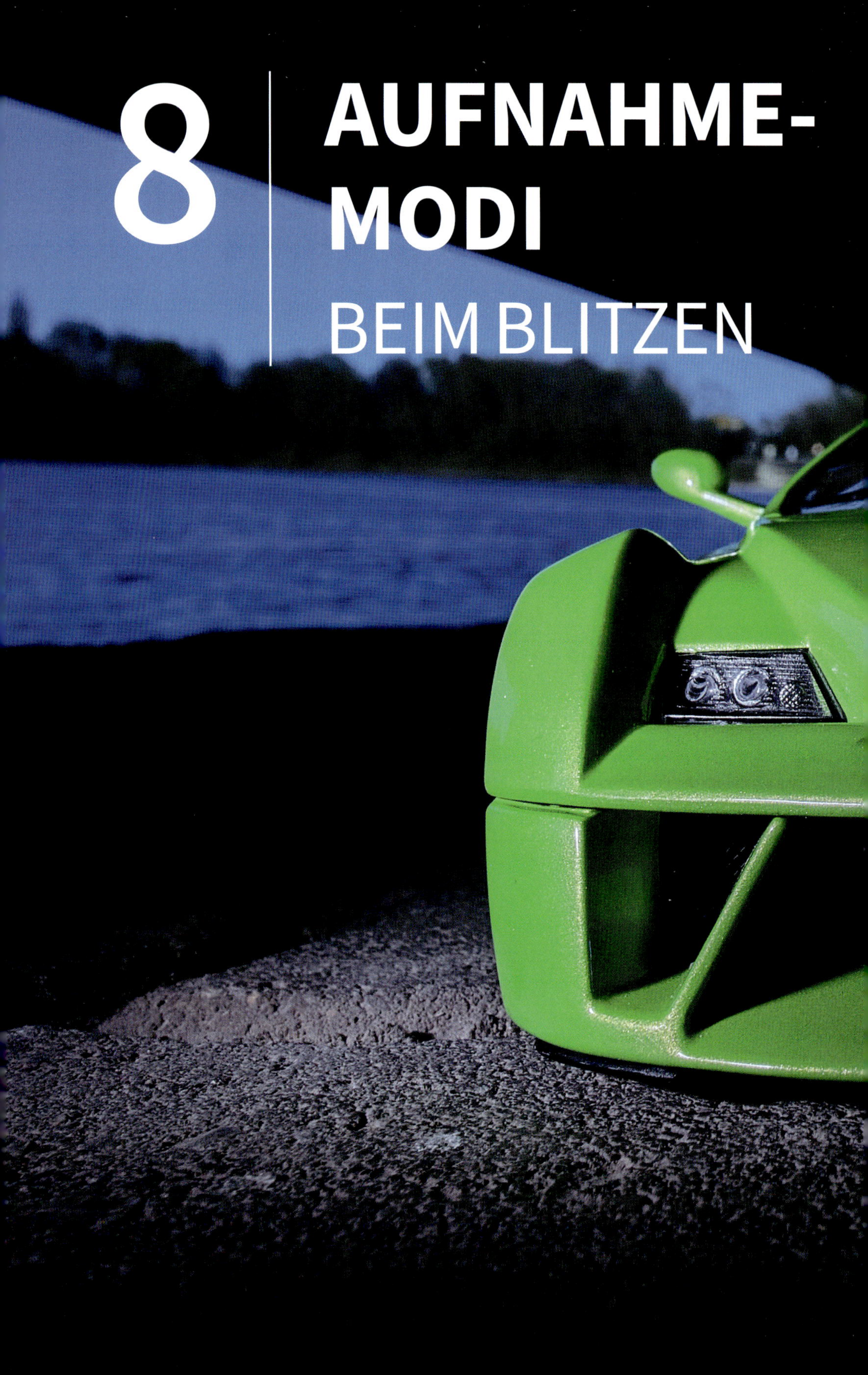

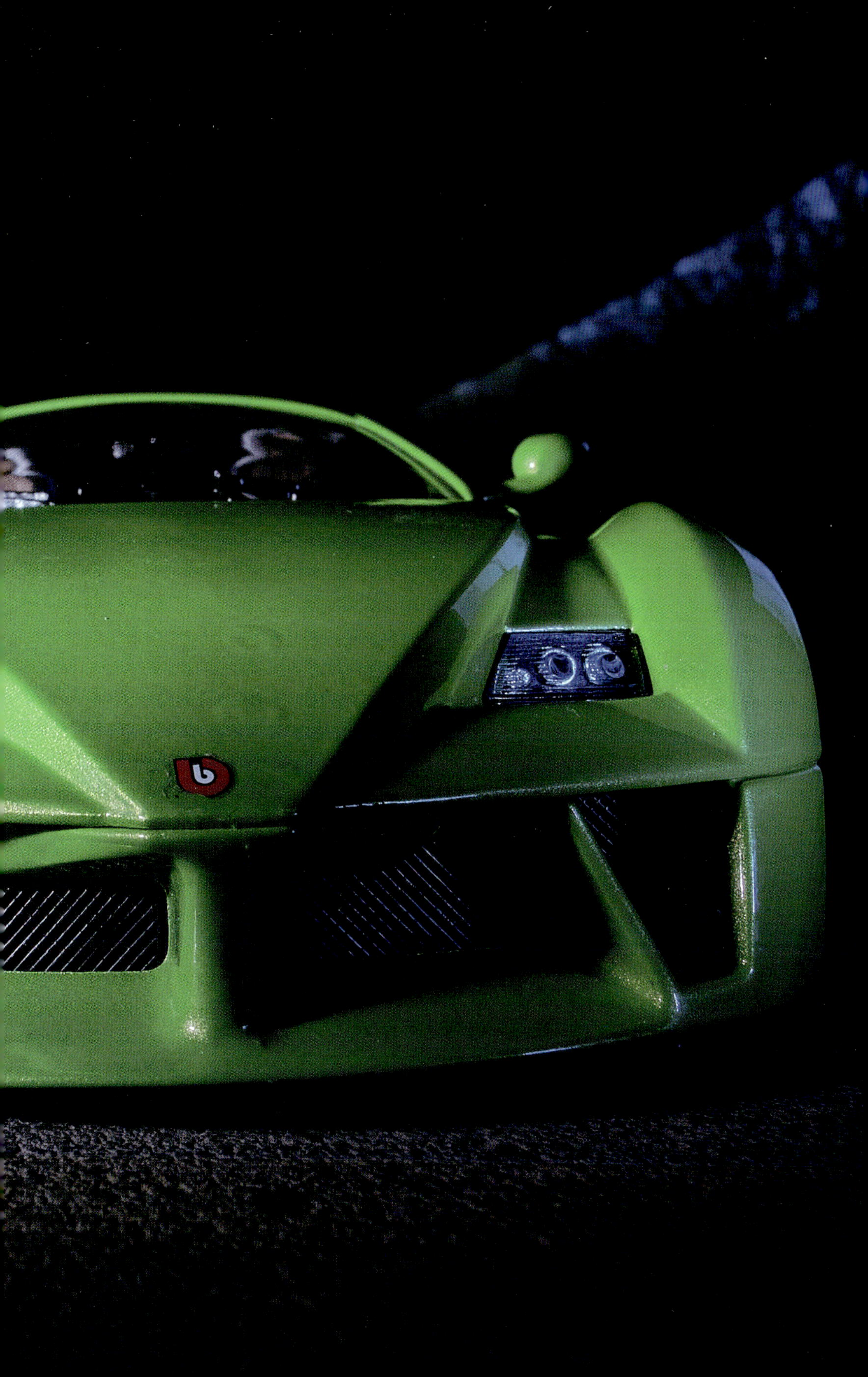

Programmautomatik

Natürlich haben Sie auch mit dem Einsatz eines Blitzgeräts die volle kreative Freiheit in Sachen Bildgestaltung. Je nach Motivsituation und eigener Bildidee können Sie auf einen der vier Belichtungssteuerungsmodi Ihrer Kamera zurückgreifen und den Blitz ergänzend in die Aufnahme integrieren. Für welche Zwecke die Zeit- oder Blendenautomatik bzw. die manuelle Einstellung geeignet sind und ob es sinnvoll ist, in der Programmautomatik mit Blitz zu fotografieren, erfahren Sie in diesem Kapitel.

Die Programmautomatik P eignet sich für den schnellen Einstieg in die Blitzfotografie. Belichtungszeit und Blende werden automatisch eingestellt, und Sie haben, anders als in der „grünen" Vollautomatik, Zugriff auf sämtliche Funktionen. Die Programmautomatik ist sinnvoll, wenn Sie schnell und unkompliziert mit dem Blitzgerät auf der Kamera fotografieren möchten und Blende und Belichtungszeit keine gestalterische Priorität haben. Aktivieren Sie zusätzlich die ISO-Automatik.

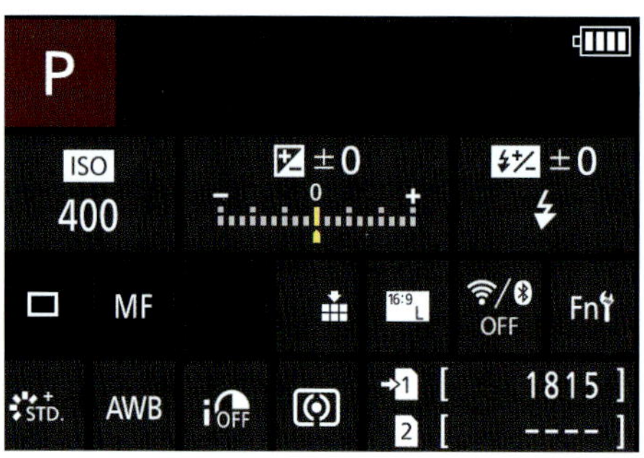

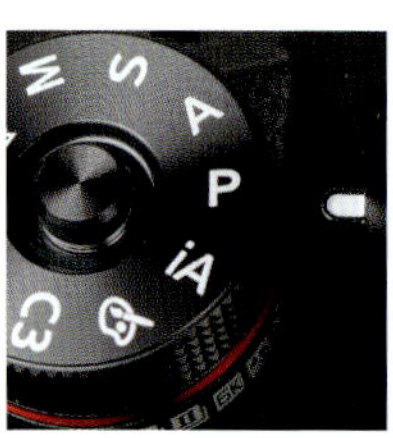

◀ *Praktisch für den schnellen Einstieg: der Modus P für die automatische Wahl von Blende und Belichtungszeit.*

Zur Erinnerung

Für Programmautomatik (P), Blendenautomatik (S, Tv) und Zeitautomatik (A, Av) gilt: Die Helligkeit des Umgebungs- bzw. Hintergrundlichts wird über die Belichtungskorrektur der Kamera gesteuert.

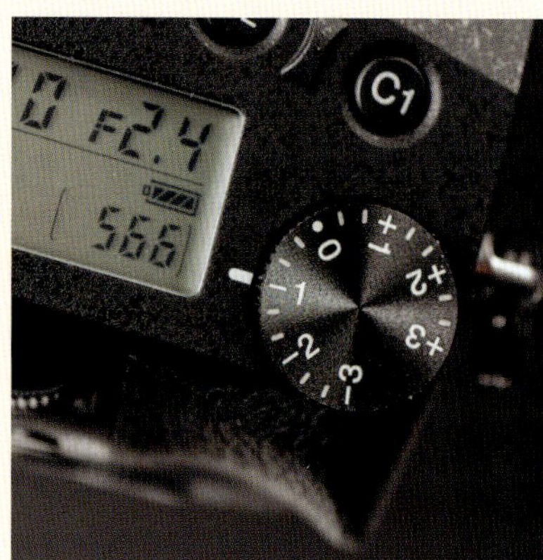

Blitzen in der Vollautomatik?

Ganz ehrlich: Für die kreative Blitzfotografie eignet sich weder eine intelligente Vollautomatik noch eines der vielen Kreativ- oder Szeneprogramme in der Kamera. Außerdem haben Sie dieses Buch erworben, um den eingetrampelten Pfad diverser Automatiken zu verlassen.

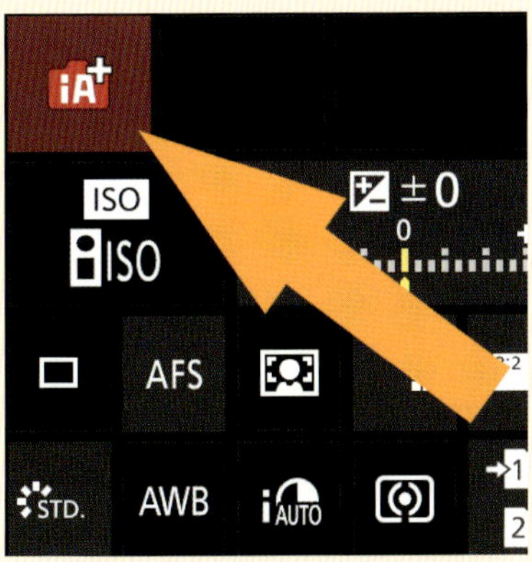

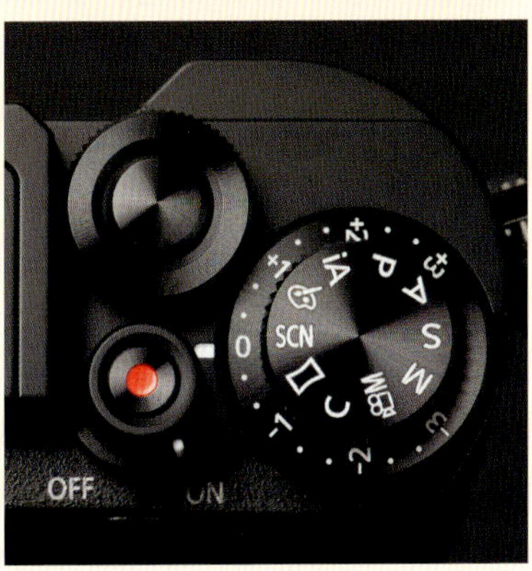

Arbeitsweise der Programmautomatik

Der Kameracomputer analysiert in der Mehrfeldbelichtungsmessung anhand der Umgebungshelligkeit, des ISO-Werts und der Informationen des Autofokussystems das Motiv und legt die Belichtungszeit in der Regel so fest, dass möglichst keine Verwacklungen oder Bewegungsunschärfen entstehen können. Die Blende wird sukzessiv nachgeregelt. Dennoch können Bewegungen in Abhängigkeit von der automatisch gewählten Belichtungszeit (trotz verwendeten Blitzgeräts) verwischt abgebildet werden, und auch der Schärfebereich variiert natürlich je nach eingestellter Blende. Ganz automatisch eben.

Schneller Eingriff mit Programm-Shift

Mithilfe der Programm-Shift-Funktion (P*) können Sie (z. B. durch Drehen eines entsprechenden Rädchens an der Kamera) direkten Einfluss auf die Zeit-Blende-Kombination nehmen.

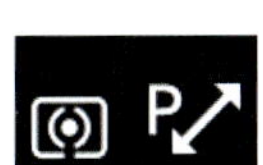

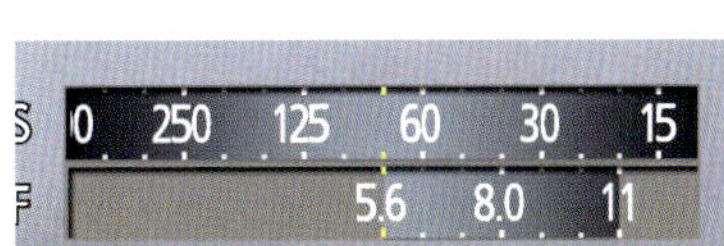

▶ *Mit Programm-Shift verändern Sie die vorgeschlagene Zeit-Blende-Kombination auf Wunsch schnell.*

ISO-Automatik

Wenn Sie die ISO-Automatik aktivieren, erweitern Sie den verfügbaren Spielraum der Programmautomatik erheblich.

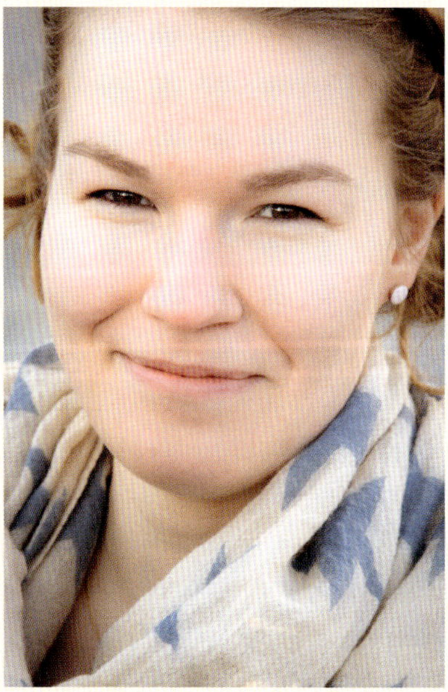

▲ *Macht ihren Job sicher und gut: die Programmautomatik in Verbindung mit dem TTL-Aufhellblitz und einem Diffusor vor dem Blitzreflektor.*

f/5.6 | 1/100 s | ISO 400 | 300 mm | 0 EV | TTL-Aufhellblitz –1 EV | frontal | B.I.G.-Mini-Softbox

Lange Belichtungszeit

Vorsicht im Blitzmodus *SLOW* oder bei der Synchronisation auf den zweiten Verschlussvorhang: Hier wählt Ihre Kamera unter Umständen Belichtungszeiten bis in das Langzeitmaximum vor.

Arbeitsbereich festlegen

Werfen Sie vorab noch einen prüfenden Blick ins Blitzmenü Ihrer Kamera. Einige Modelle erlauben die Festlegung des Belichtungszeitenbereichs in der Programmautomatik, die in Verbindung mit dem Blitzgerät zur Verfügung stehen soll. Tipp: Legen Sie einen Bereich von 1/60 Sekunde bis 1/200 Sekunde (oder kürzer) fest, um unerwünschte Verwischeffekte und Verwacklungen bei sich bewegenden Objekten zu vermeiden.

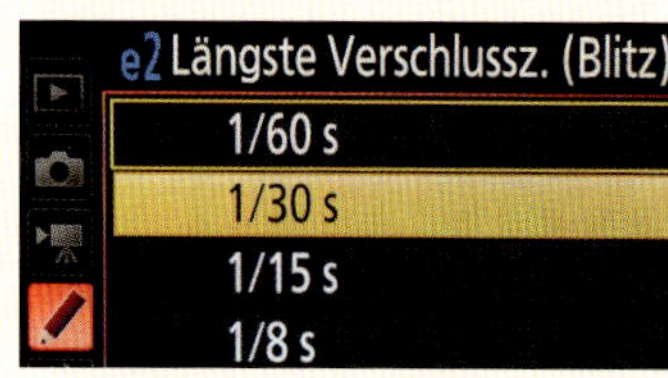

Mehrfeldmessung ergibt Sinn

Insbesondere in Verbindung mit der TTL-Aufhellblitztechnik sollten Sie unbedingt die Mehrfeldmessung (Matrixmessung, ESP) an der Kamera aktivieren. So kann der Kameracomputer sehr exakt die Belichtung des Hintergrunds und eine automatische Aufhellung des Hauptmotivs bestimmen.

Blitzen in der Programmautomatik

- Die ISO-Automatik verwenden.
- Die Lichtsituation beurteilen und optional eine Belichtungskorrektur auf Umgebungslicht/Hintergrundlicht setzen.
- Den Weißabgleich auf Automatik stellen (AWB/AUTO).
- Mit Programm-Shift optional die Zeit-Blende-Kombination verändern.
- Das Fokusfeld und das Blitzlicht (TTL-Modus) auf das Hauptmotiv richten.
- Optional eine manuelle Blitzkorrektur für den Vordergrund vornehmen.

Zeitautomatik

Drehen Sie das Moduswahlrad Ihrer Kamera auf A bzw. Av, um die Zeitautomatik aufzurufen. Sie wird vorzugsweise im Porträtbereich oder in der Makro- und Landschaftsfotografie eingesetzt – also immer dort, wo die Wirkung der Blende zur Steuerung des Schärfebereichs Priorität hat. Die gewünschte Blende wird vorgewählt, und die Zeitautomatik stellt eine passende Belichtungszeit ein.

Blitzen in der Zeitautomatik

- Den ISO-Wert manuell bestimmen (gegebenenfalls ISO-Automatik verwenden).
- Die Lichtsituation beurteilen und optional eine Belichtungskorrektur auf das Umgebungslicht/Hintergrundlicht setzen.
- Den Weißabgleich auf Automatik (AWB/AUTO) stellen und in Mischlichtsituationen manuell festlegen.
- Die bevorzugte Blende festlegen und die Ausdehnung des Schärfebereichs anhand von Testaufnahmen kontrollieren.
- Das Fokusfeld und das Blitzlicht (TTL-Modus) auf das Hauptmotiv richten.
- Optional eine manuelle Blitzkorrektur für den Vordergrund vornehmen.

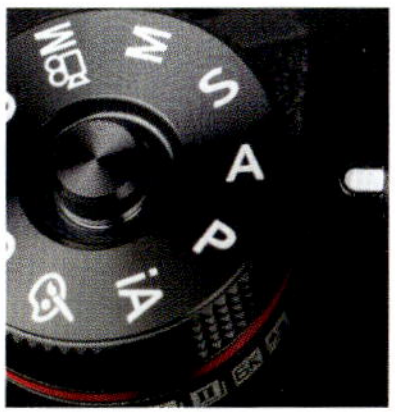

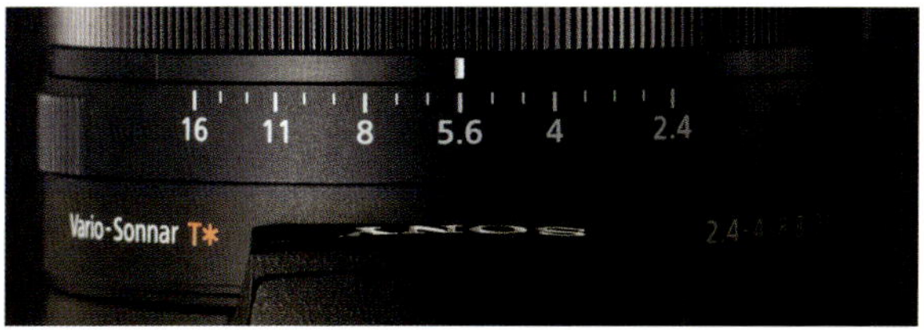

◂ *Zeitautomatik bei Blendenvorwahl.*

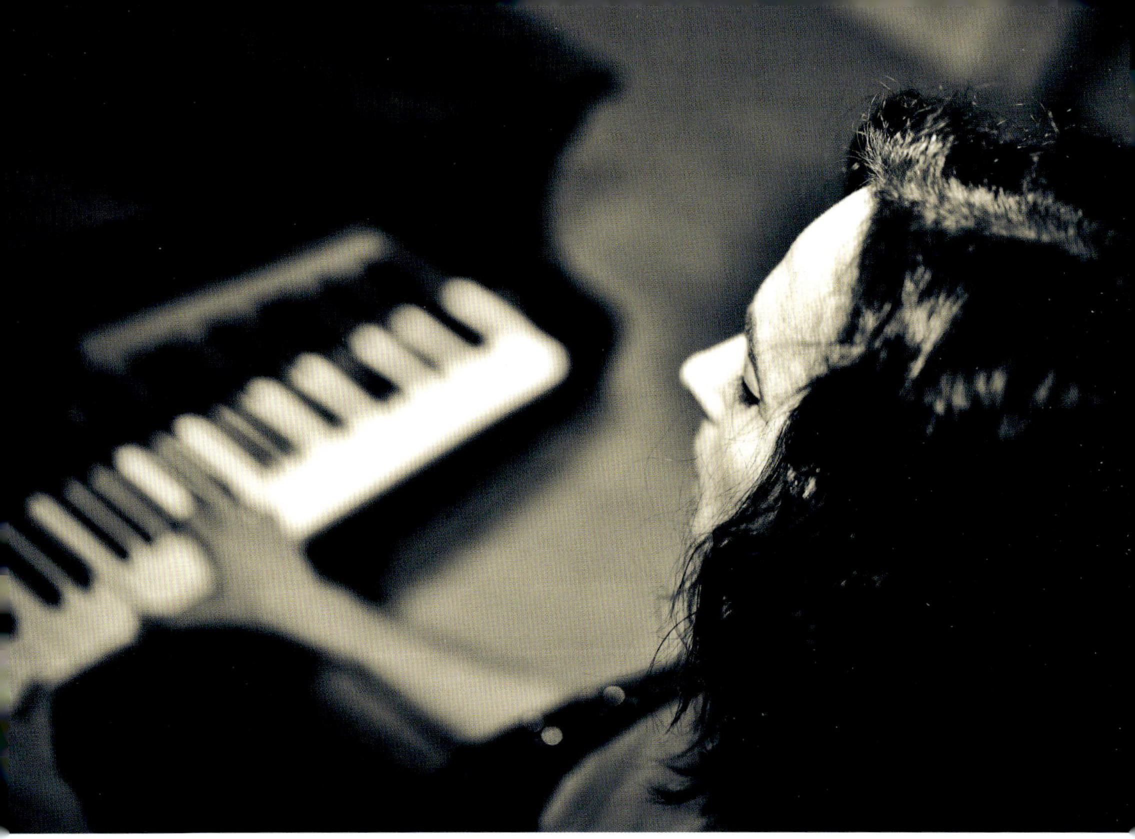

▲ *Die Größe der Blende beeinflusst den Schärfebereich und in zweiter Instanz auch die Reichweite des Blitzgeräts. Bei dieser Aufnahme wurde der Fokus bewusst auf die Pianistin im Vordergrund gelegt. Die große Blende löst den Flügel in Unschärfe auf.*

f/4 | 1/30 s | ISO 1600 | 60 mm | 0 EV | TTL-Aufhellblitz +1 EV | entfesselt seitlich von links

Blendenautomatik

Wenn Sie Objekte in Bewegung fotografieren, sollten Sie sich Gedanken über die Bildaussage machen. Wie soll die (Grund-)Bewegung festgehalten werden? Eingefroren? Verwischt oder dynamisch? In Verbindung mit dem Blitzgerät stehen Ihnen deutlich mehr Ausdrucksmöglichkeiten zur Verfügung. Drehen Sie das Moduswahlrad zunächst auf S bzw. Tv (Blendenautomatik). Nun wird passend zur manuell gewählten Belichtungszeit eine entsprechende Blende eingestellt.

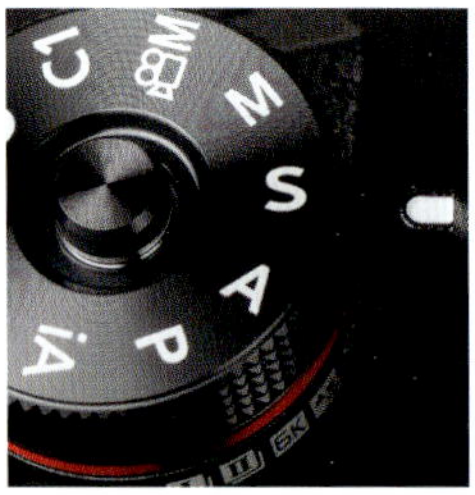

◄ *Blendenautomatik bei Zeitvorwahl.*

Blitzen in der Blendenautomatik

- Den ISO-Wert manuell vorgeben..
- Die Lichtsituation beurteilen und optional eine Belichtungskorrektur auf das Umgebungslicht/Hintergrundlicht setzen.
- Den Weißabgleich auf Automatik (AWB/AUTO) stellen und in Mischlichtsituationen manuell festlegen.
- Die bevorzugte Belichtungszeit festlegen und die Wirkung der Bewegungsunschärfe anhand von Testaufnahmen bestimmen.
- Das Fokusfeld und das Blitzlicht (TTL-Modus) auf das Hauptmotiv richten.
- Die Objektbewegung mitziehen, um eine Bewegungsdynamik zu erhalten.
- Optional eine manuelle Blitzkorrektur für den Vordergrund vornehmen.

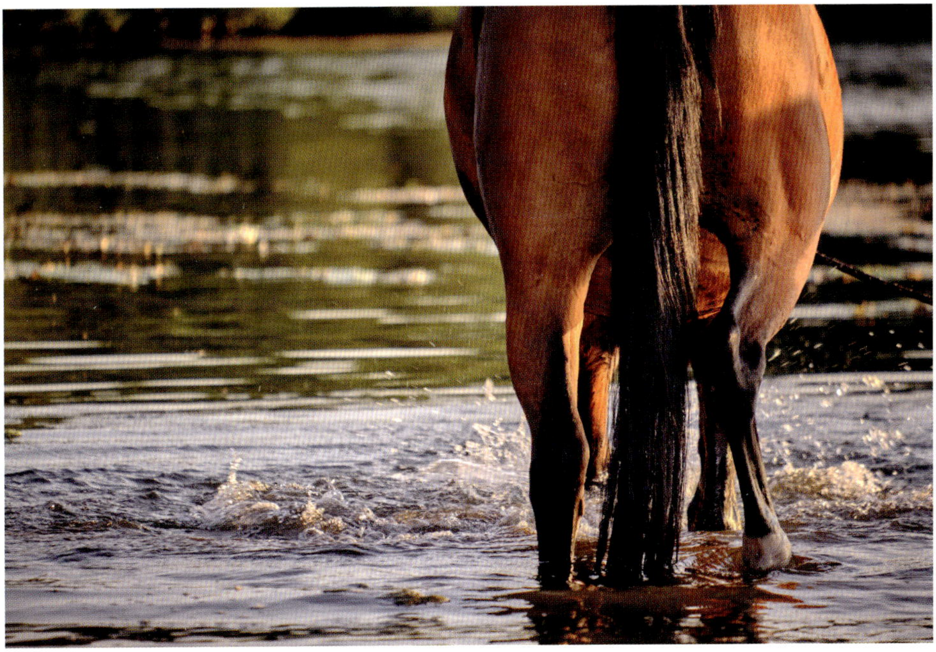

▲ *Kurze Synchronzeiten frieren die Bewegung des Pferdes und des Wassers ein. Das vorhandene Licht wurde etwas reduziert.*

f/4.5 | 1/200 s | ISO 200 | 200 mm | –1 EV | TTL-Aufhellblitz +1 EV | frontal mit MagSphere | Filter: CTO 1/1

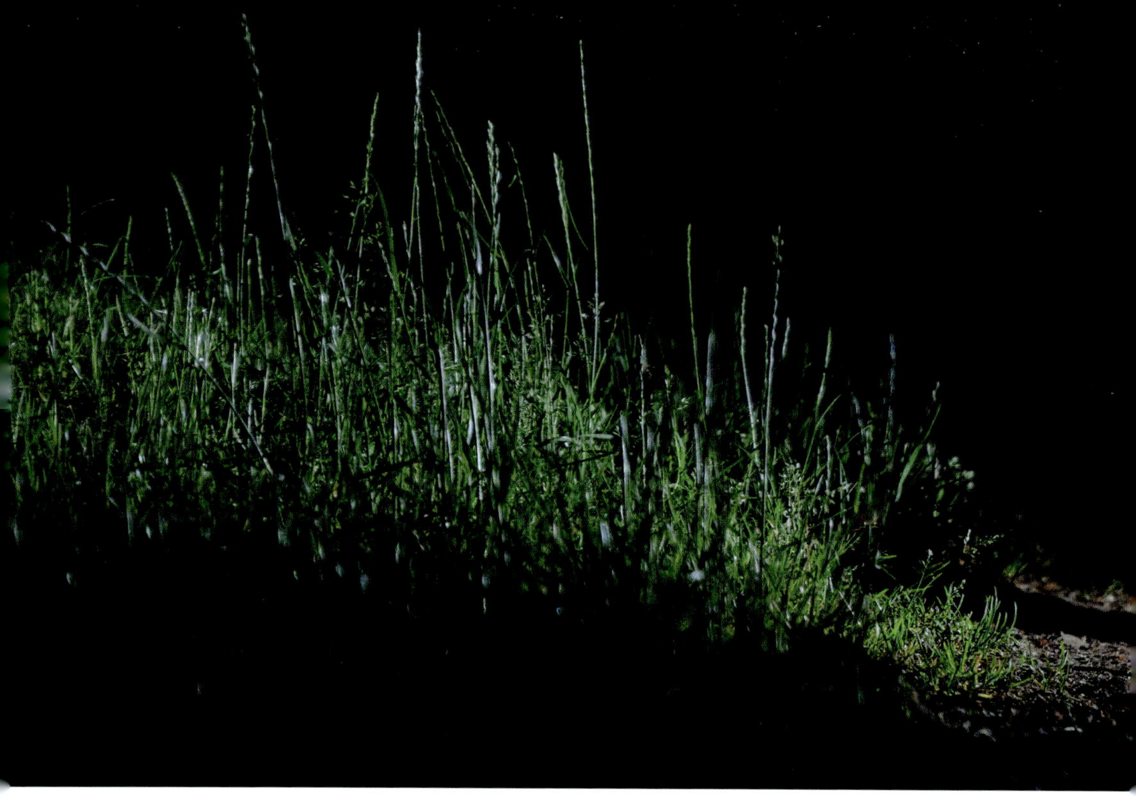

▲ *Blende, Belichtungszeit und ISO-Wert werden manuell festgelegt, um das Hintergrundlicht zu reduzieren. Der Blitz wurde ebenfalls im manuellen Modus M mit Leistungsstufe 1/64 entfesselt ausgelöst.*

f/5.6 | 1/125 s | ISO 1250 | 135 mm | –1 EV | Blitz manuell 1/64 | seitlich von rechts mit MagGrid

Unabhängig von der gewählten Belichtungszeit friert der Blitz auf einer „weiteren Ebene“ eine Bewegungsphase des Motivs ein. Sie können die anhand der Belichtungszeit dargestellte Bewegung also prima mit dem Blitzlicht kombinieren. Das vorhandene Licht, festgelegt durch ISO-Wert und Blende, beeinflusst die Raumlicht- oder Hintergrundebene und das Blitzlicht die Vordergrundebene. Außergewöhnliche und sehr spannende Bilder sind bei dieser Form der Fotografie zu erwarten.

Manueller Modus

Im manuellen Modus M haben Sie die freie Auswahl bezüglich Blende und Belichtungszeit. Anwendungsgebiete sind die Langzeitfotografie, Nachtaufnahmen, die Studiofotografie sowie – natürlich – die kreative Blitzfotografie.

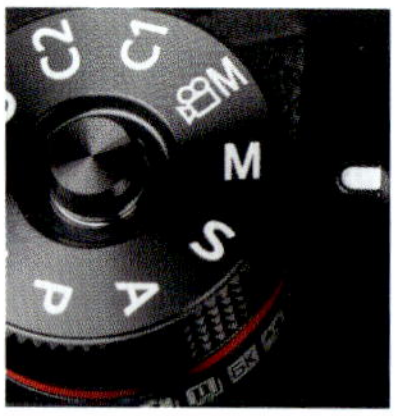

◄ *Kreative Freiheit im Modus M.*

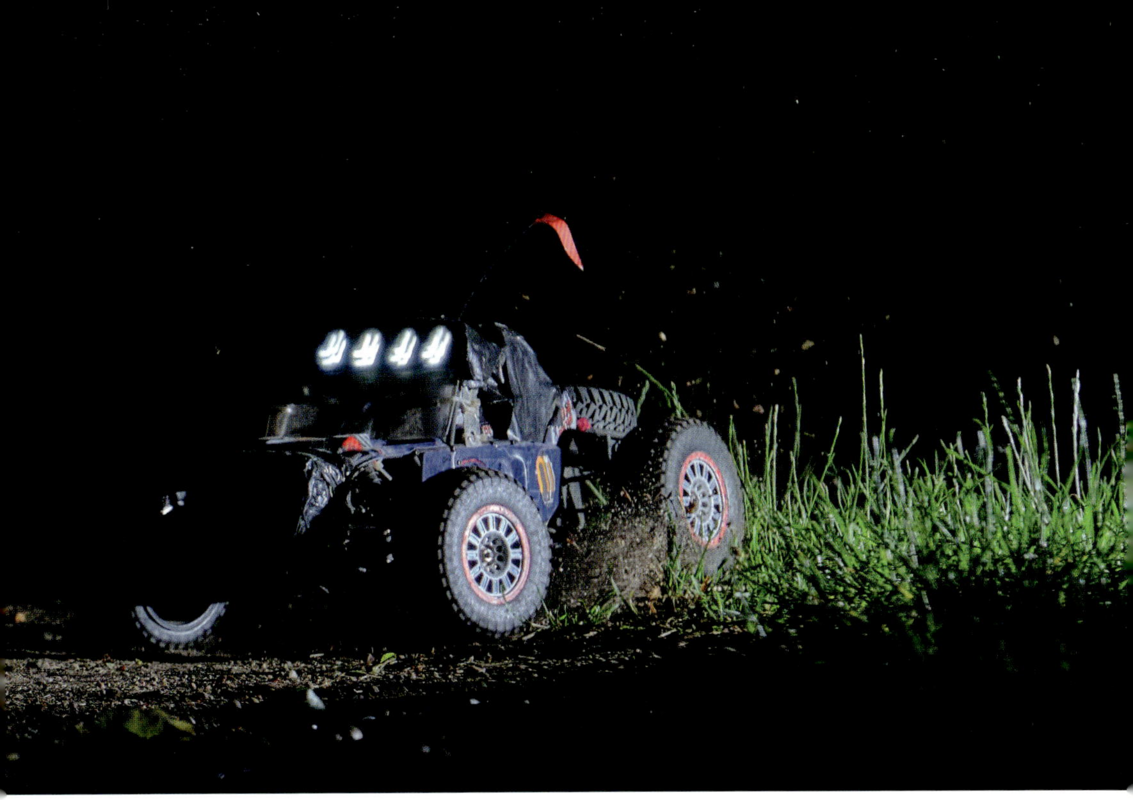

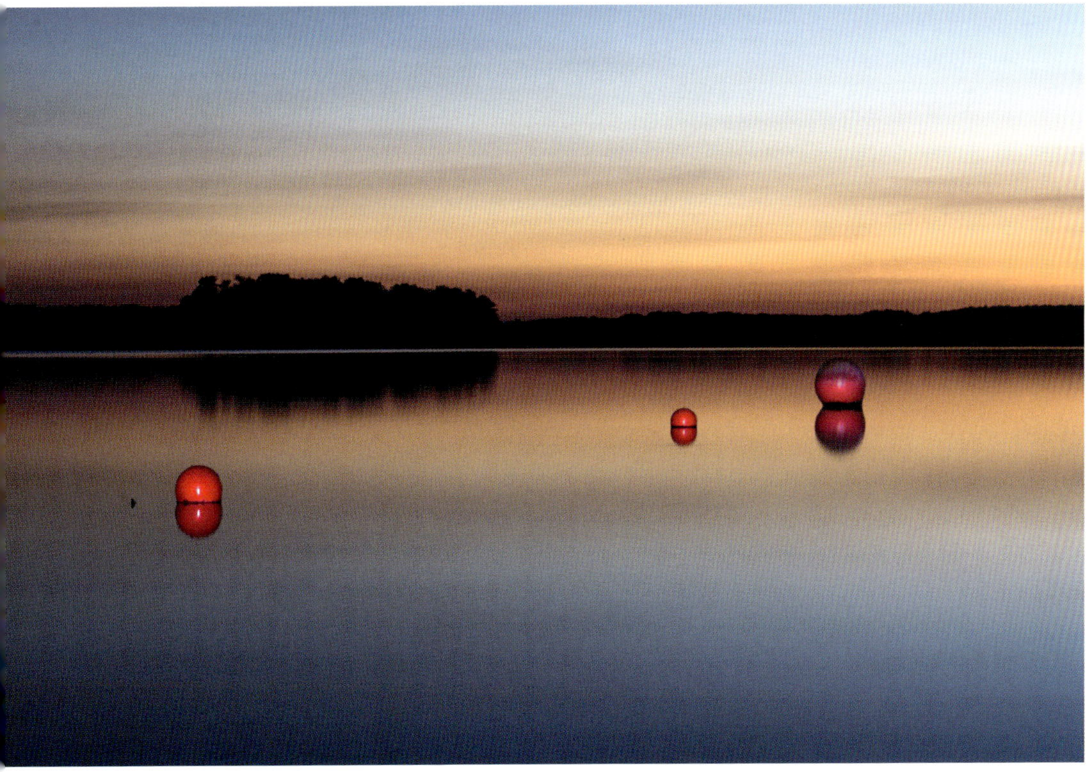

▲ *Langzeitbelichtung vom Stativ aus. Die roten Bojen wurden nacheinander aus der Hand angeblitzt. Vor dem Blitz befand sich die MagSnooze, um das Licht stärker zu bündeln.*

f/8 | 30 s | ISO 100 | 60 mm | Blitz manuell 1/1 | entfesselt aus der Hand mit MagSnoot

Das Umgebungslicht festlegen

Da die Belichtungskorrektur ohne Funktion ist, wird das Hintergrund- bzw. Umgebungslicht mit Blende und Belichtungszeit festgelegt. Verändern Sie die Parameter, bis entweder der angezeigte Wert der Belichtungswaage auf +/–0 steht oder die Lichtstimmung Ihren Vorstellungen entspricht. Ein Hinweis für Live-View-Nutzer: Setzen Sie die Belichtungsvorschau im Menü auf *Ein*, wenn Sie die Belichtung des Bilds live beurteilen möchten. Steht der Wert auf *Aus*, zeigt das Display unabhängig von gewählter Blende und Belichtungszeit immer die gleiche Helligkeit an. Dieser Modus bietet sich an, wenn es sehr dunkel ist und das Objekt auf dem Display nicht ausfindig gemacht werden kann – z. B. in der Nachtfotografie.

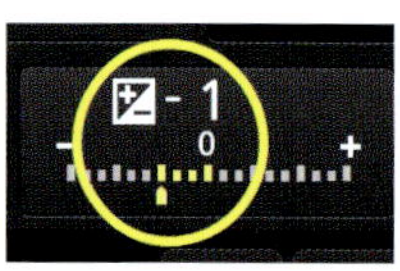

▲ *Mithilfe der Belichtungswaage wird das Hintergrund- bzw. Umgebungslicht festgelegt. In diesem Beispiel zeigt die Waage eine Unterbelichtung von –1 EV an.*

Die maximal einstellbare Belichtungszeit beträgt bei den meisten Kameras 30 bis 60 Sekunden, danach erscheint *BULB* im Display. Mithilfe eines Fernauslösers lassen sich Belichtungszeiten bis in den Minutenbereich (und länger) erzielen. Sollte Ihre Kamera über eine T-Funktion (Time) verfügen, können Sie die gewünschte Zeit auch direkt vorgeben. Um verwacklungsfrei zu fotografieren, benötigen Sie natürlich ein Stativ und ein entsprechendes Fernauslösekabel bzw. einen drahtlosen Fernauslöser (Empfehlung).

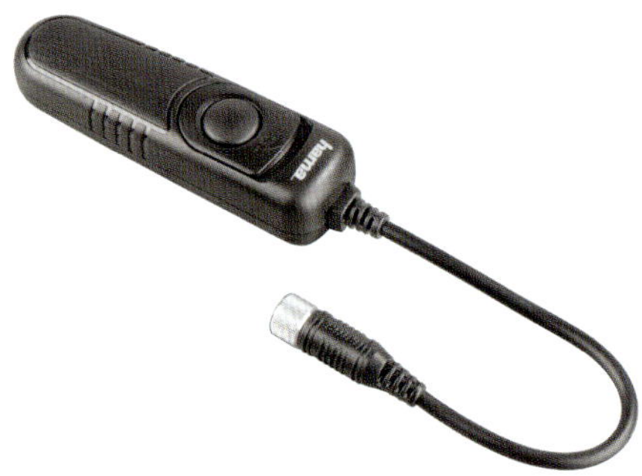

▲ *Ein simples Fernauslösekabel genügt für das verwacklungsfreie Auslösen vom Stativ aus.*

Sollte Ihre Kamera über eine WLAN-Funktion verfügen, laden Sie sich die entsprechende App herunter, um die Kamera mit dem Smartphone kabellos auslösen zu können. Bedenken Sie jedoch, dass diese Option den Akku Ihres Smartphones sehr strapaziert.

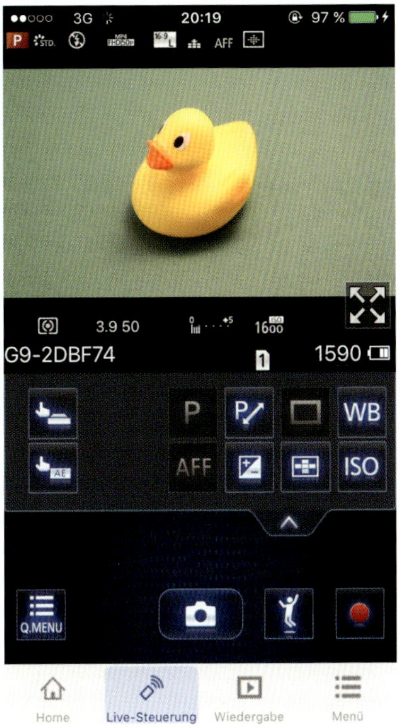

▲ *Grundsätzlich genial, verbraucht aber auch viel Strom: die Steuerung der Kamera über eine App. Eine separate Powerbank sollte in den Rucksack gepackt werden, um bei Bedarf Strom liefern zu können.*

Blitzen im manuellen Modus

- Den ISO-Wert manuell vorgeben.
- Die bevorzugte Belichtungszeit und die Blende festlegen (Abgleich über die Belichtungswaage).
- Den Weißabgleich manuell festlegen.
- Das Fokusfeld auf das Hauptmotiv richten (alternativ manueller Fokus).
- Das Blitzgerät auf manuelle Blitzleistungsstufe (M) setzen, um die Blitzlichtmenge exakt und unabhängig vom Umgebungslicht zu bestimmen.
- Im TTL-Modus: optional eine manuelle Blitzkorrektur für den Vordergrund setzen.

9 ENTFESSELT **BLITZEN**

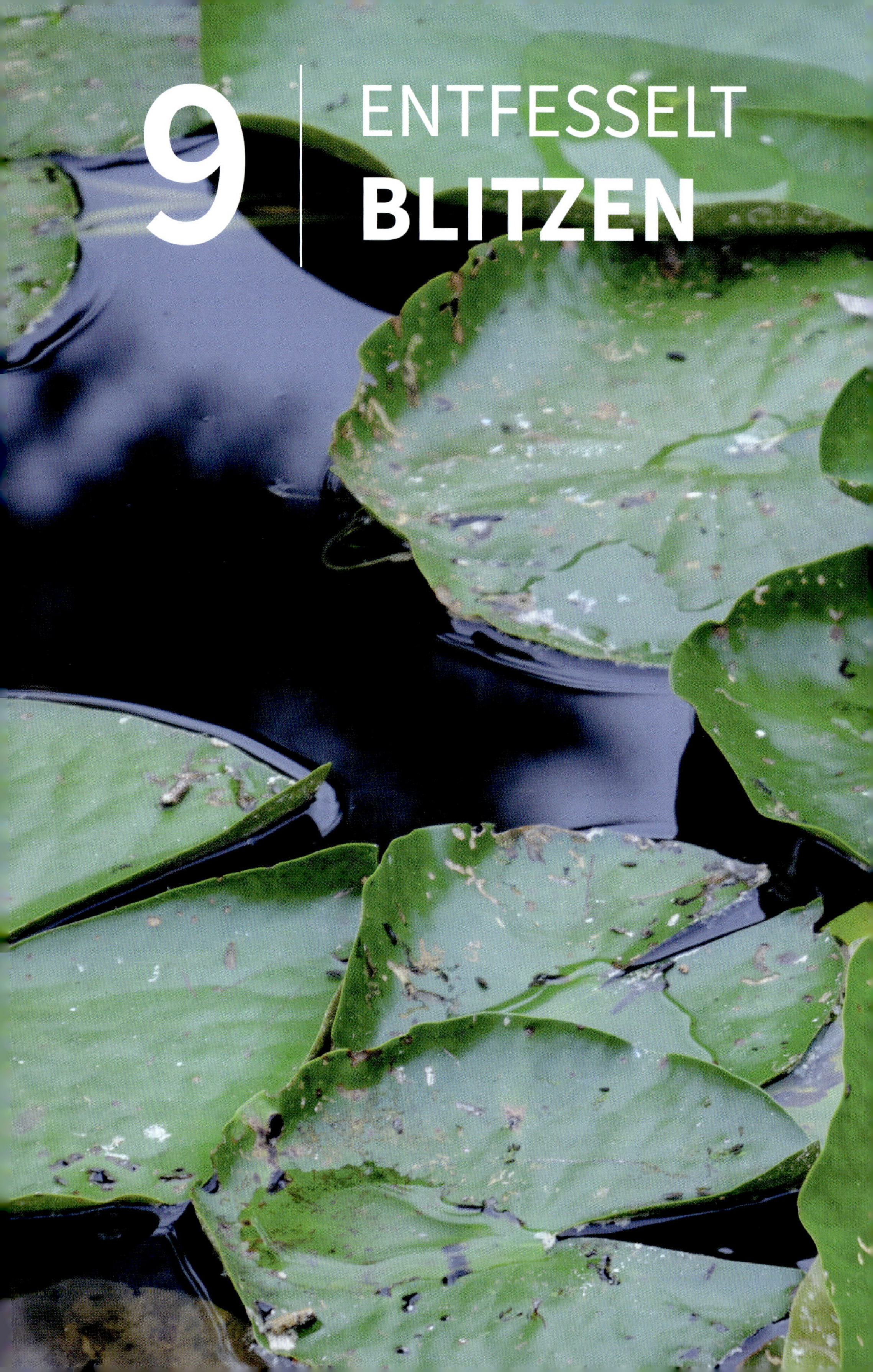

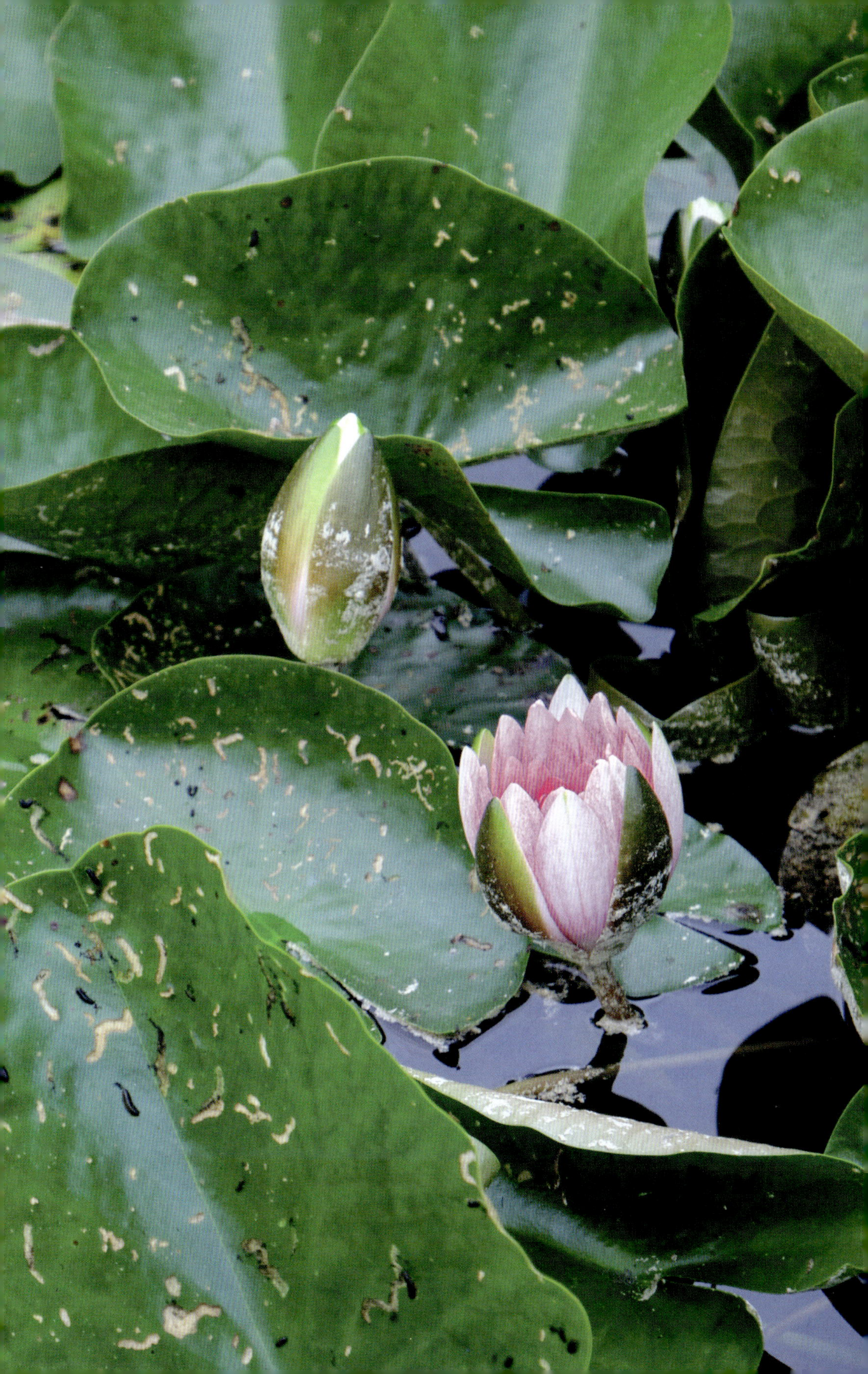

Klassisch per Kabelverbindung

Das kabellos gesteuerte TTL-Blitzen hat sich erfolgreich auf dem Markt etabliert und wurde durch den Einzug der Funktechnologie auf ein höheres Niveau gehoben. Und selbst die in die Jahre gekommene Infrarottechnik findet nach wie vor Verwendung in der entfesselten Blitzfotografie. In diesem Kapitel lernen Sie die unterschiedlichen Technologien mit allen wichtigen Funktionen und Anwendungsbereichen kennen.

Um den Blitz von der Kamera zu trennen, genügt zunächst eine simple Verbindung ohne TTL-Steuerung über den traditionellen PC-Sync-Anschluss. Leider lösen sich die Stecker schnell, wenn kein Schraubgewinde vorhanden ist, und nur wenige Geräte verfügen über die erforderliche „X-Buchse". In diesem Fall benötigen Sie einen X-Adapter, der auf den Blitzschuh der Kamera und unter den Fuß des Blitzgeräts geschoben wird.

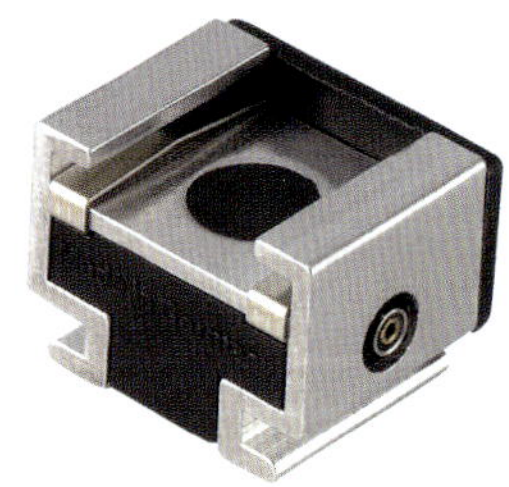

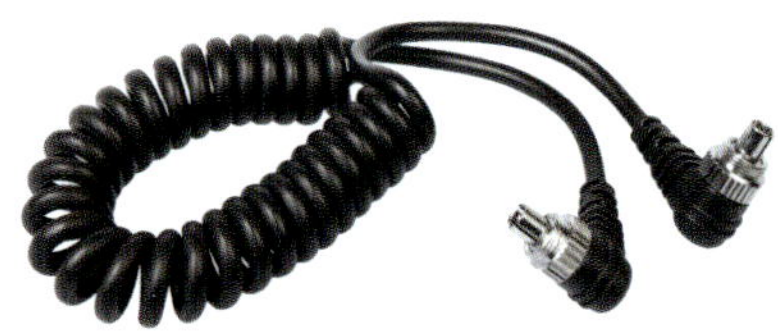

▲ *Ein Blitzadapter (hier Hama) ersetzt den fehlenden X-Anschluss an der Kamera oder am Blitzgerät. Das X-Synchronkabel verbindet die Kamera mit dem Blitz.*

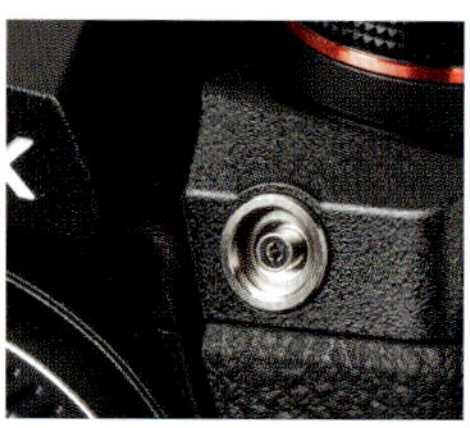

▲ *Verfügt die Kamera über eine X-Buchse, kann z. B. eine Studioblitzanlage oder ein Blitzgerät per Synchronkabel angeschlossen und ungesteuert ausgelöst werden.*

Im Grunde ganz einfach

Zu kompliziert? Wenn Sie sich zutrauen, mit einer Stehlampe ein Objekt im Umgebungslicht anzuleuchten, gelingt Ihnen das auch mit Ihrem Systemblitzgerät.

TTL-Blitzkabel

Wenn alle Daten zwischen Kamera und Blitz sicher übertragen werden sollen, brauchen Sie ein systemkompatibles TTL-Blitzkabel mit der korrekten Anordnung und Belegung der ISO-Norm-Kontakte von Kamera und Blitzschuh.

Kabellos ohne TTL-Steuerung

Für den einfachen Einstieg in den kabellosen Betrieb genügen Blitzgeräte der simpelsten Kategorie und ein paar Servoblitzauslöser. Schon kann's losgehen.

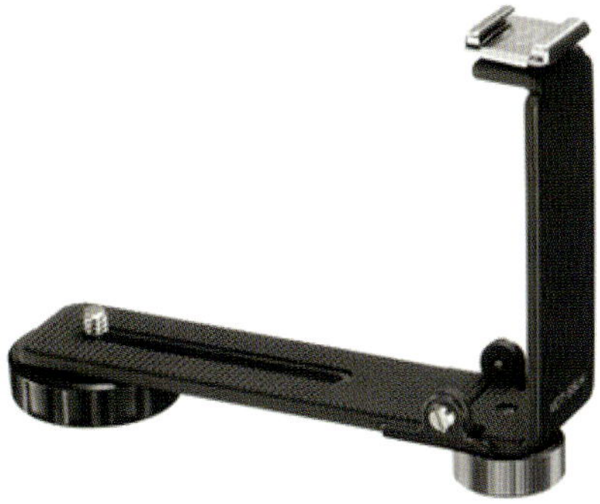

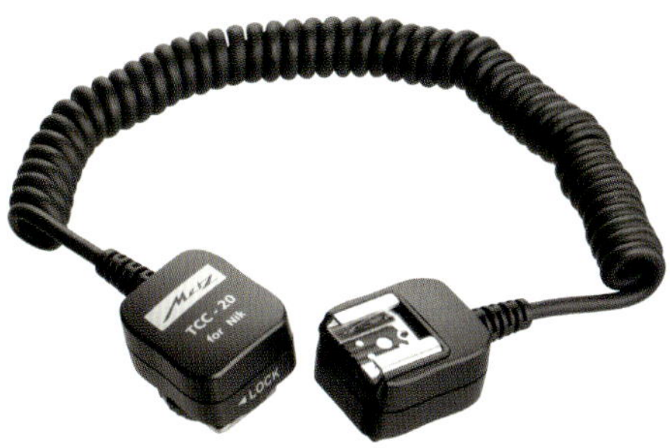

▲ *Sie können Ihr Blitzgerät an einer Winkelschiene anbringen und TTL-gesteuert mit allen Funktionen entfesselt auslösen. In diesem Fall sollten Sie auf ein kurzes TTL-Kabel zurückgreifen.*

Die Sache mit dem Spiralkabel

Ein TTL-Spiralkabel ist im Praxisgebrauch leider ein wenig unkomfortabel, da es die lästige Angewohnheit hat, sich stets zusammenziehen zu wollen. Längere TTL-Kabel, die nicht in Spiralen gewickelt sind, liegen im Preis deutlich über 100 Euro, und für zusätzliche Blitzgeräte benötigen Sie weitere Kabel und entsprechende Verteiler. Diese klassische Methode des entfesselten Blitzens ist daher nicht mehr zeitgemäß!

Vorbereitung und Grundeinstellung

Zunächst werden die entfesselten Blitzgeräte auf einen Servoblitzauslöser mit Blitzfuß gesetzt und entweder mit manueller Blitzmengendosierung *M* (exakter) oder mit der Computerblitzmengendosierung *A* (einfacher) gesteuert. Achten Sie darauf, dass die Servoblitzauslöser ungehindert vom Licht des Hauptblitzes erreicht werden können.

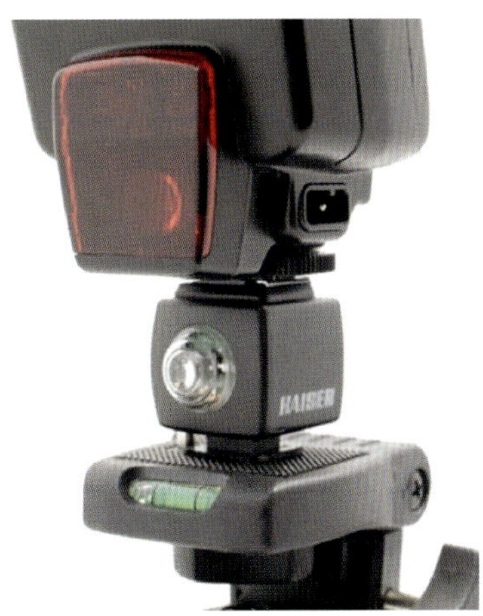

▲ *Der optionale Servoblitzauslöser wird über den Kamerablitz angesteuert und zündet den aufgesetzten Blitz synchron.*

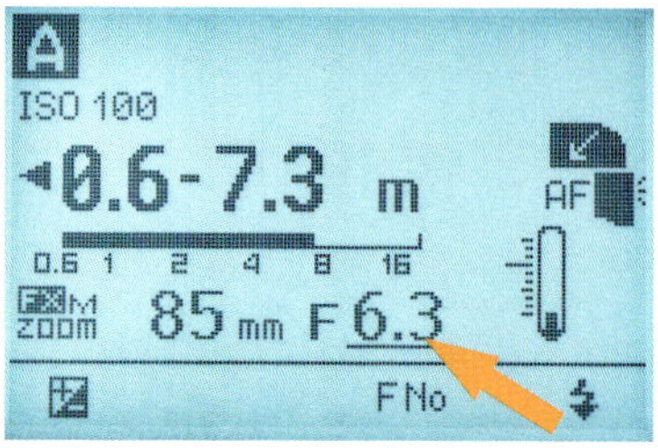

▲ *Im Computerblitzmodus A regelt der entfesselte Blitz seine Leistung automatisch. Hierfür müssen von Ihnen zuvor der ISO-Wert sowie die Blende manuell am Blitzgerät vorgeben werden.*

Testaufnahmen erstellen

Am besten erstellen Sie vorab einige Testaufnahmen nach dem „Try-and-Error-Verfahren“, um die abzugebende Blitzenergie der entfesselten Blitzgeräte manuell festzulegen und die Synchronität zu prüfen.

Der auf der Kamera befindliche Blitz – im Modus *M* mit kleiner Leistung – übernimmt die Rolle des „Auslösers“ und zündet die entfesselten Blitzgeräte. Alternativ kann diese Funktion auch vom integrierten Blitz der Kamera übernommen werden, wenn dieser über die entsprechende Leistung (Leitzahl) verfügt.

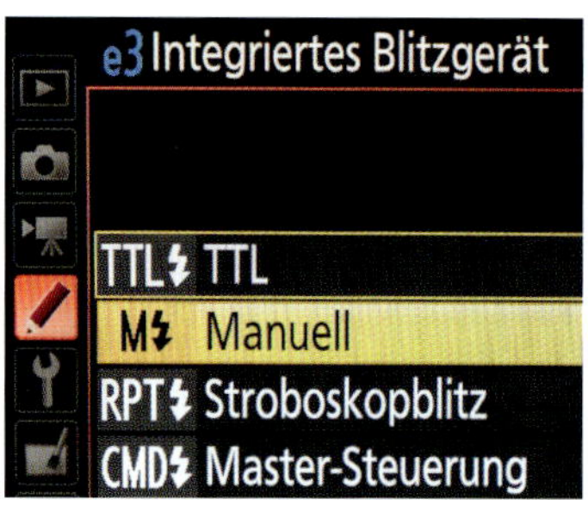

▲ *Der interne Blitz erlaubt die manuelle Lichtmengendosierung und lässt sich ohne störende Messblitze auslösen. (Abb. Nikon)*

Das funktioniert nach meiner Erfahrung ganz ordentlich. Aber: Neben der nicht vorhandenen TTL-Steuerung besteht ein weiterer Nachteil darin, dass die Servoblitzauslöser von jedem Blitzgerät fremdausgelöst werden können. Für eine Feier mit vielen „blitzenden Gästen“ ist diese Lösung daher nicht zu empfehlen.

Servozelle inklusive

Einige Hersteller bieten eine Servoblitzfunktion über einen integrierten Sensor an. Die Steuerung der Blitzintensität muss jedoch im manuellen Blitzmodus erfolgen. Metz bezeichnet diese praktische Option als „Servobetrieb“, und mittels eingebauter „Lernfunktion“ werden sogar die Messblitze des Hauptblitzes vorab automatisch erkannt und berücksichtigt.

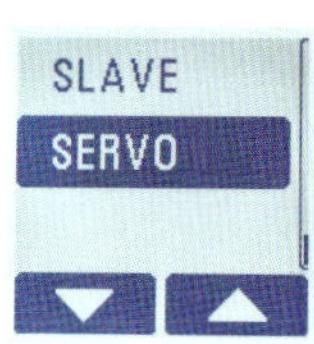

◀ *Die komfortable Servoblitzfunktion ist in einigen Blitzgeräten von Metz zu finden.*

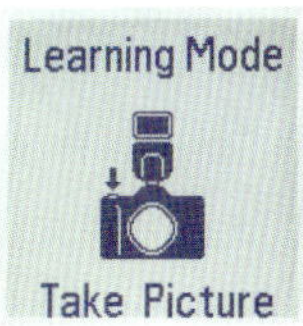

▲ *Sie werden zunächst aufgefordert, eine Blitzaufnahme zu machen, damit die Lernfunktion des entfesselten Blitzgeräts die vom Hauptblitz abgegebenen Messblitze berücksichtigen kann. (Abb. Metz)*

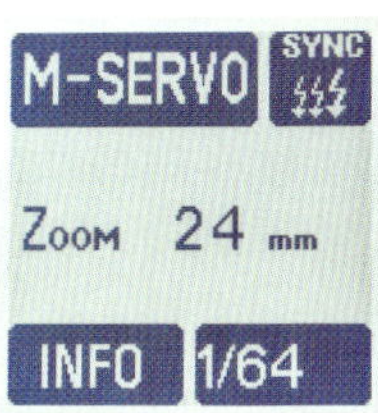

◀ *In dieser Einstellung werden die Messblitze vom entfesselten Blitzgerät automatisch berücksichtigt. (Abb. Metz)*

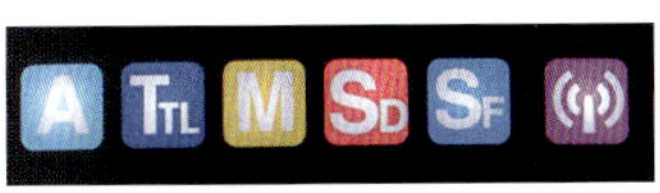

▲ *Nissin unterscheidet im einfachen kabellosen Betrieb zwischen den beiden „Servomodi" SD (Slave Digital = Servo mit Vorblitz) und SF (Slave Film = Servo ohne Vorblitz).*

Störende Messblitze

Wenn der interne Kamerablitz Messblitze abfeuert, müssen die externen Servoblitzgeräte eine Erkennung der Messblitzfunktion ermöglichen. Sonst erfolgt die Zündung bereits vor dem Öffnen des Verschlusses, und das Bild wird unterbelichtet. Setzen Sie den internen Kamerablitz nach Möglichkeit in den manuellen Blitzmodus mit reduzierter Leistung.

Remoteblitzsteuerung bei Fujifilm-Kameras

Der interne Blitz (bzw. der EF-X20) einiger Fujifilm-Kameras kann kompatible Systemblitzgeräte oder Fremdblitzgeräte mit eingebauter Remotefunktion (z. B. im Servobetrieb von Metz) kabellos ohne TTL-Steuerung auslösen.

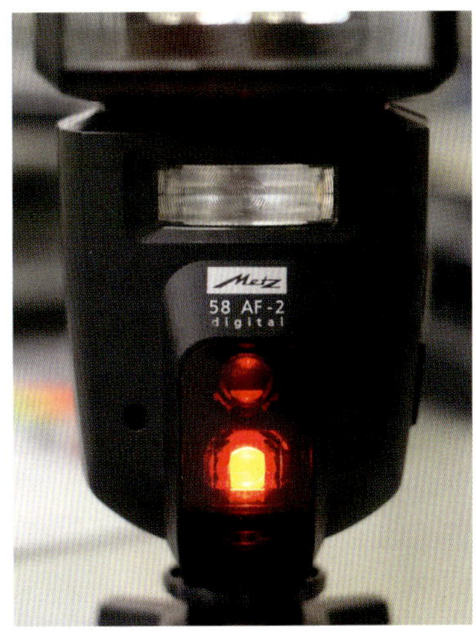

▲ *Der Metz-Blitz wird im manuellen Servobetrieb vom internen Kamerablitz ausgelöst.*

Leider wird hierbei auch der Vordergrund beeinflusst. In Innenräumen mit niedriger Deckenhöhe können Sie jedoch einen Trick anwenden. Kleben Sie einfach ein Stückchen Alufolie, wie auf der Abbildung zu sehen, vor den Reflektor des Kamerablitzes, um das Licht über die Zimmerdecke zum externen Blitz zu leiten. Es entstehen nun keine störenden Reflexe und Schatten im Vordergrund.

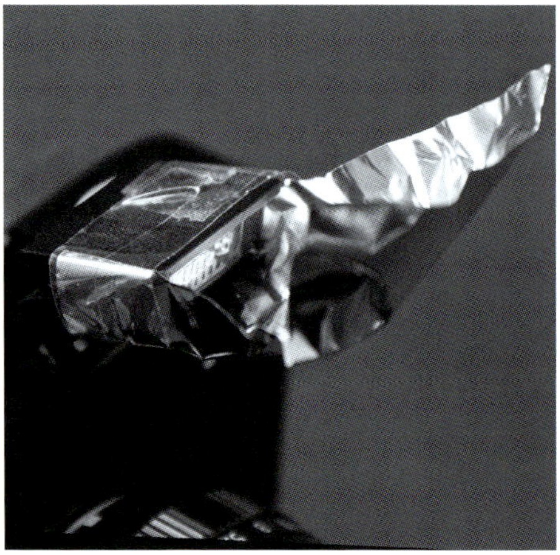

▲ *Der interne Kamerablitz kann eines oder mehrere kompatible Blitzgeräte ohne TTL-Funktion auslösen. Nehmen Sie ein Stückchen Alufolie, um das Licht indirekt nach oben zu lenken. (Abb. Fujifilm)*

Entfesselt blitzen mit Infrarot

Der im Folgenden beschriebene Vorgang bewegt sich im Mikrosekundenbereich. Nur dann sind die Infrarotlichtimpulse für das menschliche Auge nicht differenziert erkennbar. Wir sehen lediglich einen kurzen Blitz. Die Reichweite des integrierten Master-Blitzgeräts der Kamera beträgt in der Regel nur fünf bis zehn Meter in Innenräumen. Im Freien sind es maximal sieben Meter, abhängig vom Winkel der Blitzgeräte zueinander und vom einfallenden Sonnenlicht bzw. störenden Reflexionen. Erstellen Sie im Zweifel vorab einige Testaufnahmen bzw. lösen Sie die Blitze mit der Blitztaste am Master-Blitz aus, um die Verbindung zu prüfen.

So findet die Kommunikation zwischen dem Master-Blitz und den Slave-Blitzgeräten statt:

- Die Kamera synchronisiert den internen Kamerablitz (Controller). Dieser gibt vor Öffnung des Verschlusses zunächst einige IR-Lichtimpulse zur Übermittlung der Adresse (Kanal, Gruppe, Blitzmodus) und der Synchronisation an die Slaves.

Kommunikationsprobleme

Ein großer Nachteil ist, dass sich die Slave- und Master-Blitze „sehen“ müssen, damit die Kommunikation per Infrarotlichtsignal funktioniert. Das schränkt den Blitzaufbau ein, außerdem stört einfallendes Sonnenlicht die Sender- und Empfängersensoren zum Teil erheblich. An sehr sonnigen Tagen ist drahtloses TTL-Blitzen im Freien mit optischer Signalübertragung oftmals unmöglich.

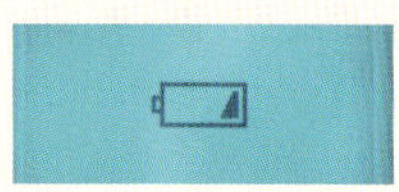

▲ *Im entfesselten Blitzbetrieb wird viel Strom verbraucht. Halten Sie ausreichend aufgeladene Akkus bereit.*

- Vom Sensor der Slaves wird der Infrarotlichtcode erkannt und ausgewertet. Bei Verschlussauslösung zünden die Slaves dann synchron und wiederholen die ausgesendeten Infrarotlichtimpulse.

- Dieses Muster wird so lange gesendet, bis die TTL-Belichtungsmesszelle der Kamera die für die richtige Belichtung ausreichende Lichtmenge erkennt und einen Abschaltimpuls an die Slave-Blitzgeräte sendet.

BEEP einschalten

Aktivieren Sie das Tonsignal der Slave-Blitzgeräte, damit Sie die Blitzbereitschaft und die Rückmeldung nach dem Auslösen zusätzlich akustisch übermittelt bekommen.

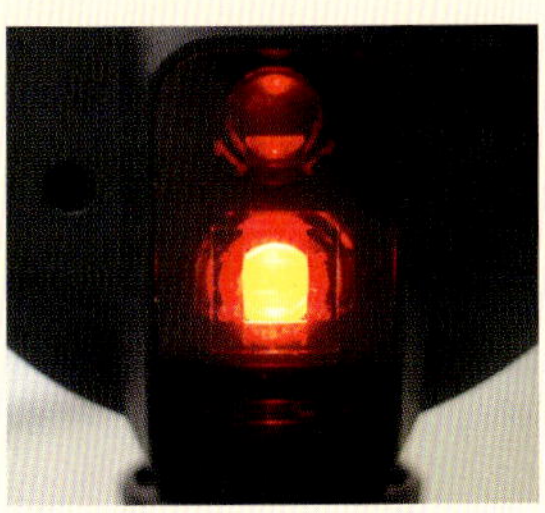

▲ *Der Slave-Blitz signalisiert durch die blinkende LED seine Empfangsbereitschaft. Achten Sie darauf, dass alle Geräte auf dem gleichen Kanal kommunizieren. Die Empfängermesszelle – hinter dem roten Kunststofffenster am Blitzgerät – muss direkt zum Kamerablitz zeigen, damit die Steuersignale empfangen werden können.*

Interner Kamerablitz als Master

Die einfachste Möglichkeit, um in den Genuss des entfesselten Blitzens zu kommen, ist ein eingebauter Kamerablitz mit TTL-Master-Funktion und ein kompatibles Slave-Blitzgerät. In der Regel können bis zu drei Gruppen (A, B und C) aus einer beliebigen Anzahl an Blitzgeräten arrangiert und kabellos gesteuert werden. So ist durch die Kombination mehrerer Blitze in einer Gruppe z. B. eine Steigerung der Lichtenergie möglich.

Drahtlos verstehen

- **Master** – Der Chef. Entweder als interner Kamerablitz oder auf dem Blitzschuh der Kamera befestigt, leitet er die (TTL-)Steuerbefehle (optisch oder per Funk) an einen oder mehrere entfesselte Blitzgeräte weiter.
- **Kanal** – Ein Kommunikationsträger zur Übermittlung der Steuerbefehle zwischen Master und Slaves.
- **Slave** – Ein externes Blitzgerät, das die Befehle vom Master optisch oder per Funk empfängt und umsetzt.
- **Gruppe** – Mehrere Slaves können einer Gruppe angehören und somit gemeinsam angesteuert werden.

Die komfortable TTL-Steuerung berücksichtigt nicht nur das Blitzleistungsverhältnis der einzelnen Gruppen, sondern auch die Helligkeit des Hauptmotivs bzw. des Umgebungslichts. Natürlich können Sie ebenfalls eine manuelle Blitzkorrektur vornehmen, um die Lichtdosierung exakt zu bestimmen. Falls erforderlich, kann der interne Blitz für eine leichte Aufhellung im Frontbereich dazugeschaltet werden. Tipp: Nutzen Sie die Mehrfeldbelichtungsmessung, um optimale Ergebnisse zu erhalten.

Nikon

Bei Nikon-Kameras mit CLS-Funktion präsentiert sich das Menü für die Master-Steuerung des internen Blitzgeräts sehr übersichtlich und komfortabel. Nikon gewichtet die Gruppen A, B und C in der Standardeinstellung gleichwertig. Einige Nikon-Blitzgeräte bieten jedoch optional den „Schnellmodus“ an, in dem das Verhältnis der Intensität der Blitzleistung (das Verhältnis der Gruppen A und B untereinander) „mit einem Dreh“ ausgeglichen werden kann. In dieser Einstellung löst das Master-Blitzgerät nicht aus.

AWL

AWL (*Advanced Wireless Lighting*) steht für die drahtlose Blitzsteuerung von Nikon-Kameras im *Creative Lighting System* (CLS). Kameramodelle ab Nikon D70 können mit dem internen Blitz per Infrarotsignal (optisch) weitere Blitzgeräte drahtlos steuern. Ein zusätzlicher Systemblitz mit Master-Funktion auf der Kamera ist somit nicht erforderlich. AWL wird außerdem in der kabellosen Funkfernsteuerung von Nikon-Blitzgeräten verwendet und unterstützt die gleichen Funktionen wie bei der Infrarottechnik.

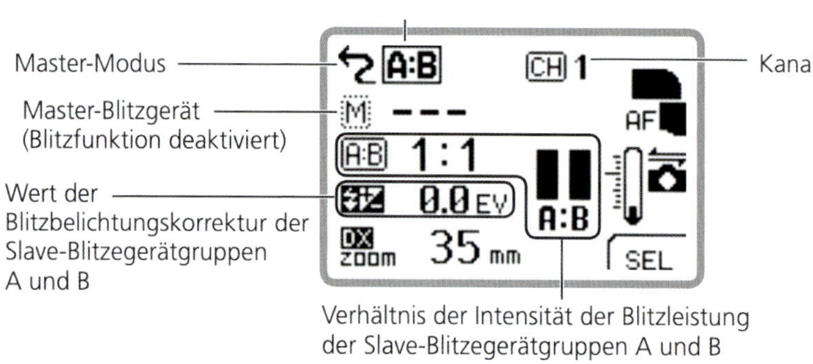

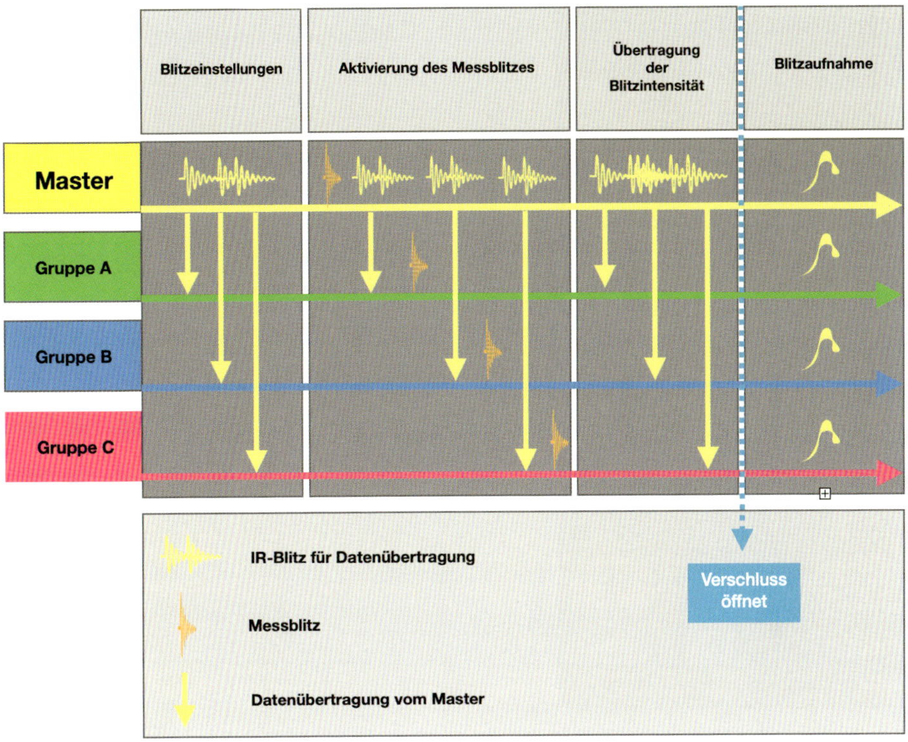

▲ *Schema der Master-Slave-Steuerung.*

Blick ins Menü: Das Blitzmenü für die Master-Slave-Steuerung ist bei Nikon-Kameras sehr übersichtlich und funktional aufgebaut.

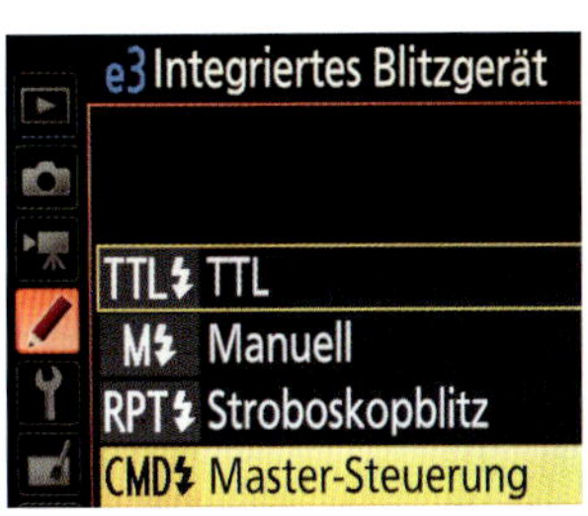

▲ *Im Kameramenü versteckt sich die sehr komfortable kabellose Steuerung des internen Master-Blitzes (CMD = Commander) für den entfesselten TTL-Blitzbetrieb.*

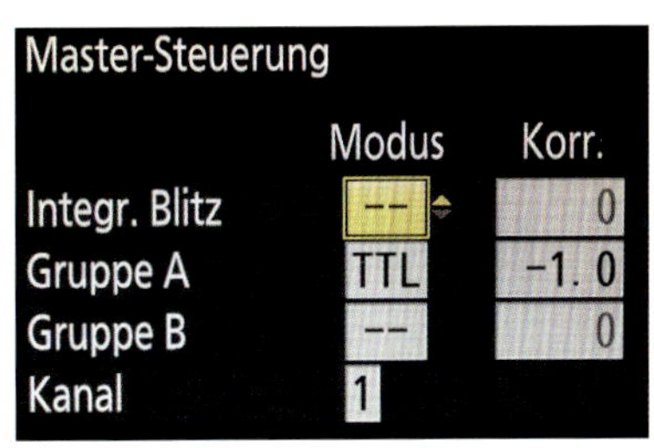

▲ *Der interne Blitz ist abgeschaltet, wenn das Symbol -- im Display angezeigt wird. Nun wird ausschließlich der IR-Lichtimpuls als Steuercode an die externen Slaves übertragen. Meine favorisierte Einstellung!*

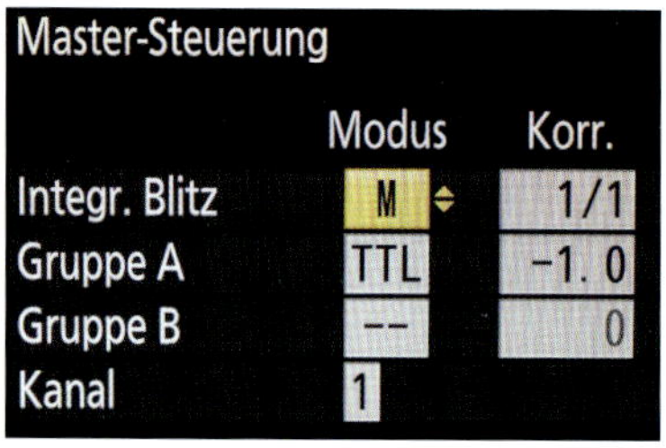

▲ *Jeder Blitzgruppe kann eine separate Blitzkorrektur zugewiesen werden. Außerdem sind die Blitzmodi TTL, M und Computerblitz A bequem vom Menü der Kamera aus ansteuerbar und werden an die Slaves übertragen.*

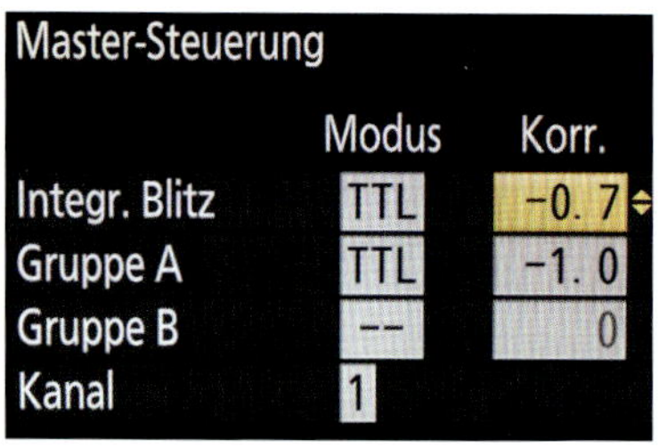

▲ *Der Standardmodus ist TTL. Wenn das Symbol -- im Display erscheint, ist die Gruppe nicht aktiviert bzw. keine Funktion hinterlegt.*

Kommunikationskanal

Es stehen mindestens drei „Blitzkanäle“ zur Verfügung, um Konflikte zu vermeiden, wenn mehrere Fotografen gleichzeitig in unmittelbarer Nähe drahtlos blitzen möchten. Achten Sie darauf, dass sich Master und Slave auf dem gleichen Kanal befinden, um kommunizieren zu können.

Nikon-Onlinehandbuch

Nikon legte schon immer größtmöglichen Wert auf die Kompatibilität zwischen Kameras, Objektiven und Zubehör. Aufgrund der vielen Kombinationen gibt es jedoch auch Einschränkungen, z. B. bei Objektiven ohne CPU, und Sie laufen schnell Gefahr, den Überblick zu verlieren. Hier finden Sie zu jedem Kameramodell und jedem Blitzgerät hilfreiche Tabellen mit Hinweisen zu möglichen Funktionen und Fußnoten zu den Einschränkungen: *https://onlinemanual.nikonimglib.com/*

Sony-Support

Natürlich bietet auch Sony auf der Support-Website umfassende Hilfe für die verschiedenen Blitzgeräte an: *https://www.sony.de/electronics/support/camera-camcorder-accessories-flashes-and-lights*

Sony

Sony bezeichnet die kabellose TTL-Blitzsteuerung mittels Infrarotcode mit dem Kürzel *WL* (Wireless). Im Menü des Blitzgeräts erscheint *CTRL* (Control), wenn die Steuerung des Master-Blitzgeräts über den IR-Code erfolgen soll. Möchten Sie den Blitz als Slave einsetzen, aktivieren Sie die Option *RMT* (Remote). Im Kameramenü (*Drahtlos Blitz*) muss der Modus *WL* aufgerufen werden, um die Drahtlosfunktion nutzen zu können.

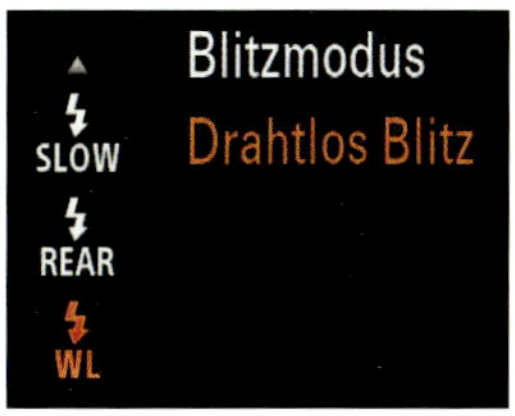

▲ *Dieses übersichtliche Menü für die drahtlose Blitzsteuerung findet sich in vielen Sony-Kameras.*

Blitzklammer

Leider lässt sich bei einigen Kameramodellen der interne (Steuer-)Blitz nicht abschalten, sodass der Vordergrund immer angeblitzt wird. Abhilfe leistet z. B. eine Infrarotklammer, die, vor den Reflektor des Blitzes gesetzt, nur die IR-Steuerimpulse passieren lässt. Metz liefert diese Klammer im Set zusammen mit dem Makroblitz 15 MS-1 aus. Die IR-Klammer kann jedoch auch separat für ca. 10 Euro als Zubehörteil erworben werden.

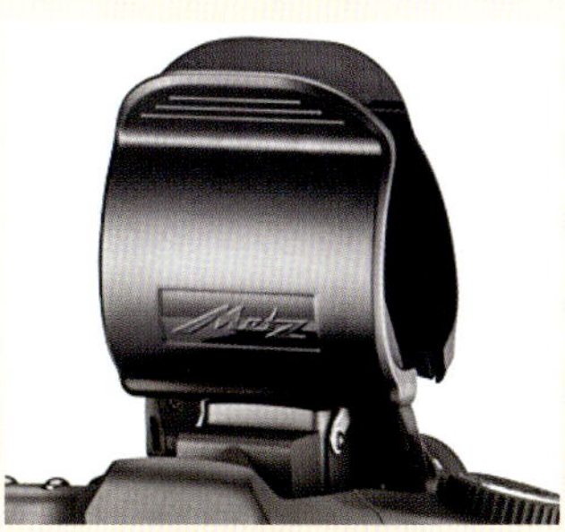

Canon

Eine Besonderheit gibt es bei Canon: Mit der *Ratio*-Einstellung kann die Gewichtung im E-TTL-(II-)Autoflashmodus der einzelnen Gruppen variiert werden. Gruppe C wird hierbei für den Hintergrund eingesetzt und getrennt geregelt. Die Blitzgeräte werden dann ähnlich wie in der Studiofotografie in einer Kombination aus Hauptlicht, Aufhelllicht und Hintergrundlicht platziert.

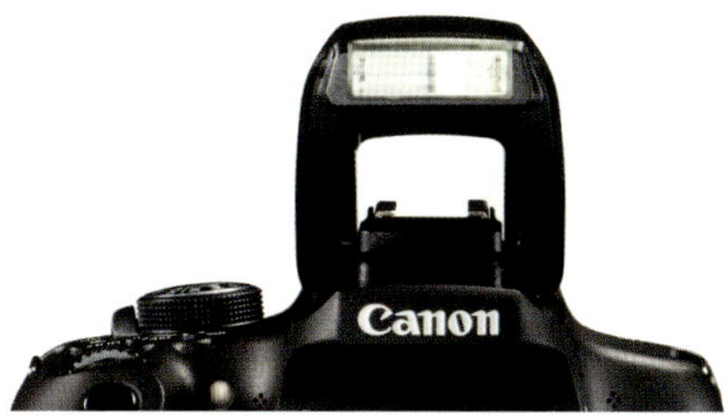

▲ *Mit dem internen Kamerablitz können Sie eines oder mehrere kompatible Blitzgeräte fernsteuern. (Abb. Canon)*

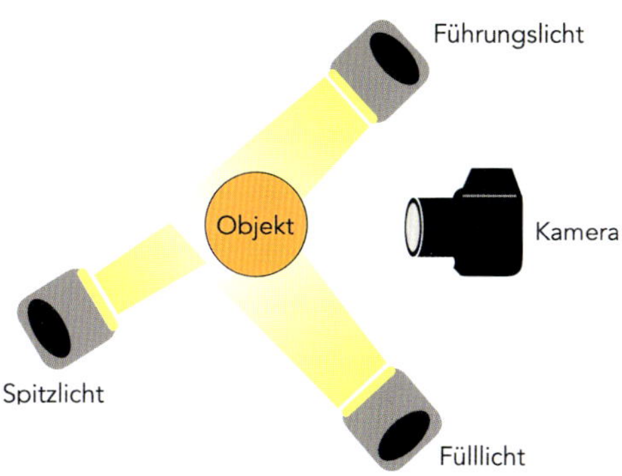

▲ *Der klassische Aufbau eines Lichtsets für ein Porträt .*

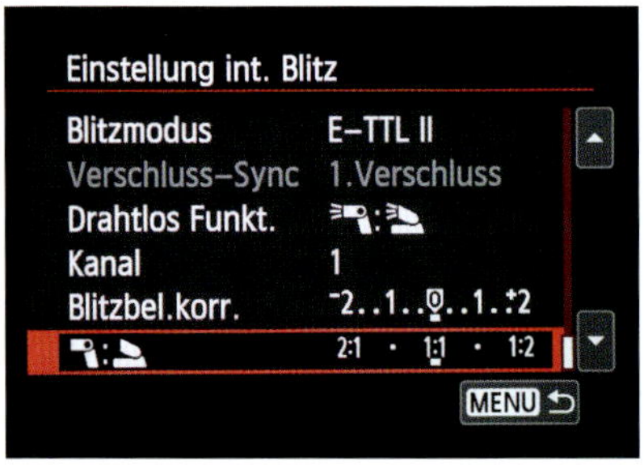

▲ *Diese Einstellung regelt das Verhältnis des internen Blitzes zu den Slaves von der Kamera aus.*

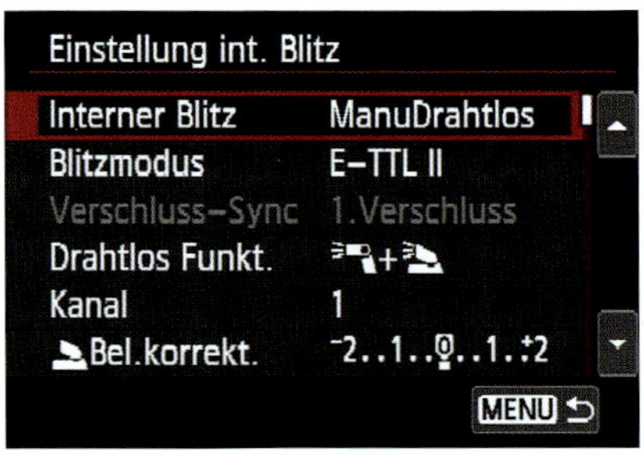

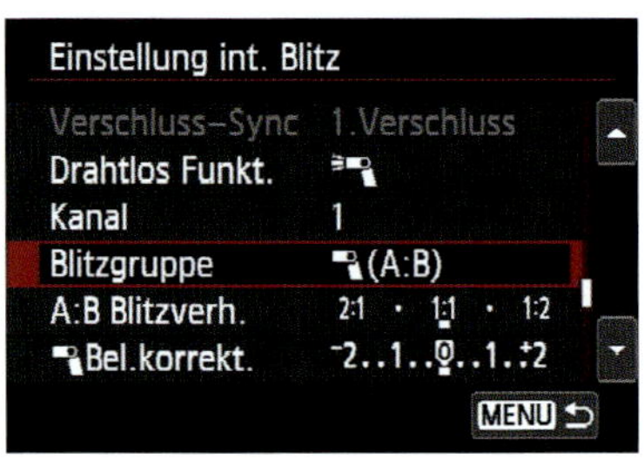

▲ *Und so stellt sich die Menüstruktur für die Master-Steuerung des internen Blitzes bei den aktuellen Canon-Kameramodellen dar.*

Canon-Support

Hier finden Sie Unterstützung, wenn es mal nicht funkt:

https://www.canon.de/support/consumer_products/product_ranges/cameras/speedlites/

Geänderte Bezeichnungen

Aufgrund einer Initiative aus den USA wird beim Drahtlosblitzen bei Canon aus politischer Korrektheit auf die Bezeichnungen „Master" und „Slave" verzichtet. Die Master-Steuerung wird daher als „Speedlite-Transmitter" oder „optischer Transmitter" bezeichnet, die Slave-Funktion als „Empfänger" (optisch oder per Funk).

Einstellungen für den internen Blitz:

- **Normalblitz** – Die Standardeinstellung zum E-TTL-Blitzen mit dem internen oder einem externen aufgesetzten Blitzgerät.

- **Einf.Drahtlos** – Für das drahtlose Steuern externer Blitzgeräte im automatischen E-TTL-Modus – der Standard-Drahtlosmodus für das entfesselte Blitzen. Hier können Sie auch festlegen, ob der Blitz nur als Master-Blitz oder zusätzlich als Aufhellblitz für den Vordergrund dienen soll. Meine Standardeinstellung ist die Master-Steuerung.

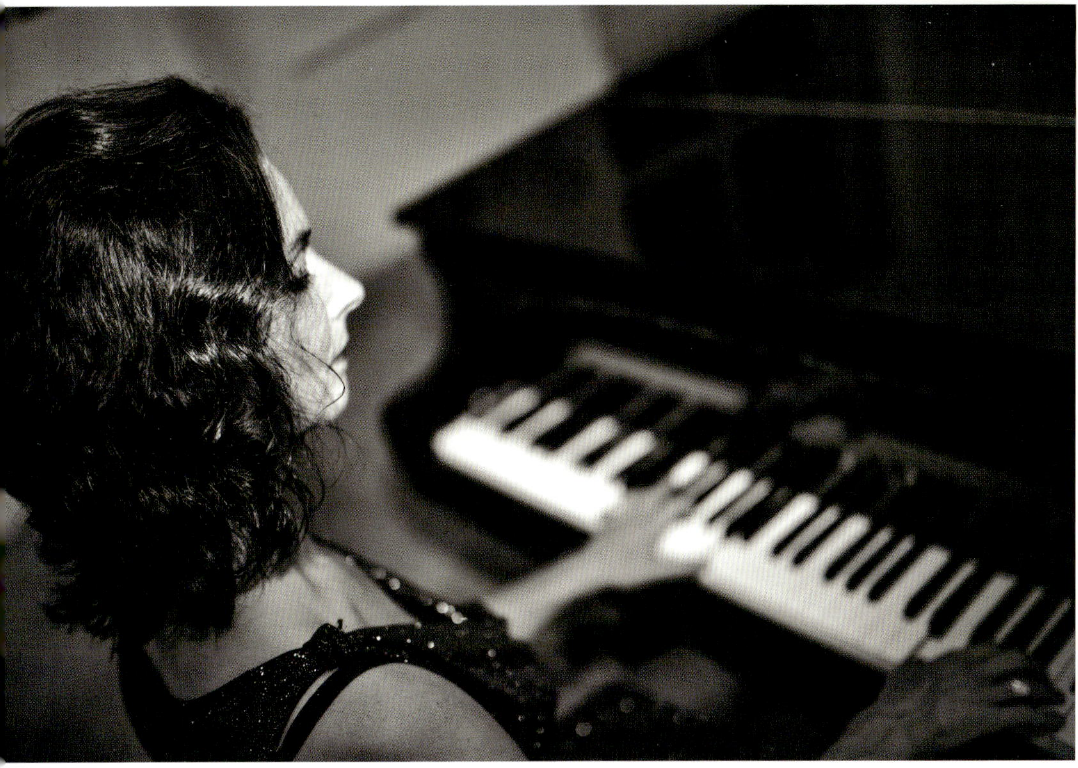

▲ *Schnell gemacht: Der eingebaute Kamerablitz löst den Slave-Blitz TTL-gesteuert aus.*

f/1.4 | 1/100 s | ISO 800 | 35 mm | –1 EV | TTL-Aufhellblitz +1 EV | seitlich von rechts mit Mag-Grid

- **ManuDrahtlos** – Für das drahtlose Steuern externer Blitzgeräte mit einer manuellen Blitzleistungskorrektur. In dieser Funktion können Sie die externen Slaves in ihrer Intensität zwischen den einzelnen Blitzgruppen manuell, also ohne TTL-Steuerung, ähnlich einer Studioblitzanlage anpassen.

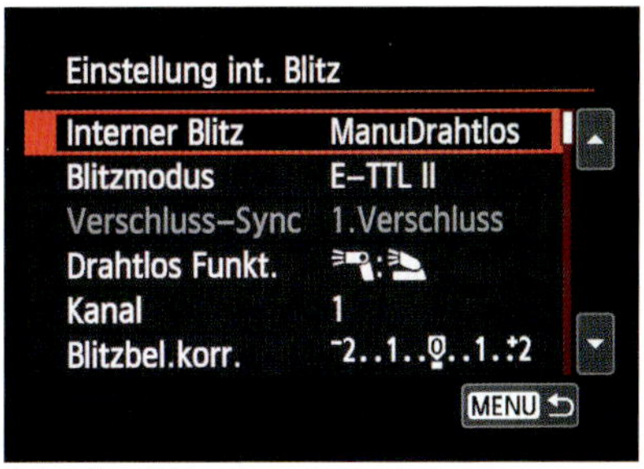

▲ *Unter diesem Menüpunkt für den internen Blitz finden Sie alle wichtigen Optionen für die drahtlose Blitzsteuerung.*

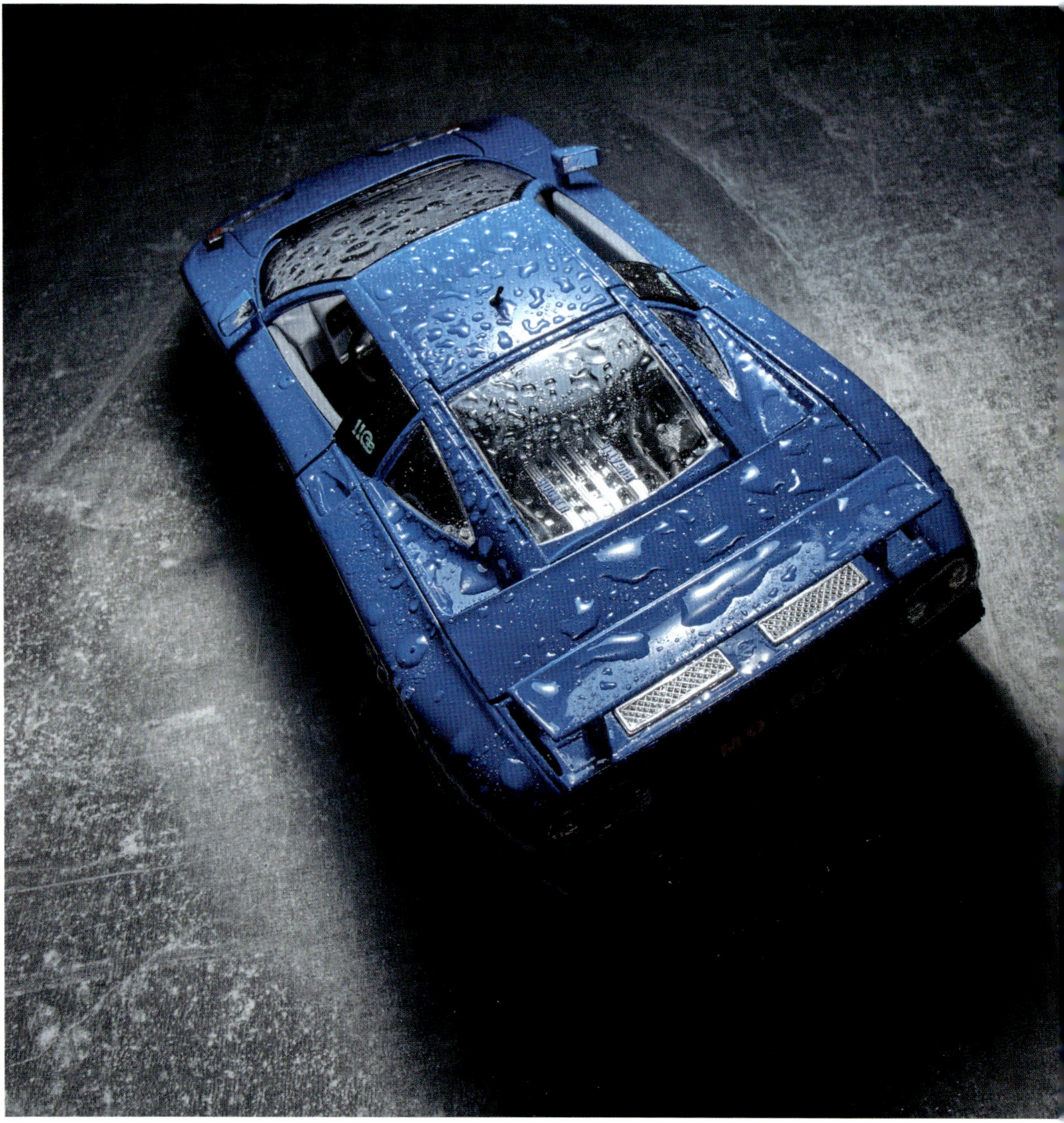

▲ *Das kabellose Blitzen mit IR-Steuerung funktioniert im Innenbereich und auf kurzer Distanz besonders zuverlässig.*

ƒ/11 | 1 s | ISO 80 | 12 mm | 0 EV | Blitz manuell 1/128 | entfesselt von oben mit MagSphere

Fujifilm

Der Menüpunkt *BLITZ-EINSTELLUNG* hat viel zu bieten. Abhängig vom gewählten Modus (z. B. *TTL* oder *M*) können Sie auf die erweiterten Funktionen des aufgesetzten Blitzgeräts zugreifen.

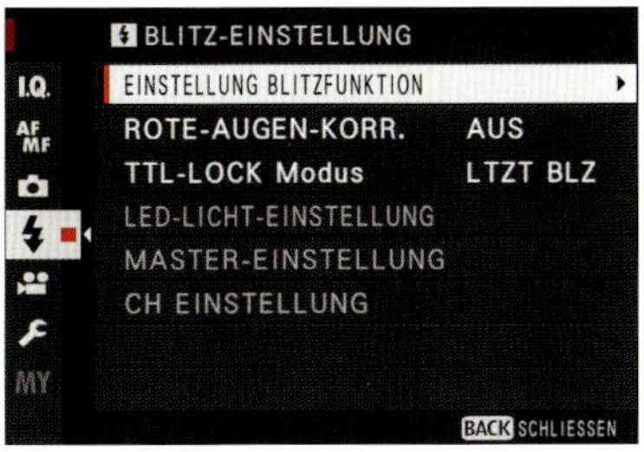

▲ *Hinweis: Die in diesem Untermenü aufgeführten Optionen hängen vom verwendeten Blitzgerät ab und können daher abweichen.*

Panasonic

Im Menü *Blitzlicht* versteckt sich bei Kameras von Panasonic die sehr komfortable Steuerung des internen Master-Blitzes für den entfesselten TTL-Blitzbetrieb. Setzen Sie *Blitzlicht/Drahtlos* auf *ON*.

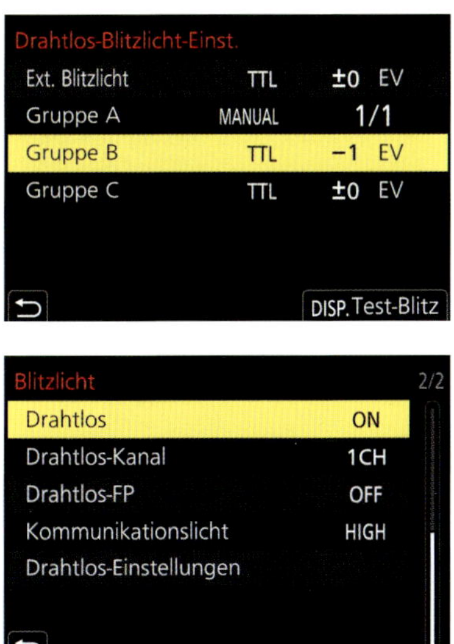

▲ *Der Blick ins Kameramenü einer Panasonic Lumix.*

Auf den Punkt gebracht

- Das interne Blitzgerät steuert als einfacher Controller (M) oder Master mit TTL-Steuerung weitere externe Blitzgeräte (Slaves).
- Optional kann der interne Blitz als zusätzlicher Aufhellblitz für den Vordergrund eingesetzt werden.
- Sie benötigen mindestens ein kompatibles Slave-Blitzgerät mit drahtloser IR-Blitzsteuerung.
- Jedes Blitzgerät muss einer Gruppe (A, B oder C) und einem Kanal (z. B. 1 bis 4) zugeordnet werden.
- Der Abstand zwischen dem internen Master-Blitz und den einzelnen Slaves darf nicht zu groß sein, damit die Kommunikation einwandfrei funktioniert.
- Die IR-Empfänger der Slaves müssen in Blickrichtung zum Master aufgestellt werden.
- Deaktivieren Sie die automatische Abschaltung (*STBY*) der Slaves.
- Schalten Sie das akustische Kontrollsignal (falls vorhanden) der Slaves ein.
- Aktivieren Sie die Mehrfeldbelichtungsmessung für optimale Ergebnisse.
- Verwendbare Belichtungsmodi: P, A, Av, Tv, S oder M.

Master-Blitz auf der Kamera

Unterstützt der eingebaute Kamerablitz die Steuerungsfunktion für weitere Blitzgeräte nicht oder ist die Reichweite ungenügend, muss ein externer Master-Blitz auf den Blitzschuh der Kamera gesetzt werden.

- Wie zuvor beschrieben, geben Sie am Master zunächst den Kanal und die Blitzgruppe(n) ein und legen optional die Blitzbelichtungskorrekturen für die einzelnen Gruppen fest. Der Master-Blitz kann entweder zum Aufhellen des Vordergrunds oder als reiner IR-Steuerblitz konfiguriert werden.
- Durch Druck auf die Testtaste am Master-Blitz wird der Empfang des Steuersignals von den einzelnen Slaves der Reihe nach mit leichter Verzögerung durch einen kurzen Blitz quittiert. Tipp: Aktivieren Sie den (optionalen) Signalton an den Slaves, um zusätzlich eine akustische Rückmeldung zu erhalten.

Nachfolgend habe ich noch ein paar herstellerbezogene Besonderheiten und Tipps für Sie zusammengefasst:

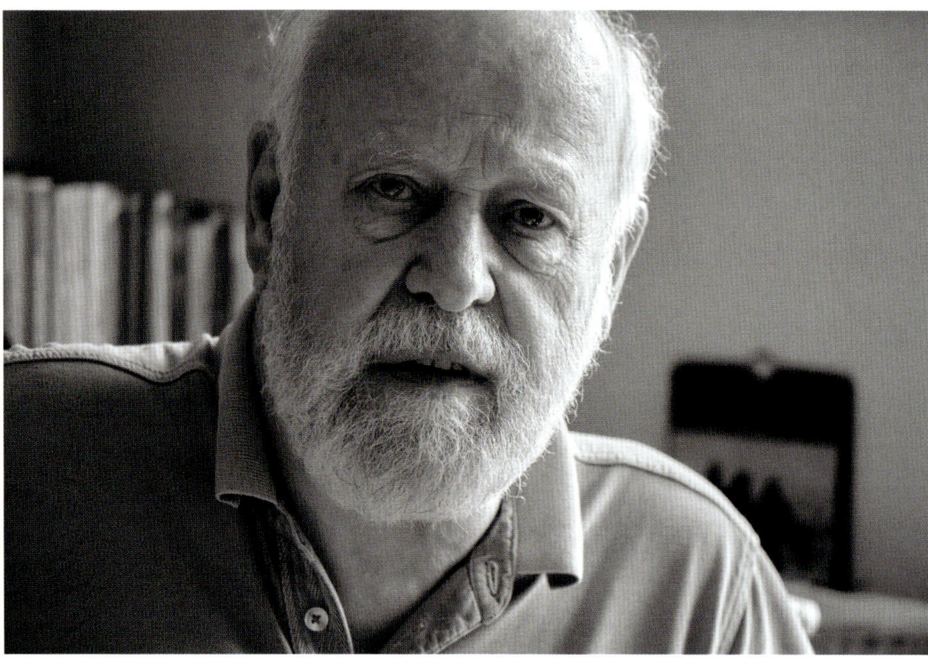

▲ *Der entfesselte Blitz mit Diffusorvorsatz hellt den Schatten im Gesicht dezent auf.*
f/4 | 1/125 s | ISO 1000 | 100 mm | –1 EV | TTL-Aufhellblitz –2 EV | seitlich von links mit MagSphere

TTL oder manuell?

Ob Sie im TTL- oder im manuellen Modus des Blitzgeräts fotografieren, hängt von den örtlichen Lichtverhältnissen und natürlich auch von Ihren kreativen Vorstellungen ab. Zunächst empfehle ich Ihnen, im komfortablen TTL-Modus zu fotografieren, damit Sie sich voll auf das Motiv konzentrieren können. Wenn Sie die Lichtmenge exakt dosieren möchten (z. B. in einer Studiosituation), bietet sich der Modus M an.

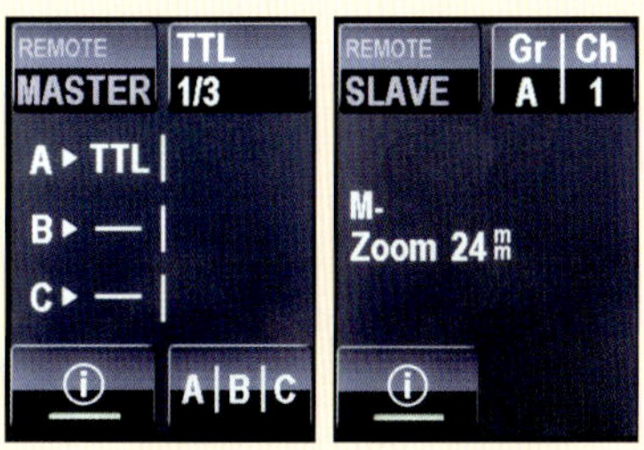

▲ *Im Display dieses Metz-Blitzgeräts werden die Einstellungen für Master- und Slave-Blitz sehr übersichtlich dargestellt.*

Nikon

Bei Verwendung eines Nikon-Master-Blitzgeräts mit variablen Ausleuchtungswinkeln sollte der Ausleuchtungswinkel auf *Standard* oder *CW* (mittenbetont) gesetzt werden. Das optische IR-Steuersignal wird stärker gebündelt und die Reichweite – insbesondere im Freien – erhöht.

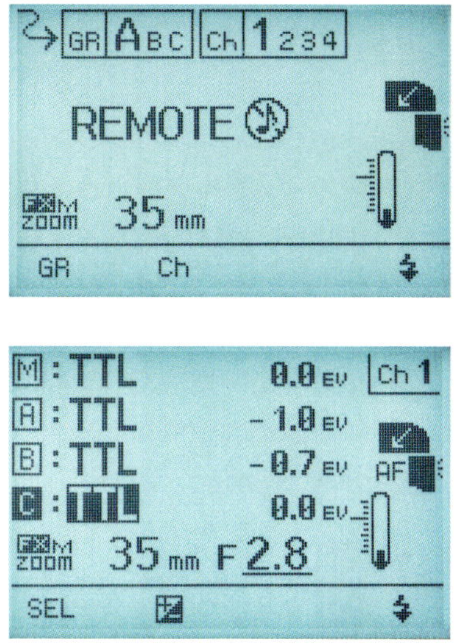

▲ *Die Menüstruktur des Nikon-Blitzes wirkt auf den ersten Blick sehr überfrachtet, und der Nutzer muss sich schon intensiver mit der Bedienung auseinandersetzen.*

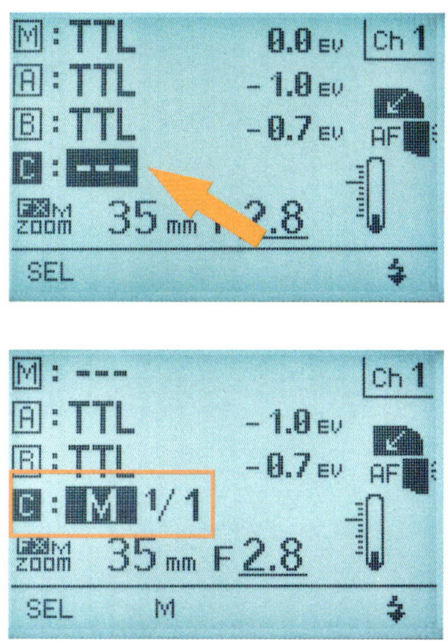

▲ *Eine deaktivierte Gruppe wird mit dem Symbol - - - dargestellt. In diesem Beispiel wird Gruppe C mit manueller Leistungsabgabe gesteuert.*

Canon

Der Zoomreflektor wird bei den Slaves automatisch auf 24 mm voreingestellt, kann jedoch manuell am Blitzgerät verändert werden. Tipp: Die zuvor getätigten Einstellungen für Master und Slave können z. B. beim 600EX II-RT im Memory-Speicher abgelegt und bei Bedarf schnell aufgerufen werden.

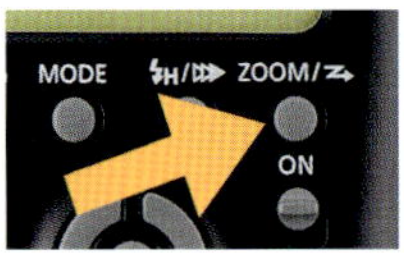

▲ *Durch längeres Drücken der Blitzpfeiltaste gelangen Sie bei einigen Canon-Blitzgeräten in das Master-Slave-Menü.*

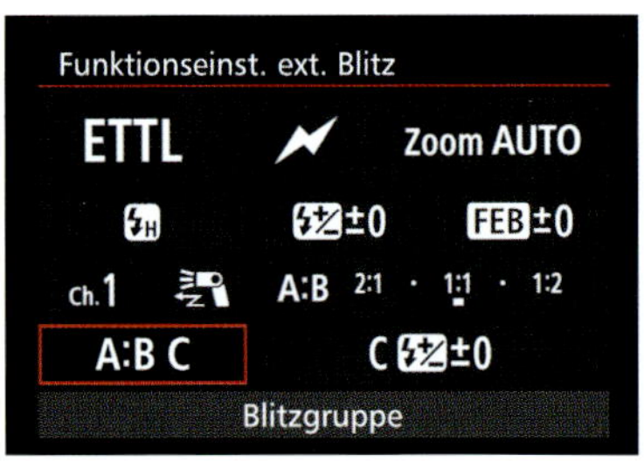

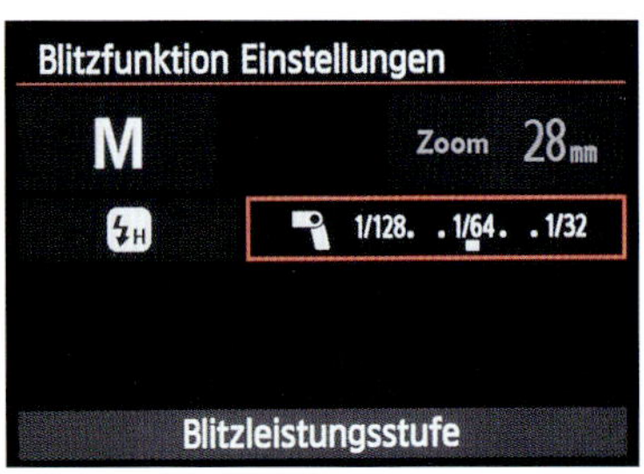

▲ *Im Kameramenü Blitzfunktion Einstellungen können Sie bequem alle relevanten Einstellungen für den externen Master-Blitz auf der Kamera und für die verbundenen Slaves vornehmen.*

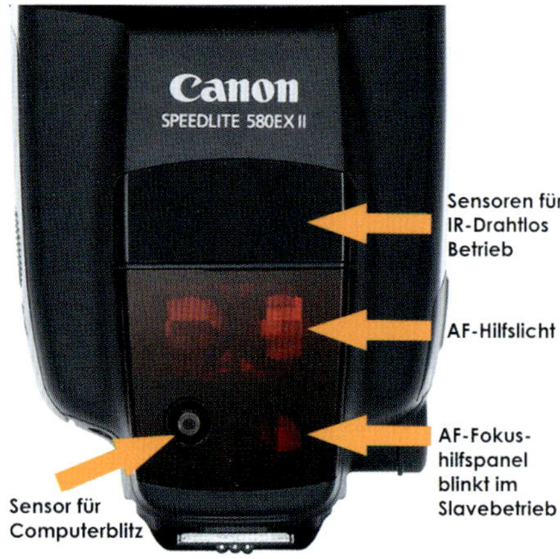

▲ *Hinter der roten Abdeckung des 580 EX verbergen sich die IR-Sensoren und Signal-LEDs.*

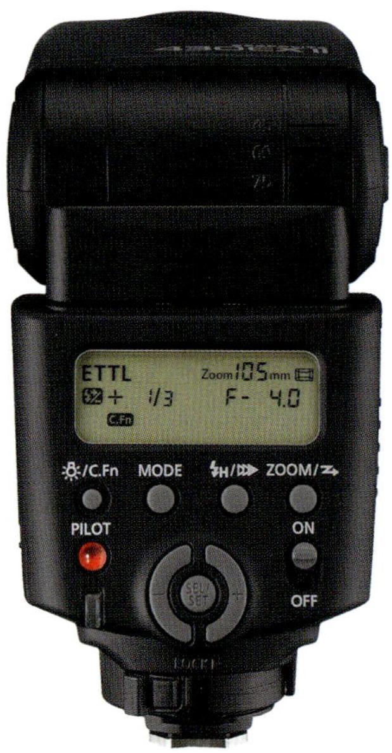

▲ *Auch der kleine Bruder 430 EXII kann als Slave-Blitz eingesetzt werden. (Abb. Canon)*

Canons Blitz-abc

Das Canon-Gruppen-ABC im Display des Blitzgeräts ist wie folgt zu deuten:

- *ALL* – Die Summe aller Blitze wird zur Belichtung herangezogen.
- *A:B* – Die Blitze werden in zwei Gruppen unterteilt, deren Leistung in ein Verhältnis zueinander gesetzt wird. 2:1 bedeutet z. B., dass Gruppe A doppelt so viel Licht abgibt wie die Gruppe B.
- *A:B C* – Standardgruppen-E-TTL-Steuerung. C = Hintergrund. Gruppe C gibt unabhängig von A und B eine feste Lichtmenge ab (z. B. 1/1-Leistung).
- *A:B:C* – Die Gruppen können unabhängig voneinander in der Leistung eingestellt werden.
- *A+B+C* – Alle Gruppen geben die gleiche Leistung ab (E-TTL oder manueller Blitzmodus).

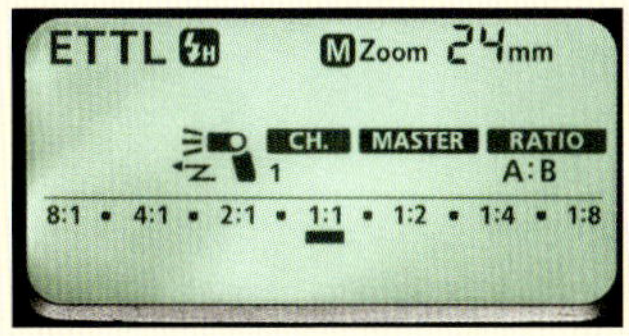

▲ *Die Displayanzeige eines Canon-Master-Blitzes im drahtlosen E-TTL-Blitzbetrieb.*

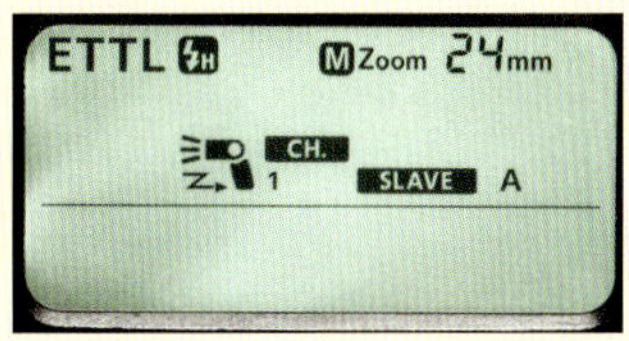

▲ *Die LCD-Anzeige des Slaves aus gleichem Hause unterscheidet sich nur marginal.*

Panasonic

Die entfesselten Blitzgeräte werden im Modus *RC* (Remote-Control) mit TTL-Steuerung betrieben. Achtung: Im Modus *SL-A* oder *SL-M* kann der Slave-Blitz von jedem Blitzgerät ausgelöst werden.

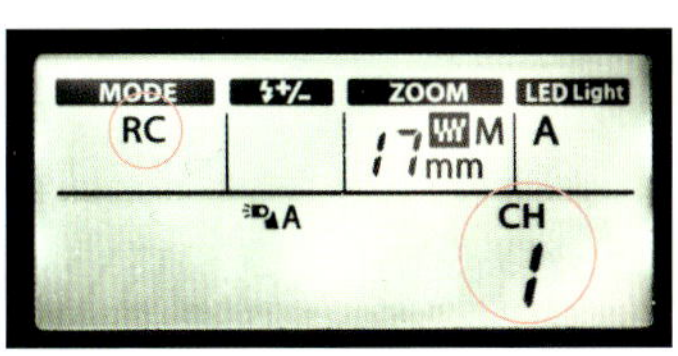

▲ *Der Slave arbeitet im komfortablen RC-Modus mit TTL-Steuerung.*

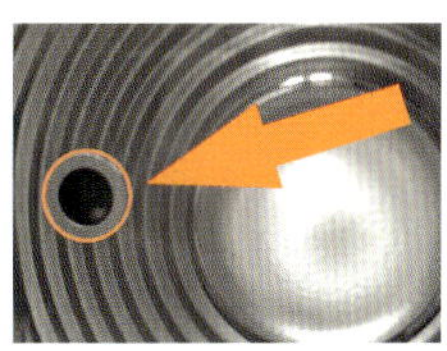

▲ *Blick auf den IR-Empfänger des Blitzgeräts DMW FL360.*

Fujifilm

Der kompakte Blitz EF-X20 verfügt über einen kleinen Schalter auf der Unterseite mit folgenden Funktionen:

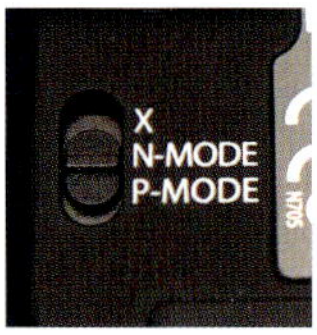

- X – Einsatz als Hauptblitz an der Kamera.
- N – Verwendung als einfacher Remoteblitz ohne TTL-Funktion.
- P – Verwendung als Remoteblitz für alle Kameras, die mit einem Vorblitz auslösen. Dieser wird intelligent erkannt, und der Blitz zündet synchron mit dem Hauptblitz der Kamera

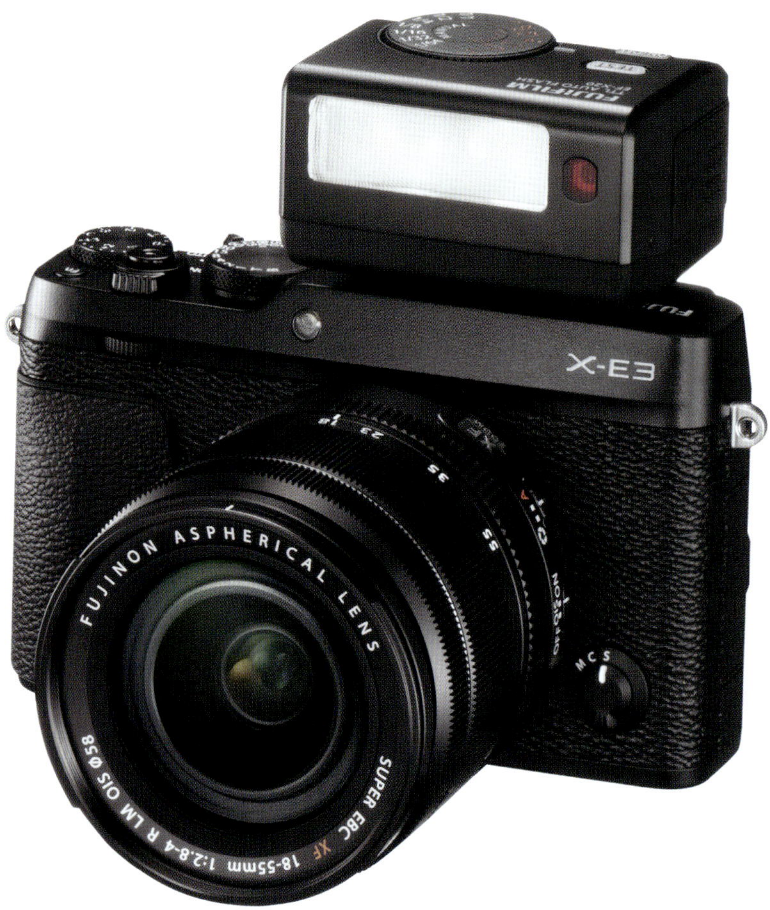

Entfesselt blitzen per Funk

Nahezu unbegrenzte Möglichkeiten bietet die Steuerung externer Blitzgeräte per Funksignal im 2,4-GHz-Bereich. Es wird kein Blickkontakt mehr zum Steuergerät benötigt, und enorme Reichweiten bis zu 100 Metern sind möglich. Dabei steht dem Fotografen die volle TTL-Funktionalität zur Verfügung, wie das Steuern und Gewichten der Blitzleistung unterschiedlicher Geräte und die High-Speed-Funktion. Mit geringem materiellem und monetärem Aufwand können Sie sich bereits ein kleines „Wohnzimmerstudio" bauen und müssen zudem nicht auf den Komfort der aktuellen Blitztechnik verzichten.

Für ein einfaches Lichtsetup genügen zwei Slave-Blitzgeräte, ausgestattet mit Aufhellern bzw. Reflektoren und einem Funksender auf der Kamera. Für die Aufnahmen in diesem Blitzbuch habe ich mich zu fast 100 % auf ein Blitzgerät beschränkt, um Ihnen einen leichten Einstieg in die Blitzfotografie zu ermöglichen. Mehr geht natürlich immer.

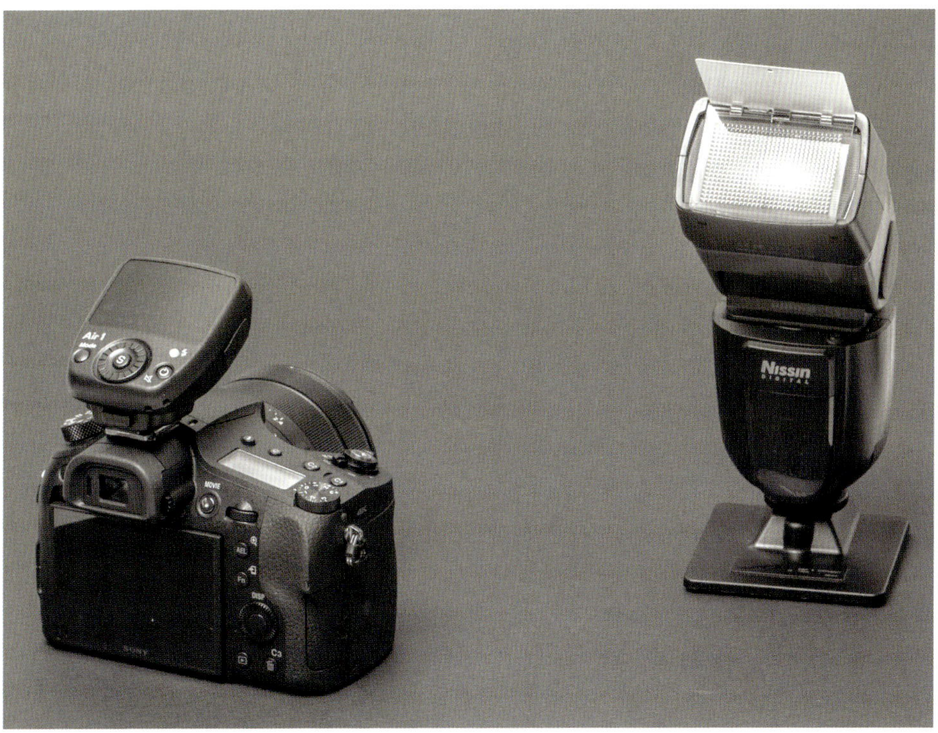

▲ *Entfesselt blitzen per Funksteuerung schafft kreative Freiräume.*

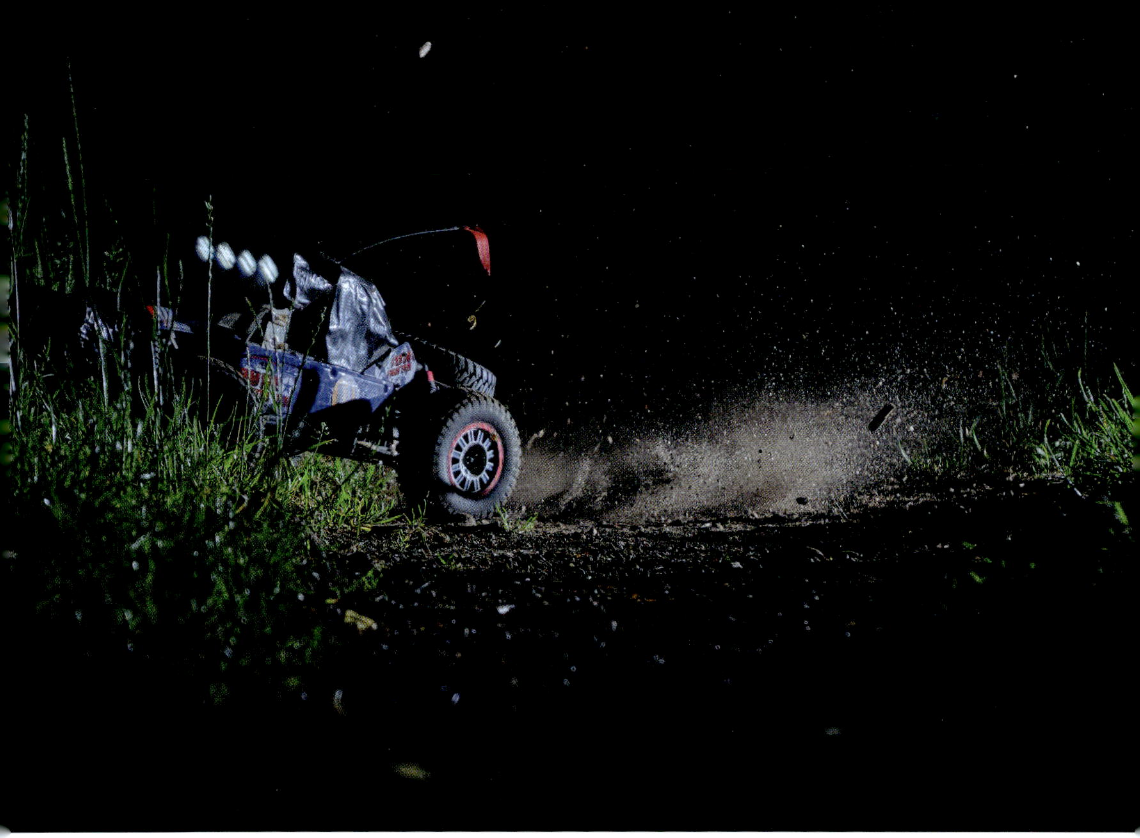

▲ *Entfesseltes Blitzen per Funk bietet einen fantastischen kreativen Freiraum für den (Blitz-) Fotografen.*

f/6 | 1/250 s | ISO 2500 | 135 mm | 0 EV | Blitz manuell 1/64 | seitlich von rechts mit MagGrid

Fremde Blitzer

Nach meiner Erfahrung lohnt es sich, ein Blitzgerät bzw. eine Sender-Empfänger-Kombination von einem Fremdanbieter zu kaufen. Die Originale der Hersteller sind im Vergleich meist deutlich teurer und bieten nicht unbedingt mehr Ausstattungs- und Bedienungskomfort. Vergleichen lohnt sich in jedem Fall. Das Angebot an asiatischen Zubehörherstellern, die Funksteuerungen und -blitzgeräte in allen denkbaren Preiskategorien und Qualitäten anbieten, ist kaum noch zu überschauen. Und eine übergreifende Produktvorstellung würde den begrenzten Rahmen dieses Buchs leider sprengen. Aus diesem Grund habe ich mich für die Erstellung der Bildbeispiele auf eine begrenzte Auswahl an Blitzgeräten und Zubehör beschränkt.

Und nein, ich wurde nicht gesponsert! In den Fachzeitschriften (z. B. Fotomagazin, Profiphoto, Chip Foto+Video) und natürlich auch im Internet (z. B. auf *digitalkamera.de*) finden Sie weitreichende Informationen zu den Anbietern (z. B. Nissin, Metz, Yongnuo, Godox, Dörr, Cullmann, Neewer, B.I.G.).

Doch Vorsicht: Nicht jedes Blitzgerät bzw. Funksteuergerät ist voll kompatibel, und bezogen auf die Langlebigkeit und Zuverlässigkeit der Blitzröhren und der elektronischen Steuerung hat schon mancher Fotograf sein blaues Blitzwunder erlebt. Der bekannte Spruch „Billig kauft zweimal“ trifft leider auch hier zu.

Koppeln von Sender und Empfänger

Wenn Sie zwei Geräte miteinander verbinden möchten, müssen diese natürlich den Standard des Herstellers unterstützen, also die gleiche Sprache sprechen (Protokoll). Der „Pairing-Mode“ wird in der Regel nur einmal durch gleichzeitiges Drücken einer bestimmten Tastenkombination an den zu koppelnden Geräten (Sendern und Empfängern) aktiviert. Sobald der Verbindungsaufbau erfolgreich vollzogen wurde, wird dies akustisch und/oder optisch signalisiert, und die Frequenz wird gespeichert.

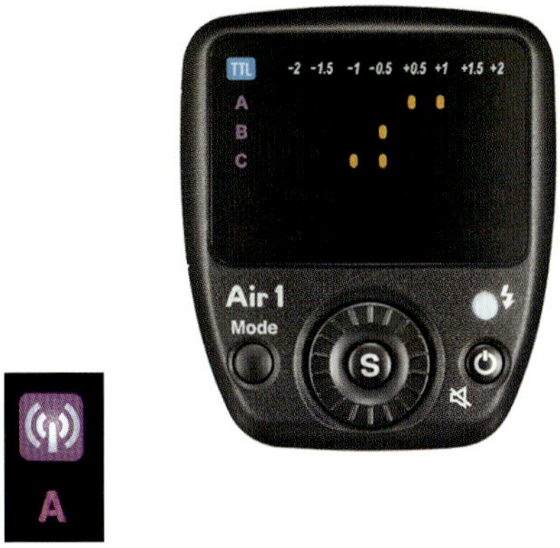

▲ *Der kleine Sender von Nissin verfügt über Statusanzeigen mit klassischen LEDs ohne „Menü-Schnickschnack“. Ganz nach meinem technischen Geschmack!*

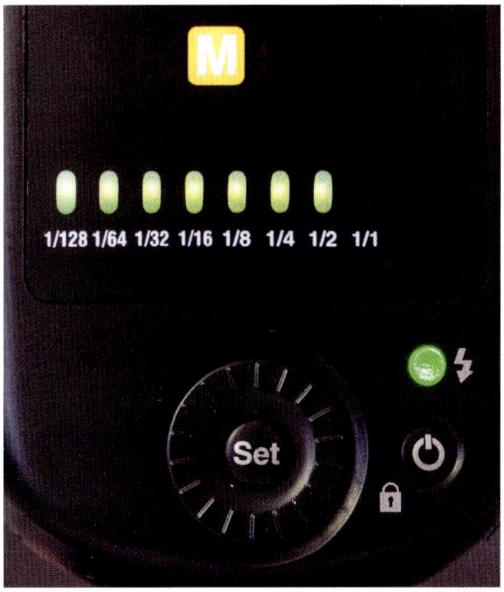

▲ *Einfache analoge Bedienung des Di 700A von Nissin mit zentralem Einstellrad und Status-LEDs.*

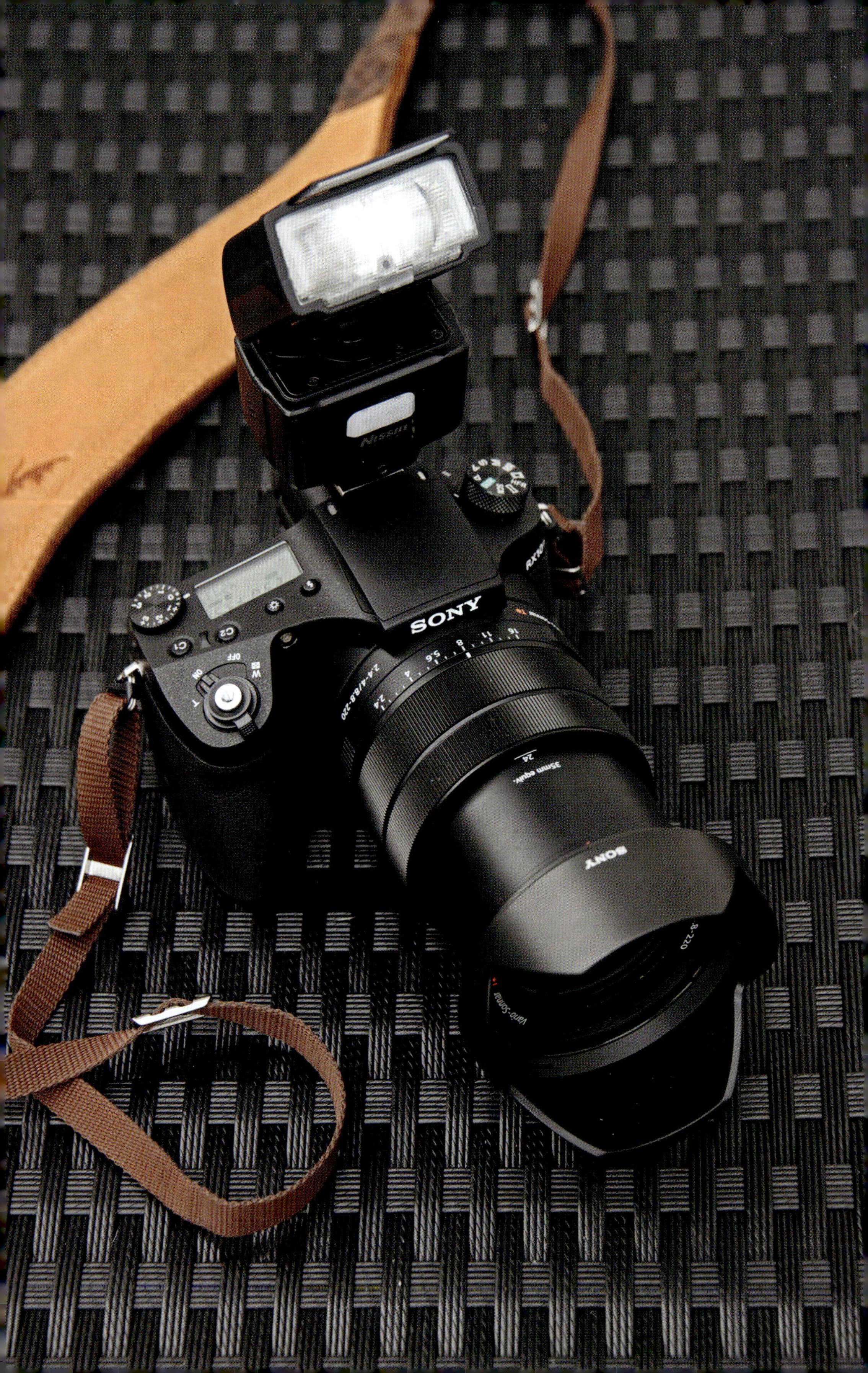
SONY
SONY

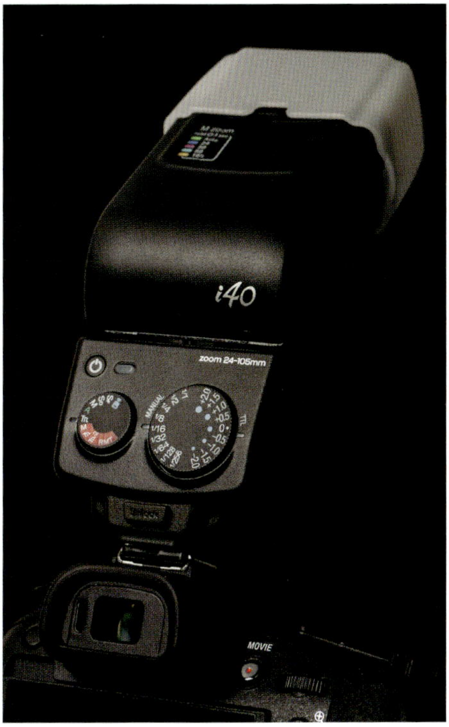

▲ *Auch der kompakte i40 von Nissin bietet eine klare analoge Bedienstruktur.*

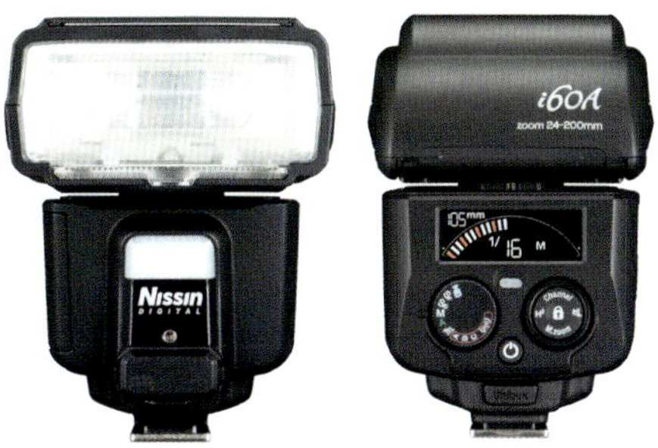

▲ *Meine oft bevorzugte Kombination in diesem Buch: der Nissin Air 1 Commander auf dem Blitzschuh der Kamera mit dem Nissin i60A im Set.*

Aufhellen mit Kamerablitz

Was leistet der zwar schwache, aber nicht zu unterschätzende „Immer-dabei-Blitz“, der in vielen Kameras anzutreffen ist? Ein kurzer Ausflug soll dies klären. Wenn für den eingebauten Blitz nicht genügend Platz in der Kamera vorhanden ist, liefern viele Hersteller einen kleinen Notblitz zum Aufstecken mit. Zum leichten Aufhellen eines Objekts im Vordergrund macht der interne Kamerablitz einen guten Job.

Gesichter oder Schatten aufhellen

Besonders im Gegenlicht werden das Gesicht und die Augenpartie einer Person oftmals zu dunkel wiedergegeben. Ein kleiner TTL-Aufhellblitz mit manueller Blitzkorrektur (–1 EV) wirkt hier Wunder. Berücksichtigen Sie jedoch die geringe Reichweite und erhöhen Sie den ISO-Wert bzw. öffnen Sie die Blende (ergibt beim Porträt ja auch Sinn), um die Leitzahl des Blitzes zu erweitern.

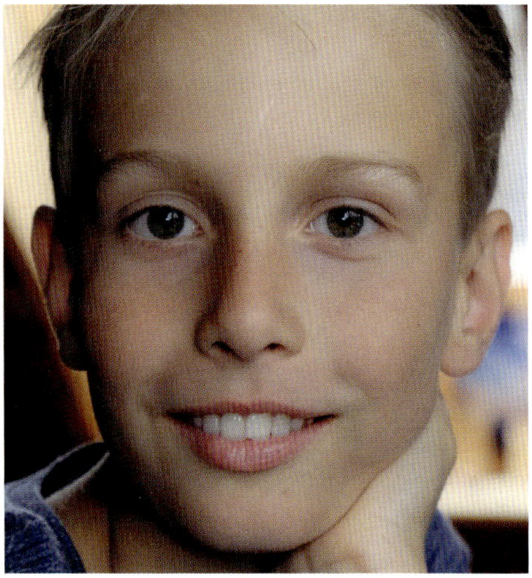

▲ *Auf den ersten Blick kaum zu erkennen: Der interne Kamerablitz hellt das Gesicht der Person dezent auf. Der Trick: Ich habe ein Taschentuch vor den Blitzreflektor gehalten und den Blitz auf –1 EV reduziert.*

Schattenwurf

Setzen Sie bei Verwendung des eingebauten Blitzgeräts und eines langbrennweitigen Objektivs keine Gegenlichtblende ein, sonst wird ein störender Schlagschatten (Vignettierung) im Vordergrund des Bilds sichtbar.

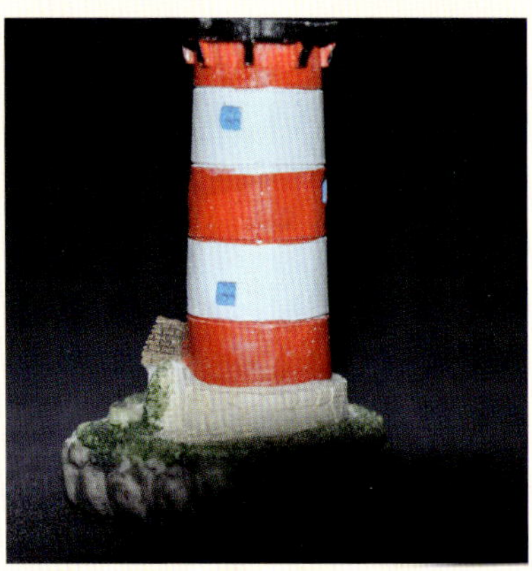

Kleine Objekte im Nahbereich blitzen

Reduzieren Sie den ISO-Wert und schließen Sie gegebenenfalls die Blende, um den eingebauten Blitz auch im Nahbereich als kleinen Frontalaufheller einzusetzen.

Kleiner Weichmacher

Um ein weiches, fast schattenfreies Licht zu bekommen, empfehle ich einen kleinen Diffusor, der in den Blitzschuh der Kamera geschoben wird. Die Lichtleistung wird jedoch reduziert, daher sollte dies nur auf kurze Distanz angewendet werden.

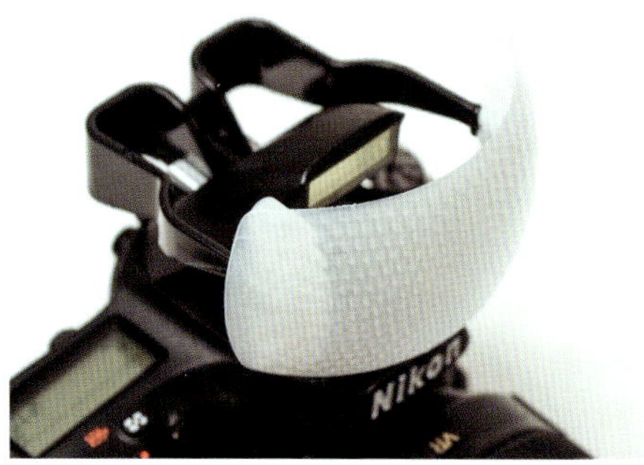

▲ *Beispiel eines Blitzdiffusors, der direkt in den Blitzschuh der Kamera geschoben wird. Das praktische Produkt wird im Set in den Farben Weiß, Gold und Blau bei Foto Brenner angeboten.*

▶ *Aufnahme ohne Blitz.*

▼ *Auch im Nahbereich kann der interne Blitz dezent für die Aufhellung von Schattenbereichen eingesetzt werden. Zusätzlich wurde die Blitzleistung um –2 EV reduziert, um das vorhandene Licht nicht zu „überblitzen".*

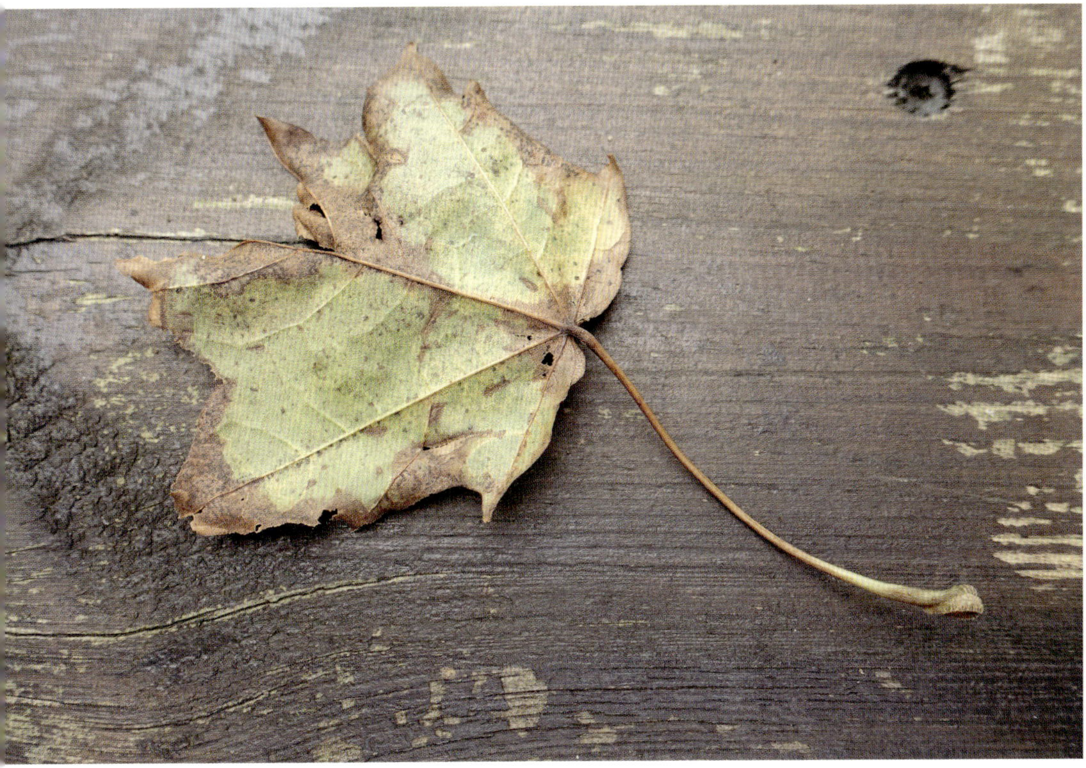

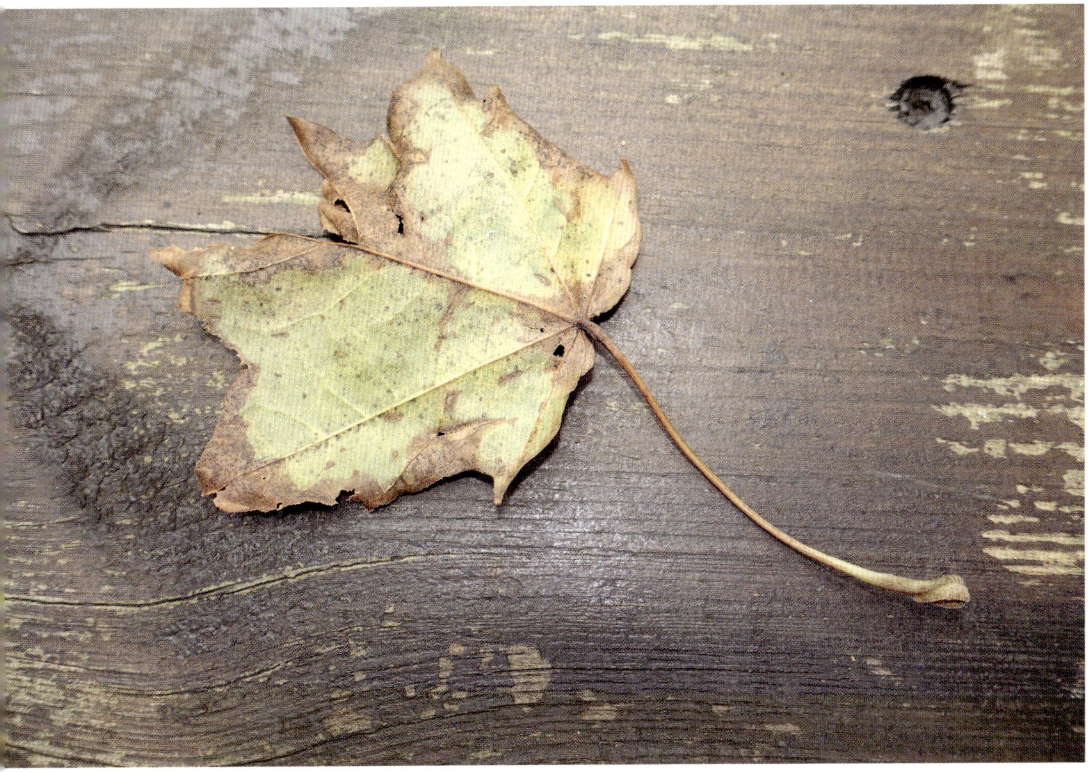

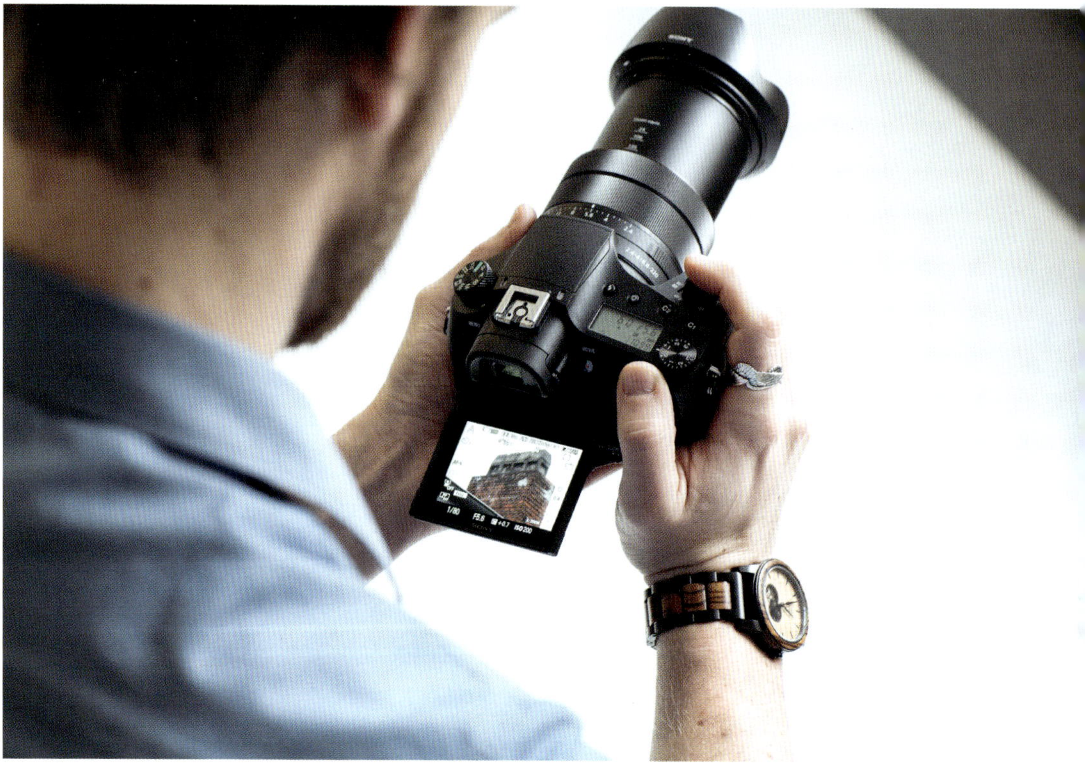

▲ *Im Nahbereich können Abschattungen (Vignettierungen) durch das Objektiv oder die angesetzte Gegenlichtblende auftreten, wenn der interne Blitz verwendet wird.*

Blitztipps ohne Zubehör

Falls Sie ohne Blitzzubehör, also quasi „nackt", mit Kamera und Aufsteckblitz am Aufnahmeort sind, können Sie alternativ auf die nachfolgenden Praxistipps zurückgreifen.

Frontales Licht als Stilmittel

Frontales Blitzlicht kann harte Schatten erzeugen und führt, je nach Abstand zum Objekt, zu einer mehr oder weniger flachen Aufnahme, da die Oberflächen kaum moduliert werden und weniger plastisch erscheinen. Diese besondere Lichtart wird aber auch gern als fotografisches Ausdrucksmittel eingesetzt.

▶ *Hartes, frontales Licht kann auch als spannendes Stilmittel eingesetzt werden.*

f/4 | 1/40 s | ISO 400 | 20 mm | +2 EV | TTL-Aufhellblitz +1 EV | frontal mit MagGrid

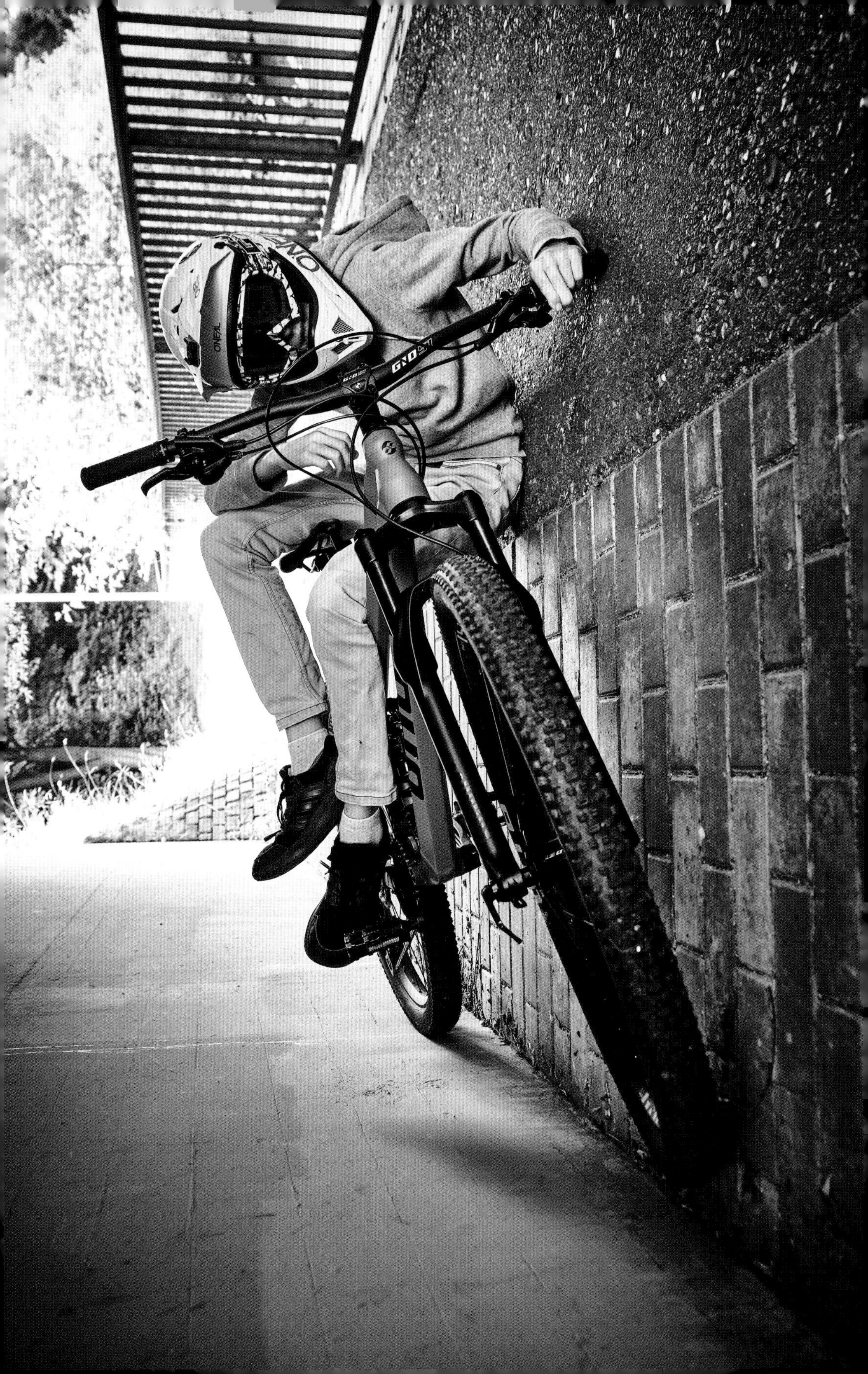

Zoomreflektor als Lichtformer

Bündeln Sie das Licht Ihres Blitzgeräts stärker, um so z. B. einen Nachteffekt zu erzeugen. Mit der Zoomtaste am Blitz wechseln Sie zunächst vom Automodus in den manuellen Modus und wählen dann eine lange Brennweiteneinstellung (z. B. 85 mm). Reduzieren Sie außerdem das Umgebungslicht deutlich in seiner Intensität, um den Effekt stärker hervorzuheben.

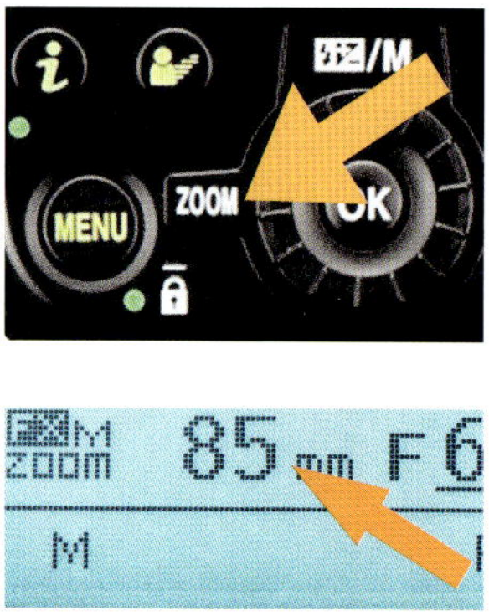

▲ *Durch wiederholten Druck auf die Zoomtaste am Blitzgerät verändert sich die Brennweiteneinstellung des Blitzreflektors stufenweise (z. B. auf 85 mm).*

Vorsicht vor Überhitzung

Insbesondere im Außenbereich oder in großen Räumen führt der Blitz mit hoher Energie seine Blitzladung ab. Moderne Blitzgeräte haben eine Schutzschaltung eingebaut. Es erscheint ein Thermometersymbol auf dem Display, und das Gerät schaltet automatisch ab. Halten Sie eine Abkühlphase von mindestens zehn Minuten ein, um das Gerät nicht zu beschädigen. Werfen Sie sicherheitshalber einen kurzen Blick in die Bedienungsanleitung, um Hinweise zur maximalen Anzahl der Blitze zu finden.

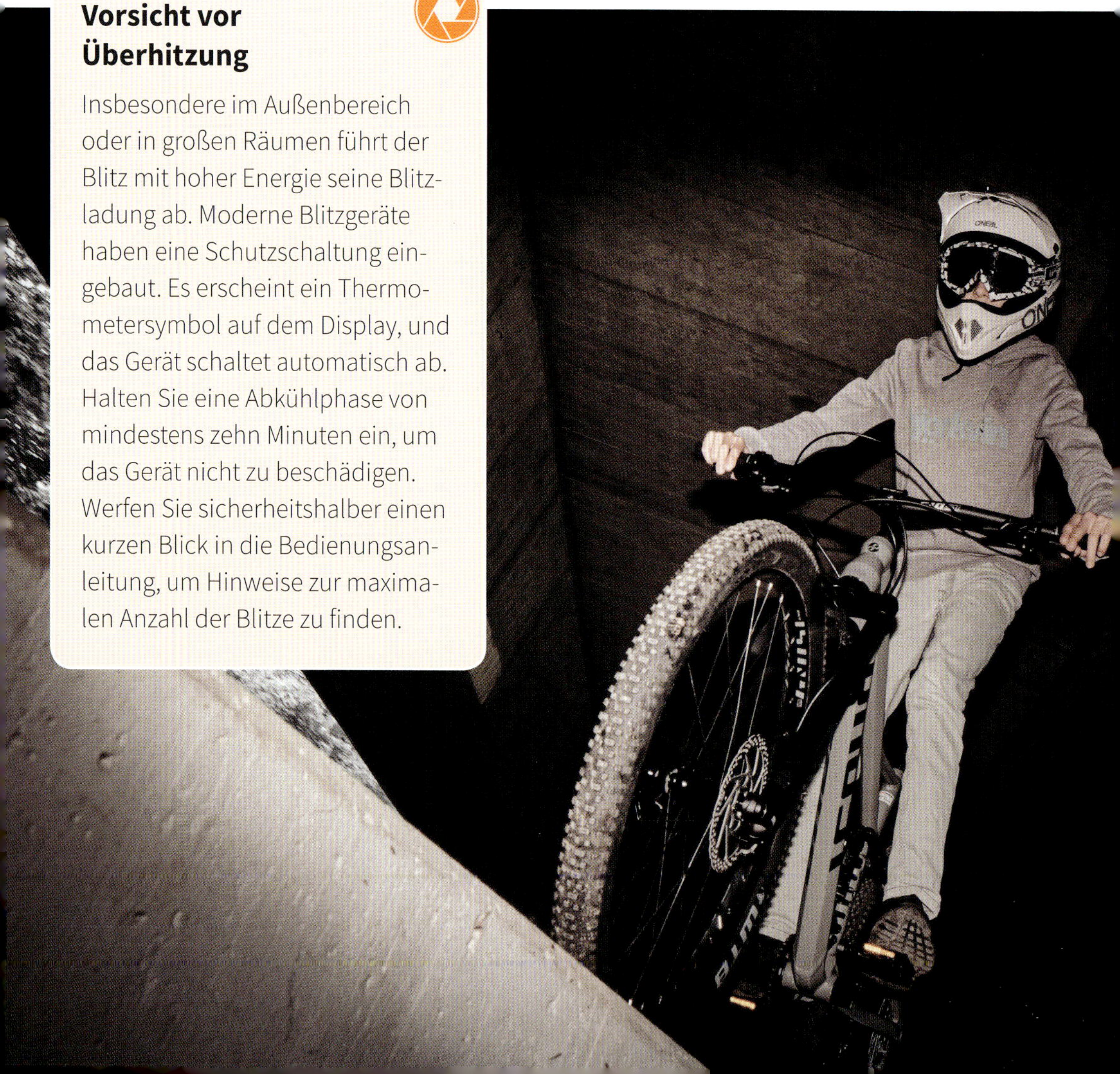

Notaufheller aus der Hosentasche

Sollten Sie keinen Blitzdiffusor griffbereit haben, gibt es eine sehr effektive und fast kostenlose Alternative – der Taschentuchdiffusor. Knüllen Sie das Taschentuch zunächst etwas, damit es eine unregelmäßige Struktur bekommt, und falten Sie es dann doppelt zusammen. Befestigen Sie die längere Seite des Taschentuchs mit Tesafilm oder Gummiband an der oberen Seite des Blitzreflektors und das andere Ende an der unteren Seite.

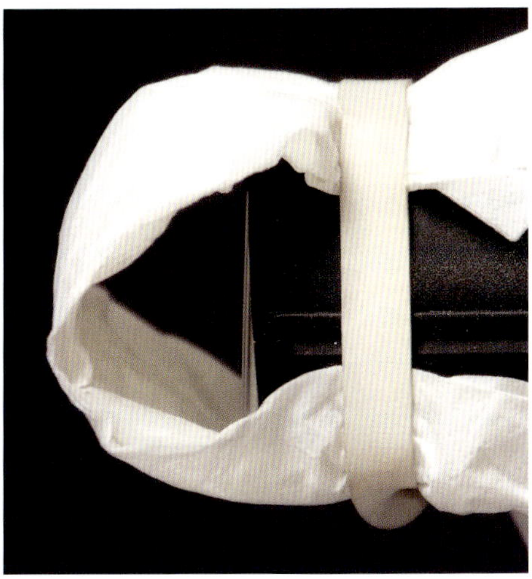

Halten Sie mindestens zwei Zentimeter Abstand zur Frontseite des Blitzreflektors ein, damit sich das Taschentuch nicht entzündet und das Frontglas aufgrund von Überhitzung keinen Schaden nimmt.

◀ *In der Aufnahme ist die starke Lichtbündelung gut zu erkennen.*

f/4 | 1/30 s | ISO 1600 | 60 mm | 0 EV | TTL-Aufhellblitz +1 EV | seitlich von links

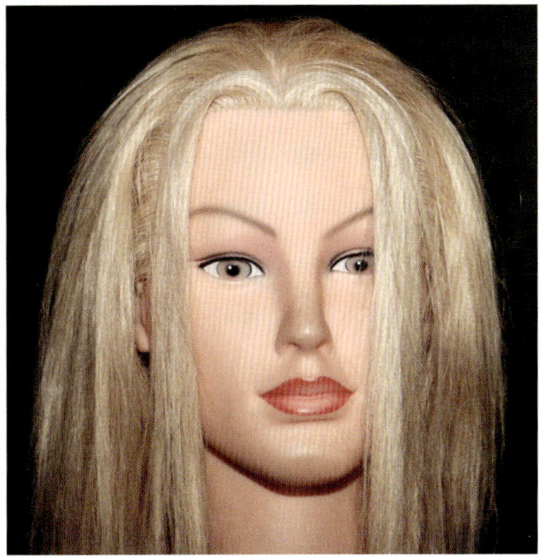

▲ *Das Puppenmodell wurde im Studio frontal geblitzt.*

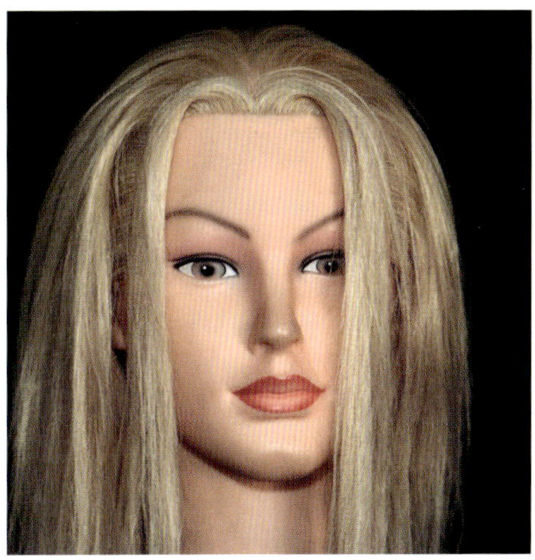

▲ *Die gleiche Aufnahme mit dem Taschentuchdiffusor aus der Hosentasche. Nicht perfekt, aber besser als nichts.*

10 NÜTZLICHES BLITZZUBEHÖR

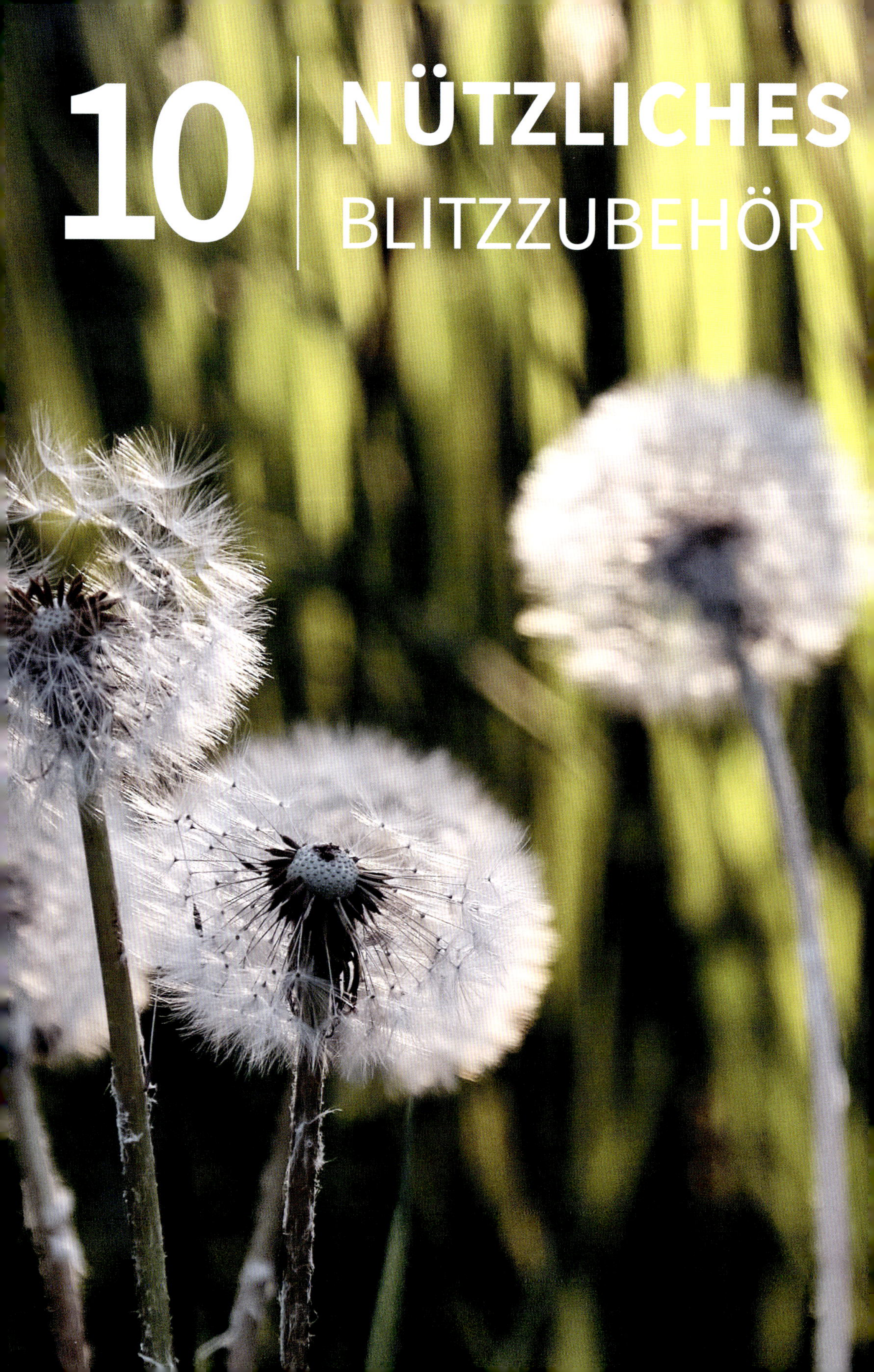

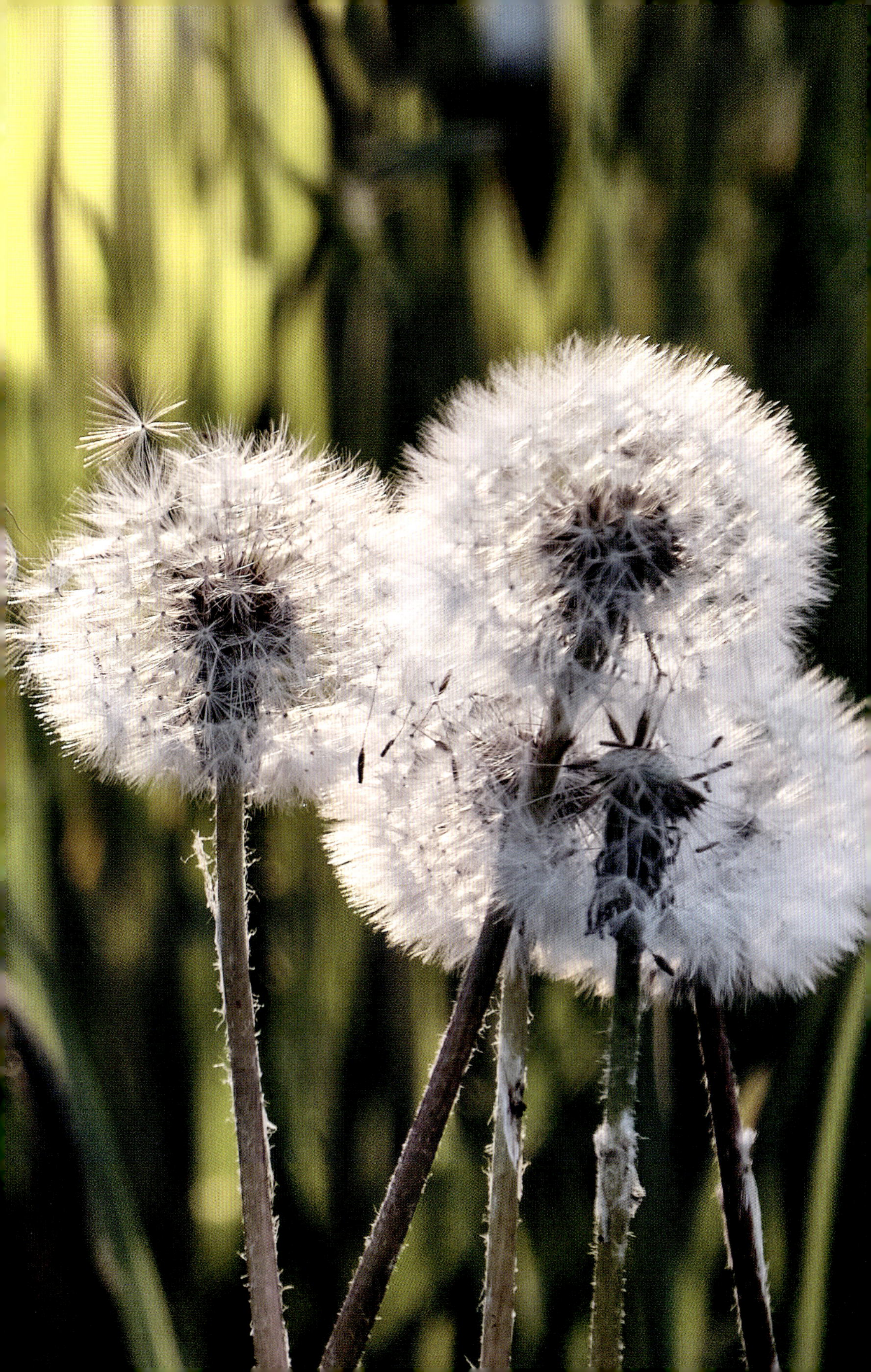

Ohne Lichtformer geht nichts

Für jede erdenkliche Motivsituation können Sie auf eine Vielzahl an mehr oder weniger nützlichen Helferlein zurückgreifen. Einige Produkte sind unhandlich oder unpraktisch, andere zu teuer oder einfach nur billig verarbeitet. Wenn Sie sich jedoch Zeit für die Recherche nehmen, findet sich preiswertes Zubehör mit hohem praktischem Nutzen. Einige Profibastler zeigen Ihnen sogar, wie aus einem Stapel Strohhalmen und einer Küchenrolle ein wirkungsvoller Lichtformer gebaut werden kann.

Alles prima! Ich möchte Sie nicht davon abhalten, den einen oder anderen Tipp anzunehmen und umzusetzen. Mein Anspruch ist jedoch – und aus diesem Grund habe ich das Buch geschrieben –, mit einer eng begrenzten Auswahl an Zubehör und möglichst einem Blitzgerät zu fotografieren, damit der Platzbedarf im Rucksack oder in der Fototasche nicht überstrapaziert wird. Ein niedriger Preis stand bei meiner Auswahl nicht im Fokus, sondern vielmehr der Praxisnutzen, also die einfache und schnelle Anwendbarkeit. Zwecks besserer Übersichtlichkeit habe ich mich in diesem kleinen Kapitel daher auf (m)eine persönliche Produktauswahl beschränkt.

Nur das Ergebnis zählt!

Wenn Sie mit Ihrem Blitz nebst Zubehör ans gesetzte Ziel kommen, können Sie und ich zufrieden sein. Was schlussendlich zählt, ist das Ergebnis!

Das Angebot an Lichtformern ist riesig, da viele Hersteller erkannt haben, dass sich mit diesen Produkten ganz nette Umsätze generieren lassen. Oftmals finden sich Lichtformer, die im Studiobereich eingesetzt werden, in der miniaturisierten Fassung auch für Aufsteckblitzgeräte wieder. Jedoch sind Wirkung und Einsatzbereich aufgrund der deutlich kleineren Fläche und der geringeren Leitzahl eines herkömmlichen Aufsteckblitzgeräts nicht direkt vergleichbar.

Blitz und Schattenwirkung

Je kleiner eine Lichtquelle ist, desto deutlicher ist der Schatten zu erkennen, der von ihr ausgeht. Mit zunehmender Entfernung einer Lichtquelle zum Objekt ändert sich auch die Art des Schattens. Ein Blitzgerät ist zunächst einmal eine sehr kleine Lichtquelle und neigt daher ganz besonders dazu, unangeneh-

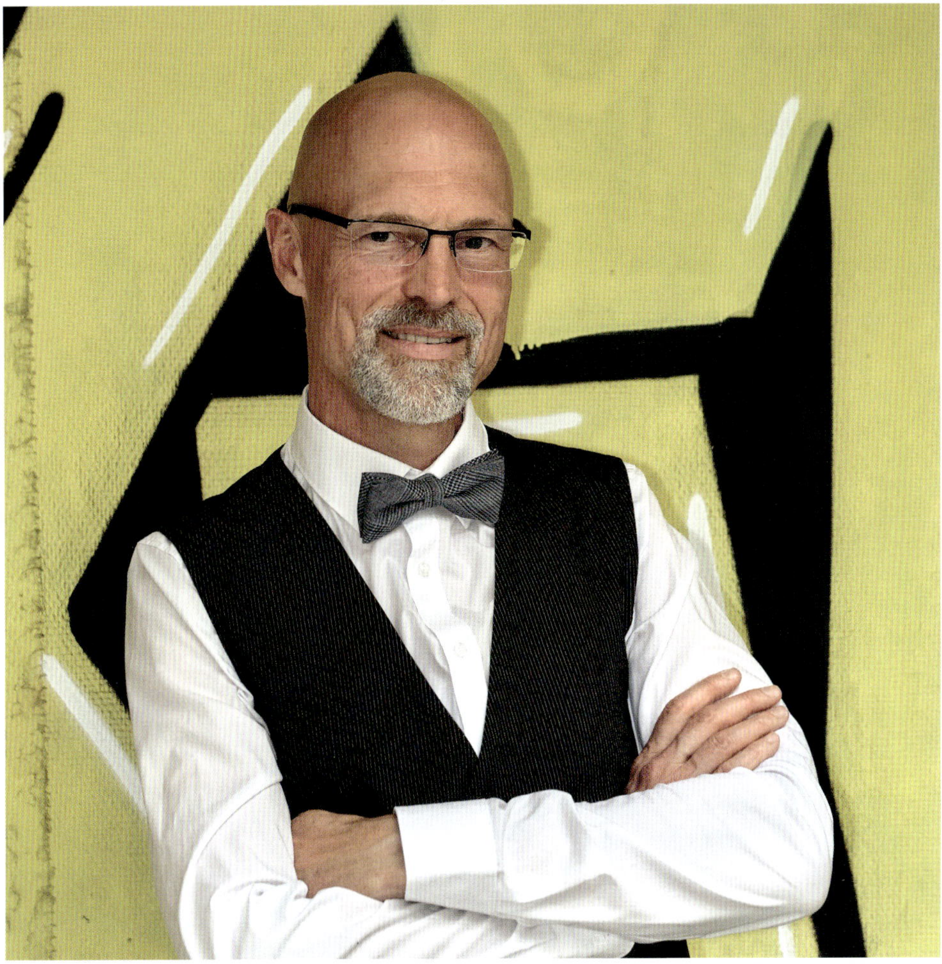

▲ *Blitz frontal mit geringem Abstand zur Person und zum Hintergrund. Der Schatten ist aufgrund der kurzen Distanz kaum wahrnehmbar. Ein Diffusor vor dem Reflektor macht den Schatten etwas weicher.*

f/4.5 | 1/60 s | ISO 800 | 80 mm | 0 EV | TTL-Aufhellblitz –1 EV | frontal mit MagSphere

me Schatten zu produzieren. Um diese nicht allzu bildwirksam werden zu lassen, können Sie das Blitzgerät so nah wie möglich am Motiv platzieren, damit seine relative Größe maximiert und der Schatten weicher wird. Oder Sie sorgen für einen möglichst großen Abstand zwischen Motiv und Hintergrund. Da das Licht mit zunehmender Entfernung rasch abnimmt, ist der Unterschied zwischen Schatten und Licht bei weit entfernt platzierten Bildhintergründen kaum noch auszumachen. Kombinieren Sie beide Methoden, haben Sie praktisch keinen Schatten mehr im Bild.

Softbox gleich Softbox?

Vergleicht man Softboxen für Systemblitze (Größe ca. 10 × 20 cm) mit denen von Studioblitzen, die je nach gewünschter Lichtcharakteristik etwa 60 × 100 cm oder größer sind, leuchtet schnell ein, warum diese kompakten Wundertüten in ihrer Wirkung (wenn überhaupt) nur in die Nähe von Studioblitzanlagen kommen. Trotzdem hilft eine Softbox durchaus, Schatten in der Aufnahme weicher zu gestalten.

Das leisten Lichtformer

- Reflektorkarten, Blitzvorsätze, Diffusoren und Softboxen vergrößern das Blitzgerät scheinbar.
- Langbrennweitige Reflektorpositionen in Verbindung mit Snoots (Röhren) und Grids (Gittern) bündeln und beschränken die Lichtausbreitung des Blitzgeräts.
- Filter und Filterfolien verändern die Lichtfarbe.
- Graufilterfolien vermindern die Lichtleistung neutral im Nahbereich.

Diffusor für weiches Licht

Diffusoren vergrößern die Leuchtfläche und sorgen für diffus flächiges Licht mit weichen Schattenübergängen. An diesem Punkt setzen auch die kleineren Lichtformer für Aufsteckblitze an – sie vervielfachen die Abstrahlfläche. Hierbei sind ihrer Größe Grenzen gesetzt für ein praktikabel bleibendes Handling, und in die Fototasche sollen die Dinger ja auch noch passen. Blitzvorsätze schlucken Licht, weil der Zoomreflektor des Blitzgeräts (manuell) auf eine weitwinklige Position gestellt werden muss, damit der Lichtformer vollständig ausgeleuchtet wird – etwa auf 35 oder 28 mm (Vollformat). Das kostet natürlich Leistung. Bei geringem Umgebungslicht spielen die Weichmacher jedoch ihre Vorteile voll aus. Im Outdoor-Bereich beträgt der typische Porträtabstand nur maximal zwei Meter. Bei Innenaufnahmen hingegen können deutlich größere Abstände ausgeleuchtet werden, weil bedingt durch Wandreflexionen die Lichtausbeute höher ist.

Bouncer für mehr Leuchtfläche

Dieser sehr kleine Kunststoffdiffusor vor dem Blitzreflektor vergrößert die Leuchtfläche leider nur marginal. Stattdessen verringert sich jedoch die Lichtabgabe des Blitzgeräts (Leitzahl) je nach Beschaffenheit des Diffusors deutlich. Aus diesem Grund befindet sich kein „Joghurtbecher“ in meinem Fotorucksack.

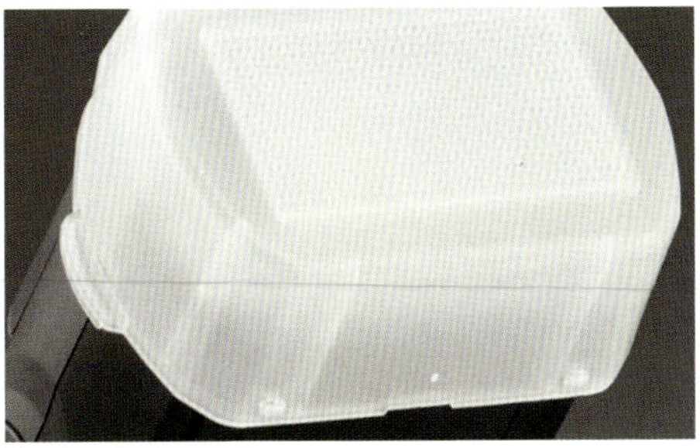

Über den praktischen Nutzen eines Joghurtbechers lässt sich streiten.

Gesetzmässigkeiten

Das Blitzlicht wird umso weicher wiedergegeben, je größer die Leuchtfläche des Blitzreflektors insgesamt ist. Alternativ können Sie die Softbox näher am Objekt platzieren. Dadurch erhöht sich die scheinbare Größe der Box im Verhältnis zum Objekt. Bei Vergrößerung des Abstands vom Blitzgerät zum Objekt (z. B. einer Person) wird das Licht hingegen immer härter.

Softboxen für Porträts

Dieses Konstrukt setzt sich aus einer großen, weichen Box und einem direkt davor gespannten Tuch (Diffusor) zusammen. Auf der Innenseite des Korpus kann außerdem eine Silberfolie aufgebracht sein, um die Lichtausbeute zu erhöhen. Die „weichen Boxen“ werden vorzugsweise in der Porträt- oder Fashionfotografie eingesetzt.

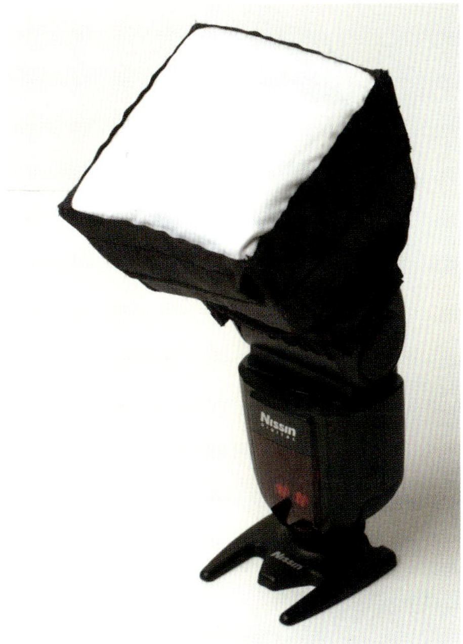

Die faltbare B.I.G.-Mini-Softbox (Brenner) eignet sich sehr gut für Porträts. Die Größe der Leuchtfläche beträgt kompakte 8,5 × 8,5 cm. Das weiße Diffusortuch (mit Klettverschluss) kann bei Bedarf auch abgenommen werden.

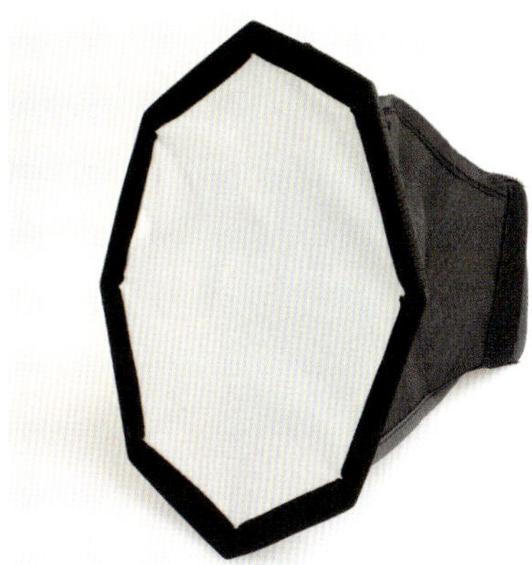

Die Octa-Mini-Softbox von Brenner hat einen Durchmesser von 18 cm und lässt sich sehr kompakt zusammenfalten.

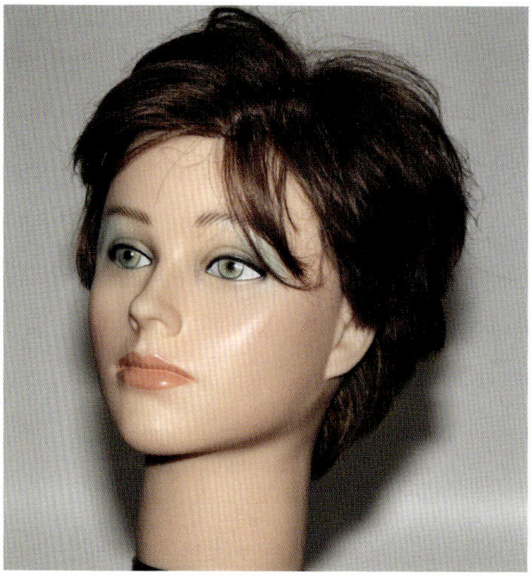

▲ *Die Vergleichsaufnahme wurde frontal ohne Blitzvorsatz aufgenommen. Abstand zum Objekt 1,5 und zum Hintergrund 1 Meter.*

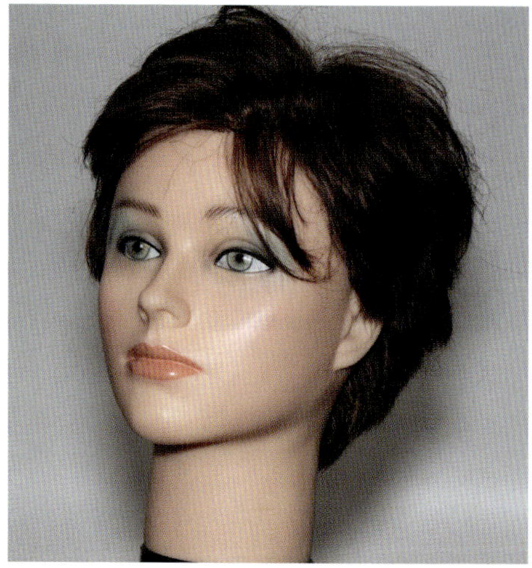

▲ *Die B.I.G.-Softbox von Brenner glättet den Schlagschatten im Hintergrund etwas.*

Softbox und Zoom

Bei Verwendung einer Softbox sollten Sie den Blitzreflektor manuell in die Weitwinkelposition setzen. Berücksichtigen Sie den großen (Streu-)Lichtverlust einer Softbox: Beträgt die Leitzahl eines Blitzgeräts bei 24-mm-Reflektorposition 28, so wird diese von einer durchschnittlichen Softbox auf etwa Leitzahl 15 reduziert!. Bei Blende f/5.6 und ISO 100 schafft der Blitz nur noch knapp drei Meter Reichweite. Erhöhen Sie den ISO-Wert, um den Leitzahlverlust aufzufangen.

Schlagschatten trotz Bouncer?

Wenn sich der Hintergrund zu nahe am Hauptmotiv befindet, erzeugt frontales Licht immer einen Schatten – daran kann auch ein Bouncer nichts ändern. Jedoch wird der Schatten weicher als ohne zusätzlichen Blitzaufsatz wiedergegeben.

Wirkungsweise des Lichts

Bei stark gerichtetem Licht wird von einem Strahlenbündel gesprochen, während ungerichtetes oder auch diffuses Licht auftritt, wenn Lichtstrahlen in die unterschiedlichsten Richtungen abgelenkt werden (z. B. Reflektor, Diffusor).

Reflektoren für mehr Licht

Diese meist trichterförmig geformten Hohlkörper sind auf der Innenseite mit einer stark reflektierenden Oberfläche versehen, um durch Bündelung diffuses Licht mit einer hohen Lichtausbeute zu erzielen. Trotzdem wird bei hochwertigen Reflektoren eine nahezu gleichmäßige Ausleuchtung des Objekts ermöglicht. In der Wirkung sind Reflektoren etwas härter und werden als betonendes Effektlicht (z. B. Kopflicht) eingesetzt.

Genial: das MagMod-System

Bereits im vorherigen Blitzbuch habe ich meinen Lesern von der genialen Konstruktion des MagMod vorgeschwärmt. Mittlerweile hat der Hersteller des „Magnetblitzhalterbaukastens“ aus Kalifornien das Zubehör deutlich aufgestockt. Im Folgenden stelle ich Ihnen meine Favoriten und ihre (Licht-)Eigenschaften vor. Auf YouTube finden Sie sehr gut gemachte Erklärvideos zu den Produkten und deren Anwendung – *www.youtube.com/user/magnetmod*.

Pro und Kontra:

+ Sichere, flexible Befestigung am Reflektor.
+ Sehr robust und widerstandsfähig, da aus weichem (Silikon-)Material.

Grundhalter

Die Basis des Systems bildet ein mit zwei Neodym-Magneten ausgestattetes Silikonband (MagGrip), mit dem die verschiedenen Lichtformer am Blitzreflektor befestigt werden. Auch die Lichtformer sind mit Magneten ausgestattet, sodass sie sich automatisch mit der Halterung verbinden. Außerdem können mehrere Lichtformer kombiniert verwendet werden. Doch Vorsicht, dieser schweren Last ist nicht jeder Blitzreflektor gewachsen.

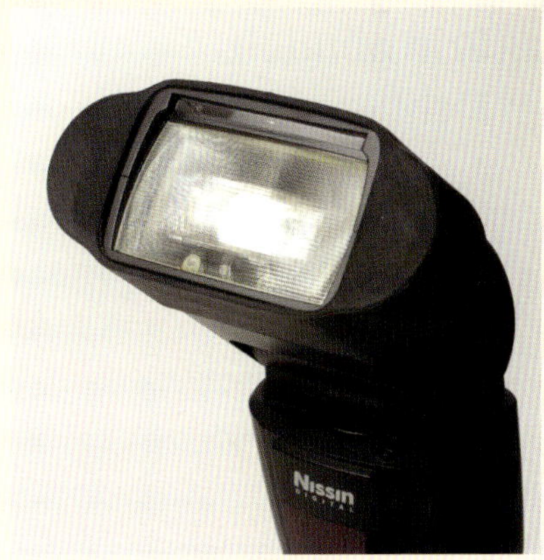

+ Baukastenprinzip: bequem kombinierbar und erweiterbar.
- Wenn Snoot und Filterhalter kombiniert werden, ist das Konstrukt sehr schwer. Labile Reflektorköpfe mit weichen Rastpositionen drehen sich vor allem im Hochformat einfach nach unten. Ein dickes Gummi bzw.

Tape, zwischen Reflektor und Blitzkörper befestigt, kann jedoch wirksame Abhilfe schaffen. Ideal sind stabile Blitzreflektorköpfe mit festen „Rastpositionen“, die das hohe Gewicht auch im Hochformat sicher halten können.

- Die weiche Silikonoberfläche zieht schnell Verunreinigungen (z. B. Staub) an. Mit einem weichen, feuchten Schwamm lassen sich die unschönen Fremdkörper jedoch gut entfernen.

MagGrid bündelt den Lichtkegel

Technisch gesehen, handelt es sich um eine Ergänzung zu Lichtformern, die vor die Austrittöffnungen von Softboxen oder Reflektoren gesetzt wird. Das Gitter (Grid) besteht aus einem schwarzen Material mit wabenartiger Struktur und lenkt das Licht frontal auf das Objekt. Hierdurch verringert sich das seitlich austretende Streulicht. Dieser Effekt macht sich auch direkt hinter dem Hauptobjekt (Hintergrund) bemerkbar.

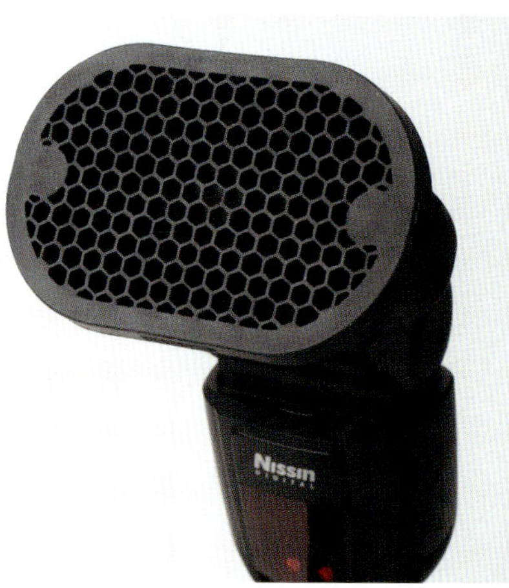

▲ *Das Wabengitter „MagGrid“ von MagMod.*

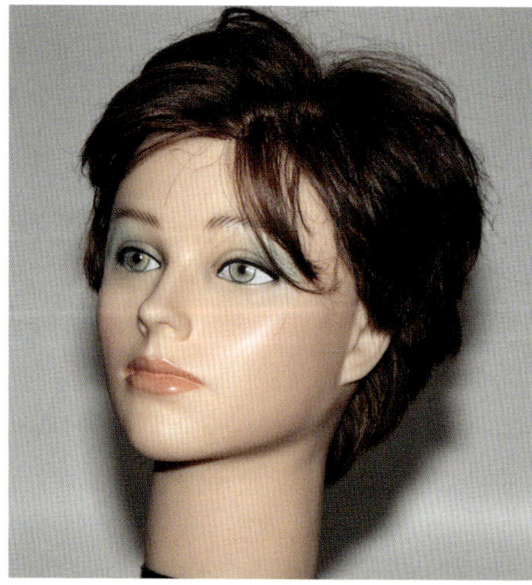

▲ *Vergleichsaufnahme ohne Blitzvorsatz.*

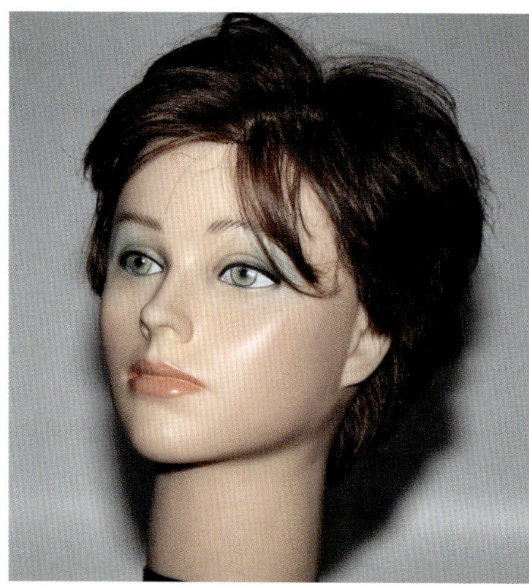

▲ *Mit dem MagGrid vor dem Reflektor wird der Lichtkegel stärker gebündelt.*

Lichtcharakter

Lichtformer unterscheiden sich in der Art, wie die Lichtstrahlen auf das Hauptobjekt gelenkt werden, und machen sich vorwiegend im Randbereich der Aufnahme bemerkbar.

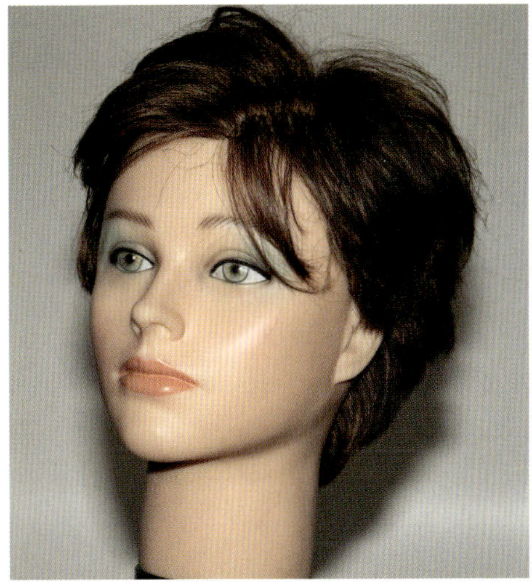

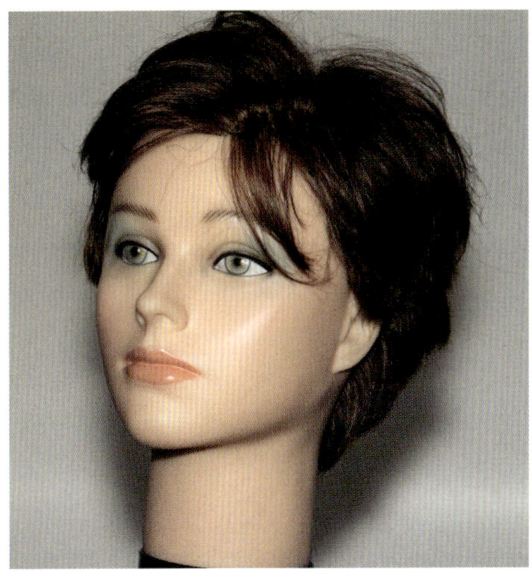

▲ *Vergleichsaufnahme ohne Blitzvorsatz (links), angenehm weiches und gleichmäßiges Licht mit dem MagSphere (rechts).*

MagSphere-Diffusor streut gleichmäßig

Dieser halbkugelförmige Diffusor (Durchmesser: 12 cm) aus hochwertigem Silikonmaterial streut das Licht eines Aufsteckblitzes gleichmäßig in alle Richtungen, um eine großflächige Lichtverteilung mit abgeschwächten Schlagschatten zu erzeugen. Idealer Einsatzbereich ist das indirekte Blitzen in Innenräumen. Der Diffusor ist ausgestattet mit einem Steckplatz für bis zu zwei Filterscheiben aus dem MagMod-Sortiment und lässt sich auch ohne Probleme in den Rucksack packen.

MagBeam-Aufsteckblitzvorsatz

Dies ist ein flexibler Aufsteckblitzvorsatz im Kit mit zwei Fresnel-Linsen (Tele und Weitwinkel) sowie vier Masken aus Stahlblech (MagMasks), um Licht-und-Schatten-Muster auf das Objekt zu projizieren. Der Televorsatz bündelt das Licht „spotartig“, um eine höhere Lichtausbeute von ca. zwei bis drei Blendenstufen zu erzielen. Der MagBeam kann stufenweise auseinandergefaltet werden, um die Leuchtweite zu erhöhen, wobei auch die Zoomstellung des Blitzreflektors Einfluss auf die Reichweite nimmt. Durch Zusammenfalten des Silikontubus lässt sich der Leuchtwinkel erweitern, um den Weitwinkelvorsatz in Verbindung mit einer der vier Masken (schräge Längsstreifen, Fenster, Spot und Schlitz) nutzen zu können.

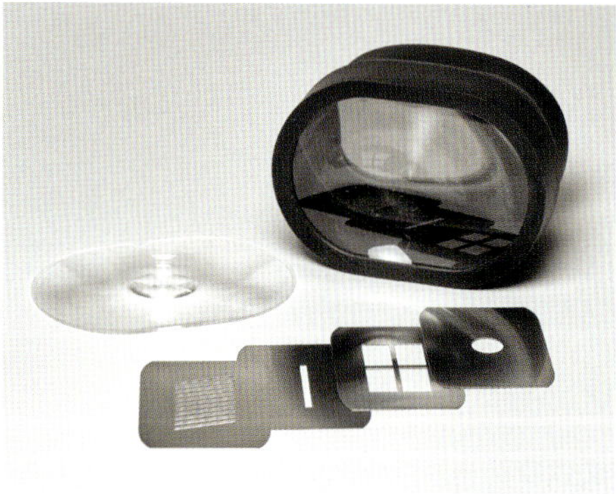

▲ *Das Komplettset mit zwei Streuscheiben und vier Effektmasken.*

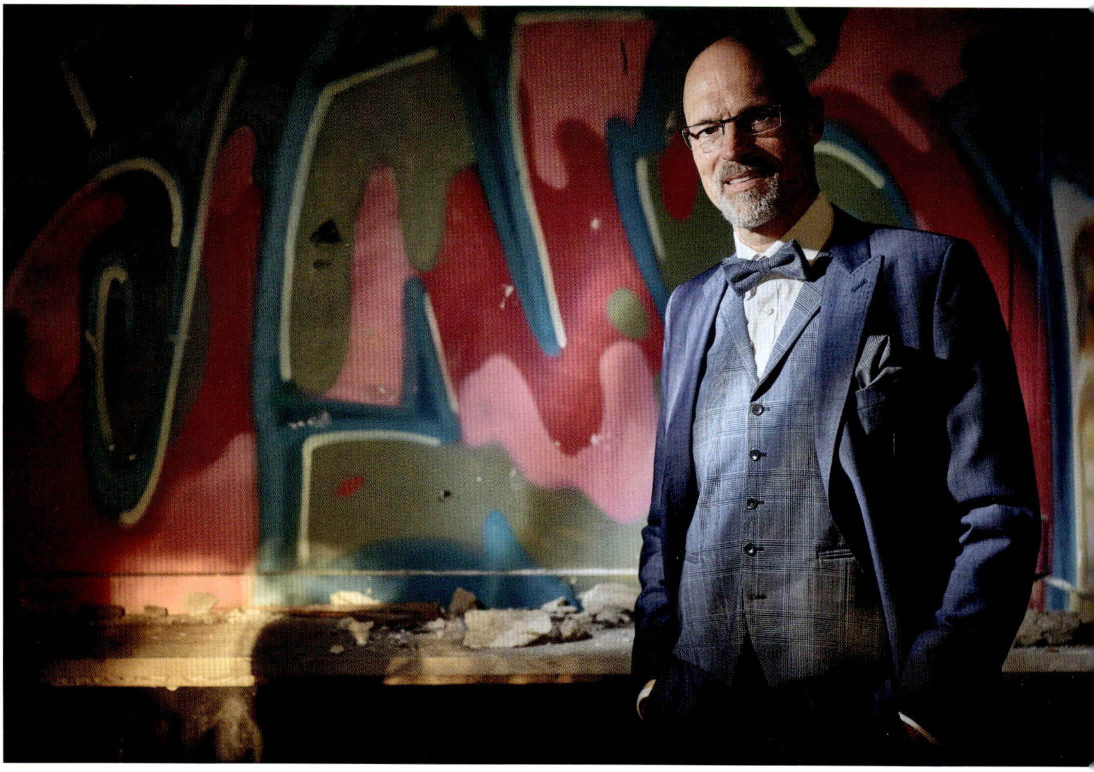

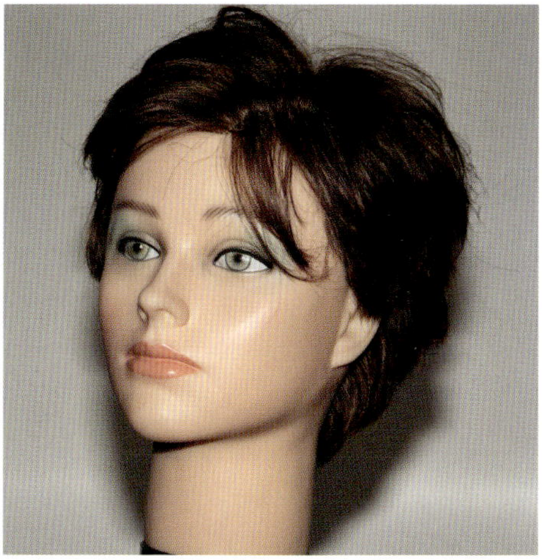

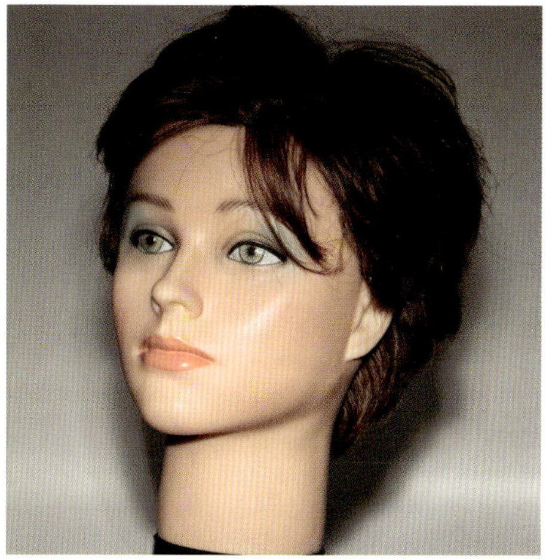

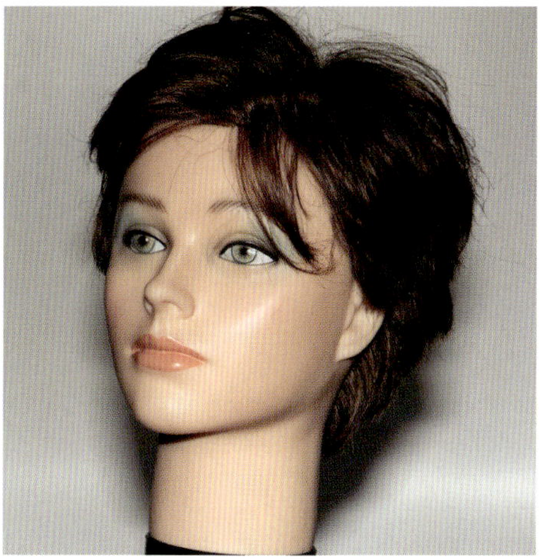

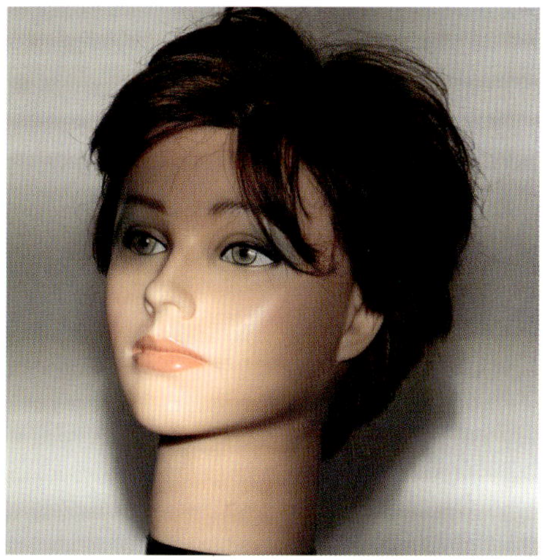

▲ *Vergleichsaufnahme ohne Blitzvorsatz (links). Aufnahme mit Televorsatz, auf zweite Stufe ausgefaltet (rechts).*

▲ *Aufnahme mit Weitwinkelvorsatz, komplett zusammengefaltet (links). Aufnahme mit Weitwinkelvorsatz und Schlitzmaske (rechts).*

◀ *Aufnahme mit Weitwinkelvorsatz und Schlitzmaske on Location aus größerer Distanz. Das Streifengitter erhöht die Dramatik in der Aufnahme, wenn zudem das Umgebungslicht reduziert wird. Entfesselt geblitzt von der linken Seite.*

f/3.5 | 1/60 s | ISO 800 | 55 mm | 0 EV | Blitz manuell 1/64 | seitlich von links mit MagBeam und Schlitzmaske

MagSnoot-Spotvorsatz

Der flexible Spotvorsatz verengt den Lichtkegel des Blitzgeräts sehr stark, um kleine Motive oder einzelne Bereiche punktuell auszuleuchten. Die längliche Röhre lässt sich in vier Stufen ausziehen, um den Lichtkegel zu verkleinern (40 Grad, 20 Grad, 15 Grad oder 12,5 Grad). Achtung: Aufgrund des hohen Lichtverlusts wird dem Blitzgerät viel Leistung abverlangt, und es kann sich schneller erhitzen!

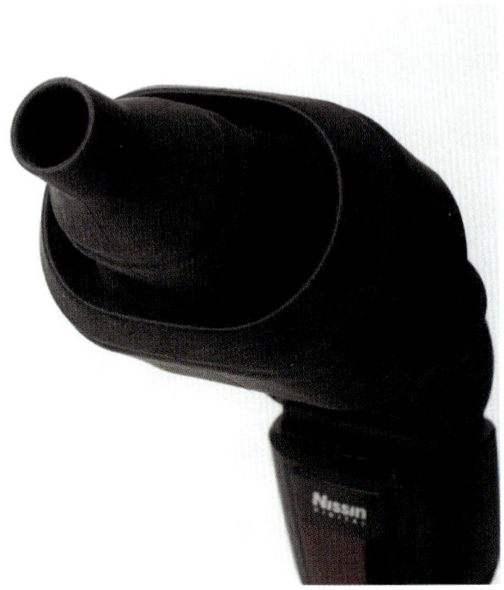

▲ *Der variable MagSnoot.*

Kleine Helfer

Als Fotograf schleppt man nur sehr ungern Dinge mit sich herum, die selten oder gar nicht benötigt werden – denken Sie auch an das Stativ. Umgekehrt sollten sich die wirklich nützlichen Dinge griffbereit im Rucksack bzw. der Fototasche befinden, um im Notfall gewappnet zu sein oder den Blitz an den unmöglichsten Punkten befestigen zu können. Nachfolgend ein Blick in meinem Werkzeugkasten.

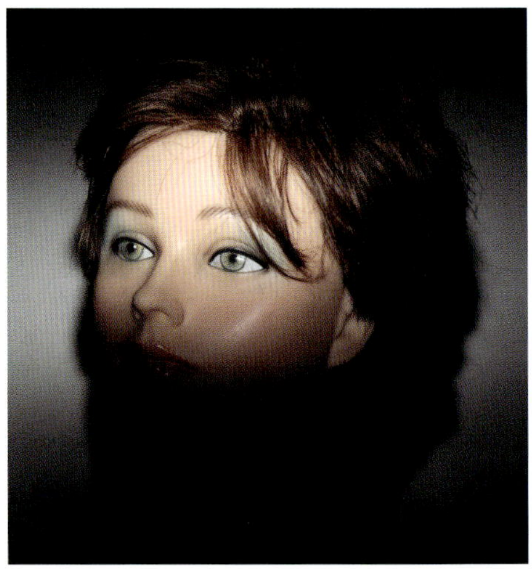

▲ *Aufnahme mit maximalem Auszug. Die harte Bündelung des Lichts ist gut zu erkennen.*

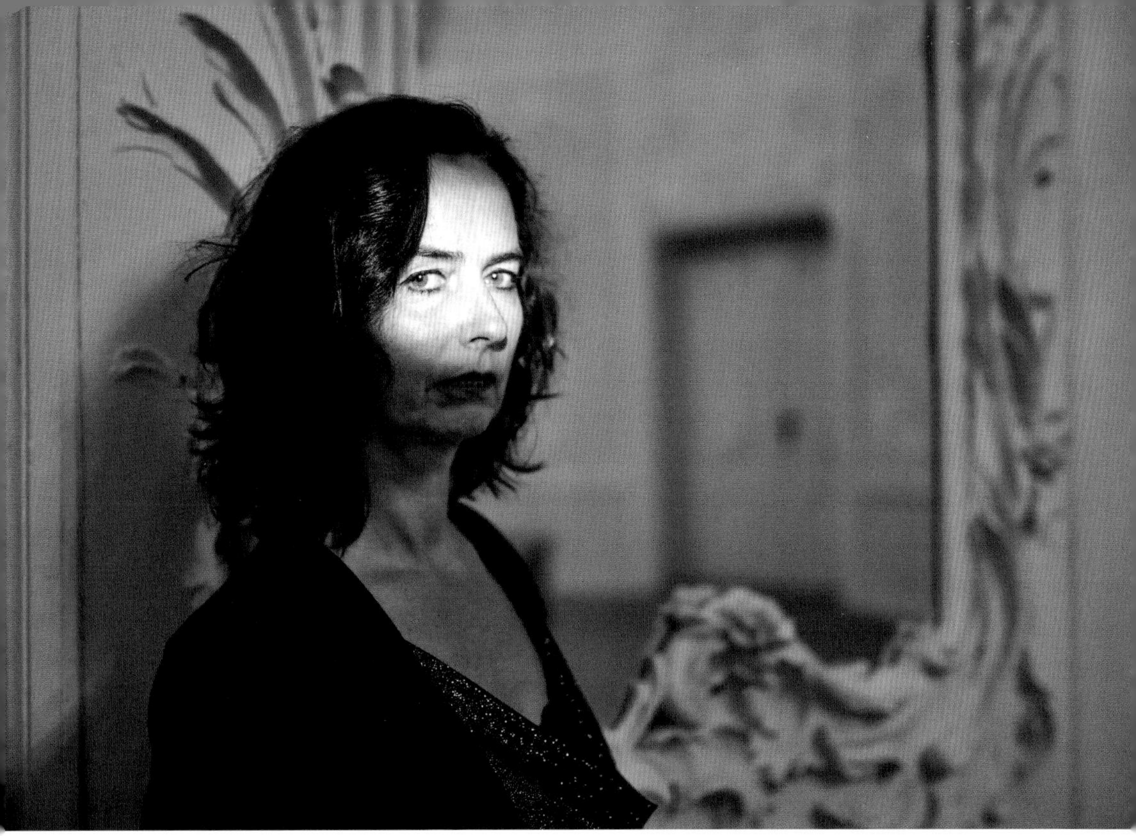

▲ *Aufnahme mit MagSnoot on Location aus größerer Distanz. Entfesselt geblitzt von der rechten Seite.*
f/1.4 | 1/100 s | ISO 800 | 35 mm | 0 EV | Blitz manuell 1/1 | seitlich von rechts mit MagSnoot

Werkzeug-Allerlei

Schraubendreher, Inbusschlüssel und Kabelbinder dürfen nicht fehlen. Die große Unterlegscheibe wird mit Schlüsselband und Karabiner an der Gürtellasche der Hose befestigt und dient zum Befestigen der Stativplattenschraube. Egal ob aus Kunststoff oder Metall gefertigt – kleine und mittlere Klammern bzw. Klemmen sind ideal, um z. B. den flatternden Trageriemen der Kamera bei viel Wind am Stativ zu befestigen. Oder Sie bändigen damit störende Äste vor dem Objektiv. Mit Gaffer Tape (Gaff), Klebeband und dickem Gummiband können Sie den Blitz schnell und sicher befestigen. Hier sind Ihrer Fantasie und Ihrem Spaß am Werkeln keine Grenzen gesetzt. Gegen nasse Knie oder zum Platzieren des Kamerabodys darauf ist ein blauer (Müll-)Sack bzw. ein Stück Isomatte sehr nützlich, und ein kleiner Regenschirm ist immer an der Seite meines Rucksacks befestigt.

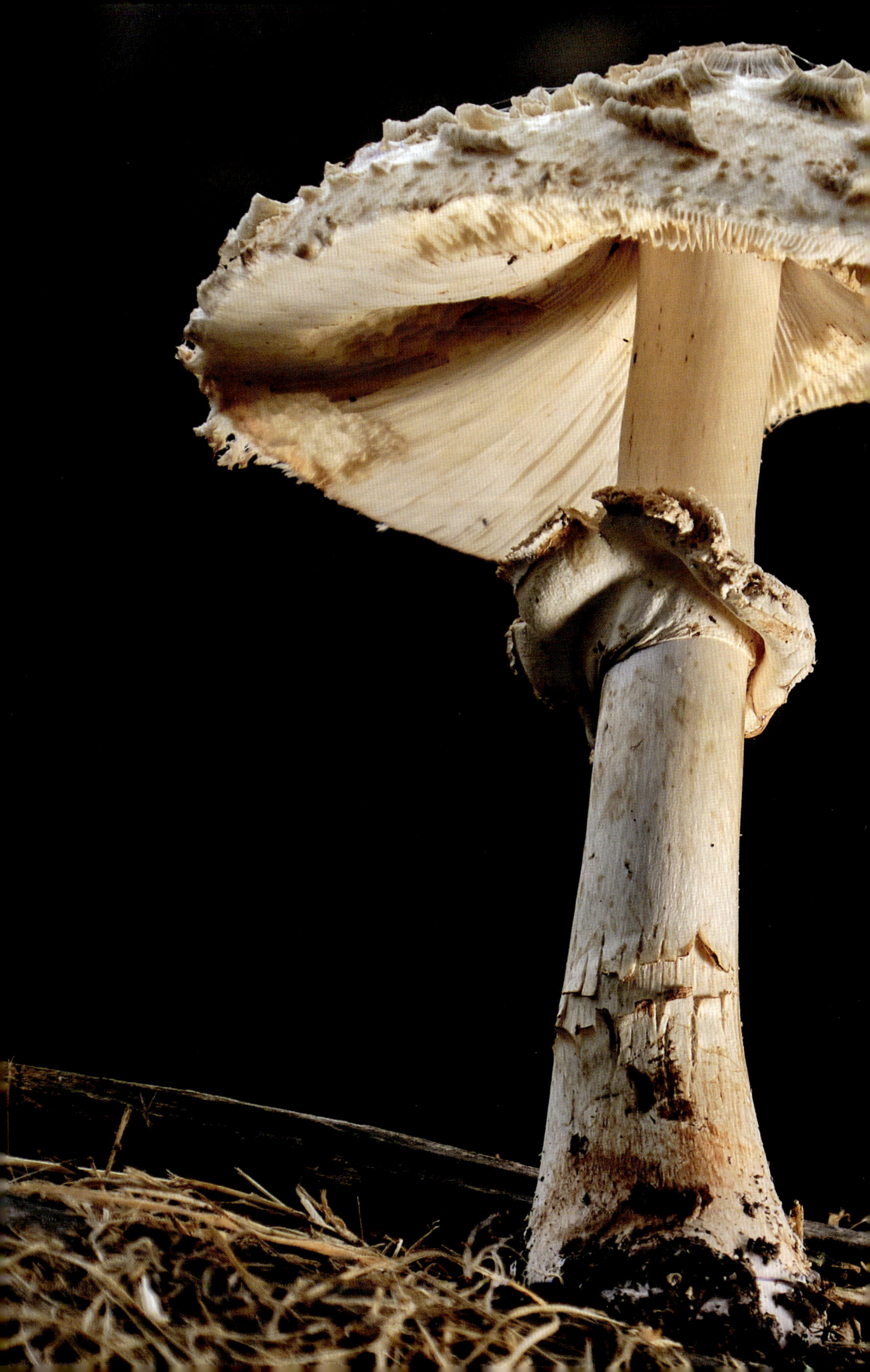

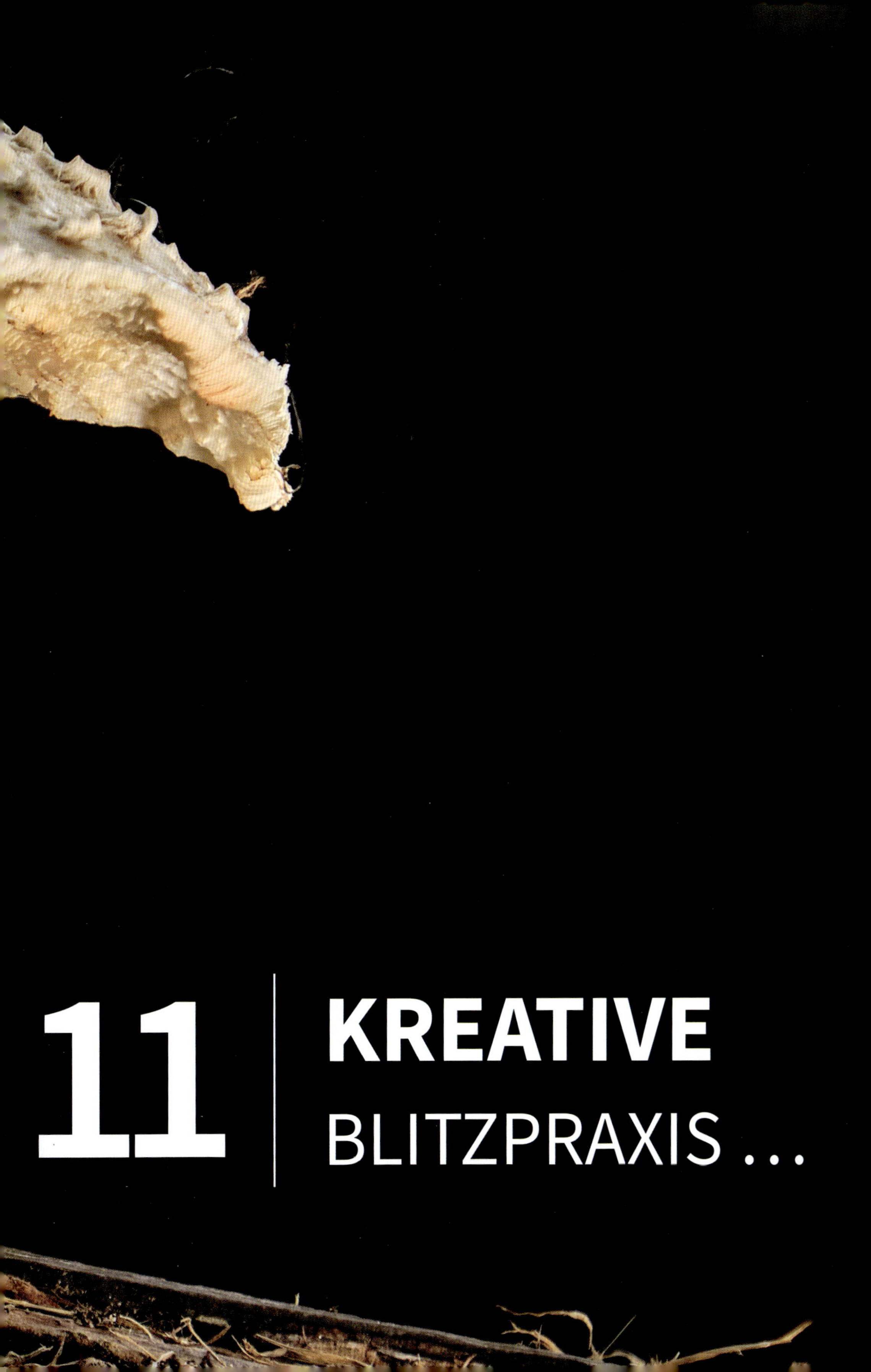

11 KREATIVE BLITZPRAXIS …

… mit Nagels Blitz-Quickies

Endlich kann es losgehen! Die in diesem Kapitel gezeigten beispielhaften Situationen fordern Sie auf zum Fotografieren mit Blitz, zum Nachmachen und zum Bessermachen. An erster Stelle stand für mich der Spaß an der Blitzfotografie und an der eigenen Kreativität. So entstanden die Aufnahmen häufig mit minimalistischem Aufwand und zurückhaltendem Perfektionismus – oftmals auch spontan, einfach aus der Situation heraus. Ich habe ganz bewusst Motive aus meinem näheren Umfeld gewählt und mich damit fotografisch auseinandergesetzt.

Natürlich kann in diesem Kapitel nicht alles, was möglich ist, aufgeführt und umfassend beschrieben werden. Sie werden ganz sicher noch viel mehr entdecken und fotografieren.

- Jedes Beispiel ist kurz dokumentiert und wird, falls erforderlich, ergänzt durch eine Skizze des Setaufbaus. Informationen zu den EXIF-Daten, der Aufnahme sowie zu den in der finalen Bearbeitung verwendeten Werkzeugen helfen Ihnen, die Technik hinter den Blitz-Quickies zu verstehen.

- Die Beispielfotos wurden im RAW-Format aufgenommen und anschließend moderat mit der Software Capture One 20 Pro und den Standardwerkzeugen entwickelt.

- Um eine Eins-zu-eins-Kopie der vorhandenen Aufnahmestimmung für die Dokumentation festzuhalten, erfolgte zusätzlich eine Aufnahme im JPEG-Format.

- In Abschnitten unter „Finale Bearbeitung“ habe ich die Werkzeuge aufgeführt, die z. B. zur Dramatisierung der Aufnahme oder Hervorhebung bestimmter Bereiche verwendet wurden – Vignette, Tiefen, Lichter oder Filter.

- Der gesamte Aufwand des Workflows wurde bewusst so gering wie möglich gehalten, damit Sie bereits einfach und schnell gute Bildergebnisse erreichen können.

▶ *Übersicht der verwendeten Symbole und deren Bedeutung.*

Bezeichnungen und Funktion der verwendeten Symbole

Interner Kamerablitz

Interner Kamerablitz mit Mastersteuerung

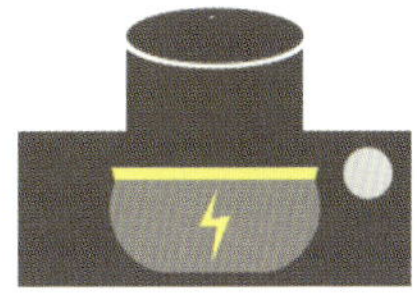
Externer Blitz auf der Kamera

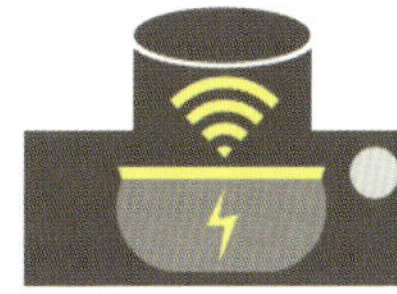
Externer Blitz mit Mastersteuerung

Externer Funkblitzauslöser mit Mastersteuerung

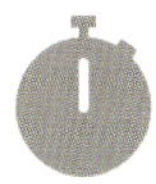
Selbstauslöser oder Funkauslöser an der Kamera aktiviert

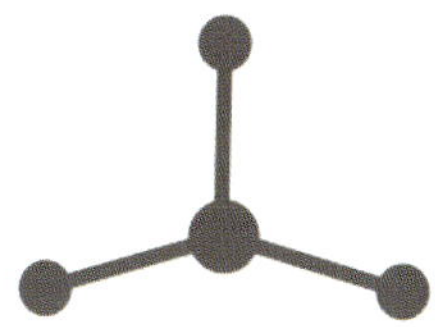
Stativ

Verlängerungsarm für externen Blitz

Entfesselter Blitz

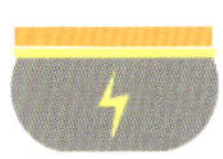
Entfesselter Blitz mit Orangefilter

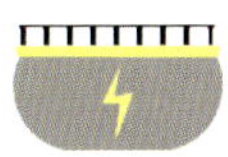
Entfesselter Blitz mit Grid

Entfesselter Blitz mit Softbox

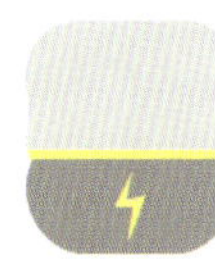
Entfesselter Blitz mit Sphere

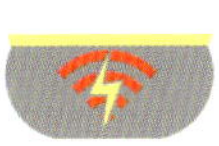
Entfesselter Blitz mit Funksteuerung

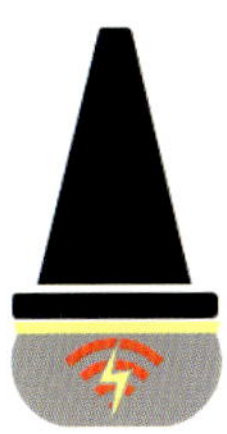
Entfesselter Blitz mit Funksteuerung und Snooze

Reflexionsfläche

Hintergrundfläche

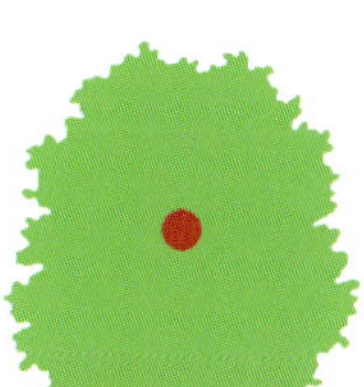
Baum

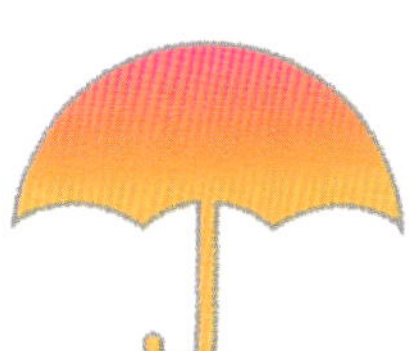
Schirm

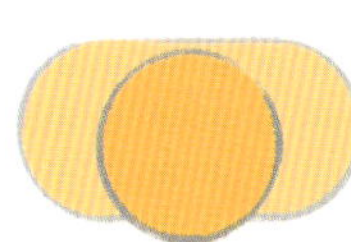
Person

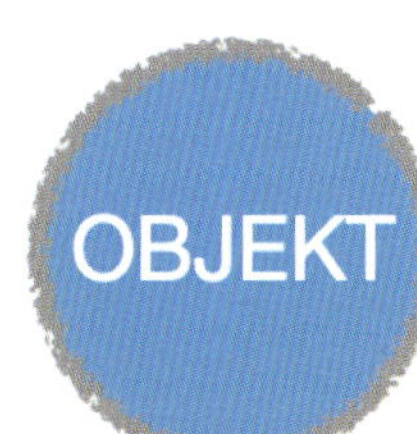

Objekt

{ 1 } Bootsanleger

Brücken, umgeben von Wellen und Wasser mit Blick auf den Horizont, sind auch ohne Einsatz eines Blitzgeräts eine willkommene Kulisse. Planen Sie Ihre Aufnahme und richten Sie den Aufnahmeort nach dem Stand der Sonne aus. Ideal geeignet ist ein lauer, windstiller Sommerabend mit einer lang anhaltenden Dämmerung. Fotografieren Sie am besten in zeitlichen Etappen in die Dämmerung hinein und kontrollieren Sie immer wieder das Ergebnis.

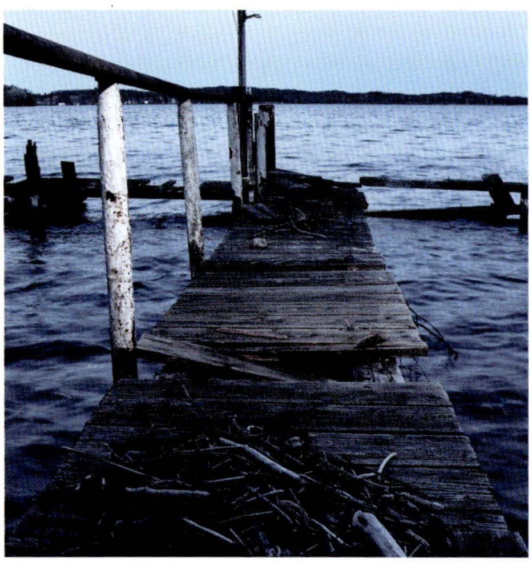

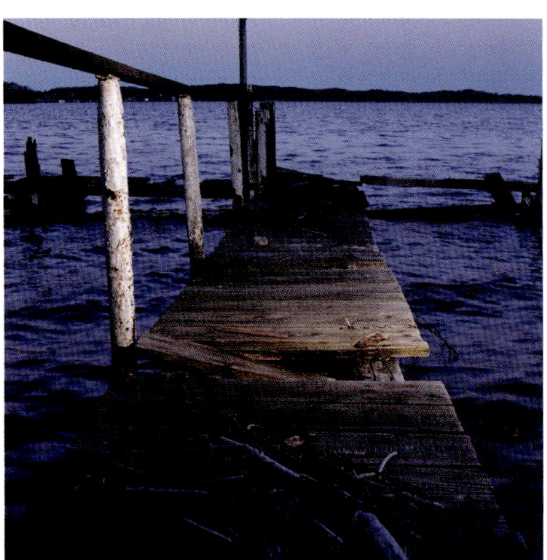

Aufnahme Version 1

Aufgrund der längeren Belichtungszeit von 1/8 Sekunde werden die Wellen etwas weicher abgebildet. Die Kamera befand sich auf einem Stativ, und der Trageriemen wurde entfernt, um kleinste Verwacklungen aufgrund von Windbewegung zu vermeiden.

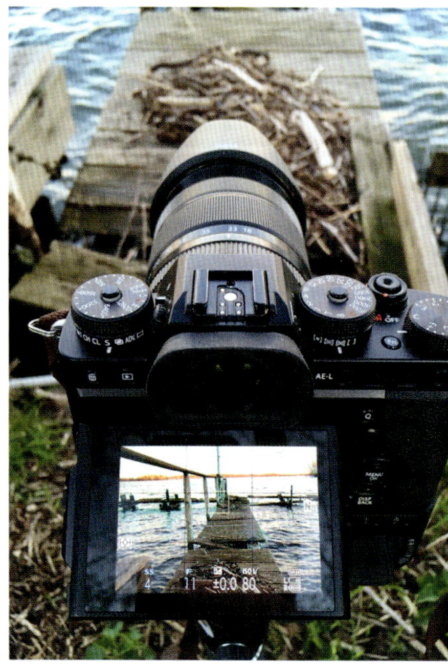

▲ *Da ich ca. zwei bis drei Meter von der Kamera entfernt positioniert war, habe ich die Kamera per Funk ausgelöst. Außerdem wurde der Selbstauslöser mit zehn Sekunden Vorlaufzeit und akustischem Signal aktiviert, um ausreichend Zeit für die Handhabung des Blitzes zu haben.*

◀ *Eine kühle Lichtstimmung aufgrund des manuellen Weißabgleichs von 4.000 Kelvin. Der Blitz wurde mit reduzierter Leistung von rechts auf die Bretter im Vordergrund gehalten.*

▼ *Weißabgleich auf 3.300 Kelvin und Orangefilter BTO 1/1 vor dem Blitzreflektor.*

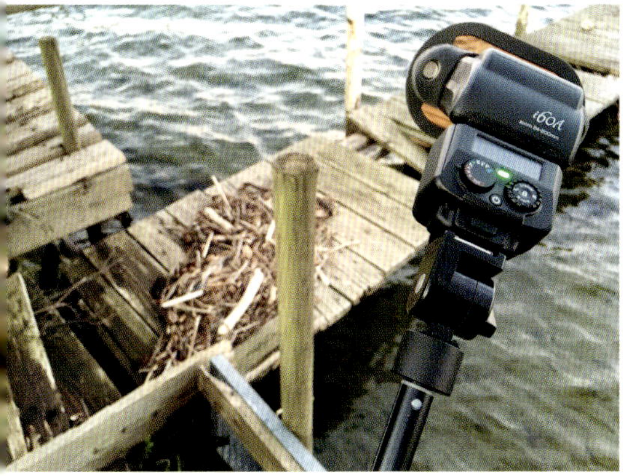

▲ *Der Blitz wurde am verlängerten Blitzarm gehalten (hier mit BTO 1/1 ohne MagGrid), um nahe am Objekt zu sein. Die Brücke sah nicht sehr vertrauenswürdig aus, daher verzichtete ich darauf, sie zu betreten.*

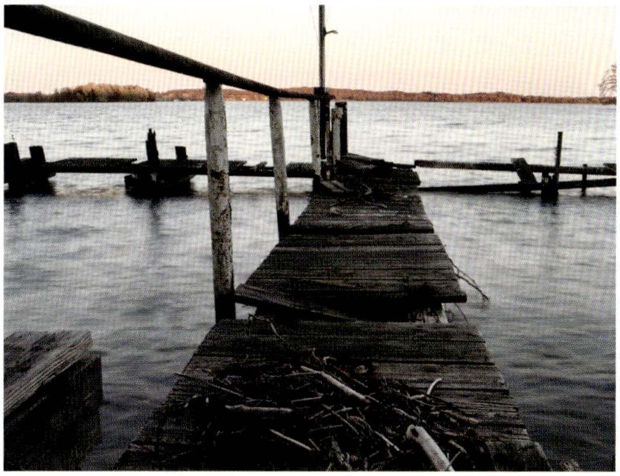

▲ *Auf dieser Aufnahme ist die Ausgangssituation ohne zusätzliches Blitzlicht zu erkennen.*

Aufnahmedokumentation

EINSTELLUNGEN DER KAMERA	
Kamera	Fujifilm X-T3
Objektiv	XF18-135 mm/F3.5-5.6
Brennweite	22 mm
ISO	80
Blende	f/9.0
Bel.-Zeit	1/8 s
WB	4.000 K
Messmethode	Mehrfeld
Bel.-Korrektur	0
Dateiformat	RAW
Stativ	ja
Selbstauslöser	ja
Funkauslöser	ja

EINSTELLUNGEN DER BLITZGERÄTE	
Modus	1/32
Zubehör	MagGrid
entfesselt, aus der Hand	
mehrfach geblitzt	

Finale Bearbeitung

- Kontrast und Sättigung erhöht
- Tiefen etwas reduziert
- Lichter reduziert
- Klarheit erhöht

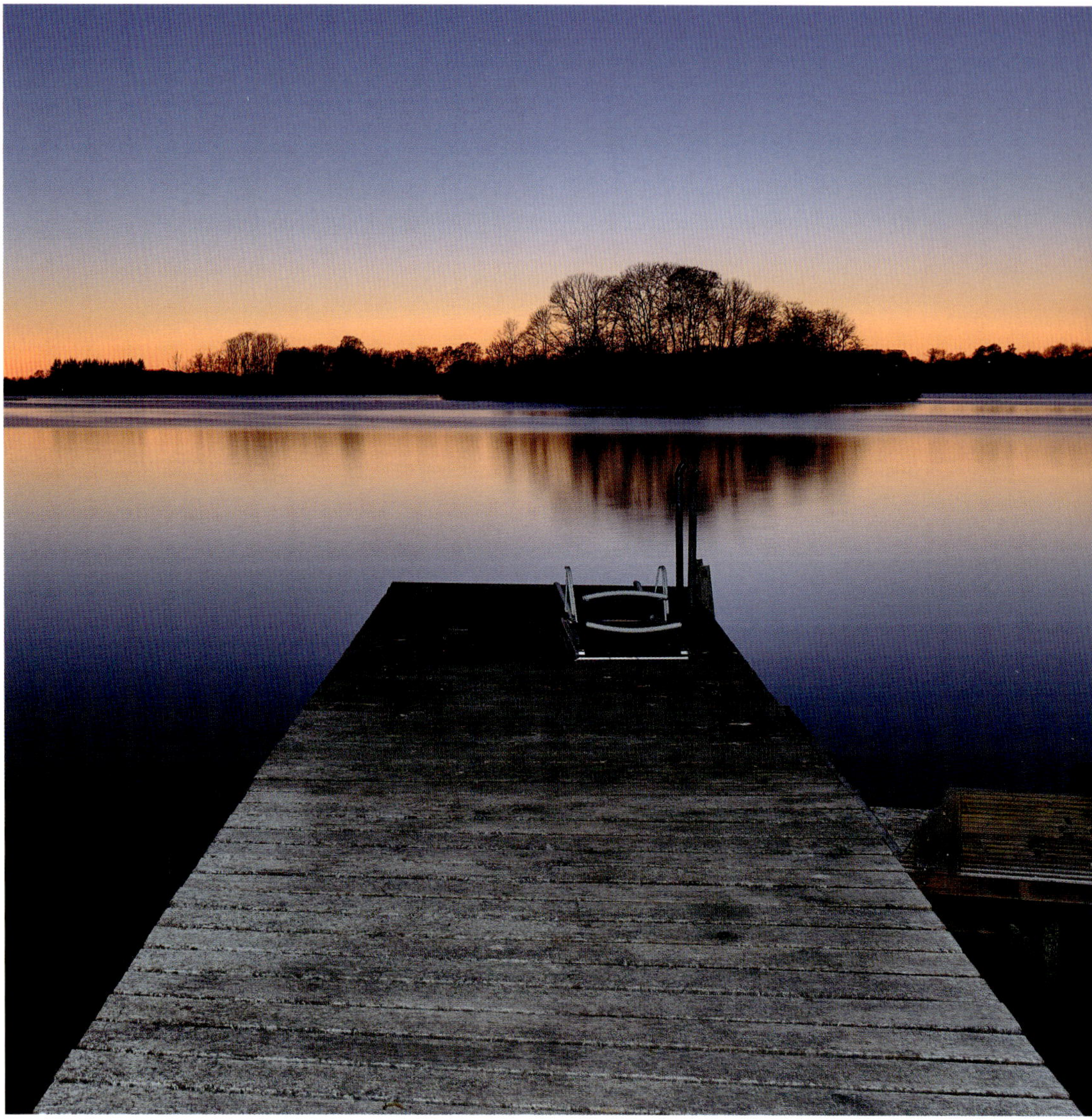

▲ *Die warme Lichtstimmung kurz nach Sonnenuntergang wurde zusätzlich durch einen manuellen Weißabgleich auf 5.500 Kelvin untermalt. Der Blitz hellt den Vordergrund der Brücke auf und wurde aus der Hand betätigt.*

Aufnahme Version 2

Aufnahmedokumentation

Die zweite Aufnahmereihe habe ich an einem klaren Abend mit lang andauernder Dämmerung in Richtung Sonnenuntergang fotografiert. Da die Brücke abgesperrt war, nahm ich eine hohe Position ein, um die störende Pforte nicht mit auf das Bild zu bekommen.

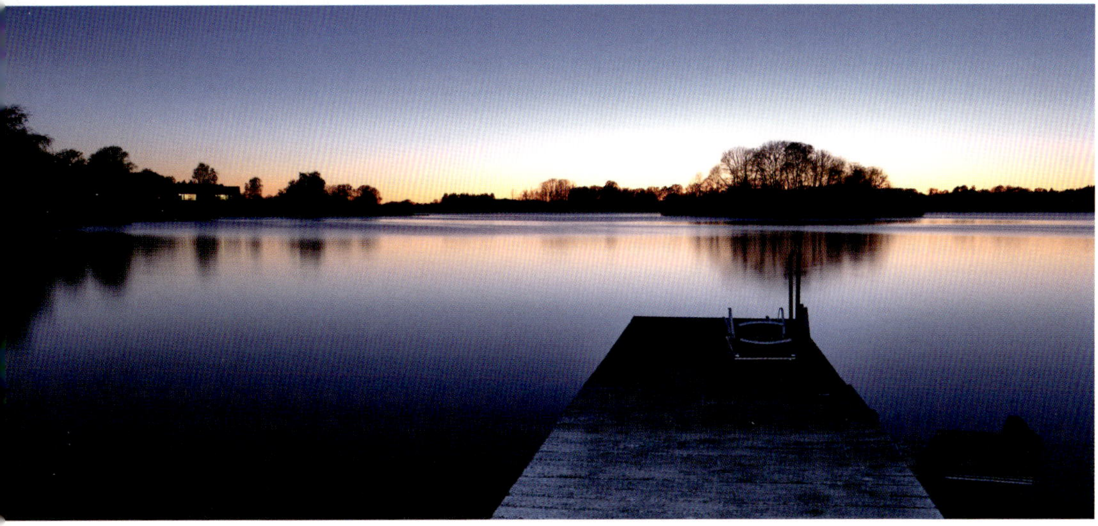

▲ *Die letzte Aufnahme wurde mit einem Weißabgleich auf 3.300 Kelvin aufgenommen. Da ich vor das Blitzgerät keinen Orangefilter gesetzt habe, gibt der Blitz ebenfalls kühles, bläuliches Licht ab.*

EINSTELLUNGEN DER KAMERA	
Kamera	Fujifilm X-T3
Objektiv	XF18-135 mm / F3.5-5.6
Brennweite	18 mm
ISO	80
Blende	f/11.0
Bel.-Zeit	15 s
WB	5.500 K/3.300 K
Messmethode	Mehrfeld
Bel.-Korrektur	0
Dateiformat	RAW
Stativ	ja
Selbstauslöser	ja
Funkauslöser	ja

EINSTELLUNGEN DES BLITZGERÄTS	
Modus	M 1/1
Zubehör	MagGrid
entfesselt, aus der Hand	

Finale Bearbeitung

- Kontrast und Sättigung erhöht
- Klarheit erhöht

{ 2 } Buggyjumping

Eine Sandkuhle, ein Dune Buggy und die Motivation, abends ab 22:30 Uhr die Kamera einzupacken, um ein paar ungewöhnliche Aufnahmen zu machen. Und ach ja, der Blitz gehört natürlich auch in den Rucksack. Ganz so einfach war es dann doch nicht. Mein Assistent benötigte ungefähr 30 Anläufe, bis wir ein paar brauchbare Ergebnisse im Kasten hatten. Die größte Herausforderung war, die Schärfe exakt auf den Buggy zu legen. Dies musste manuell geschehen, da der Autofokus aufgrund der Dunkelheit und der Geschwindigkeit des Objekts keine scharfen Bilder hervorbrachte. Der robuste Buggy hatte zwar ein bisschen gelitten, die kleinen Blessuren ließen sich jedoch mit einfachen Mitteln reparieren.

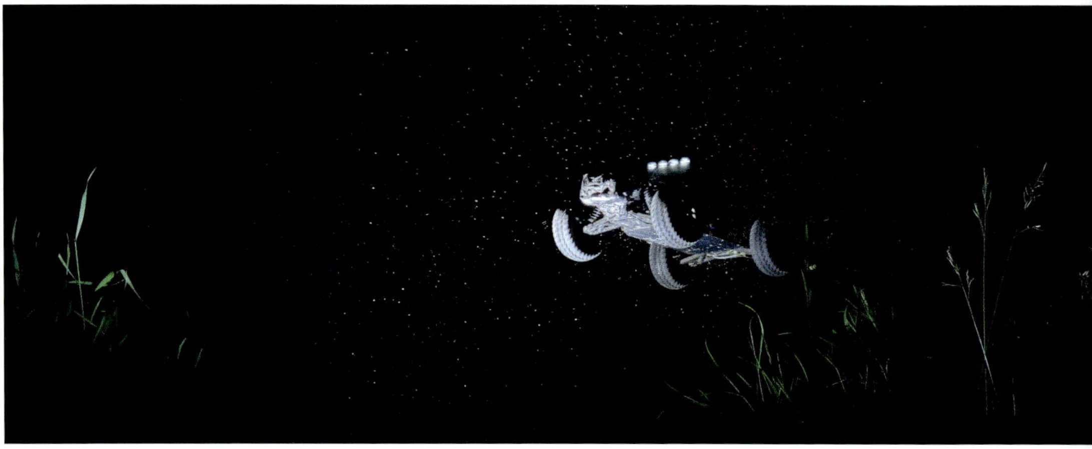

▲ *Der Fokus wurde vorher manuell gesetzt. Verwenden Sie eine Taschenlampe, um die Schärfe exakt setzen zu können. Eine kleine Blende und ein Weitwinkelobjektiv sorgen für einen großen Schärfebereich und eine erhöhte Treffsicherheit.*

▶ *Auf dieser Aufnahme können Sie die tiefe Position des Blitzgeräts sehr gut erkennen. Die Lichtabgabe am Blitzgerät erfolgte manuell, um immer die exakt gleiche Lichtmengendosis zu bekommen.*

▶ *Fly, fly away.*

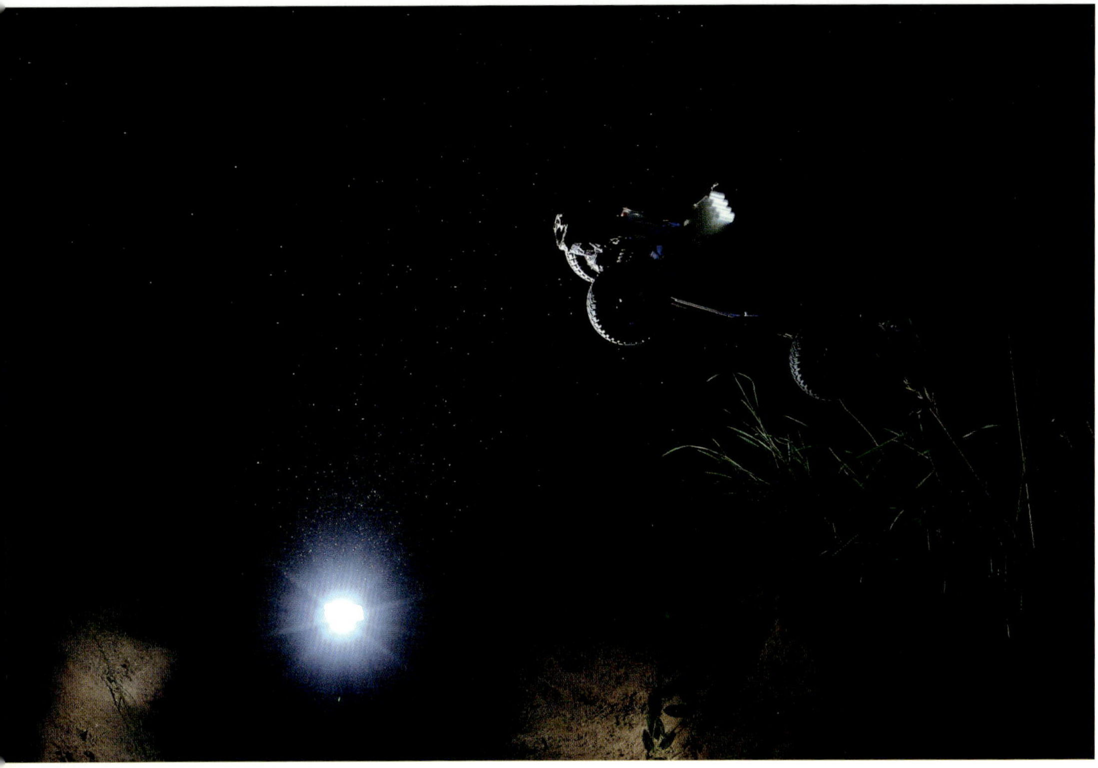

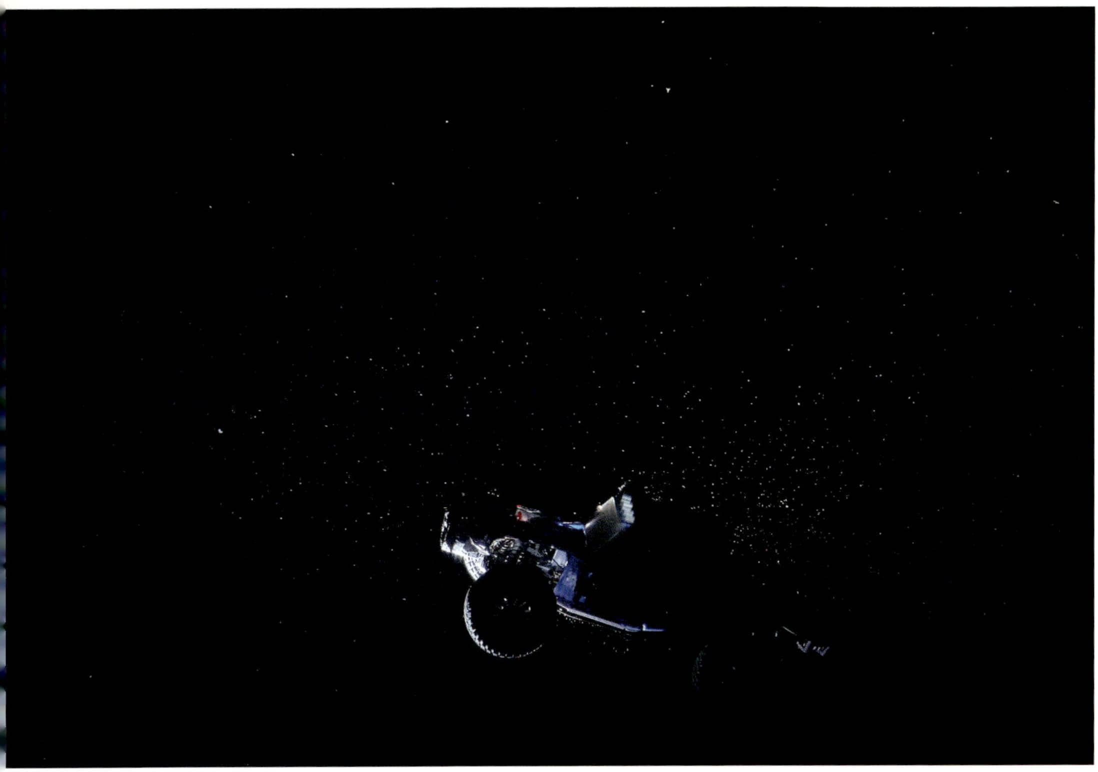

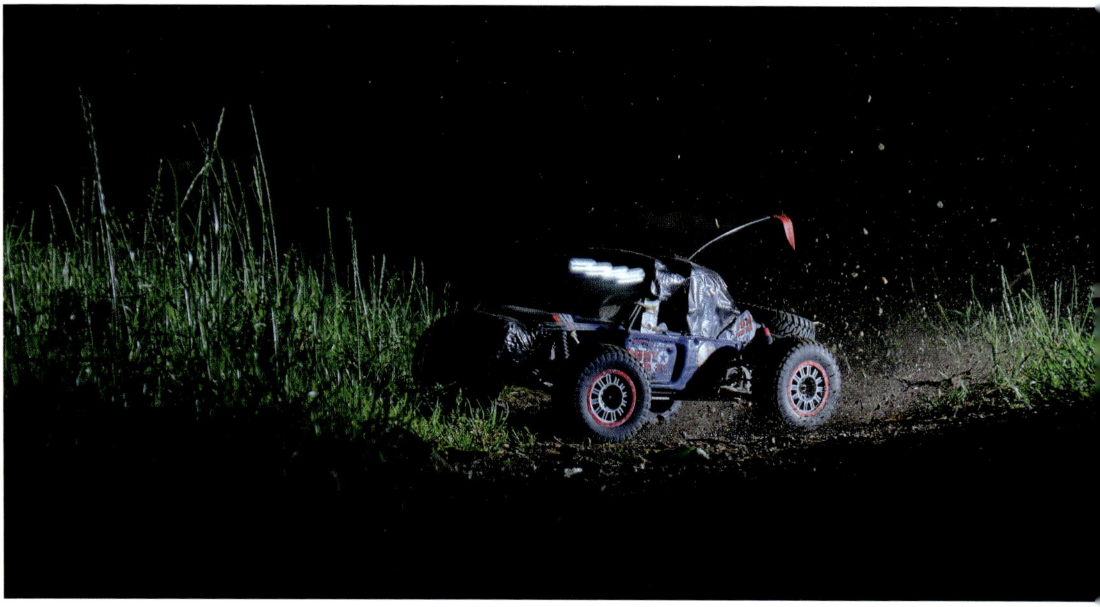

Variation auf dem Sandweg

Aufnahmedokumentation

EINSTELLUNGEN DER KAMERA	
Kamera	Fujifilm X-T3
Objektiv	XF18-135 mm/F3.5-5.6
Brennweite	60 mm
ISO	3200
Blende	f/8.0
Bel.-Zeit	1/125 s
WB	5.000 K
Messmethode	Mehrfeld
Bel.-Korrektur	–1
Dateiformat	RAW
Stativ	-
Selbstauslöser	-
ausgelöst aus der Hand	

EINSTELLUNGEN DES BLITZGERÄTS	
Modus	M 1/2
Zubehör	Gorillapod-Stativ
entfesselt, in der Grube liegend	
per Funk ausgelöst	

Finale Bearbeitung

- Tiefen abgesenkt
- Kontrast erhöht
- Schärfe erhöht
- Dynamik erhöht

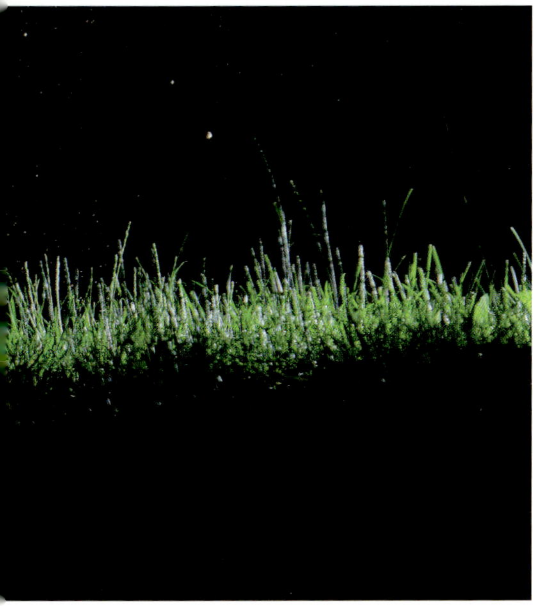

Aufnahmeskizze

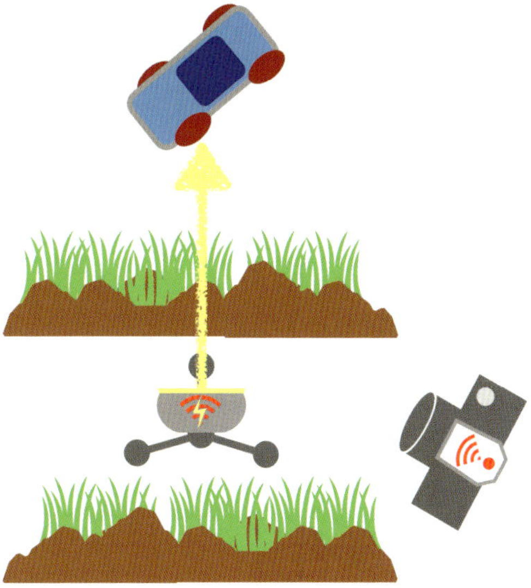

▲ *Und weil das Shooting so viel Spaß machte, stellten wir den Blitz von rechts kommend ins Bild (manuell 1/32), legten die Kamera auf den Sandweg und ließen den Buggy ein paar Pirouetten drehen. Fokus manuell gesetzt, Blitz per Funk gezündet. Da fliegen die Fetzen …*

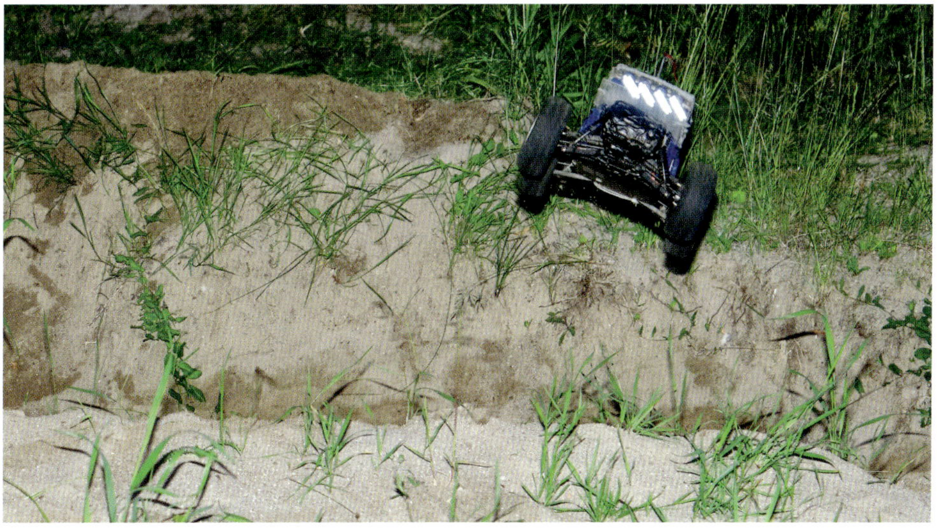

▲ *Der Buggy musste mehrmals über eine zuvor angelegte Sandgrube springen. Das entfesselte Blitzgerät befand sich direkt unterhalb des Objekts, befestigt auf einem Gorillapod-Stativ. Vorsicht: Sie müssen damit rechnen, dass der Blitz die eine oder andere „Ladung" Sand abbekommt. Im Zweifel decken Sie das Gerät lieber mit einer durchsichtigen Folie ab, um das Eindringen von Sandkörnern zu vermeiden.*

{ 3 } David und Goliath

Die Bildidee entstand quasi im Vorbeigehen: Ein mächtiger Baumstamm im Hintergrund (Goliath), und im Vordergrund steht der zarte und verletzliche Trieb eines jungen Baums (David). Die lange Belichtungszeit von 1/8 Sekunde erlaubt einen vertikalen Wischeffekt mit der Kamera aus der Hand. Der per Funk ausgelöste Blitz unterhalb des jungen Baumtriebs friert einen Teil der Bewegung ein.

▶ Das vorhandene Licht wurde etwas reduziert, damit das Blitzlicht stärker an Dominanz gewinnt.

▼ Eine weitere Variante. Die Kamera wurde aus freier Hand mit 1/15 Sekunde ca. 30 Grad um die eigene Achse gedreht. So entstand ebenfalls ein spannender Effekt.

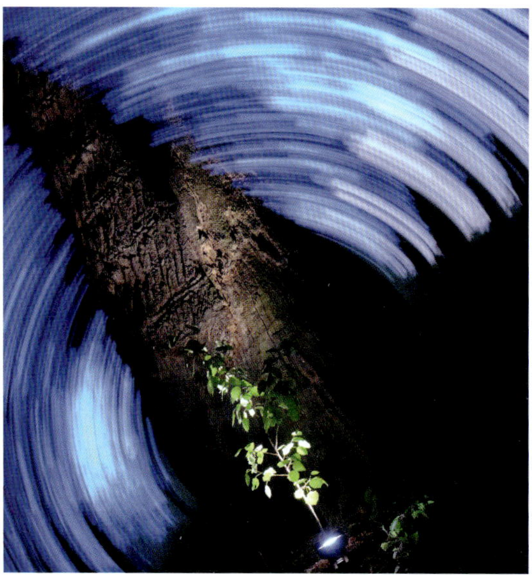

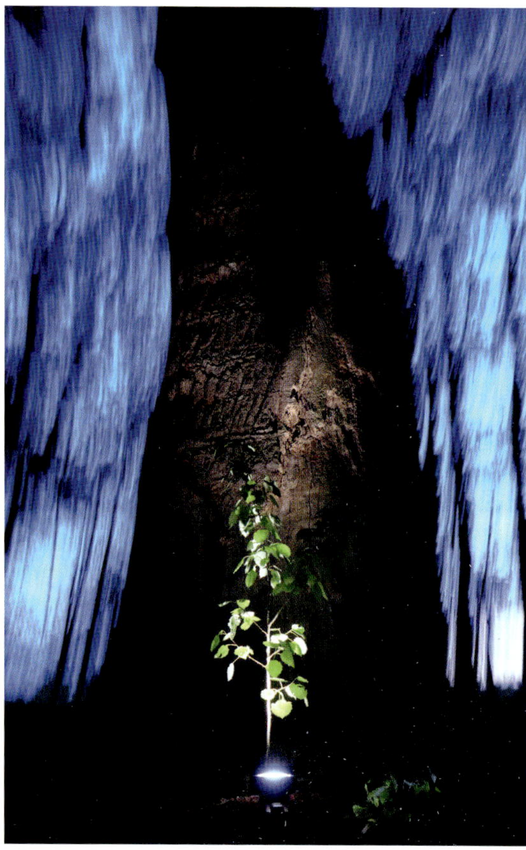

Aufnahmedokumentation

EINSTELLUNGEN DER KAMERA	
Kamera	Fujifilm X-T3
Objektiv	XF18-135 mm / F3.5-5.6
Brennweite	18 mm
ISO	160
Blende	f/4.0
Bel.-Zeit	1/8 s
WB	3.300 K
Messmethode	Mehrfeld
Bel.-Korrektur	–2
Dateiformat	RAW
Stativ	-
Selbstauslöser	-
Sonstiges	Funkfernauslöser

EINSTELLUNGEN DES BLITZGERÄTS	
Modus	TTL
Blitzkorrektur	+2 EV
Zubehör	MagGrid
Filter	CTO 1/1
entfesselt ausgelöst	

Finale Bearbeitung

- Kontrast und Sättigung erhöht
- Tiefen reduziert
- Dynamik erhöht

Aufnahmeskizze

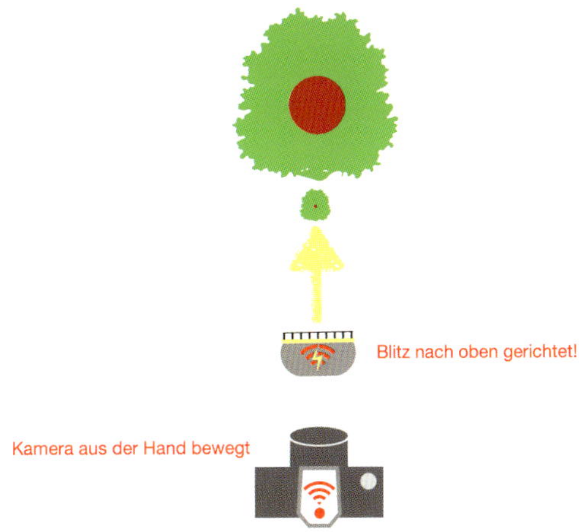

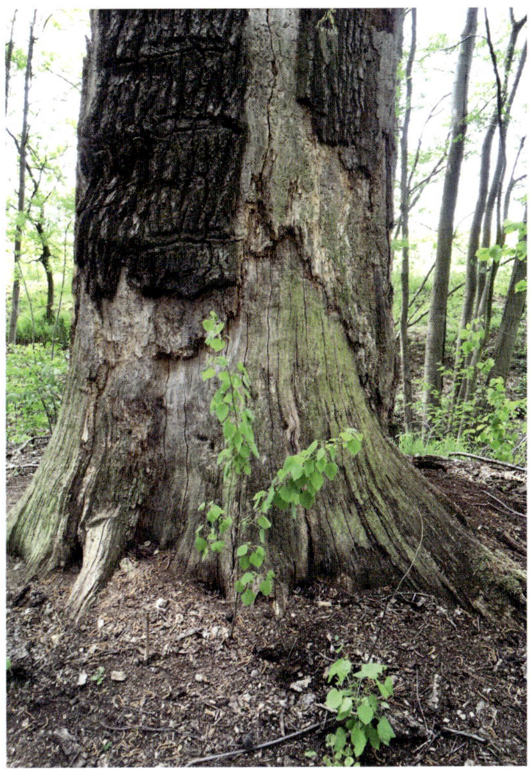

▲ *Diese beiden Bäume standen für die Aufnahme Pate.*

{ 4 } Drachenbaum

Die skurrile Eiche habe ich bei einsetzender Dämmerung bis in die Dunkelheit hinein aufgenommen, um die Strukturen der Wolken festhalten und den richtigen Moment erwischen zu können. Insgesamt verweilte ich zwei Stunden, um in zeitlichen Abständen Aufnahmen zu erstellen. Der Blitz wurde aus der Hand ausgelöst. Der Selbstauslöser der Kamera (mit akustischem Ton) signalisierte mir auf großer Distanz, wann ich mich in Position bringen und den Blitz zünden konnte.

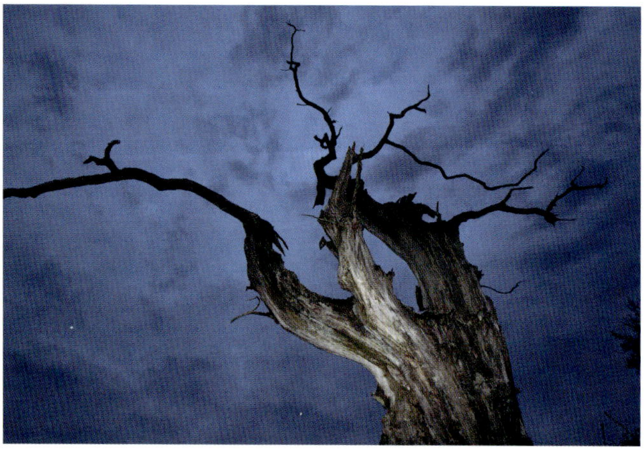

◄ *Hier wurde der Baum von unten angeblitzt. Die Struktur der Wolken am Himmel ist in der einsetzenden Dämmerung noch gut zu erkennen.*

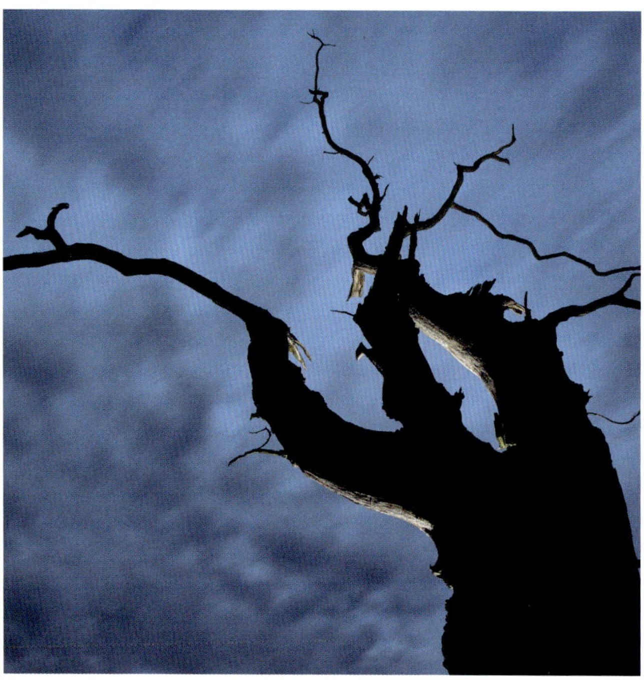

◄ *Von der Rückseite des Baums in Richtung Kamera geblitzt.*

Aufnahmedokumentation

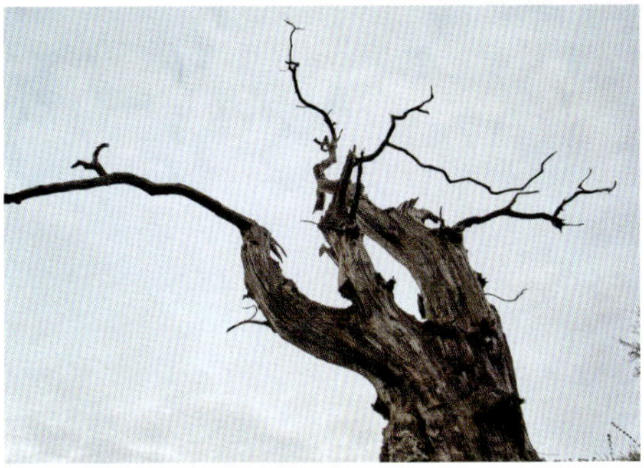

▲ *Die vertrocknete Eiche steht auf einer sumpfigen Wiese und bietet ausreichend Raum für das entfesselte Blitzen.*

EINSTELLUNGEN DER KAMERA	
Kamera	Fujifilm X-T3
Brennweite	12 mm
Objektiv	Samyang 12 mm / 2,0
ISO	160
Blende	f/5.6
Bel.-Zeit	30 s
WB	2.500 K
Messmethode	Mehrfeld
Bel.-Korrektur	–2
Dateiformat	RAW
Stativ	ja
Selbstauslöser	ja
Sonstiges	Funkfernauslöser
Tipp	Lichtstimmung abwarten

Aufnahmeskizze

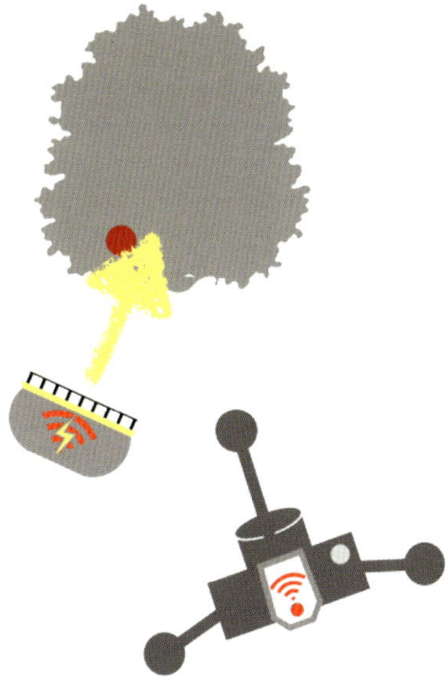

EINSTELLUNGEN DES BLITZGERÄTS	
Modus	M 1/2
Zubehör	MagGrid
Filter	CTO 1/1
entfesselt aus der Hand ausgelöst	

Finale Bearbeitung

- Vignette gesetzt
- Tiefen reduziert
- Dynamik erhöht

{ 5 } Fundstücke

Ein Lagerraum in einem 100 Jahre alten Speicher mit Fenstern, durch die Licht von außen auf die eingestaubten Radios und Fernsehgeräte scheint. Da juckt der Auslösefinger des Fotografen.

Um direktes Sonnenlicht zu vermeiden, habe ich bei den Aufnahmen den Sonnenstand geplant und erst am späten Abend fotografiert. Die Kamera stand auf dem Stativ, und der Blitz wurde auf dem Joby Gorillapod befestigt.

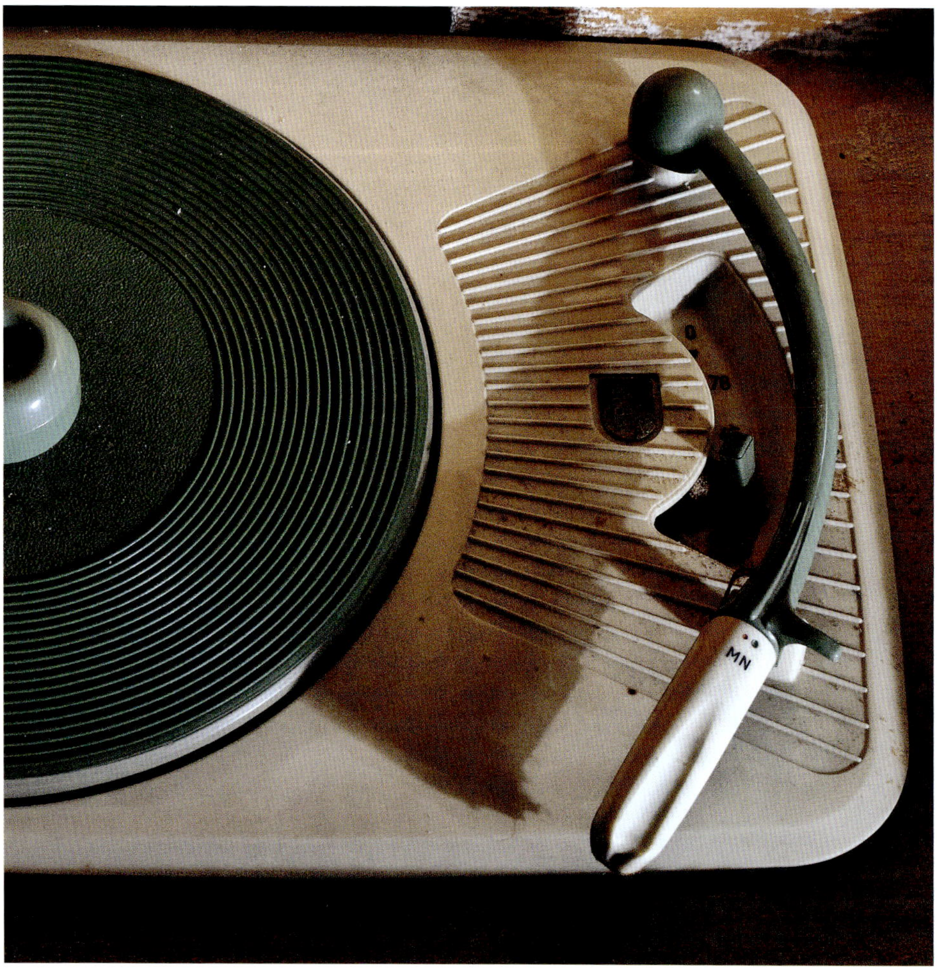

▲ *Die finale Aufnahme.*

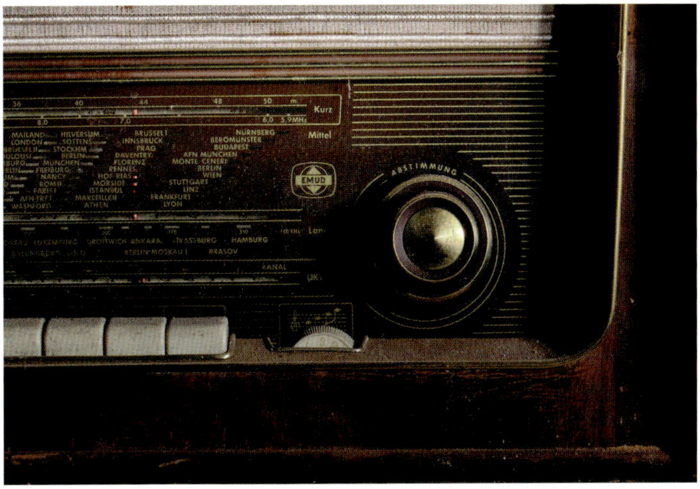

◀ *Der MagBeam mit Schlitzmaske wurde rechts ins Bild gesetzt und erzeugt ein Streifenmuster auf dem alten Radio.*

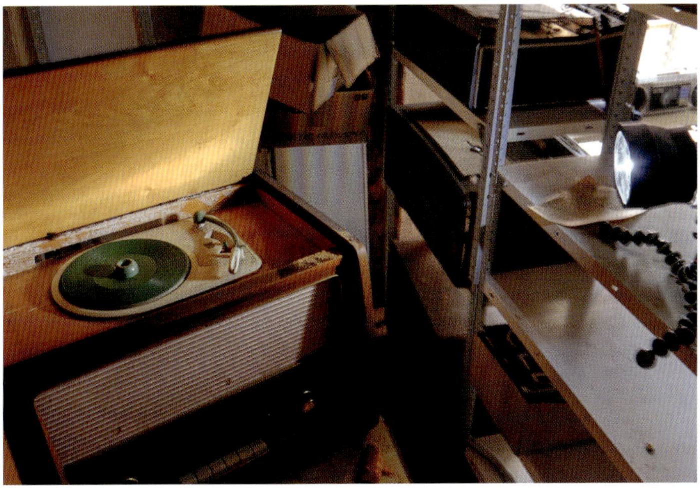

◀ *So sieht der einfache Aufbau für die Aufnahme des Plattenspielers aus.*

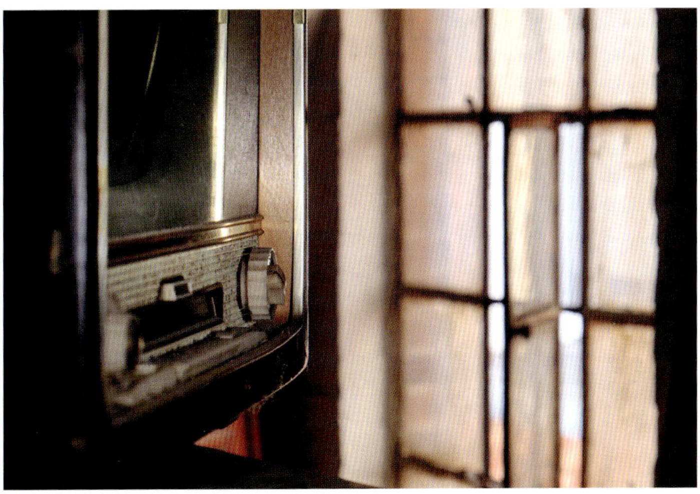

◀ *Die Fenster sorgen für eine leichte Aufhellung des Hintergrunds.*

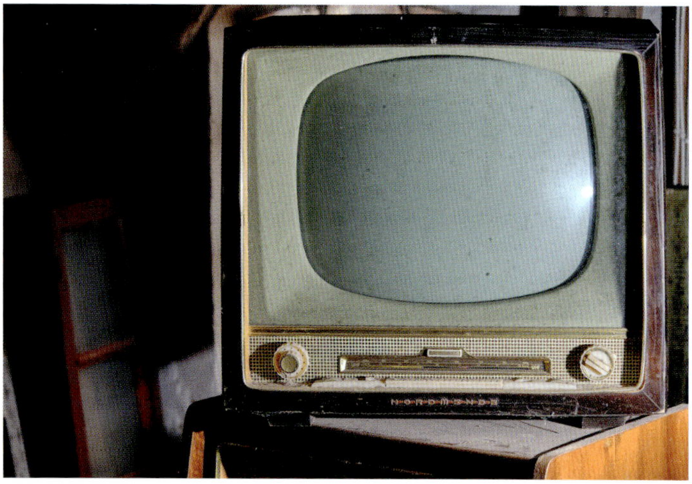

◂ *Zum Vergleich: Wenn frontal geblitzt wird, geht die besondere Lichtstimmung im Raum verloren.*

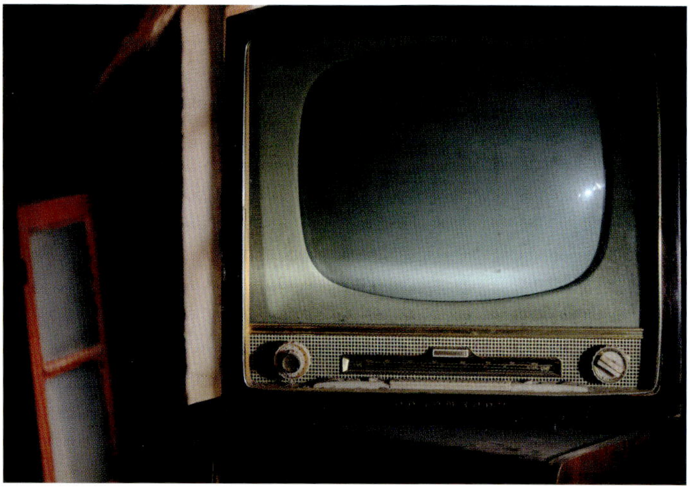

◂ *Mit dem MagBeam und der Schlitzmaske wird ein spannender Lichteffekt auf das TV-Gerät geworfen. Der Blitz kommt von rechts. Manuell geblitzt mit 1/64 Leistung.*

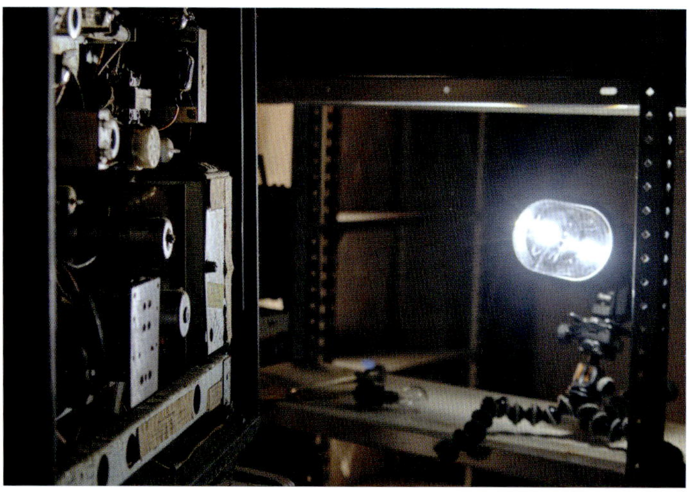

◂ *Der entfesselte Blitz wurde auf den Blitzfuß gesetzt und auf den Stativkopf des Gorillapods geschoben.*

Aufnahmedokumentation

EINSTELLUNGEN DER KAMERA	
Kamera	Fujifilm X-T3
Objektiv	XF18-135 mm / F3.5-5.6
Brennweite	30 mm
ISO	800
Blende	f/5.6
Bel.-Zeit	1/125 s
WB	5.000 K
Messmethode	Mehrfeld
Bel.-Korrektur	–1
Dateiformat	RAW
Stativ	ja
Selbstauslöser	ja
Sonstiges	Funkfernauslöser

EINSTELLUNGEN DES BLITZGERÄTS	
Modus	M
Leistung	1/64
Zubehör	MagBeam mit Schlitzmaske
entfesselt ausgelöst	

Finale Bearbeitung

- Kontrast und Sättigung erhöht
- Tiefen etwas reduziert
- Lichter reduziert
- Klarheit erhöht

Aufnahmeskizze

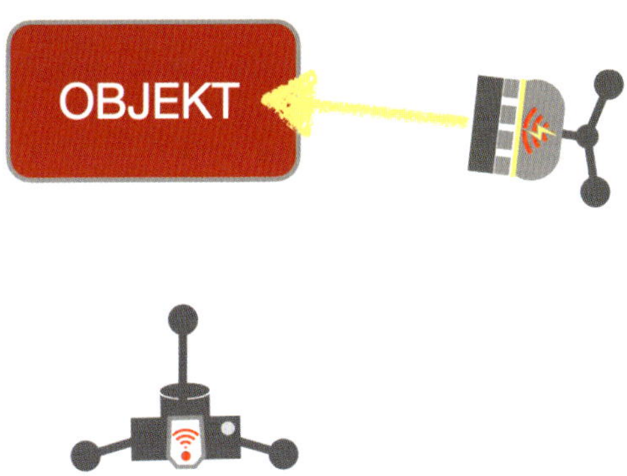

{ 6 } Goldschwan

Das Schwanenpaar hatte ich am Abend zuvor auf einem kleinen Waldsee entdeckt. Am nächsten Abend positionierte ich mich hinter einem Baum und hoffte, dass sich zumindest einer der beiden Schwäne noch einmal blicken lassen würde. Ich hatte Glück und konnte innerhalb eines Zeitfensters von ca. 15 Minuten meine Aufnahmen machen. Das Licht am Aufnahmeort war leicht diffus, sodass ich weder harte Schatten noch hohe Kontraste zu befürchten hatte.

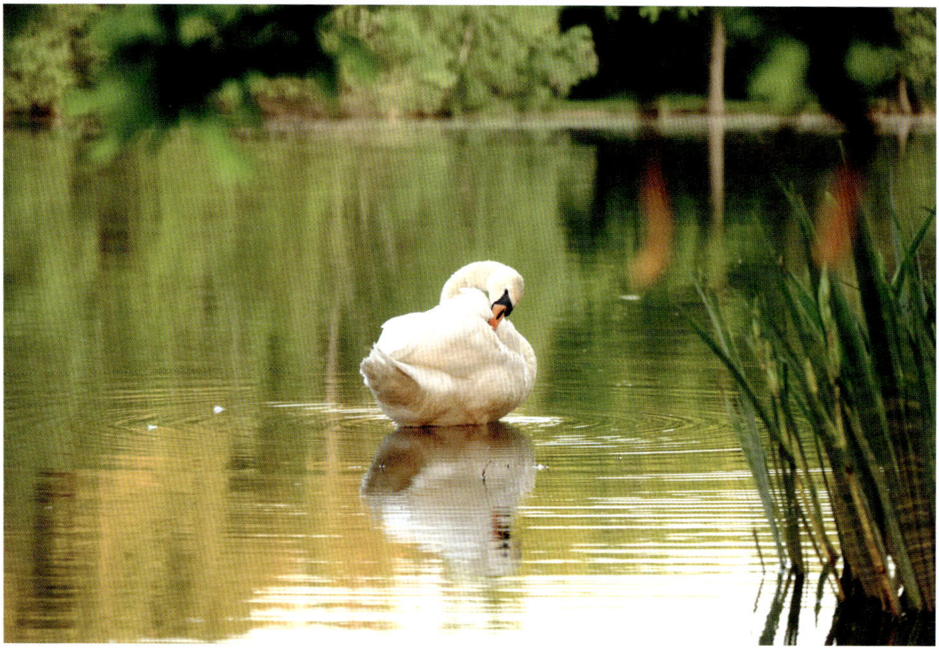

▲ *Der Orangefilter vor dem Blitzreflektor zaubert ein warmes Licht auf das Gefieder des Schwans. Das MagGrid bündelt das Licht stärker, und eine Blitzkorrektur von +3 EV sorgt für ausreichend Blitzlicht.*

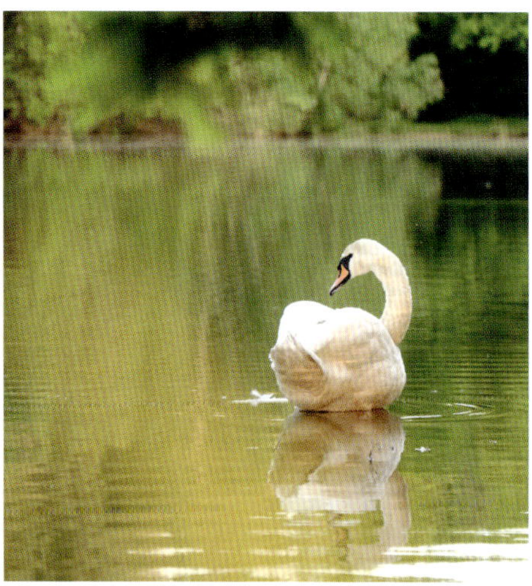

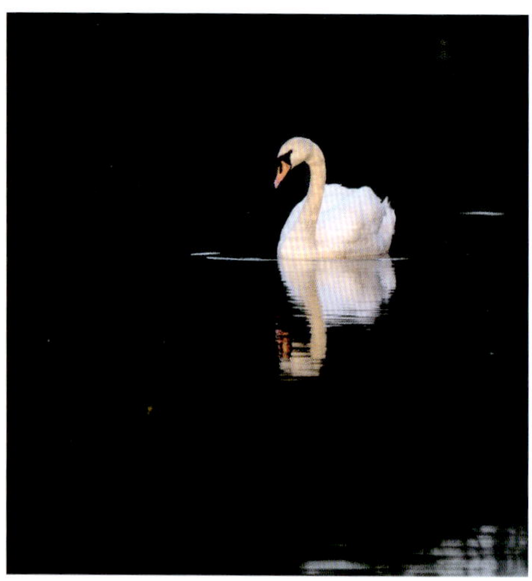

Aufnahmedokumentation

EINSTELLUNGEN DER KAMERA	
Kamera	Fujifilm X-T3
Objektiv	XF18-135 mm / F3.5-5.6
Brennweite	135 mm
ISO	1600
Blende	f/5.0
Bel.-Zeit	1/140 s
WB	5.000 K
Messmethode	Mehrfeld
Bel.-Korrektur	–1
Dateiformat	RAW
Stativ	-
Selbstauslöser	-
Sonstiges	-
Tipp	Lichtstimmung abwarten

EINSTELLUNGEN DES BLITZGERÄTS	
Modus	TTL
Blitzkorrektur	+3 EV
Zubehör	MagGrid
Filter	CTO 1/1
Blitz auf der Kamera	

Aufnahmeskizze

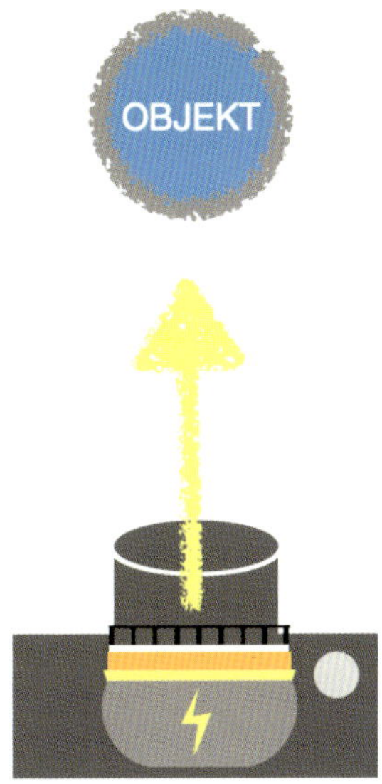

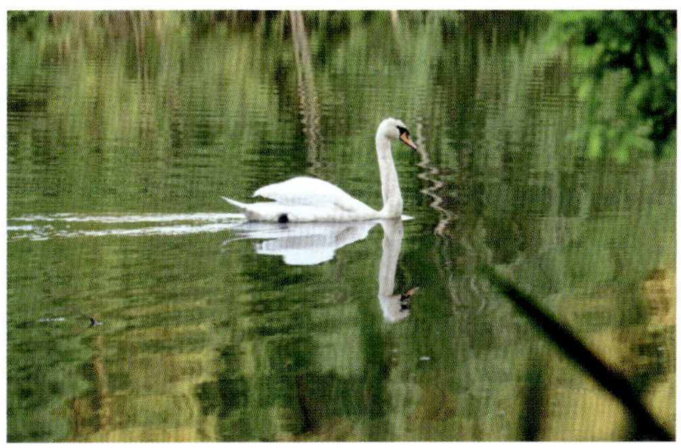

▲ *Die Aufnahme zeigt die am Aufnahmeort herrschenden Lichtverhältnisse ohne Blitzaufhellung.*

◀ *Aufgrund der großen Blendenöffnung und der geringen Distanz werden die Blätter im Vordergrund unscharf abgebildet.*

▼ *Eine kräftige Unterbelichtung von –3 EV auf das Umgebungslicht gibt die Wasseroberfläche fast schwarz wieder und erhöht den Kontrast in der Aufnahme. So kommt das warm angeblitzte Gefieder noch stärker zur Geltung. In der finalen Bearbeitung habe ich die dunklen Tonwerte zusätzlich stärker abgesenkt.*

Finale Bearbeitung

- Sättigung etwas erhöht
- Dynamik etwas erhöht
- Tiefen reduziert

{ 7 } Lost Place I

Verbotenes macht ja bekanntlich Spaß. Häufig entdecke ich Aufnahmen im Internet oder in den sozialen Medien, die auf gesperrtem Terrain erstellt wurden, um außergewöhnliche Ergebnisse zu erhalten. Den Reiz des Verbotenen, die Schönheit des Verfalls und den Nervenkitzel beim Erkunden machen die Besonderheiten dieser Art von Fotografie aus. Ganz ungefährlich sind diese Aufnahmeorte jedoch nicht, und es bedarf einer präzisen Vorbereitung. Im Prinzip begehen Sie sogar Hausfriedensbruch, was aber nicht zwangsläufig zur Anzeige führen muss. Seien Sie respektvoll, gut vorbereitet und beachten Sie die lokalen Gegebenheiten! Vorsicht: Oftmals sind die alten, abbruchreifen Gebäude auch einsturzgefährdet.

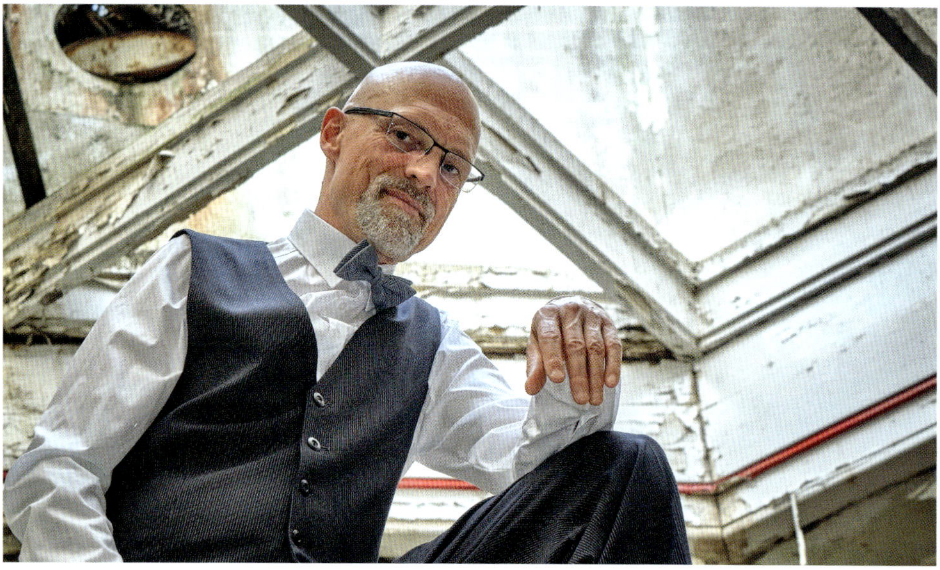

▲ *Die ersten Aufnahmen fanden im ersten Stockwerk in einem lichtdurchfluteten Flur statt. Vor dem Blitz habe ich das MagSphere befestigt, um eine weiche Aufhellung der Person zu bekommen. Der Blitz wurde korrigiert mit –1 EV.*

▶ *Das MagSphere auf der Kamera sorgt für angenehm weiches Licht und erzeugt ein fast schattenfreies Bild.*

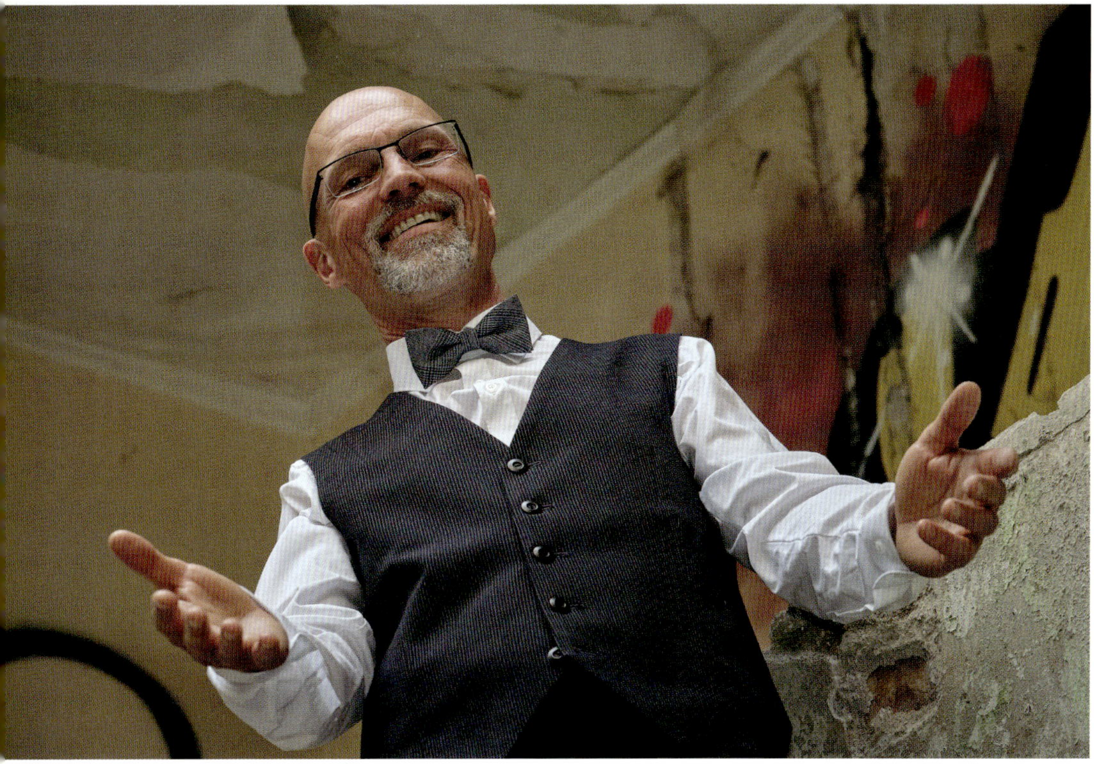

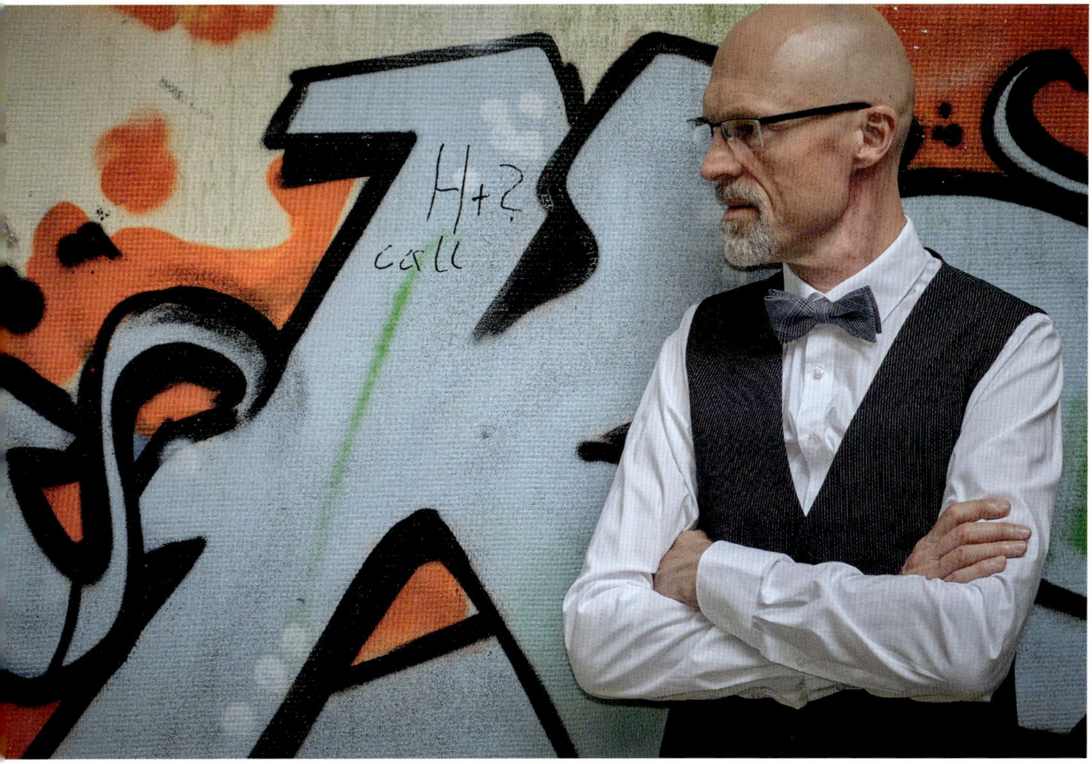

Aufnahmedokumentation

EINSTELLUNGEN DER KAMERA	
Kamera	Fujifilm X-T3
Objektiv	XF55-200 mm/ F3.5-4.8 R
Brennweite	60 mm
ISO	800
Blende	f/5.0
Bel.-Zeit	1/125 s
WB	5.000 K
Messmethode	Mehrfeld
Bel.-Korrektur	0
Dateiformat	RAW
Stativ	-
Selbstauslöser	-
Sonstiges	-

EINSTELLUNGEN DES BLITZGERÄTS	
Modus	TTL
Korrektur	–1 EV
Zubehör	MagSphere auf der Kamera

Finale Bearbeitung

- Sättigung reduziert
- Tiefen und Schatten aufgehellt
- Lichter reduziert
- Klarheit reduziert
- Dynamik vermindert

Aufnahmeskizze

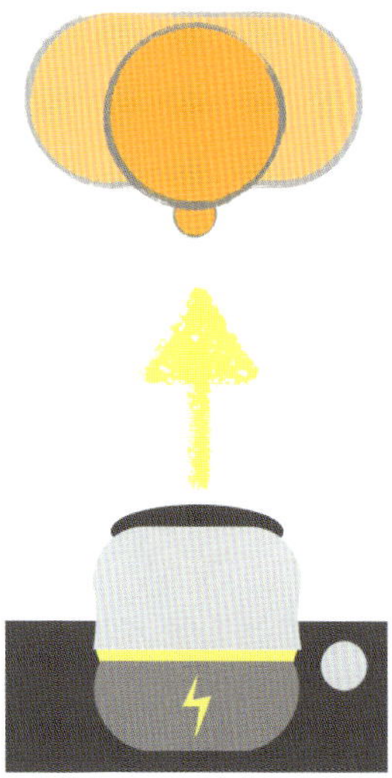

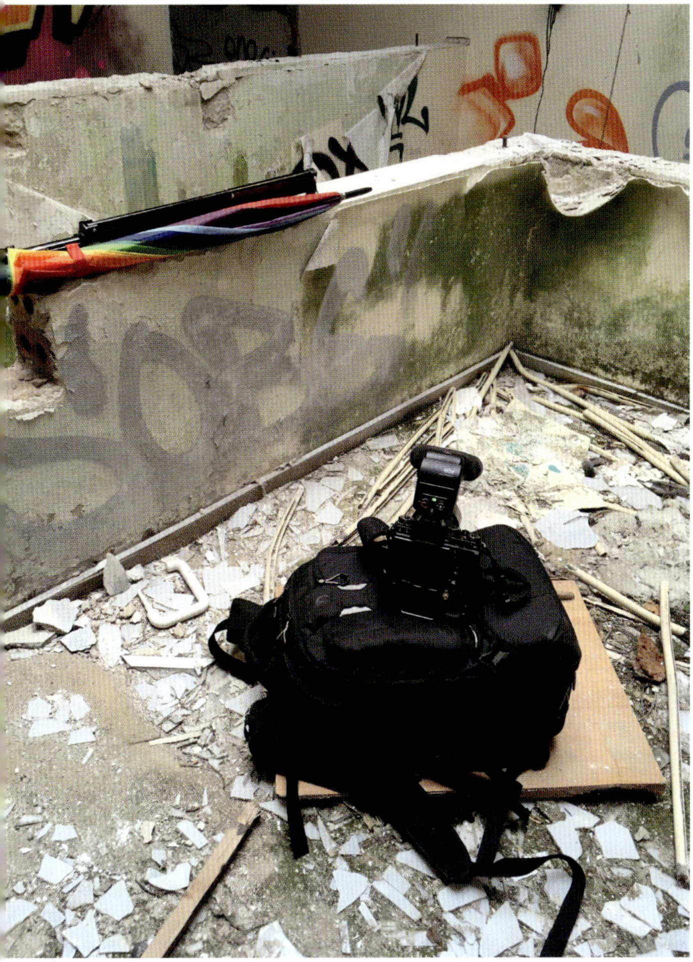

◀ *Scherben und die Hinterlassenschaften von Vandalismus erschweren die Arbeit in einem verlassenen Gebäude. Festes Schuhwerk und eine sehr vorsichtige Herangehensweise schützen vor Verletzungen und Unfällen.*

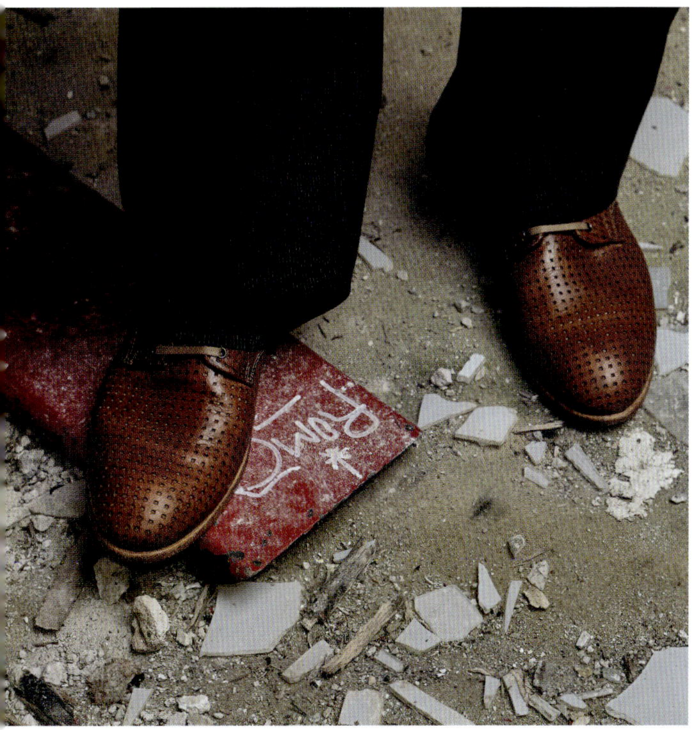

◀ *Die edlen Schuhe im harten Gegensatz zum verhüllten Fußboden.*

{ 8 } Lost Place II

Im Erdgeschoss des ehemaligen Hotels war es deutlich dunkler als im lichtdurchfluteten oberen Stockwerk. Und wir hatten Glück: Während des Shootings war der Barbereich auf einmal voll im Visier der Sonnenstrahlen, die durch die auf der gegenüberliegenden Seite liegenden Fenster schienen. Da wir nur wenige Minuten Zeit hatten, positionierten wir uns neu, um schnell ein paar Aufnahmen machen zu können. Das sind die Glücksmomente, die das wunderbare Hobby der Fotografie ausmachen.

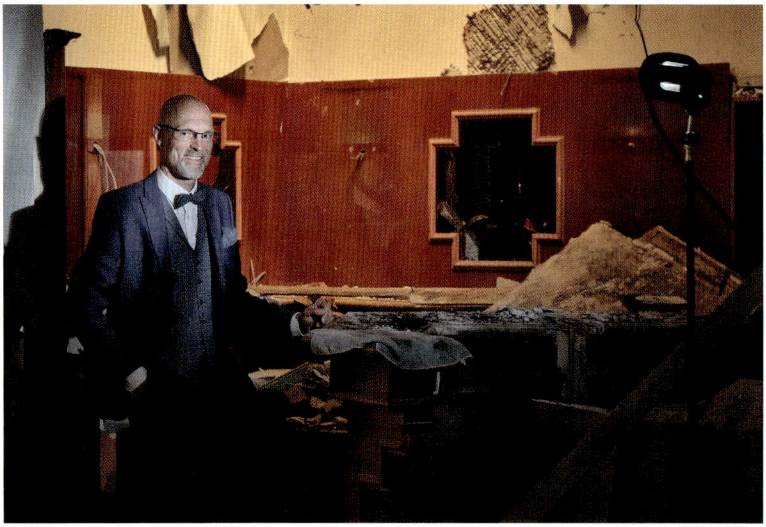

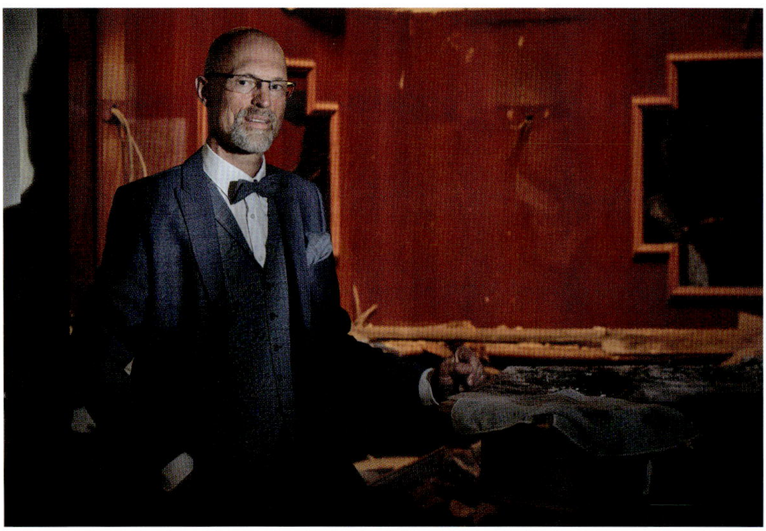

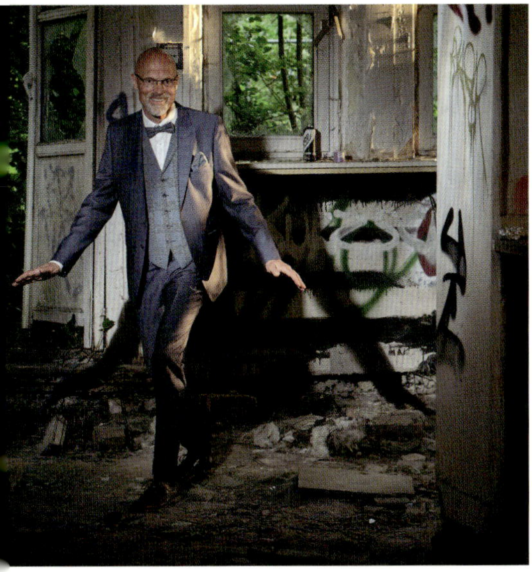

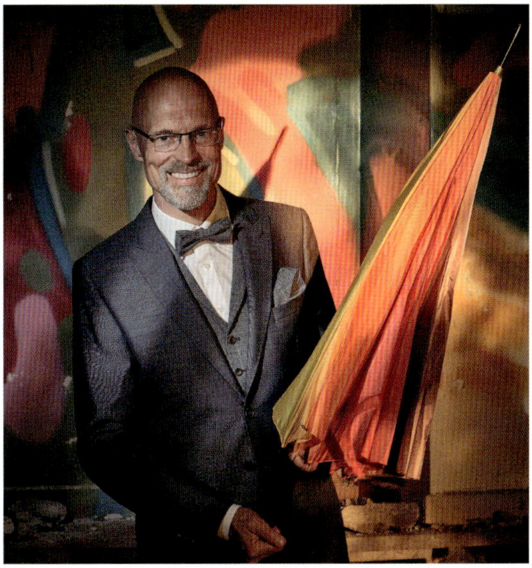

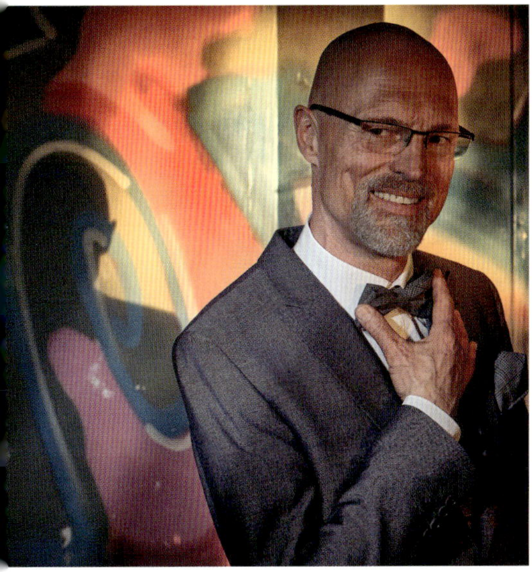

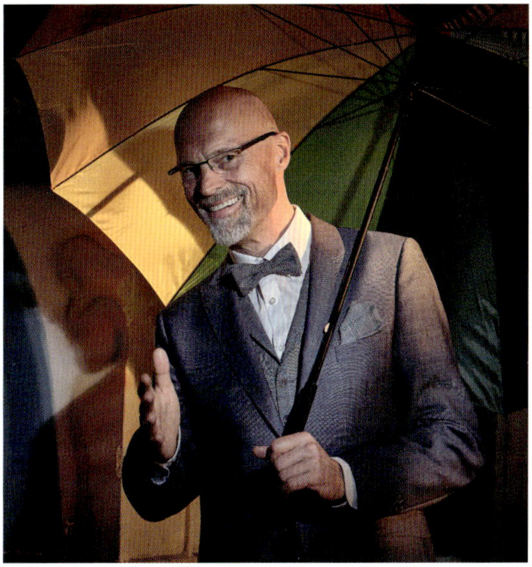

◀ *Glücksmoment: Die warmen Sonnenstrahlen der untergehenden Sonne treffen für einen kurzen Moment auf eine Wand im Barbereich. Jetzt muss schnell reagiert werden.*

▲ *Im ehemaligen Restaurantbereich wurde uns viel Abwechslung geboten. Die mit Graffiti besprühten Wände boten außerdem eine reizvolle Background-Kulisse für unsere Aufnahmen.*

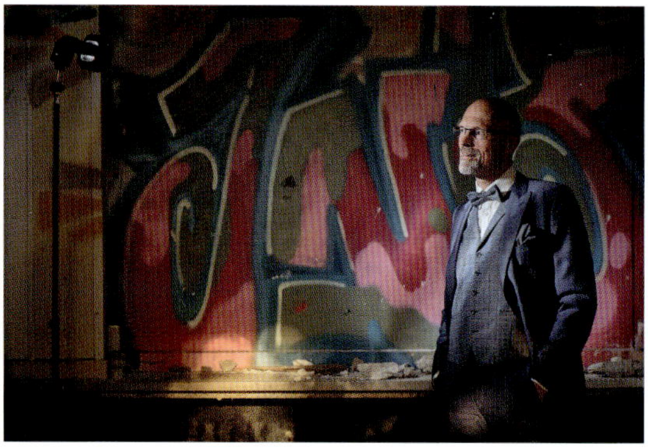

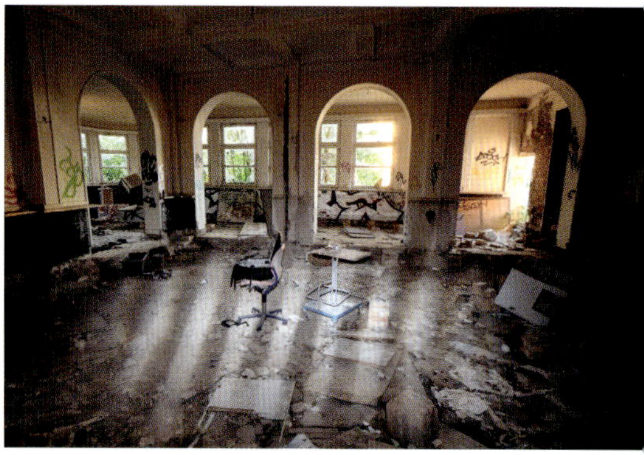

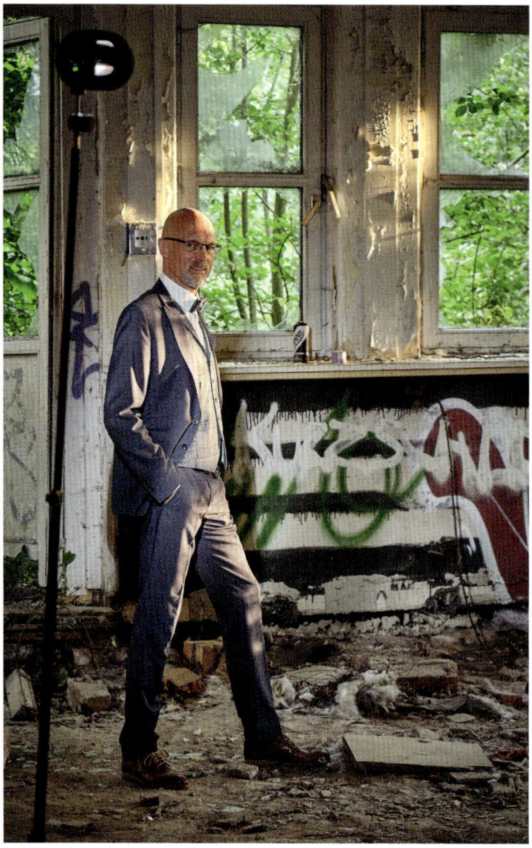

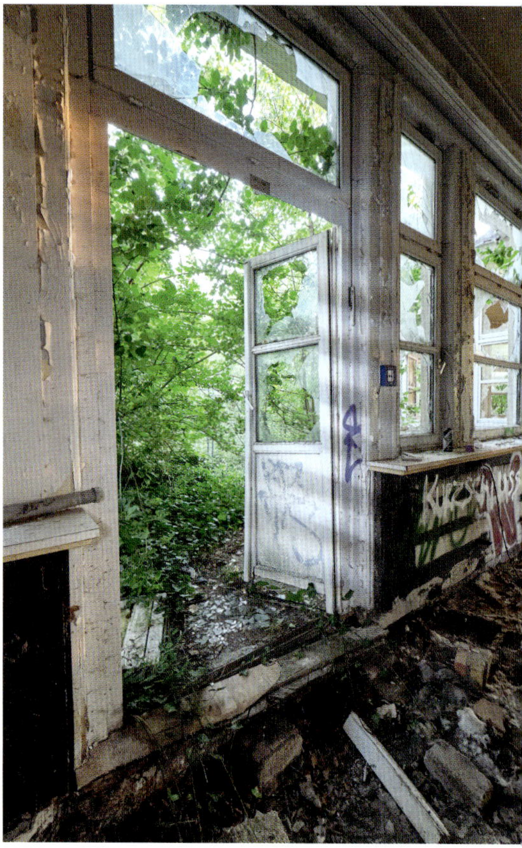

▲ Das einfache Lichtset besteht aus dem MagBeam mit Schlitzmaske vor dem Nissin-i60-Blitzgerät. Befestigt wurde die etwas kopflastige Kombination auf einem leichten Leuchtenstativ mit Blitzhalterung.

▲ Auf den Dokumentationsaufnahmen können Sie sehr deutlich das streifige Lichtmuster der Schlitzmaske vor dem MagBeam erkennen.

Aufnahmedokumentation

EINSTELLUNGEN DER KAMERA	
Kamera	Fujifilm X-T3
Objektiv	XF55-200 mm/F3.5-4.8 R
Brennweite	120 mm
ISO	800
Blende	f/5.6
Bel.-Zeit	1/60 s
WB	5.000 K
Messmethode	Mehrfeld
Bel.-Korrektur	–2
Dateiformat	RAW
Stativ	-
Selbstauslöser	-
Sonstiges	Funkfernauslöser

EINSTELLUNGEN DES BLITZGERÄTS	
Modus	TTL
Korrektur	+2 EV
Zubehör	MagBeam + Schlitzmaske
Leuchtenstativ mit Blitzhalterung	
entfesselt ausgelöst	

Finale Bearbeitung

- Sättigung erhöht
- Tiefen und Schatten aufgehellt
- Lichter reduziert
- Klarheit angehoben
- Dynamik angehoben

{ 9 } Mehrfachblitzen

Diese Methode des entfesselten Blitzens lehnt sich eng an die Offenblitzmethode an, da auch hierbei der Blitz aus der freien Hand mehrfach gezündet wird. Jedoch dient der Blitz nur dazu, einzelne Objekte im Bild zu erfassen und hervorzuheben. Hierzu sollten Sie das Hintergrundlicht stark reduzieren, also unterbelichten. Die Kamera befindet sich auf einem Stativ und wird per Funk ausgelöst.

Sonnenblumen

Die Aufnahme wurde kurz nach Sonnenuntergang gemacht. Mein Tipp: Marschieren Sie gut vorbereitet mit Kamera und Stativ auf den Schultern los, damit Sie am Einsatzort sofort loslegen können. Kurz nachdem ich mich positioniert und ein paar Probeblitze gezündet hatte, surrte es plötzlich, und eine blinkende Drohne stand direkt über mir am Himmel. Der Landwirt vermutete wohl, ich würde heimlich Blumen stehlen. Nun hieß es cool bleiben, die Aufnahmen machen und ruhigen Schritts aus dem Sonnenblumenfeld schreiten. Mit einem freundlichen „Moin" begrüßte ich den Drohnenpiloten, stieg ins Auto und fuhr davon.

Sie müssen sich darüber im Klaren sein, dass andere Menschen auf Sie aufmerksam werden, wenn Sie spät abends in einem Blumenfeld „rumblitzen", und vielleicht sogar die Polizei verständigen. Im Zweifel sollten Sie daher vorher eine offizielle Erlaubnis einholen.

EINSTELLUNGEN DER KAMERA	
Kamera	Fujifilm X-T3
Brennweite	80 mm
Objektiv	XF18-135 mm / F3.5-5.6
ISO	80
Blende	f/14.0
Bel.-Zeit	30 s
WB	3.300 K
Messmethode	Mehrfeld
Bel.-Korrektur	–5
Dateiformat	RAW
Stativ	ja
Selbstauslöser	ja
Funkauslöser	ja

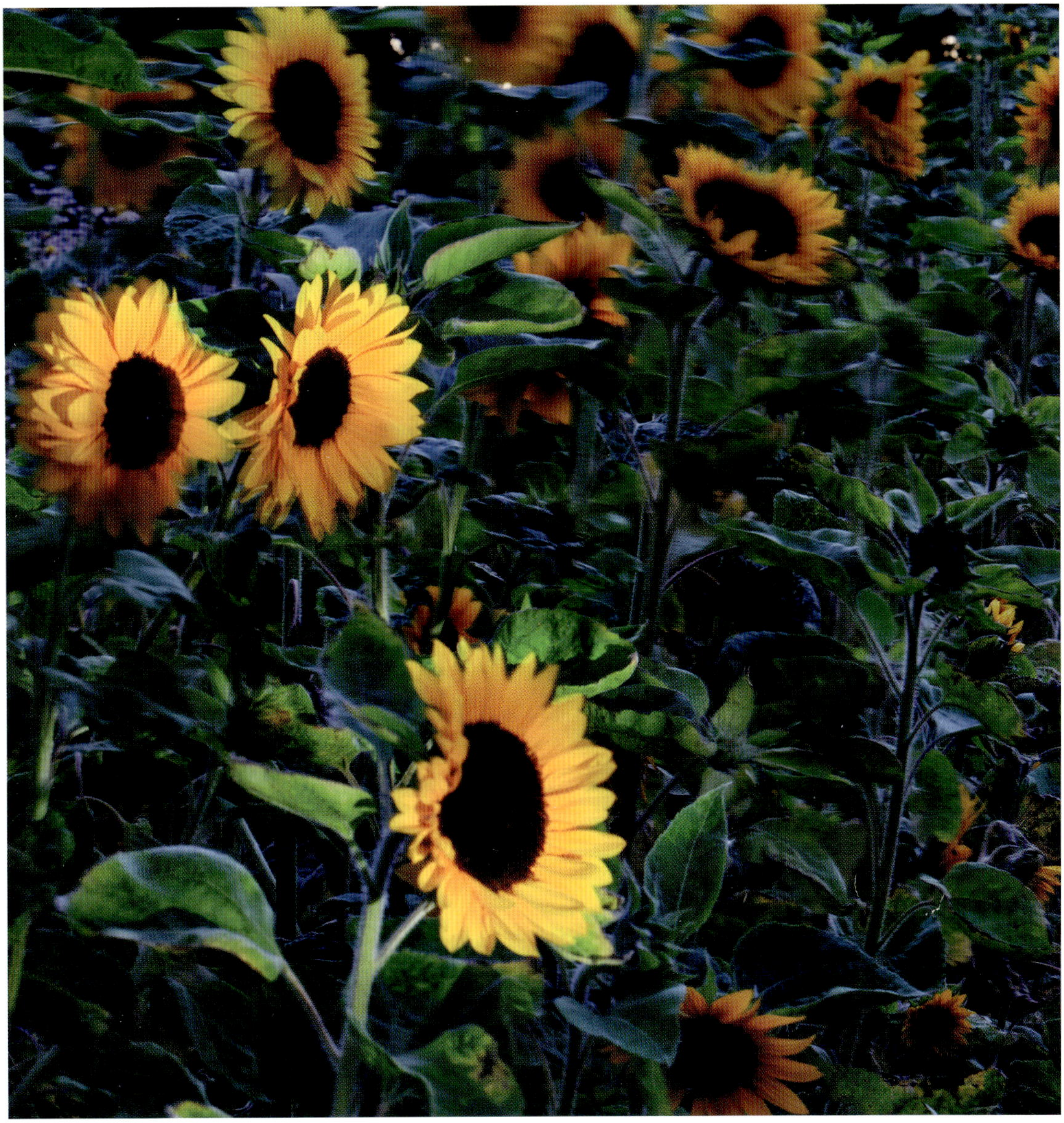

▲ *Glücklicherweise hatte ich die meisten Aufnahmen schon im Kasten, bevor die bedrohlich blinkende Drohne mich entdeckte.*

Efeu

Aufnahmedokumentation

EINSTELLUNGEN DER KAMERA	
Kamera	Fujifilm X-T3
Objektiv	Samyang 12 mm / 2,0
Brennweite	12 mm
ISO	80
Blende	f/5.6
Bel.-Zeit	10 s
WB	5.000 K
Messmethode	Mehrfeld
Bel.-Korrektur	–1
Dateiformat	RAW
Stativ	ja
Selbstauslöser	-
Funkauslöser	ja

EINSTELLUNGEN DES BLITZGERÄTS	
Modus	M 1/64
Zubehör	MagSnooze
entfesselt aus der Hand	

▶ *Die Blätter der Efeuranke wurden von Hand einzeln angeblitzt.*

▼ *Der MagSnooze vor dem Blitzreflektor sorgte für eine gezielte Bündelung des Blitzlichts.*

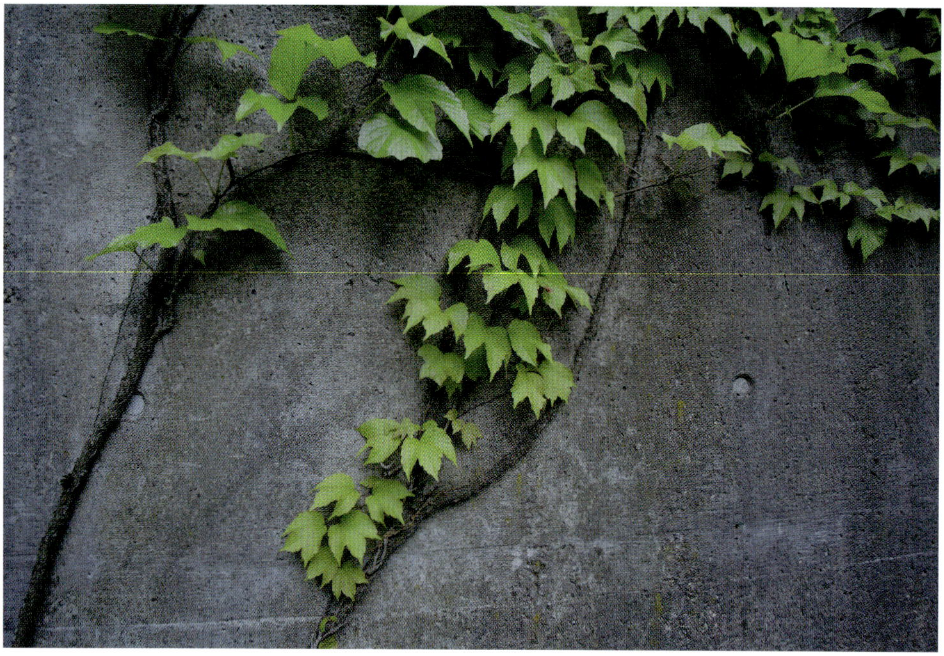

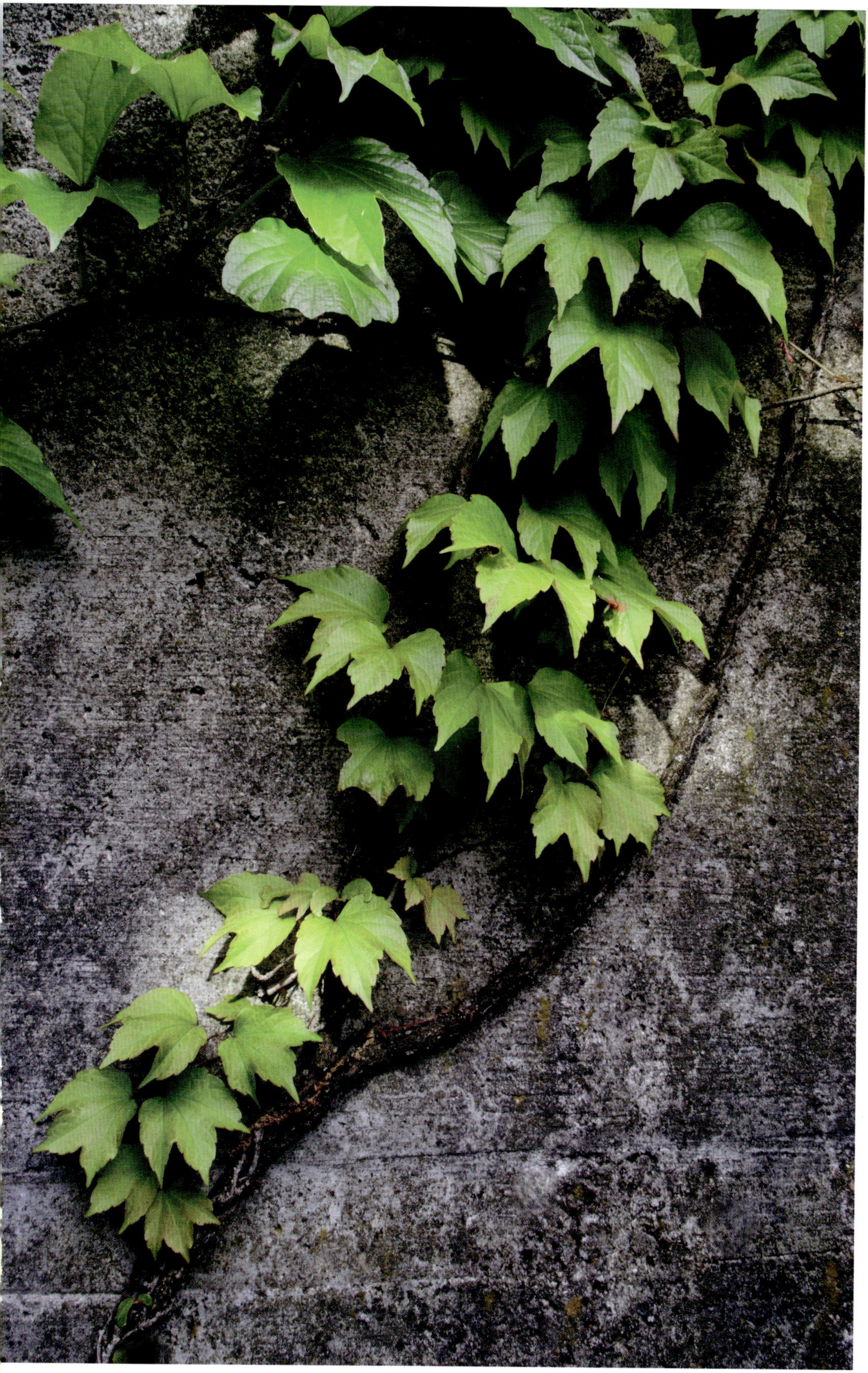

{ 10 } Modellauto I

Das Modellauto im Maßstab 1 : 18 stand schon sehr lange bei mir im Regal und wartete darauf, fotografiert zu werden. Was lag näher, als um 22:30 Uhr den Rucksack zu packen und das Auto unter den Arm zu klemmen, um Aufnahmen zu machen? Ein langer Sommerabend mit klarem Himmel und einem farbenfrohen Sonnenuntergang war hierfür ideal geeignet. Natürlich ist die Motivation nicht besonders hoch, wenn Sie sich nach einem langen Arbeitstag mit müden Augen noch mal auf „Fotosafari" begeben. Ich darf Ihnen jedoch versprechen, dass Sie mit besonderen Ergebnissen belohnt werden.

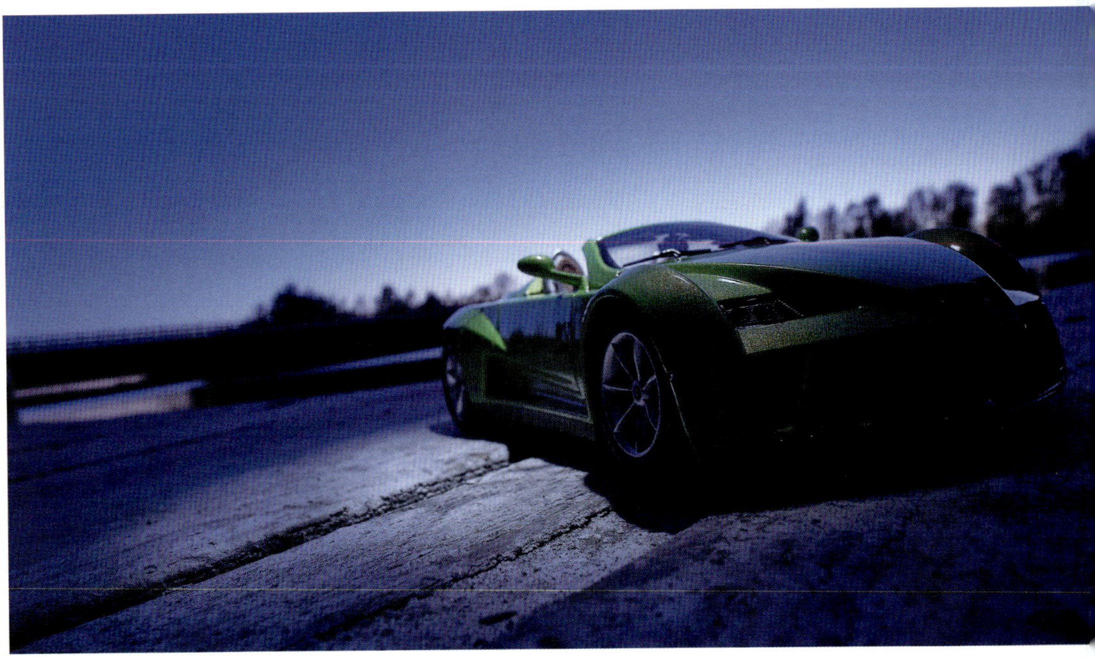

▲ *Aufnahme mit 3.000 Kelvin und Orangefilter mit MagGrid vor dem Reflektor des Blitzgeräts, den Blitz in der Hand. Die sehr niedrige Kameraposition (mit Gorillapod) und das extreme Weitwinkelobjektiv verleihen der Aufnahme eine besondere Dynamik und verändern die Proportionen des Modells. Wenn Ihr Kameramodell über ein klappbares Display verfügt, hat das natürlich Vorteile. Alternativ können Sie mithilfe eines kleinen Taschenspiegels, der in 45-Grad-Position vor das Display gehalten wird, ebenfalls einen bequemen Einblick von oben bekommen. Nutzen Sie auch die Touchoption Ihrer Kamera (falls vorhanden) mit einem AF-Messfeld (Spot), um den Fokuspunkt im AF-Betrieb exakt setzen zu können.*

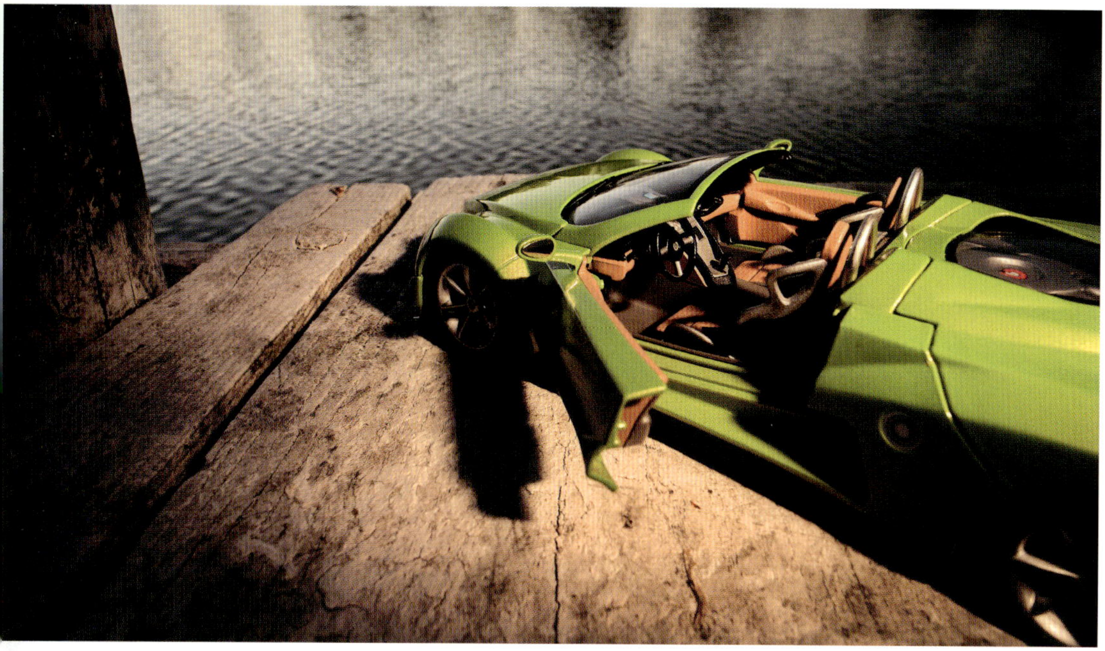

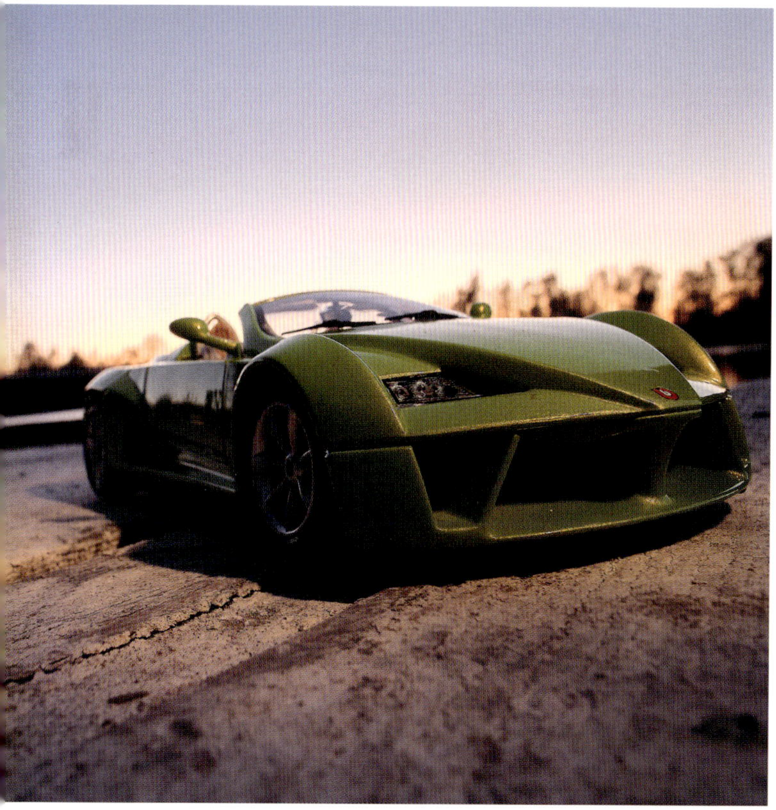

▲ *Weißabgleich auf 5.000 Kelvin mit hartem Blitzlicht von der rechten hinteren Seite.*

◀ *Weißabgleich auf 5.000 Kelvin mit Blitzlicht von schräg oben. Die warme Lichtstimmung im Bild bleibt erhalten.*

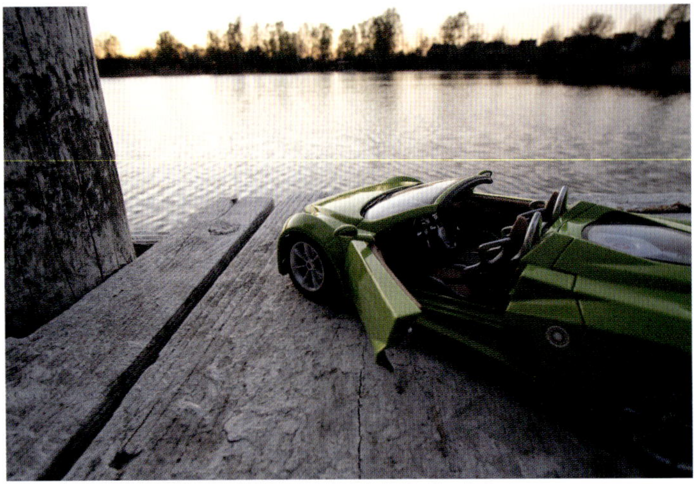

◀ *Die Ausgangssituation der Aufnahme. Das Licht war sehr warm und sehr weich.*

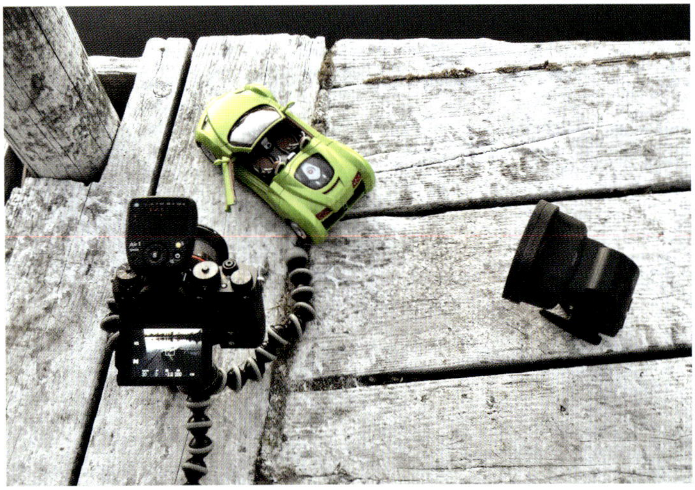

◀ *Der Setaufbau auf dem Steg. Der entfesselte Blitz befindet sich bei dieser Aufnahme in Bodennähe auf seinem mitgelieferten Blitzfuß.*

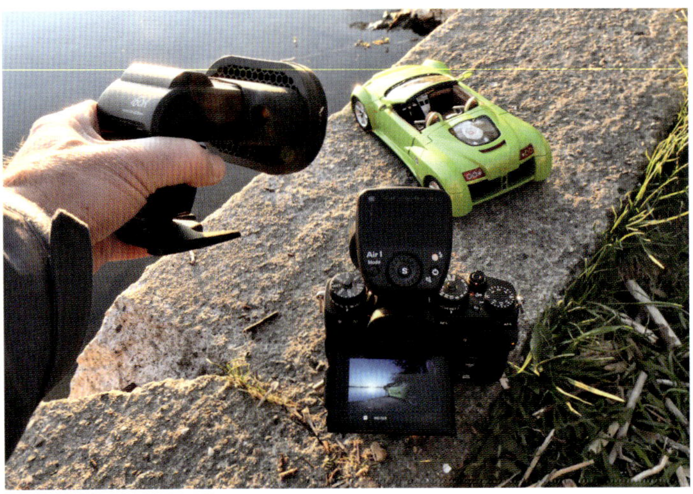

◀ *Um die Schattenwirkung und den Leuchtwinkel flexibel bestimmen zu können, habe ich bei einigen Aufnahmen frei aus der Hand geblitzt.*

Aufnahmedokumentation

EINSTELLUNGEN DER KAMERA	
Kamera	Fujifilm X-T3
Objektiv	Samyang 12 mm / 2,0
Brennweite	12 mm
ISO	200
Blende	f/8.0
Bel.-Zeit	1/125 s
WB	3.000 K/5.000 K
Messmethode	Mehrfeld
Bel.-Korrektur	–2
Dateiformat	RAW
Stativ	ja
Selbstauslöser	ja
Sonstiges	Funkfernauslöser

EINSTELLUNGEN DES BLITZGERÄTS	
Modus	M
Leistung	von 1/64 bis 1/128
Zubehör	MagGrid + BTO 1/1
entfesselt ausgelöst mit Blitzfuß oder aus der freien Hand	

Finale Bearbeitung

- Sättigung erhöht
- Tiefen und Schatten reduziert
- Lichter reduziert
- Klarheit erhöht
- Dynamik erhöht

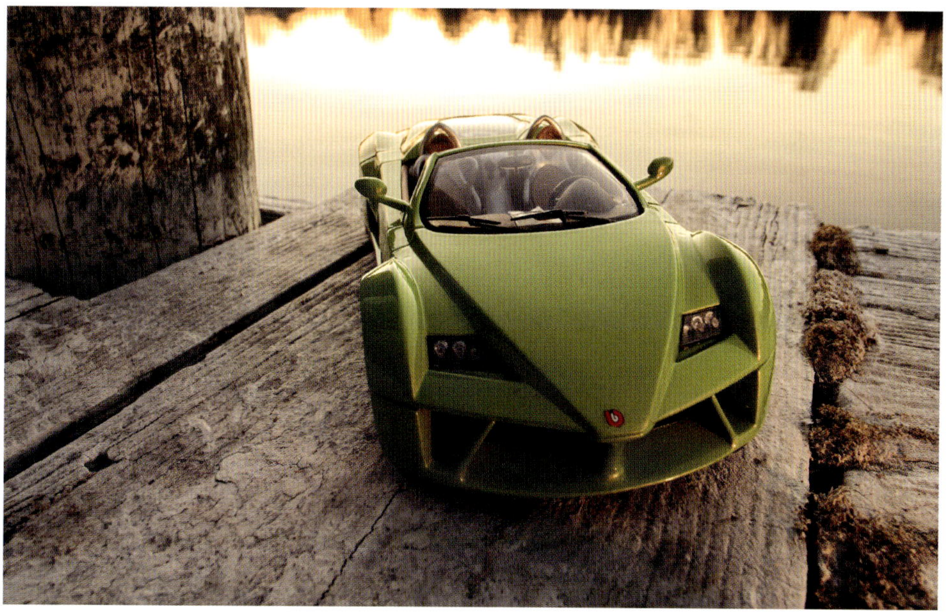

▲ *Auch ohne Einsatz eines Blitzgeräts macht das kleine Automodell eine gute Figur. Mein Tipp: Gitterlinien auf dem Monitor helfen, die Kamera an bildwichtigen Linien oder Objekten auszurichten.*

{ 11 } Modellauto II

Dieses Blitz-Quickie zeigt weitere Varianten vom abendlichen Shooting mit dem Bugatti-Modellauto.

▼ *Weißabgleich auf 5.000 Kelvin mit Blitzlicht von der linken Seite ohne Filter, aber mit dem MagGrid, um das Licht gezielt setzen zu können.*

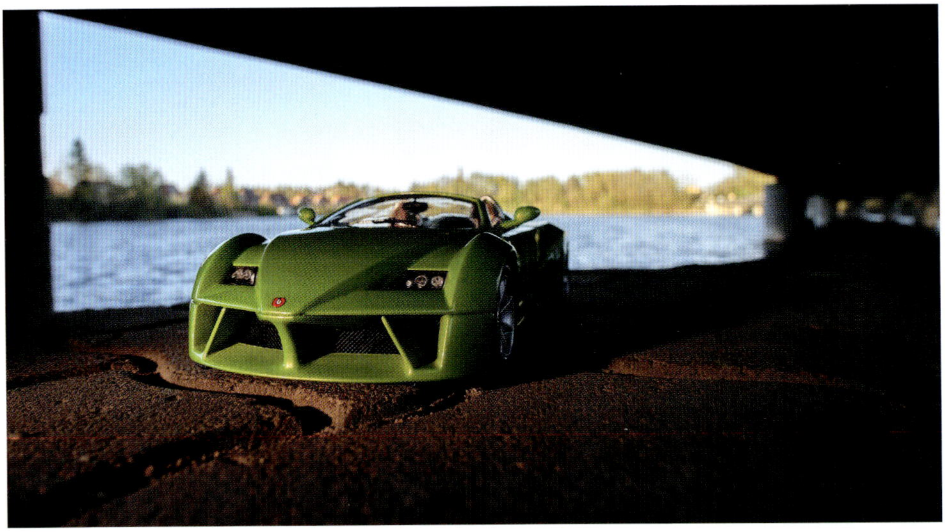

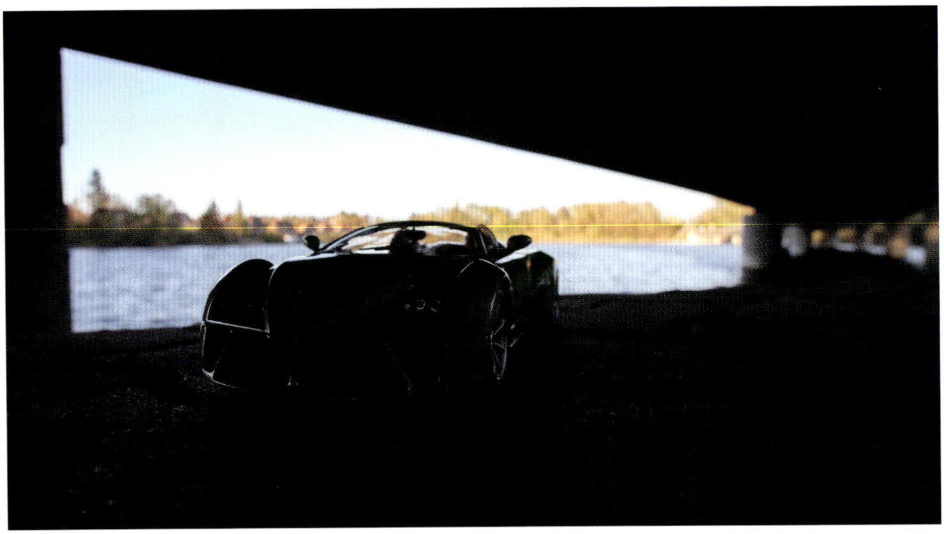

▲ *Die Dokumentationsaufnahme zeigt das Set unter einer Brücke mit einem See im Hintergrund. Um den Hintergrund exakt beleuchten zu können, ist das Modell im Vordergrund natürlich unterbelichtet und muss mit dem Blitzgerät aufgehellt werden.*

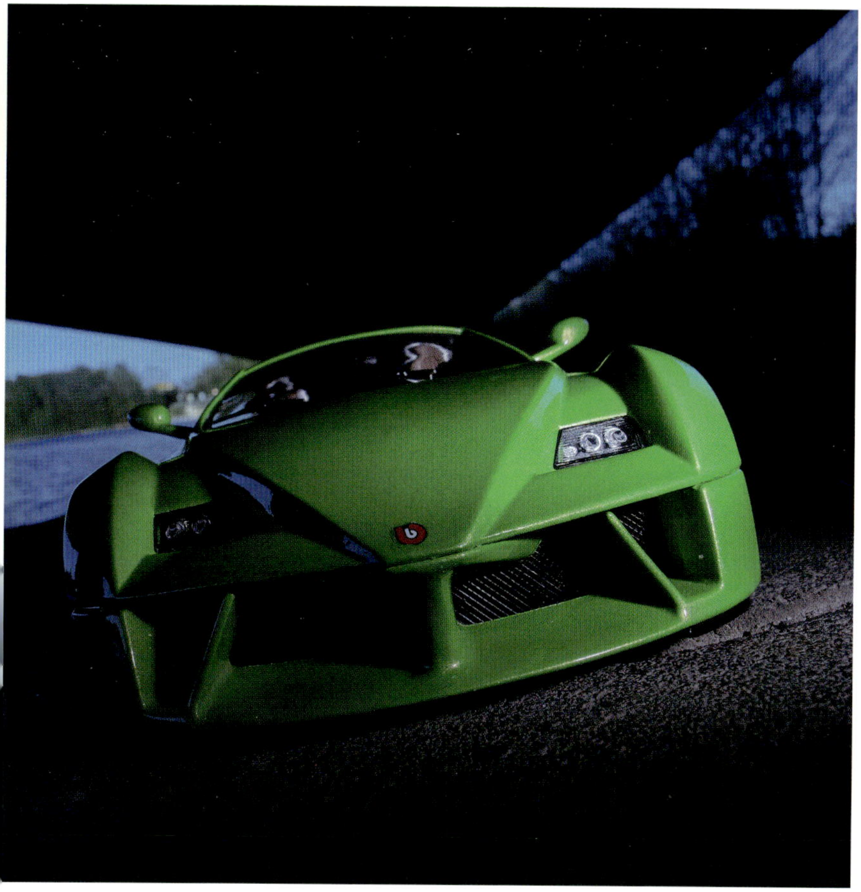

◀ *Die quadratische Variante hebt das Modellauto stärker hervor und nimmt der Aufnahme die Tiefe und Weite.*

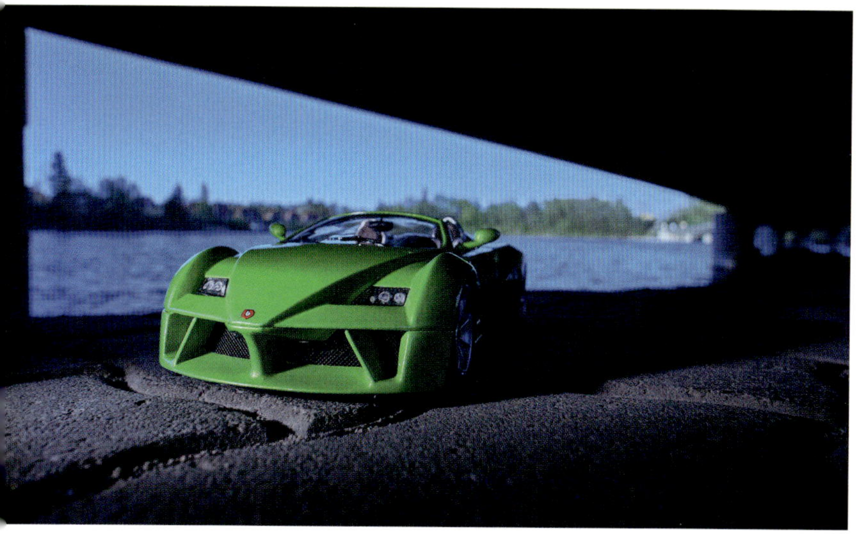

▼ *Aufnahme mit 3.000 Kelvin und Orangefilter BTO 1/1 mit MagGrid. Um den Effekt der Aufhellung im Vordergrund stärker hervorzuheben, wurde die Belichtung des Umgebungslichts um –2 EV nach unten korrigiert. Der Blitz wurde im Modus M mit 1/128 Leistung gezündet. Außerdem habe ich mit einer LED-Lampe und Farbfilter (Orange) den rechten Scheinwerfer des Fahrzeugs etwas angestrahlt.*

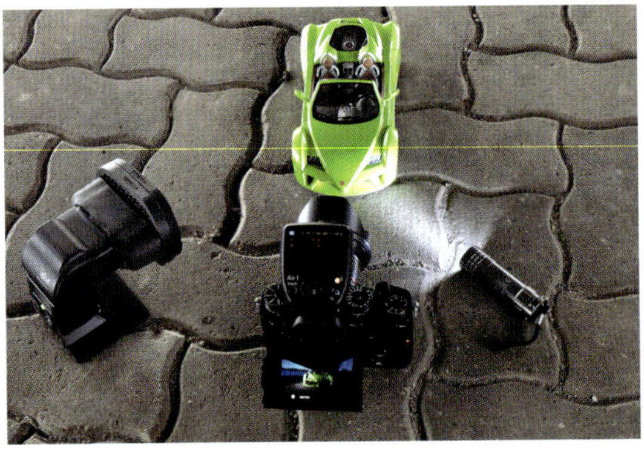

▲ *Das Lichtset mit der LED-Lampe zur Aufhellung des rechten Frontscheinwerfers. Bei dieser Dokumentationsaufnahme fehlt jedoch die Orangefilterfolie für die LED-Lampe.*

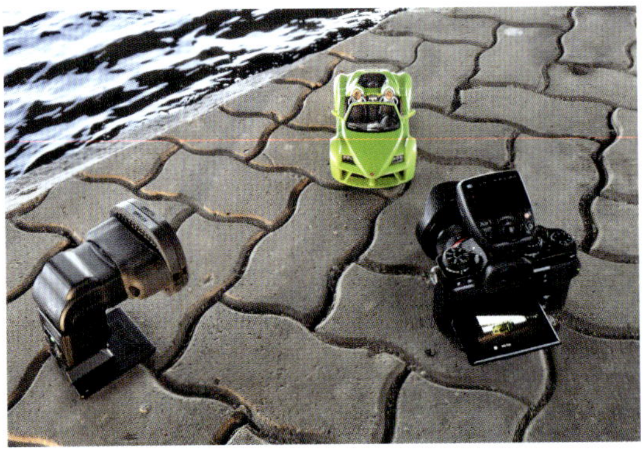

▲ *Das einfache Lichtset besteht aus dem MagGrid mit Orangefilter BTO 1/1 vor dem Nissin-i60-Blitzgerät.*

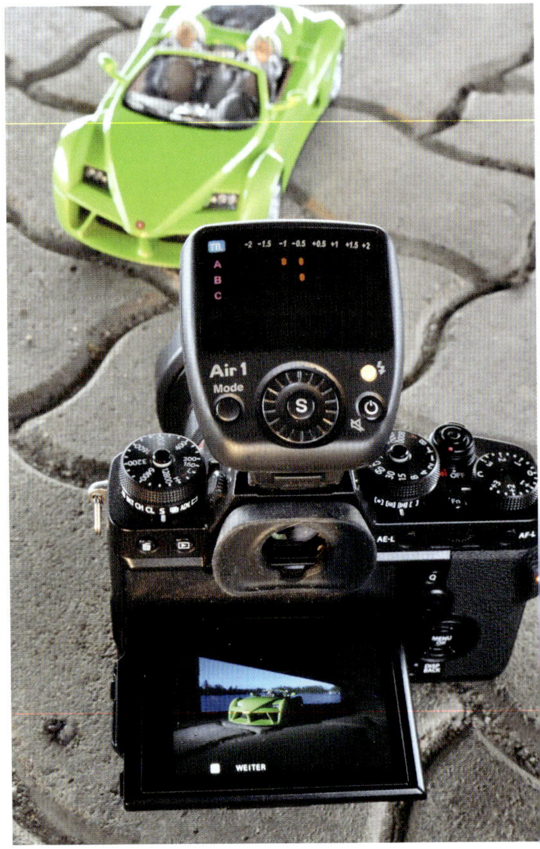

▲ *Der Weißabgleich wurde auf 3.000 Kelvin gesetzt. Auf dem Display ist der dadurch entstandene bläuliche Farbstich vor allem im Hintergrund sehr gut zu erkennen.*

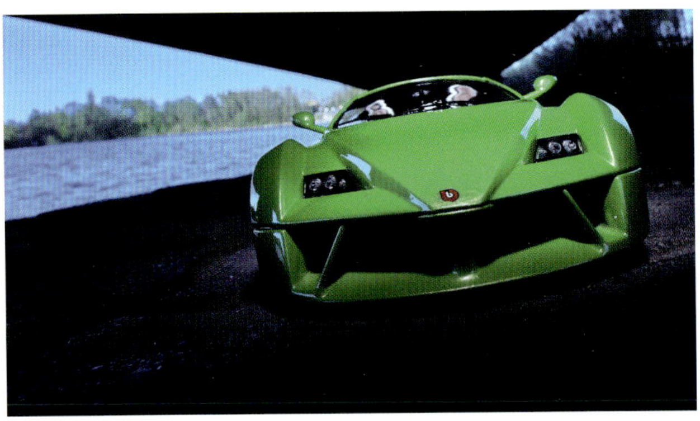

◄ *Die Orangefilter vor dem Blitzgerät korrigiert den Blaustich in Richtung neutrales Licht und hellt das Objekt im Vordergrund auf. Die Leistung des Blitzes wurde im Modus M auf 1/128 nach unten korrigiert.*

Aufnahmedokumentation

EINSTELLUNGEN DER KAMERA	
Kamera	Fujifilm X-T3
Objektiv	Samyang 12 mm / 2,0
Brennweite	12 mm
ISO	200
Blende	f/8.0
Bel.-Zeit	1/60 s
WB	3.000 K/5.000 K
Messmethode	Mehrfeld
Bel.-Korrektur	0
Dateiformat	RAW
Stativ	ja
Selbstauslöser	ja
Sonstiges	Funkfernauslöser

EINSTELLUNGEN DES BLITZGERÄTS	
Modus	M
Leistung	von 1/64 bis 1/128
Zubehör	MagGrid + BTO 1/1
entfesselt ausgelöst mit Blitzfuß oder aus der freien Hand	

Finale Bearbeitung

- Sättigung reduziert
- Tiefen und Schatten reduziert
- Lichter reduziert
- Klarheit erhöht
- Dynamik erhöht

Aufnahmeskizze

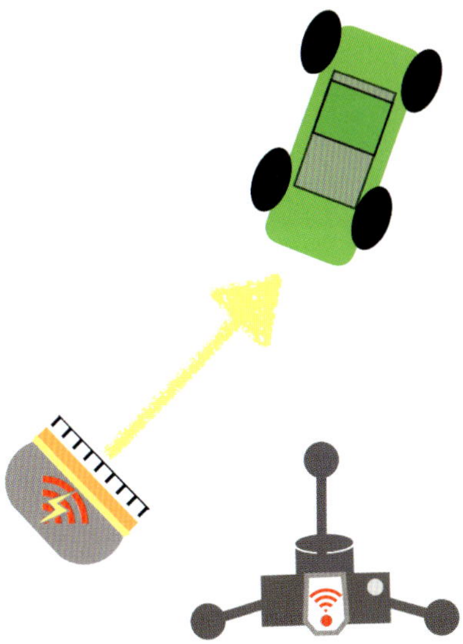

{ 12 } Modellauto III

Ein einfacher Studioaufbau auf einem kleinen Tisch: Eine dünne Platte im „Steinlook“, eine Sprühflasche und ein LED-Leuchtband – mehr zusätzliches Equipment ist nicht erforderlich, um die hier gezeigten Blitz-Quickies nachzustellen. Wichtig: Der Raum muss völlig abgedunkelt sein.

Aufnahme mit Spotblitz

Bei einer längeren Belichtungszeit wurden mit der Pappröhre einzelne Lichtspots auf das Modellauto gesetzt. Ich benötigte mehrere Anläufe, um die entsprechenden Bereiche am Auto zielsicher zu treffen.

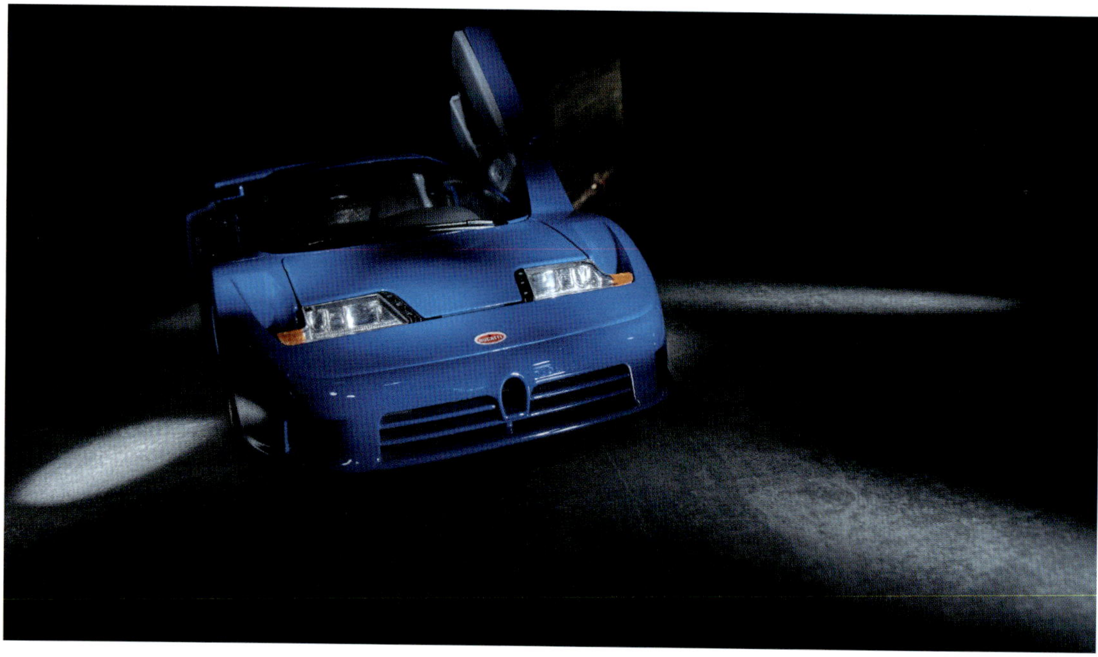

▲ *Zehn Spots, nacheinander geblitzt aus der Hand, erzeugen diesen spannenden Effekt.*

Aufnahmedokumentation

EINSTELLUNGEN DER KAMERA	
Kamera	Fujifilm X-T3
Objektiv	Samyang 12 mm / 2,0
Brennweite	12 mm
ISO	200
Blende	f/8.0
Bel.-Zeit	20 s
WB	5.000 K
Messmethode	Mehrfeld
Bel.-Korrektur	–3
Dateiformat	RAW
Stativ	ja
Selbstauslöser	ja
Funkauslöser	-

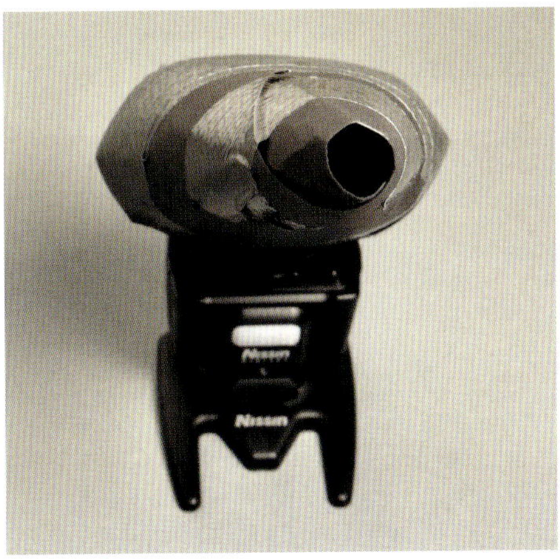

▲ *Der Lichtspot der MagSnoot war mir vom Durchmesser zu groß, daher bastelte ich eine kleine Röhre aus Pappe, um kleine Spotlichter auf das Modellauto zu setzen.*

EINSTELLUNGEN DES BLITZGERÄTS	
Modus	M 1/128
Zubehör	Papphröhre
entfesselt, aus der Hand	
zehnmal geblitzt	

Aufnahmeskizze

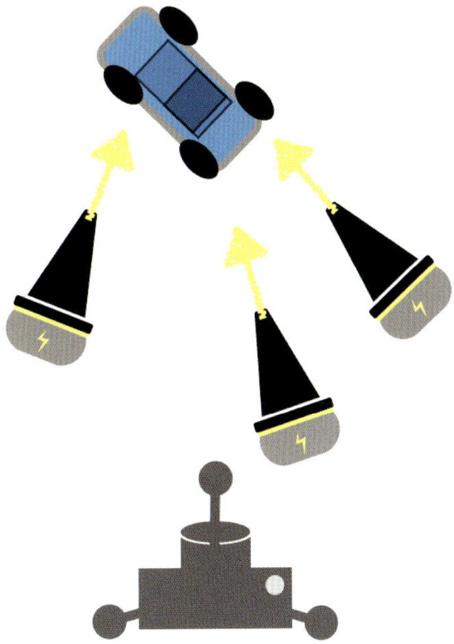

Aufnahmereihe Version 2

Die zweite Aufnahmereihe wurde mit entfesseltem Funkblitz erstellt. Vor dem Blitzreflektor befand sich das MagSphere. Außerdem kamen das LED-Leuchtband und die Pappröhre nacheinander zum Einsatz.

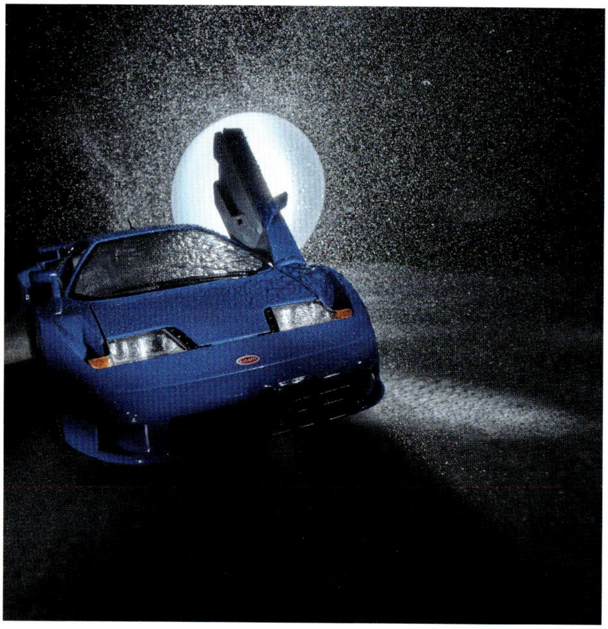

◀ *Schönes Gegenlicht. Mit der Sprühflasche wurde während der Langzeitbelichtung zeitgleich mit der Blitzauslösung der Wassereffekt erzeugt. Hier war perfektes Timing gefragt!*

▼ *Das Modellauto wurde mit dem MagSphere aus verschiedenen Positionen geblitzt.*

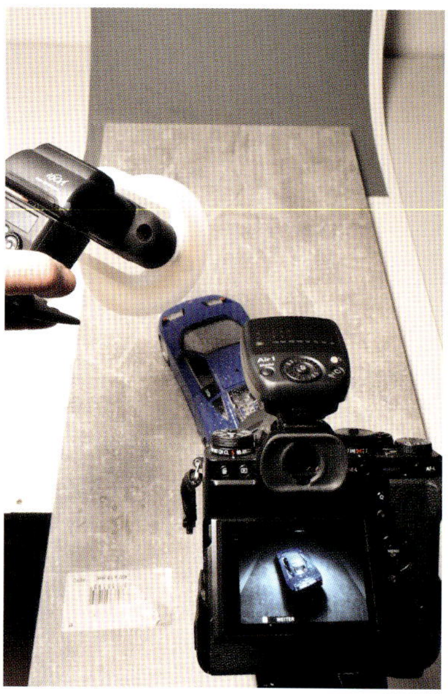

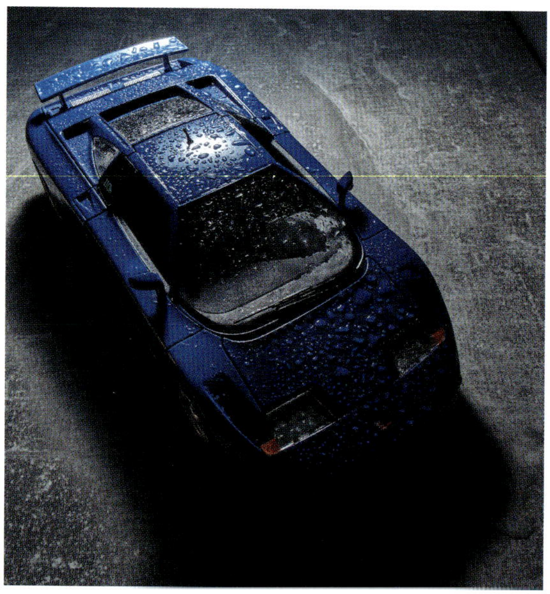

Aufnahmedokumentation

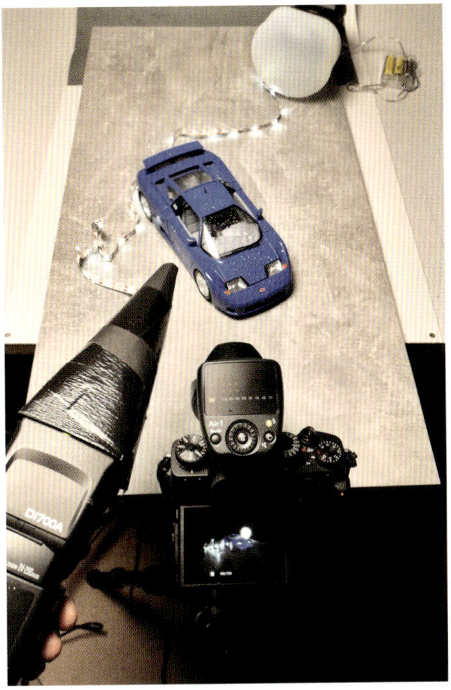

▲ *Der Aufbau für die zweite Aufnahmereihe.*

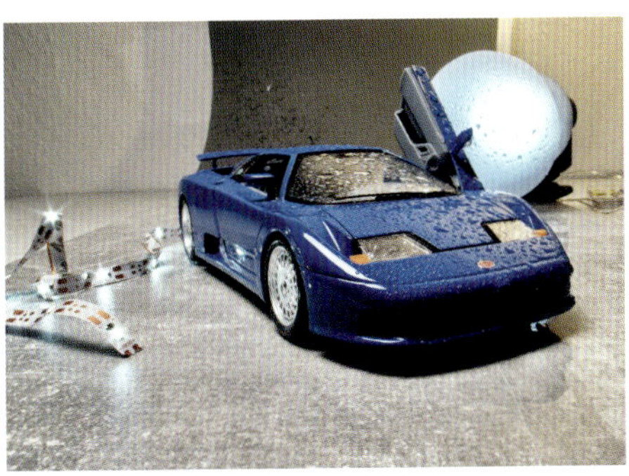

▲ *Die Wassertropfen setzen zusätzliche Lichteffekte.*

EINSTELLUNGEN DER KAMERA	
Kamera	Fujifilm X-T3
Objektiv	Samyang 12 mm / 2,0
Brennweite	12 mm
ISO	200
Blende	f/8.0
Bel.-Zeit	30 s
WB	5.000 K
Messmethode	Mehrfeld
Bel.-Korrektur	–3
Dateiformat	RAW
Stativ	ja
Selbstauslöser	ja
Funkauslöser	ja

EINSTELLUNGEN DES BLITZGERÄTS	
Modus	M 1/128
Zubehör	Papprröhre, MagSphere
entfesselt, aus der Hand	
mehrfach geblitzt	

{ 13 } MTB-Bike

Eine Bahnhofsunterführung mit Graffitiwand war die bevorzugte Kulisse für das folgende Blitzshooting. Am Fahrradrahmen habe ich ein Blitzgerät mit Tape befestigt, das per Funk von der Kamera ausgelöst wurde. Die Aufnahmen wurden mitgezogen, das heißt, die Bewegung des Bikes wurde mit AF-C und breitem Messfeld verfolgt. Das Shooting war etwas anspruchsvoller, dauerte ca. eine Stunde und wurde erst am späten Abend durchgeführt, um möglichst wenig Publikumsverkehr zu haben.

Mitzieheffekt

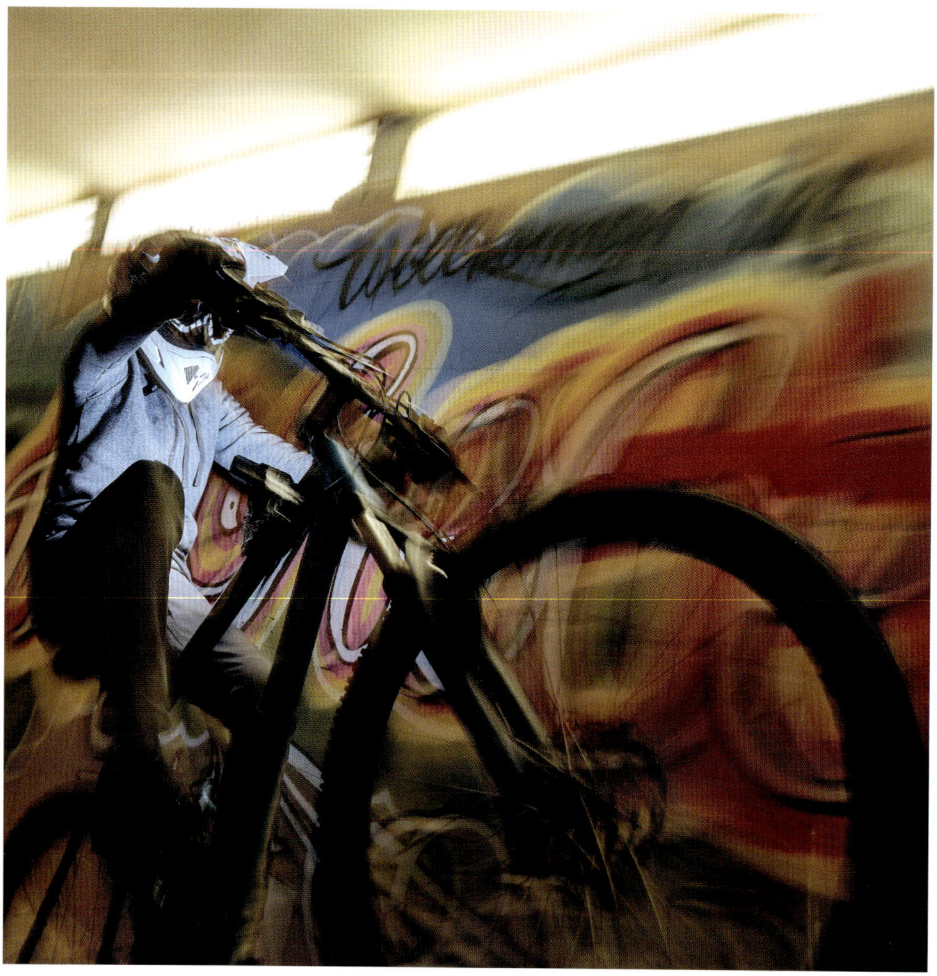

Aufnahmedokumentation

EINSTELLUNGEN DER KAMERA	
Kamera	Fujifilm X-T3
Objektiv	XF18-135 mm / F3.5-5.6
Brennweite	18 mm
ISO	200
Blende	f/4.5
Bel.-Zeit	1/15 s
WB	3.300 K
Messmethode	Mehrfeld
Bel.-Korrektur	–2
Dateiformat	RAW
Stativ	-
Selbstauslöser	-
Sonstiges	-

EINSTELLUNGEN DES BLITZGERÄTS	
Modus	M 1/64
Zubehör	-
entfesselt per Funk ausgelöst	

Finale Bearbeitung

- Kontrast und Sättigung erhöht
- Tiefen reduziert
- Dynamik erhöht

▼ *Die Kamera wurde aus freier Hand mit 1/15 Sekunde mitgezogen, um einen dynamischen Wischeffekt zu bekommen. Der Blitz friert den Biker auf dem MTB ein.*

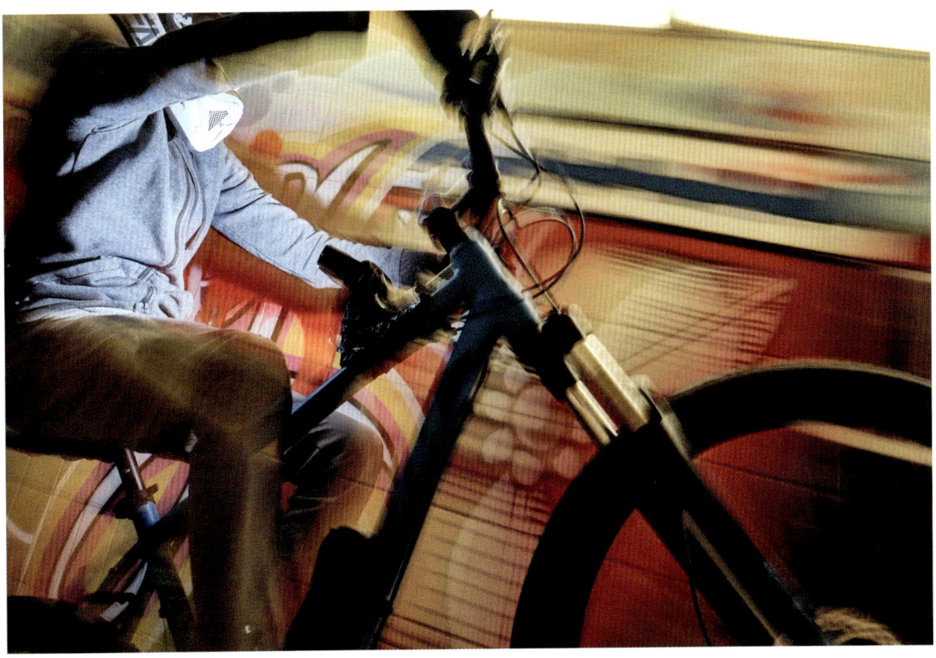

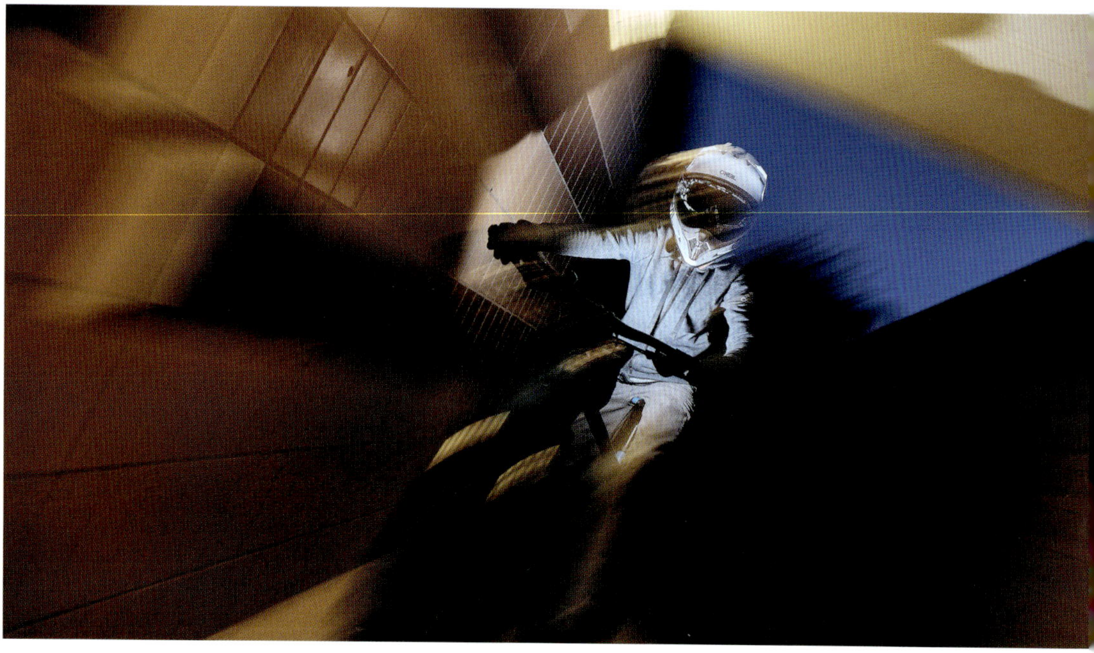

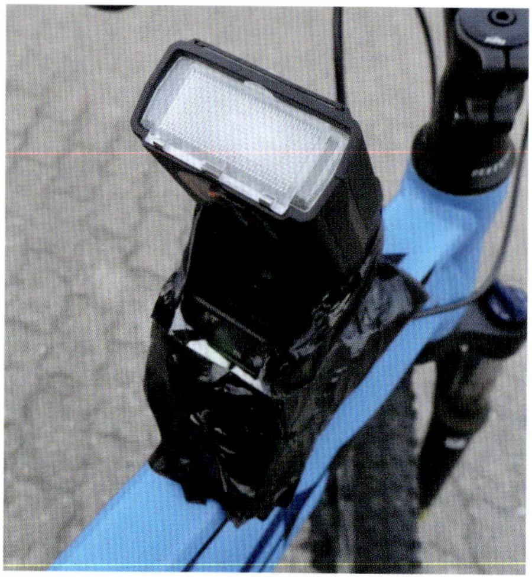

▲ Das Blitzgerät wurde einfach an den Hauptrahmen „geklebt“. Die Weitwinkelstreuscheibe vor dem Reflektor fächert das Licht breit auf. Die Blitzleistung wurde manuell auf 1/64 festgesetzt, um vergleichbare Ergebnisse zu bekommen.

▲ Der niedrige Weißabgleich (3.300 Kelvin) sorgte für ein „kaltes“ Umgebungslicht außerhalb der Unterführung. Die Farbtemperatur der Leuchtstoffröhren und des Blitzgeräts waren in etwa identisch, sodass kein Filter vor das Blitzgerät gesetzt werden musste. Die Belichtung wurde manuell festgelegt. Priorität hatte die 1/15 Sekunde für den Mitzieheffekt. Blende und ISO-Wert wurden dann auf die Beleuchtung im Tunnel abgestimmt.

Bewegung eingefroren

Eine kürzere Belichtungszeit friert die Bewegung ein. Der Biker fuhr hier auf die Kamera zu, sodass kein Mitzieheffekt entstehen kann.

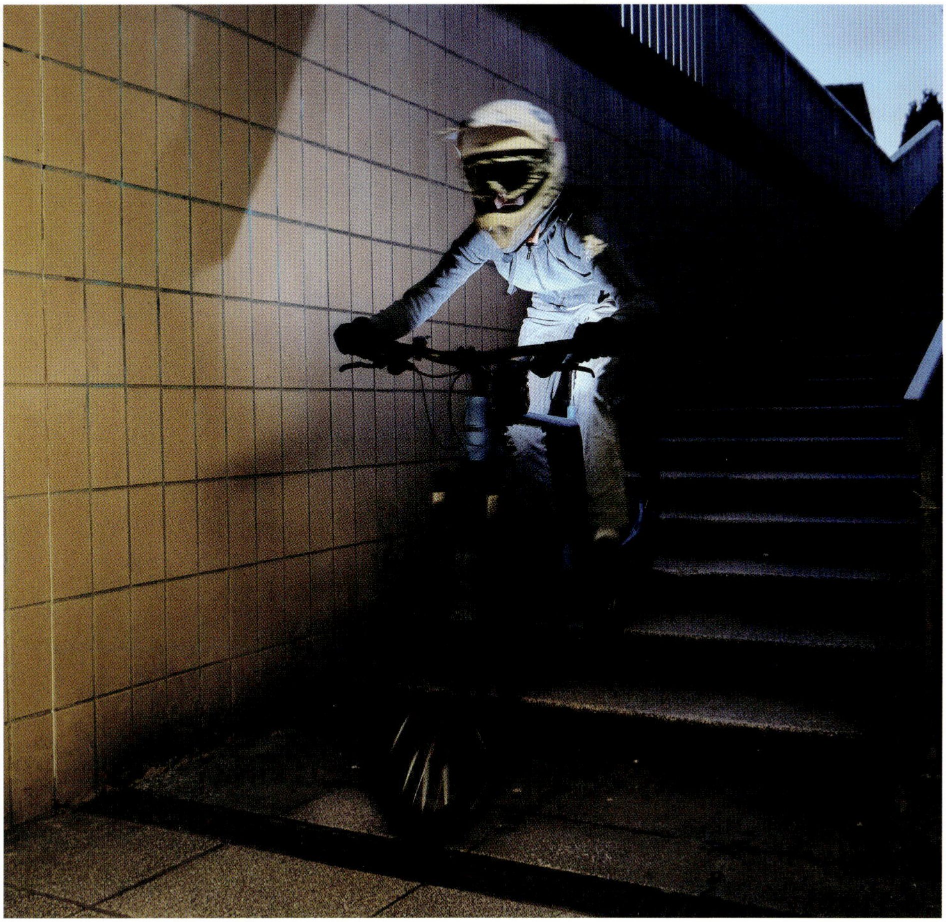

▲ *Hier ging es die Treppe hinunter. Der AF erfasste das Motiv sicher und verfolgte es mit.*

EINSTELLUNGEN DER KAMERA	
Kamera	Fujifilm X-T3
Objektiv	XF18-135 mm / F3.5-5.6
Brennweite	18 mm
ISO	1200
Blende	f/4.5
Bel.-Zeit	1/125 s
WB	3.300 K
Messmethode	Mehrfeld
Bel.-Korrektur	–2
Dateiformat	RAW
Stativ	-
Selbstauslöser	-
Sonstiges	-

EINSTELLUNGEN DES BLITZGERÄTS	
Modus	M 1/64
Zubehör	-
entfesselt per Funk ausgelöst	

Finale Bearbeitung

- Kontrast und Sättigung erhöht
- Tiefen reduziert
- Dynamik erhöht

{ 14 } Offenblitzmethode

Mit dieser klassischen Blitzmethode können Sie einen größeren Raum mit nur einem Blitz ausleuchten. Die Kamera befindet sich auf einem Stativ im Modus M, und die Belichtungszeit sollte so ausgelegt sein, dass Sie genügend Zeit haben, um den gesamten Raum Stück für Stück abzuschreiten. Begeben Sie sich auf die Startposition (z. B. die linke hintere Ecke) und lösen Sie die Kamera aus. Richten Sie den Blitz in den Raum und lösen Sie ihn mit der Testblitztaste (Pilot-Taste) aus. Gehen Sie in gebückter Haltung zügig zum nächsten Punkt im Raum und wiederholen Sie den Vorgang so lange, bis der gesamte Raum von den Einzelblitzen erfasst wurde.

Aufnahmedokumentation

EINSTELLUNGEN DER KAMERA	
Kamera	Nikon D750
Brennweite	35 mm
ISO	200
Blende	f/5.6
Bel.-Zeit	60 s
WB	5.000 K
Messmethode	Mehrfeld
Bel.-Korrektur	-
Dateiformat	RAW
Stativ	ja
Selbstauslöser	-
Funkauslöser	ja

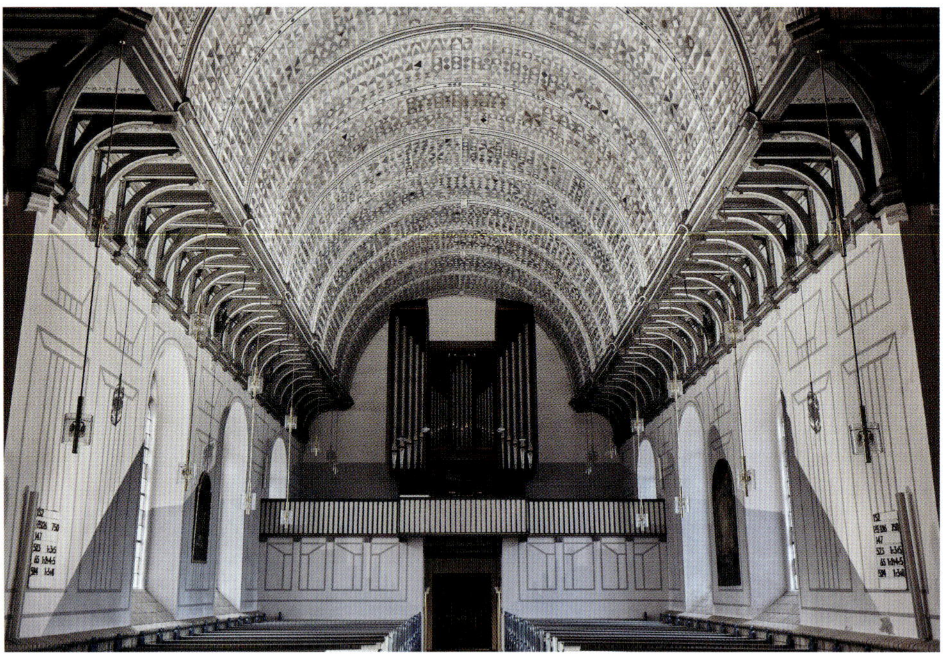

Aufnahmeskizze

EINSTELLUNGEN DES BLITZGERÄTS	
Modus	M 1/64
Zubehör	-
entfesselt aus der Hand gezündet	

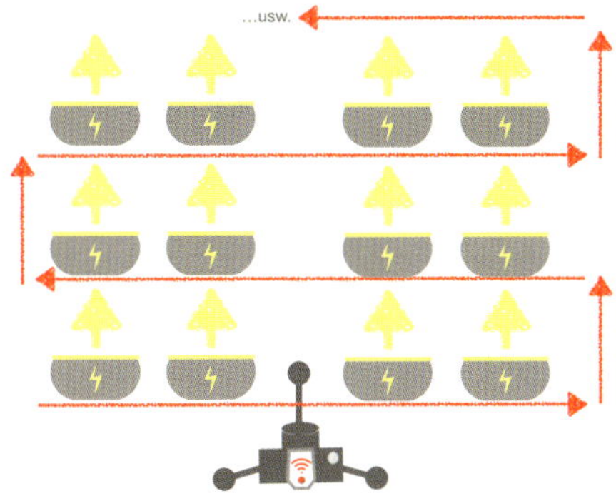

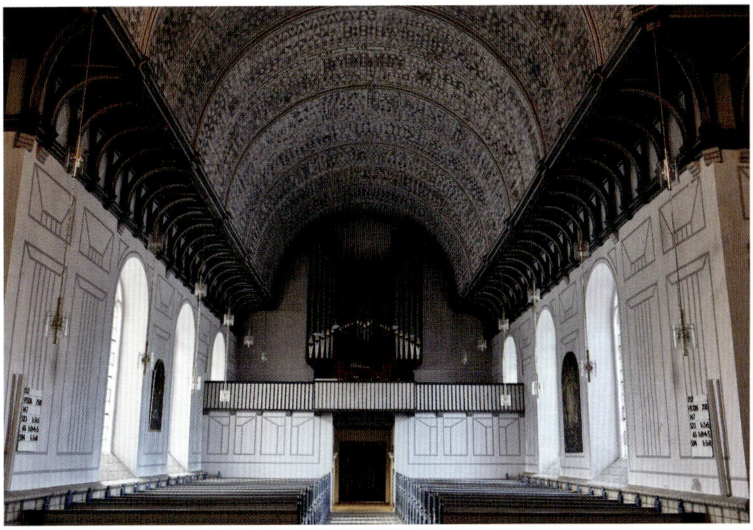

◀ *Obwohl viel Licht durch die großen Fenster in das Kirchenschiff fiel, wurde der Bereich des Gewölbes nicht ausreichend erfasst. Der leichte Blaustich entstand durch die unterschiedlichen Farbtemperaturen im Raum.*

▶ *Auch die Bankreihen wurde mit dem Offenblitz schrittweise ausgeleuchtet, gut zu erkennen am gleichmäßigen Schattenmuster auf dem Boden.*

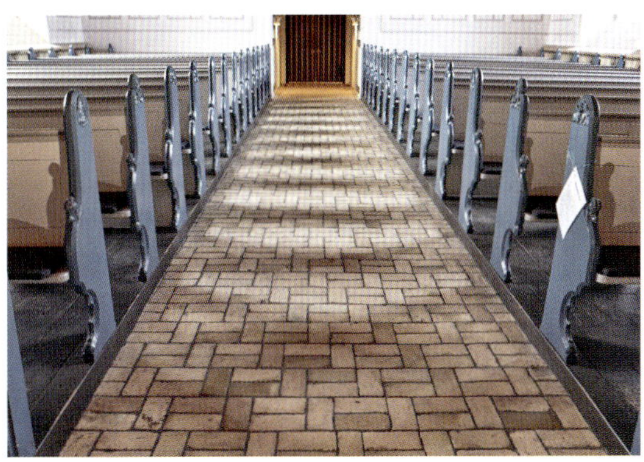

◀ *Je nach Raumhelligkeit und Raumgröße müssen Sie die Anzahl der Blitze, die Blende und die Blitzleistung entsprechend anpassen. Bringen Sie viel Zeit und Geduld mit. Mit etwas Übung und Erfahrung können mit der Offenblitzmethode selbst Fabrikhallen und große Theaterräume ausgeleuchtet werden. Tipp: Dunkle Kleidung ist von Vorteil, damit Sie auf dem Bild nicht als Schatten erkennbar werden.*

{ 15 } Porträt

Ein spontanes Porträtshooting im Arbeitszimmer eines guten Freundes und Fotografen. Während des Gesprächs war die Person abgelenkt, und ich konnte quasi nebenbei meine Aufnahmen machen. Zugegebenermaßen war es nicht ganz einfach, mit der rechten Hand die X-T3 inklusive Batteriepack und Zoomobjektiv zu halten und in der linken Hand den Blitzarm nebst Zubehör. Dank kurzer Belichtungszeit und Bildstabilisator gelangen mir jedoch verwacklungsfreie Aufnahmen.

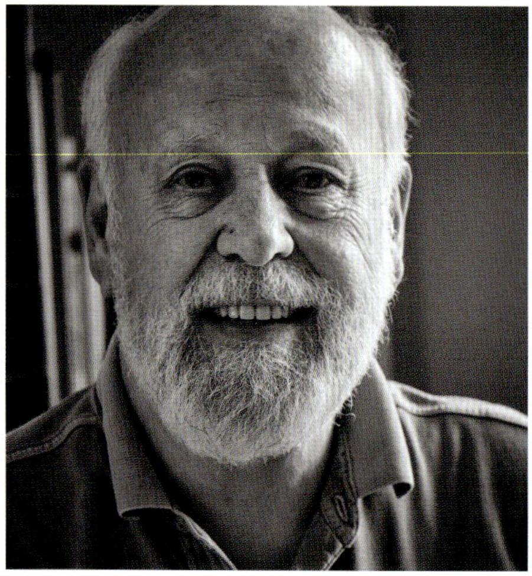

▲ *So gelingen Ihnen authentische Porträts.*

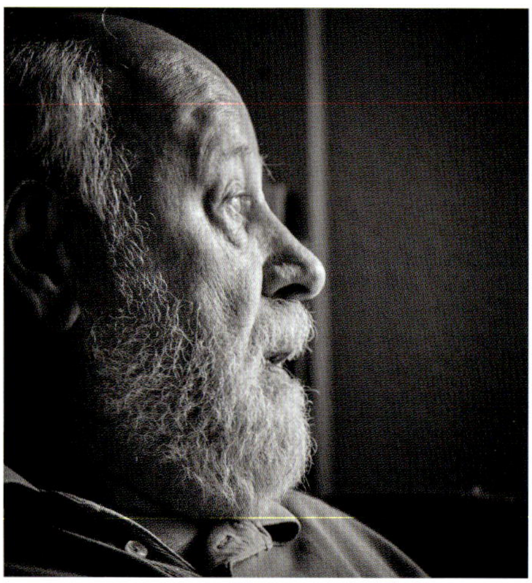

▲ *Fotografieren Sie parallel im RAW- und im JPEG-Format und „legen Sie einen Schwarz-Weiß-Film ein“, um die Wirkung der (grauen) Tonwerte in der Aufnahme direkt beurteilen zu können. Die spätere Umwandlung in eine „echte“ Schwarz-Weiß-Aufnahme im RAW-Konverter gibt den Porträts ihren besonderen Charakter.*

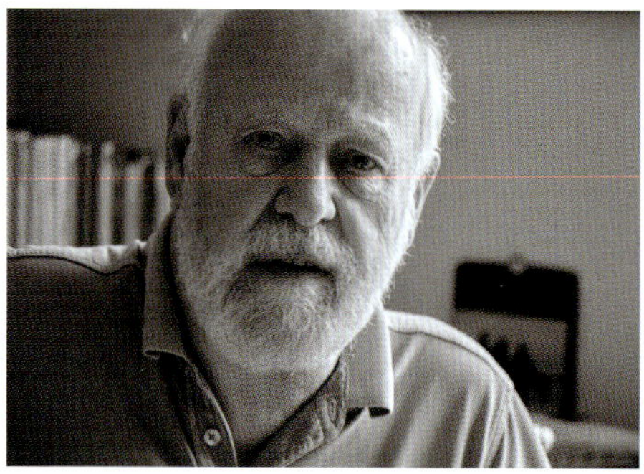

▲ *Ich nutzte die angeregte Unterhaltung, um im richtigen Augenblick auf den Auslöser zu drücken. Natürlich entsteht auf diese Art und Weise auch viel Ausschuss.*

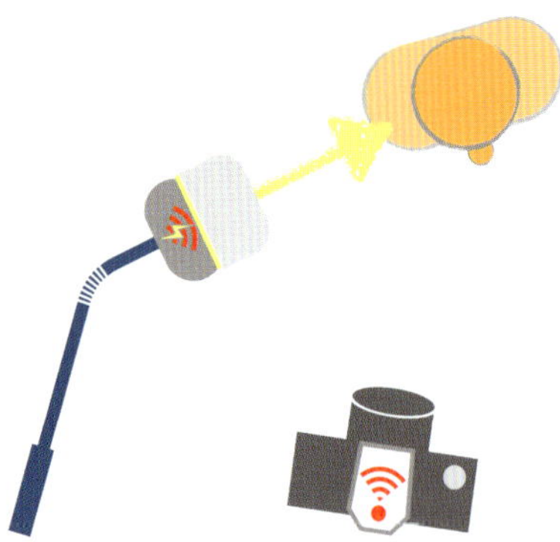

Aufnahmedokumentation

EINSTELLUNGEN DER KAMERA	
Kamera	Fujifilm X-T3
Objektiv	XF55-200 mm / F3.5-4.8 R
Brennweite	100 mm
ISO	1000
Blende	f/4.0
Bel.-Zeit	1/250 s
WB	5.000 K
Messmethode	Mehrfeld
Bel.-Korrektur	0
Dateiformat	RAW
Stativ	-
Selbstauslöser	-
Sonstiges	Funkblitzauslöser

EINSTELLUNGEN DES BLITZGERÄTS	
Modus	TTL
Blitzkorrektur	–2 EV
Zubehör	MagSphere
entfesselt ausgelöst am Blitzarm	

Finale Bearbeitung

- Kontrast reduziert
- Umwandlung in monochromes Schwarz-Weiß
- Tiefen und Schatten aufgehellt
- Lichter reduziert
- Dynamik reduziert
- Schärfung reduziert
- kleine Gesichtsretusche

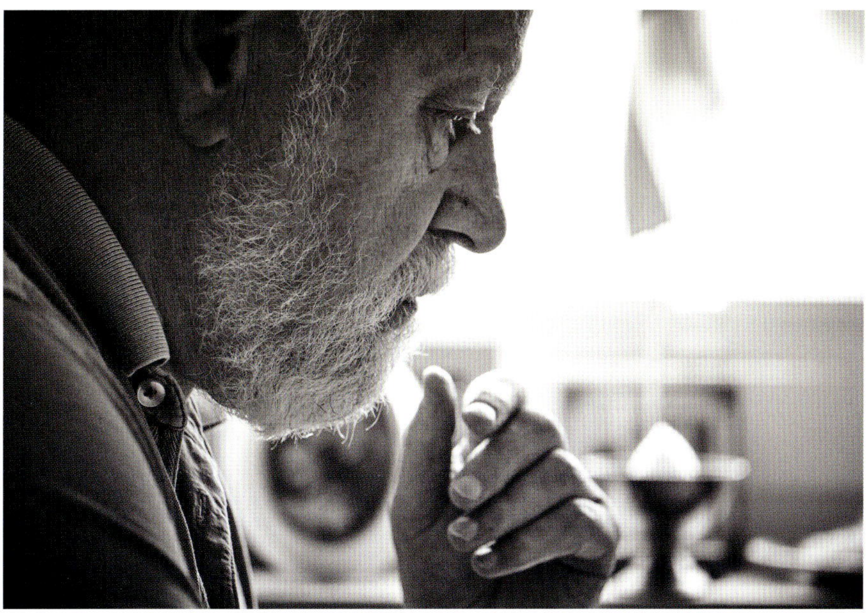

▲ *Durch das Fenster des Arbeitszimmers drang das diffuse Licht des bewölkten Himmels. Die mir zugewandte Seite des Gesichts wurde dezent mit dem Blitz aufgehellt.*

{ 16 } Regenwald

Es regnet in Strömen. Es ist schummrig und ungemütlich. Na und? Also, Kamera und Blitzgerät einpacken, regenfeste Kleidung anziehen, und auf geht‘s in den Wald. Ein Regenschirm, der einfach hinter den Reißverschluss der Jacke geklemmt wird, fängt die meisten Regentropfen ab. Sollten Kamera und Blitzgerät keinen Regen vertragen, sollten Sie Ihr besonderes Augenmerk auf den Schutz der Geräte legen. In jedem Fall ist es sinnvoll, ein zusätzliches Tuch zum Abwischen in den Rucksack bzw. in die Jackentasche zu packen.

Wichtig: Wenn Sie aus dem feucht-kühlen Nass zurück in die warme Wohnung kommen, brauchen die Geräte ausreichend Zeit, um sich zu akklimatisieren.

Nehmen Sie die Geräte aus dem Rucksack und trocknen Sie alles gründlich ab. Nach einiger Zeit können Sie auch das Objektiv von der Kamera abnehmen, damit die Restfeuchtigkeit aus dem Gehäuse entweichen kann. Achten Sie unbedingt darauf, dass keine Feuchtigkeit in die Gehäuse eindringen und die empfindliche Elektronik beschädigen kann. Im Zubehörhandel werden übrigens spezielle Regenschutzhauben angeboten. Damit sind Sie auf jeden Fall auf der sicheren Seite.

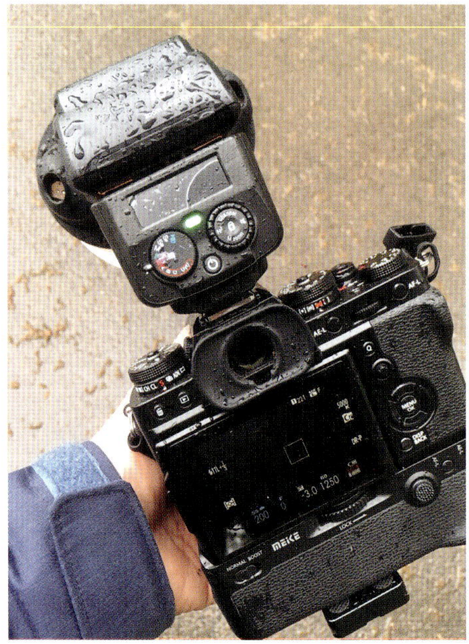

▲ *Hinter dem LCD des Blitzgeräts ist Feuchtigkeit eingedrungen. Nach dem Trockenprozess verschwand sie, ohne Schäden zu hinterlassen. Trotzdem ärgerlich und im schlimmsten Fall nicht ganz ohne Folgen …*

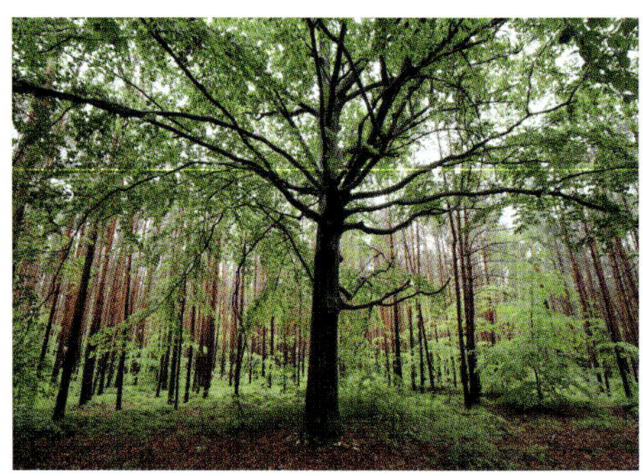

▲ *Die Ausgangssituation ist eher grau und ungemütlich.*

Ergebnisse

▶ *Einfach aus der Hand geblitzt. Dank TTL-Messung und einer Blitzkorrektur von +2 EV auf den Vordergrund leuchtet der Baumstamm hell.*

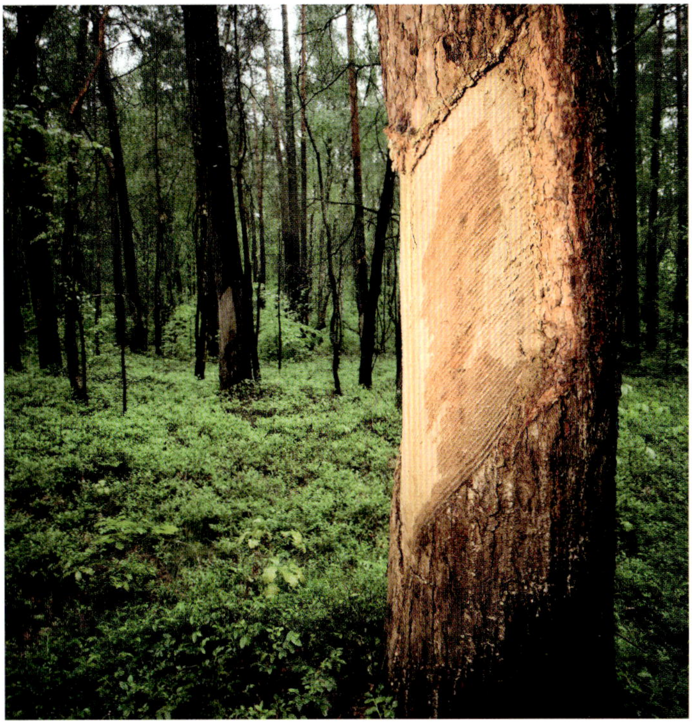

▼ *Um eine warme Lichtstimmung zu bekommen, habe ich vor den Blitzreflektor einen Orangefilter gesetzt. Außerdem habe ich den Hintergrund länger belichtet und mit einer Korrektur von +3 EV auf den Vordergrund geblitzt. Das MagSphere vor dem Blitzreflektor sorgte für weiches Blitzlicht.*

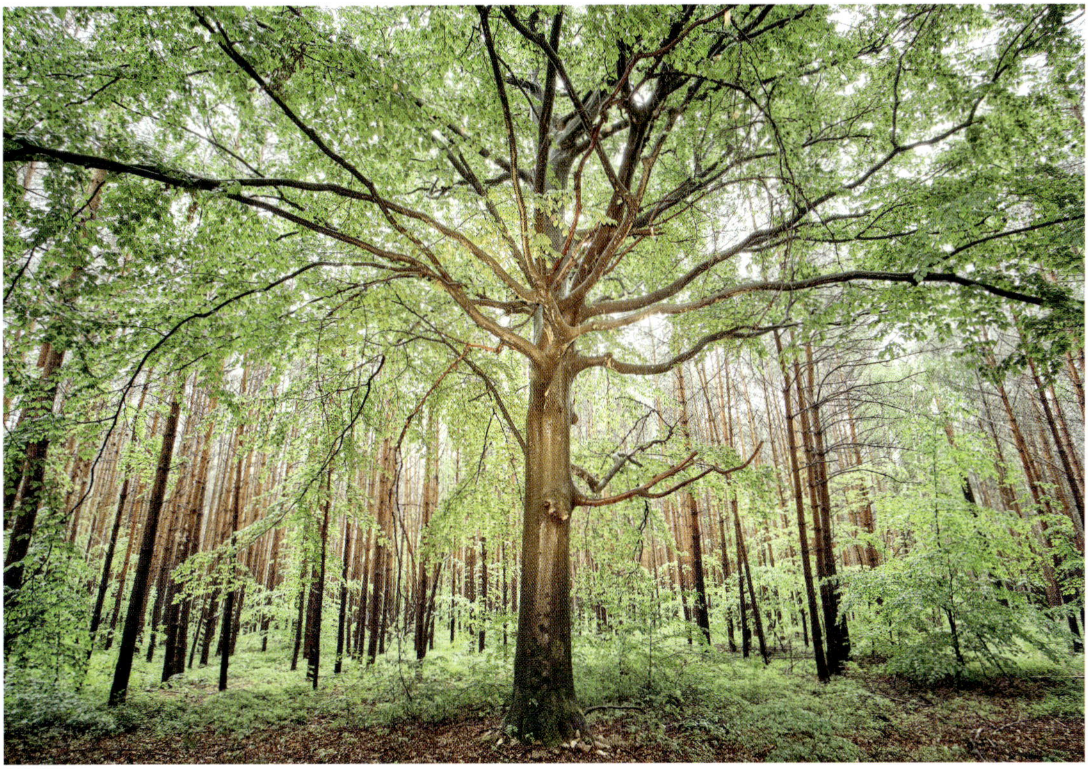

Aufnahmedokumentation

EINSTELLUNGEN DER KAMERA	
Kamera	Fujifilm X-T3
Objektiv	Samyang 12 mm / 2,0
Brennweite	12 mm
ISO	1600
Blende	f/5.6
Bel.-Zeit	1/60 s
WB	5.000 K
Messmethode	Mehrfeld
Bel.-Korrektur	+3
Dateiformat	RAW
Stativ	-
Funkauslöser	-

EINSTELLUNGEN DES BLITZGERÄTS	
Modus	TTL
Zubehör	MagSphere
Blitzkorrektur	+2 EV
Filter	CTO 1/1

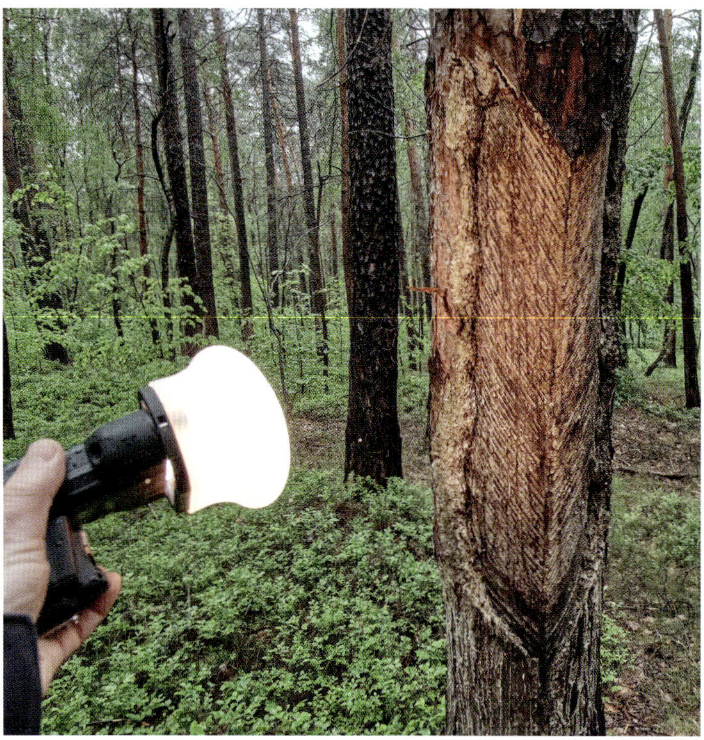

◀ *Der Baumstamm wurde entfesselt aus der Hand im Modus TTL von links angeblitzt.*

Aufnahme Version 2

EINSTELLUNGEN DER KAMERA	
Kamera	Fujifilm X-T3
Objektiv	Samyang 12 mm / 2,0
Brennweite	12 mm
ISO	1250
Blende	f/5.6
Bel.-Zeit	1/125 s
WB	5.000 K (3.500 K)
Messmethode	Mehrfeld
Bel.-Korrektur	-
Dateiformat	RAW
Stativ	-
Funkauslöser	-

EINSTELLUNGEN DES BLITZGERÄTS	
Modus	TTL
Zubehör	MagSphere
Blitzkorrektur	+2 EV
Filter	CTO 1/1

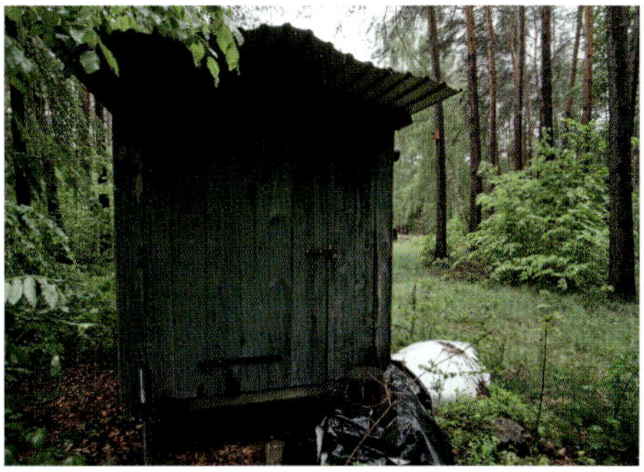

▲ *Der alte Bauwagen im Vordergrund ist viel zu dunkel und könnte etwas mehr Licht vertragen.*

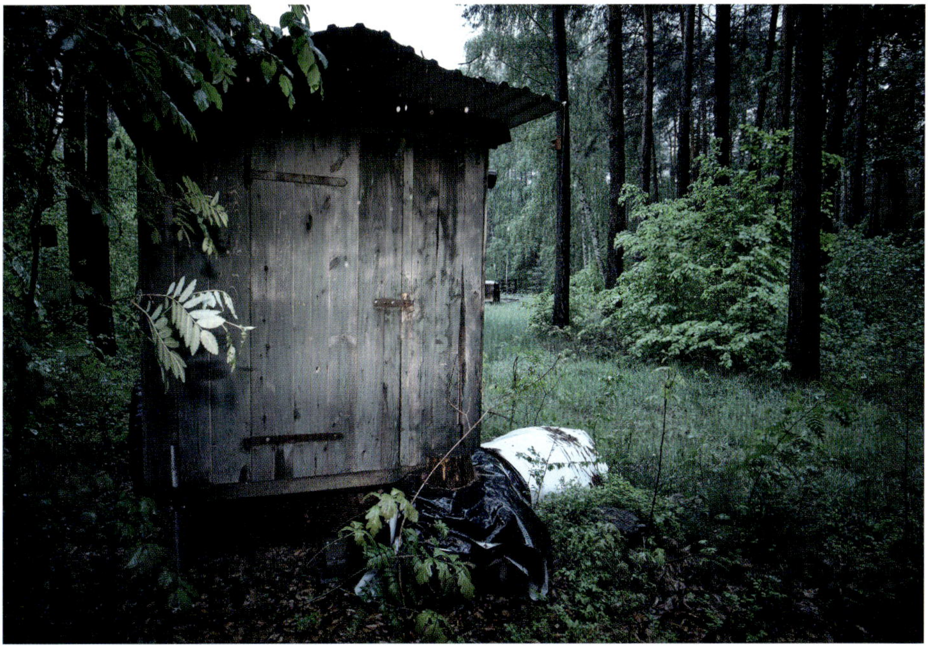

▲ *Der Orangefilter vor dem Blitz korrigierte den Farbstich des kühleren Weißabgleichs (3.500 Kelvin). Der Hintergrund wurde bewusst dunkler gehalten. Die Aufnahme wirkt jetzt noch trister und passt zur Regensituation.*

{ 17 } Stroboskop

Diese spezielle Funktion für das Festhalten von Bewegungsabläufen in einer Aufnahme bietet nicht jedes Blitzgerät. Um gute Stroboskopaufnahmen erstellen zu können, muss das Umfeld sehr dunkel sein. Bei hellem Hintergrund addiert sich Licht zu Licht, und es ist kein gutes Ergebnis zu erwarten. Zur Anwendung wird die Kamera auf ein Stativ gestellt, und der Blitz wird – bei einer entsprechenden Langzeitbelichtung – manuell mit der Testtaste oder direkt von der Kamera ausgelöst. Hinweis: Um Verschleiß und Beschädigung der Blitzröhre durch Überhitzung zu vermeiden, sollten Sie den Stroboskopblitz nach Möglichkeit maximal zehnmal hintereinander auslösen!

Vorbereitungen

Am Blitzgerät werden die manuelle Blitzleistung, die Anzahl der abzugebenden Blitze und die Frequenz in Herz (Hz), also die zeitliche Blitzfolge, eingestellt. Hier spielen die Bewegungsabfolge und die Schnelligkeit des Objekts eine große Rolle. Die maximale Anzahl der Blitze hängt ab von der Blitzleistungsstufe, der vorgewählten Blende und der Blitzfrequenz. Je mehr Blitze in kurzer Zeit abgegeben werden müssen, desto geringer wird die nutzbare Leistung.

EINSTELLUNGEN DER KAMERA	
Kamera	Fujifilm X-T3
Brennweite	30 mm
Objektiv	XF18-135 mm/F3.5-5.6
ISO	200
Blende	f/11.0
Bel.-Zeit	5–10 s
WB	5.000 K
Messmethode	Mehrfeld
Bel.-Korrektur	-
Dateiformat	RAW
Stativ	ja
Funkauslöser	ja

EINSTELLUNGEN DES BLITZGERÄTS	
Modus	Stroboskop, M

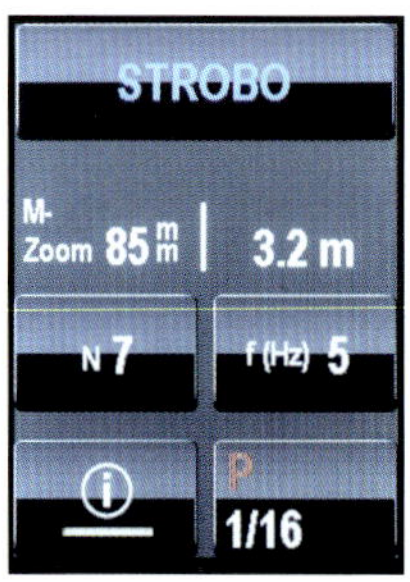

▲ *Das Display zeigt im Stroboskopmodus die Blitzleistung, die Anzahl der Blitze und die Zeit zwischen den Blitzen (Hz) an.*

Ergebnisse

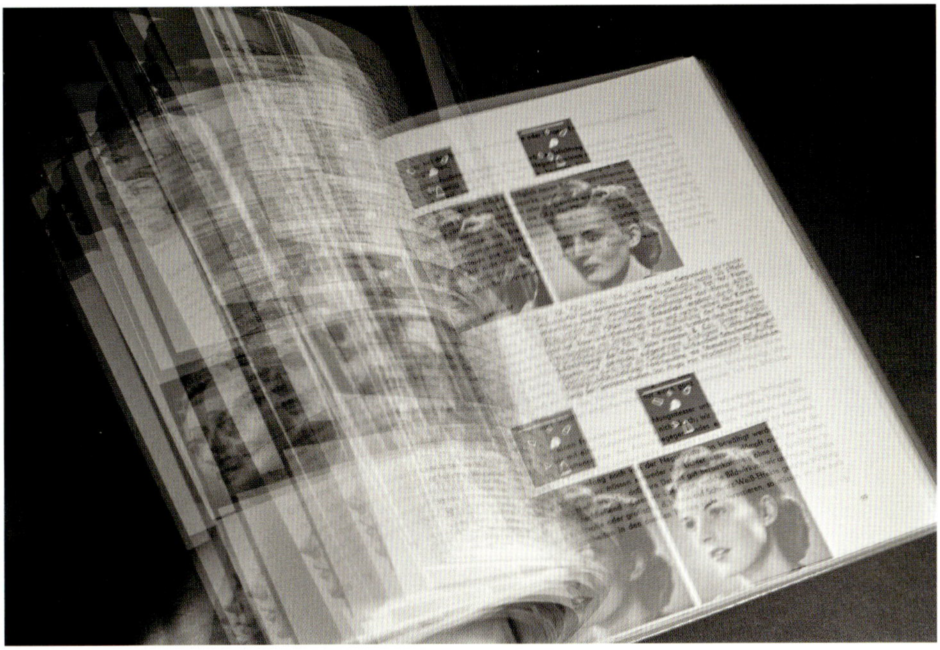

▲ Die Buchseiten wurden – ähnlich einem „Daumenkino" – mit der linken Hand durchgeblättert. Hierbei benötigte ich mehrere Anläufe, bis ich die richtige „Blättergeschwindigkeit" und die passende Anzahl Blitze (hier 5 mit 6 Hz) ermittelt hatte.

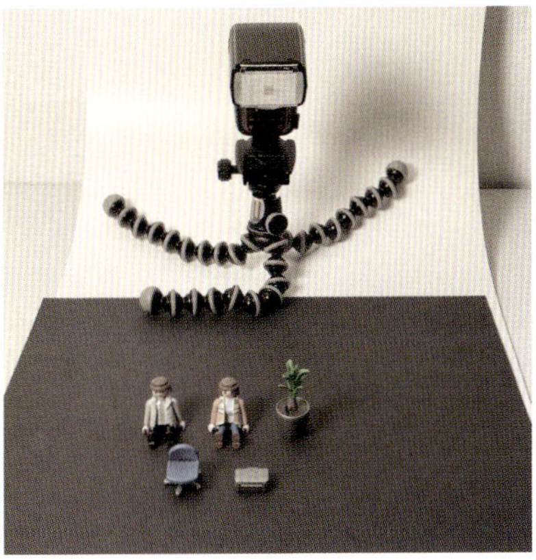

▲ Der einfache Studioaufbau für die Aufnahmen der stürzenden Playmobilfiguren mit einem Gorillapod. In der finalen Bearbeitung wurden die Aufnahmen um 180 Grad gedreht, um den Effekt der Schwerelosigkeit zu erhöhen.

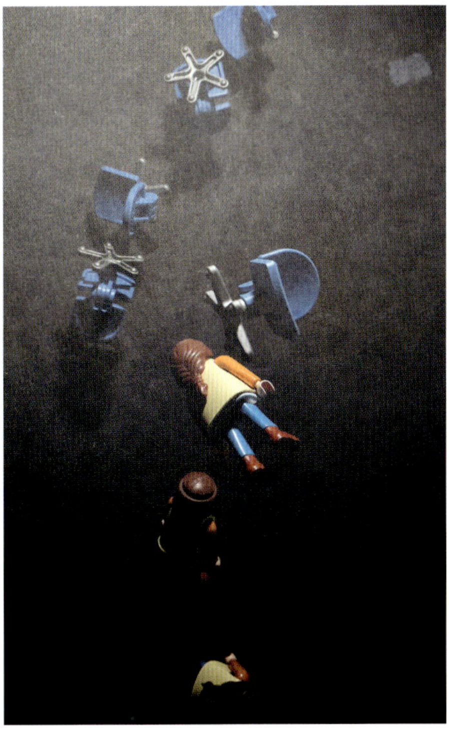

▶ Die Playmobilfiguren wurden kurz hintereinander fallen gelassen. Anzahl der Blitze: 5 mit 10 Hz.

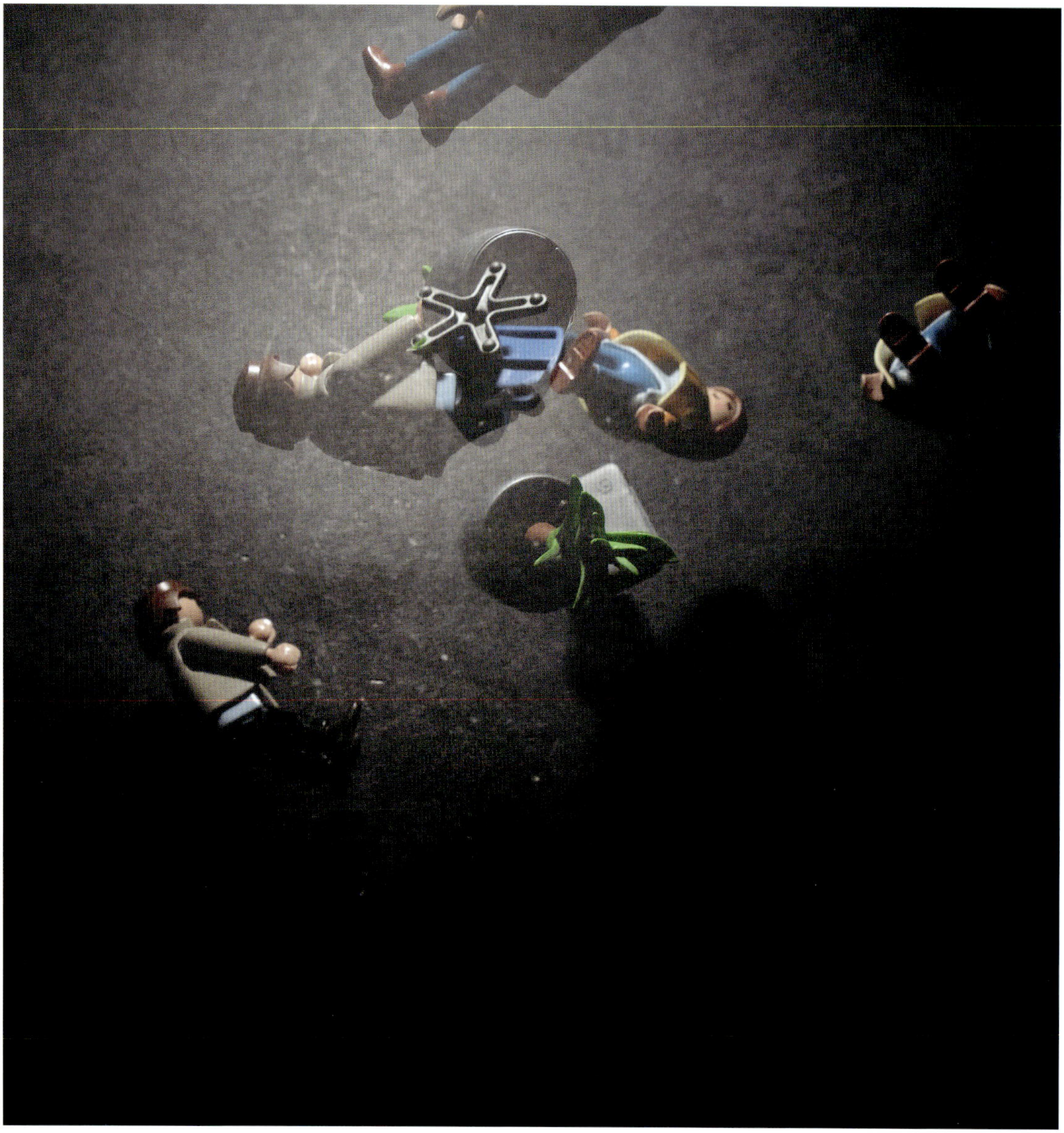

▲ *Bei diesem Versuch wurden nur 3 Blitze mit 10 Hz gezündet.*

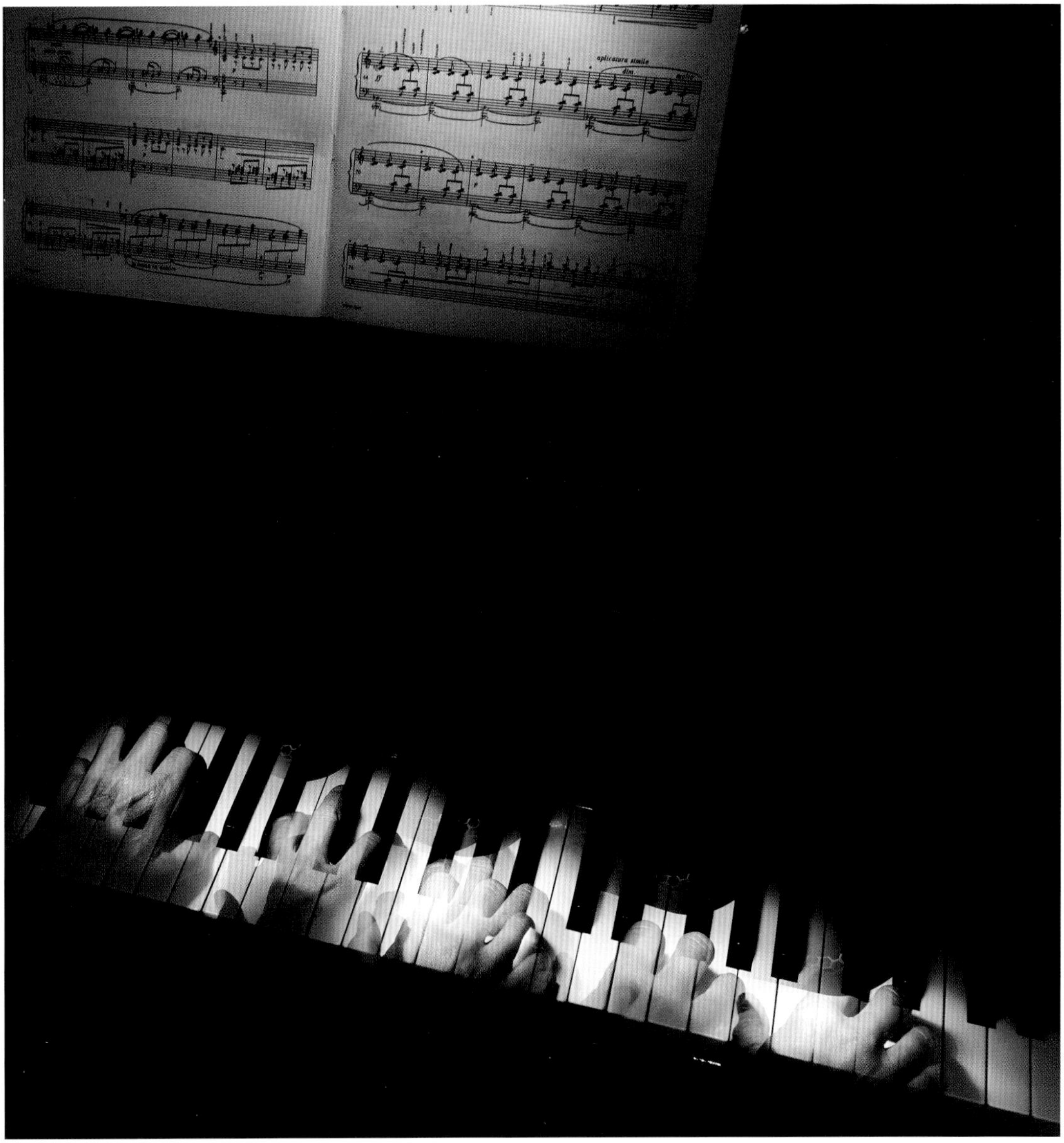

▲ *Die Hände der Pianistin auf der Klaviatur wurden von oben angeblitzt, und die Kamera wurde fernausgelöst. Anzahl der Blitze: 4 mit 4 Hz.*

{ 18 } Stammpilz

Die kleine Pilzkolonie, versteckt hinter Grashalmen und Brennnesseln, fiel mir erst beim zweiten Blick auf. Im geschlossenen Zustand eher uninteressant, entfalteten die Pilze ihre Schirme zu meinem Glück über Nacht vollständig. Ich löste meinen Pilzfavoriten vorsichtig aus dem Boden, um einen geeigneten Aufnahmeplatz zu suchen. Um das Objekt räumlich freistellen zu können, bot sich ein Stapel mit alten Baumstämmen in direkter Nähe an.

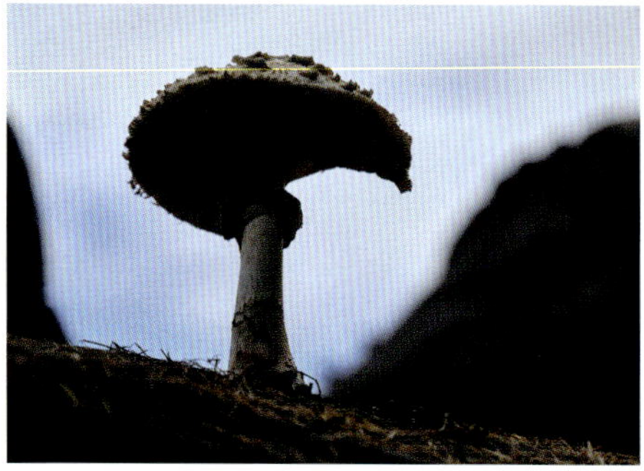

▲ *Die kräftige Unterbelichtung wird durch das Gegenlicht hervorgerufen. Diese Aufnahme erfolgte ohne Blitzaufhellung, also nur mit dem vorhandenen Licht.*

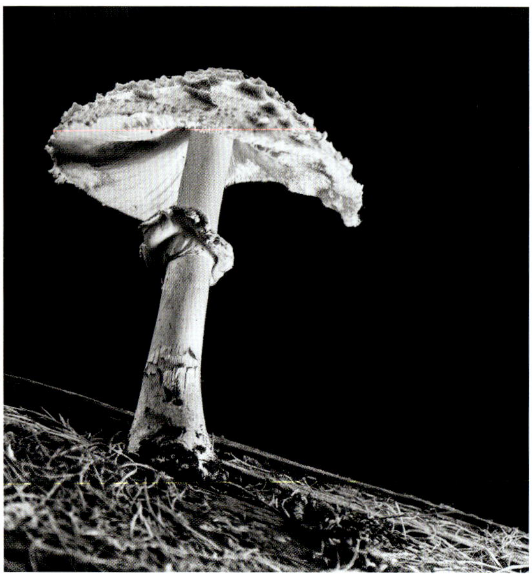

▲ *In der finalen Bearbeitung wurde der Pilz schön dramatisch in ein hartes Schwarz-Weiß umgewandelt und ins Quadrat gesetzt. Der Hintergrund wurde bei der Aufnahme mit –3 EV korrigiert.*

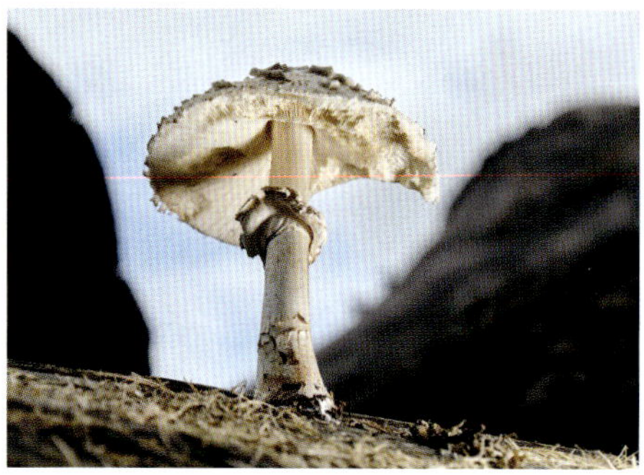

▲ *Der Pilz wurde von rechts unten angeblitzt. Die Baumstämme bildeten eine abwechslungsreiche Hintergrundkulisse. Tipp: Wählen Sie einen tiefen Kamerastandort, um das Objekt größer erscheinen zu lassen.*

Finale Bearbeitung

- Kontrast erhöht
- Schwarz-Weiß-Umwandlung
- Tiefen abgesenkt

Aufnahmedokumentation

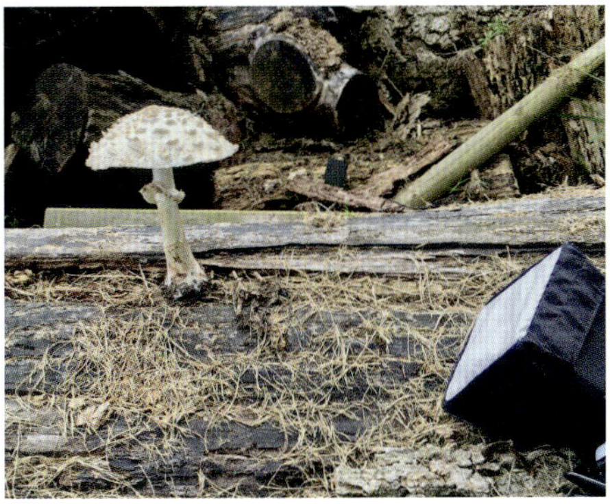

▲ *Der Pilz wurde ganz behutsam in den Spalt eines verrotteten Baumstamms „eingepflanzt“.*

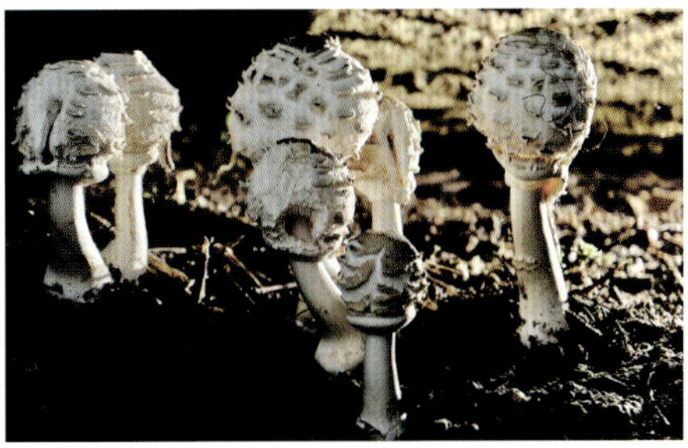

▲ *Am Vorabend vor dem nächtlichen Regen waren die Schirme der gut versteckten Pilze noch geschlossen. Ich positionierte den Blitz rechts daneben und schoss die erste Aufnahme.*

EINSTELLUNGEN DES BLITZGERÄTS	
Modus	TTL
Blitzkorrektur	–1 EV
Zubehör	Mini-Softbox
entfesselt, auf der Seite liegend	

Aufnahmeskizze

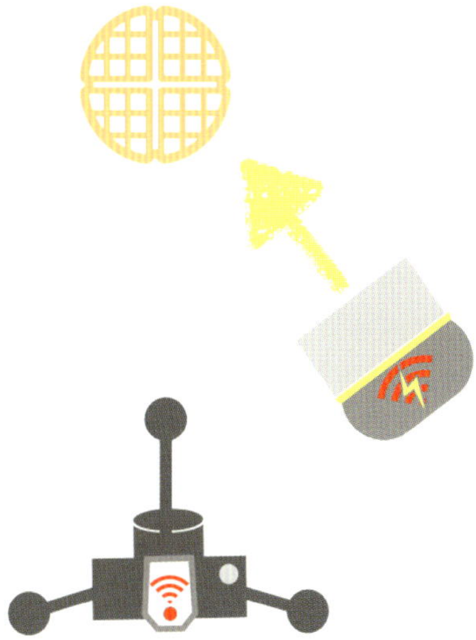

EINSTELLUNGEN DER KAMERA	
Kamera	Fujifilm X-T3
Brennweite	104 mm
ISO	200
Blende	f/5.0
Bel.-Zeit	1/250 s
WB	5.000 K
Messmethode	Mehrfeld
Bel.-Korrektur	–3
Dateiformat	RAW
Stativ	ja
Selbstauslöser	ja
Funkauslöser	ja

{ 19 } Studio

Ein kleines Heimstudio lässt sich mit relativ wenig Aufwand aufbauen. Sie benötigen nur einen Tisch, eine Hohlkehle, die aus weißem oder dunklem Karton gefertigt sein kann, sowie ein Stativ und ein Blitzgerät. Dunkeln Sie den Raum ab, um Fremdlichteinfall am Set zu vermeiden. Oder Sie reduzieren den ISO-Wert bzw. verringern die Blende, um das Umgebungslicht zu reduzieren.

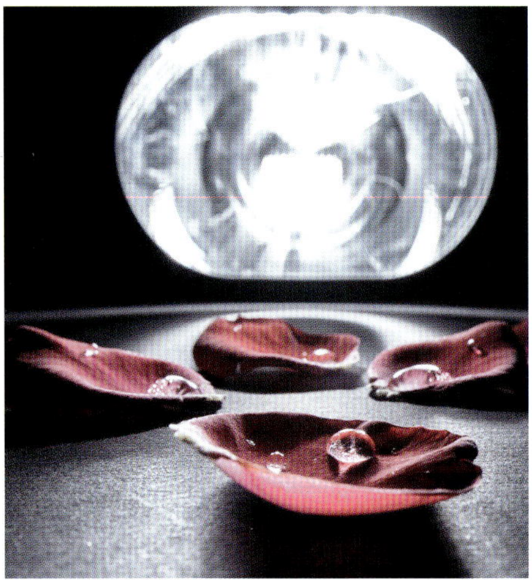

▲ *Blütenblätter im harten Gegenlicht des MagBeam fotografiert.*

Aufnahmedokumentation

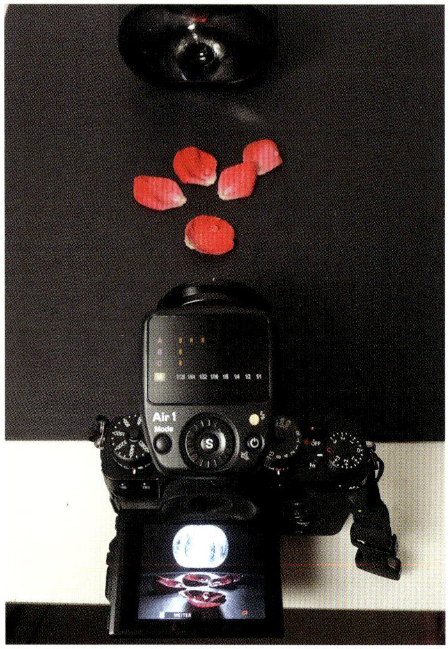

▲ *Die Ansicht zeigt den Blick von oben auf den Monitor und den Setaufbau im Studio.*

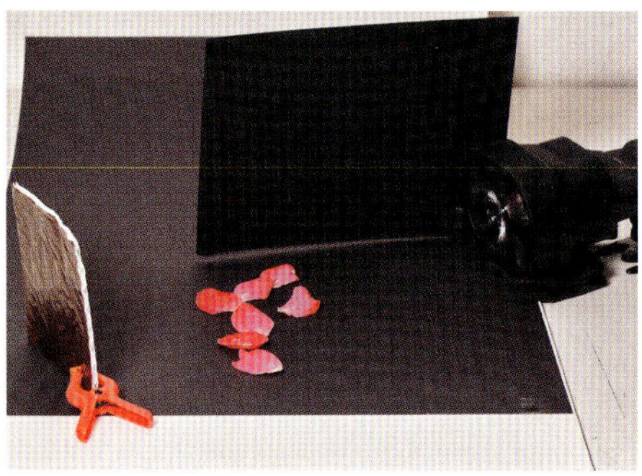

▲ *Ein kleiner Reflektor aus einer Pralinenpackung hellt die Schatten von der linken Seite ein wenig auf.*

▶ *Die finale Aufnahme. In der Bearbeitung wurden die Tiefen sowie die Schatten stärker reduziert, und die Zeichnung in den Lichtern wurde verbessert.*

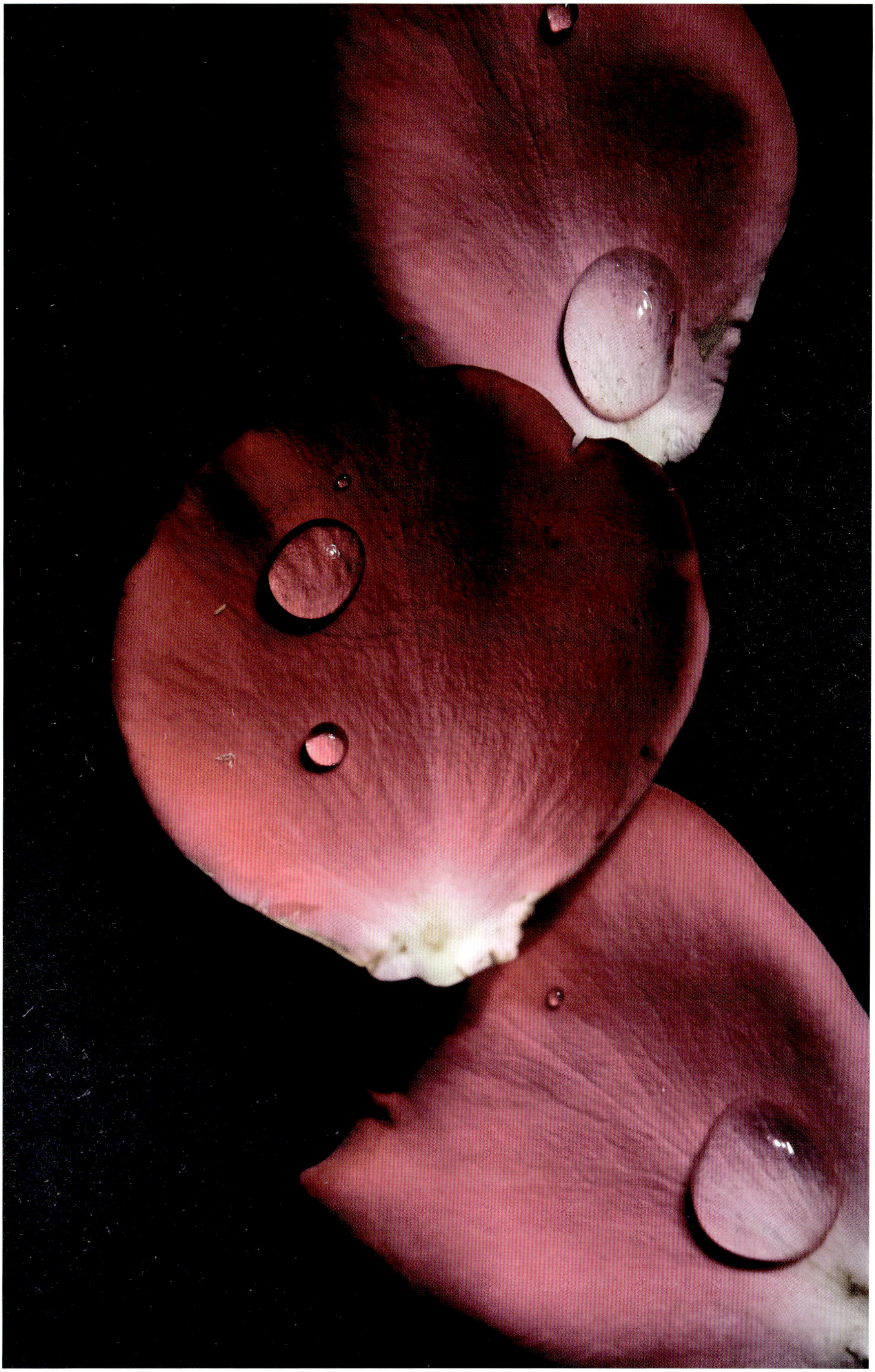

EINSTELLUNGEN DER KAMERA	
Kamera	Fujifilm X-T3
Objektiv	XF10-24 mm F4
Brennweite	24 mm
ISO	80
Blende	f/11
Bel.-Zeit	1/60 s
WB	5.000 K
Messmethode	Mehrfeld
Bel.-Korrektur	–3
Dateiformat	RAW
Stativ	ja
Selbstauslöser	ja

EINSTELLUNGEN DES BLITZGERÄTS	
Modus	M
Leistung	1/128
Zubehör	MagBeam
entfesselt ausgelöst	

Finale Bearbeitung

- Kontrast und Sättigung reduziert
- Tiefen und Schatten reduziert
- Dynamik erhöht
- Vignette gesetzt

Aufnahme Version 2

Die finale Aufnahme einer alten Trinkflasche. Die Zeit hat zweifellos ihre Spuren auf der Oberfläche hinterlassen. Ob eine nachträgliche Retusche erforderlich ist, liegt in der Entscheidung des Fotografen. Ich habe mich dagegen entschieden.

Aufnahmedokumentation

EINSTELLUNGEN DER KAMERA	
Kamera	Fujifilm X-T3
Objektiv	XF55-200 mm / F3.5-4.8 R
Brennweite	110 mm
ISO	160
Blende	f/11
Bel.-Zeit	1/30 s
WB	5.000 K
Messmethode	Mehrfeld
Bel.-Korrektur	–2
Dateiformat	RAW
Stativ	ja
Selbstauslöser	ja
Sonstiges	-

EINSTELLUNGEN DES BLITZGERÄTS	
Modus	M
Leistung	1/64
Zubehör	MagBeam
entfesselt ausgelöst	

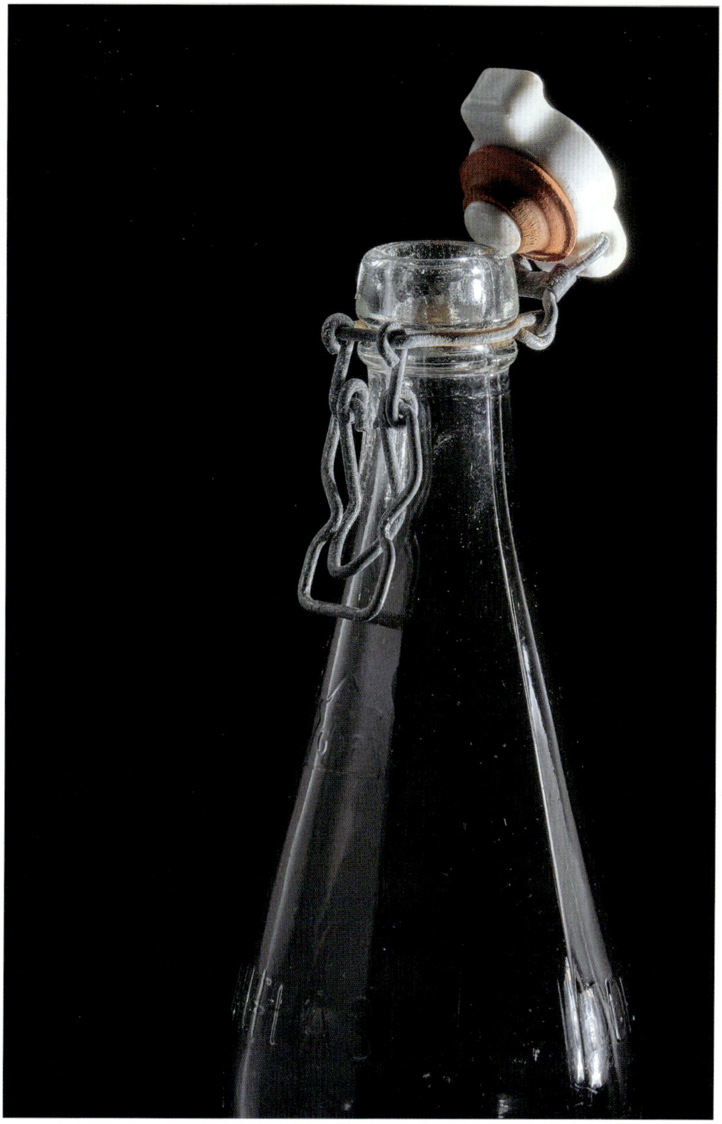

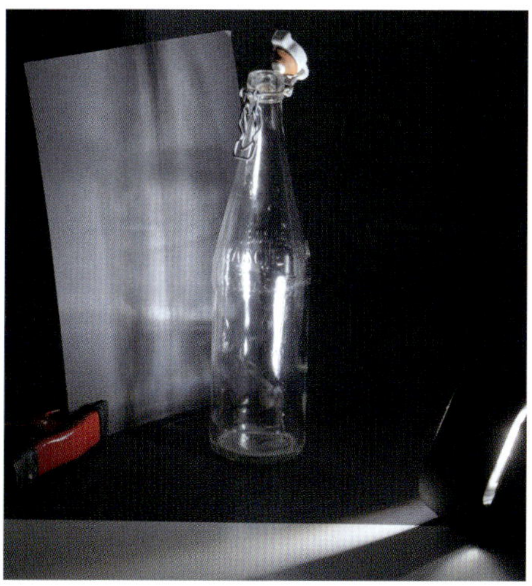

◀ *Die Ansicht zeigt den einfachen Setaufbau für die Aufnahme der Trinkflasche.*

Finale Bearbeitung

- Kontrast erhöht
- Tiefen reduziert
- Dynamik erhöht
- Schärfung erhöht

{ 20 } Waffelbild

Wenn Sie mal ein paar Blicke in diverse Kochbücher werfen, werden Sie die unterschiedlichsten Formen und Arten der sogenannten Food-Fotografie entdecken. Nach meiner Einschätzung sind die meisten Aufnahmen in ihrer Lichtstimmung eher hell, warm und freundlich gehalten. Grund genug, die Waffeln mit den frischen Blaubeeren in ein etwas anderes Licht zu setzen. Hierfür wurde das Zimmer abgedunkelt und vom Stativ aus fotografiert.

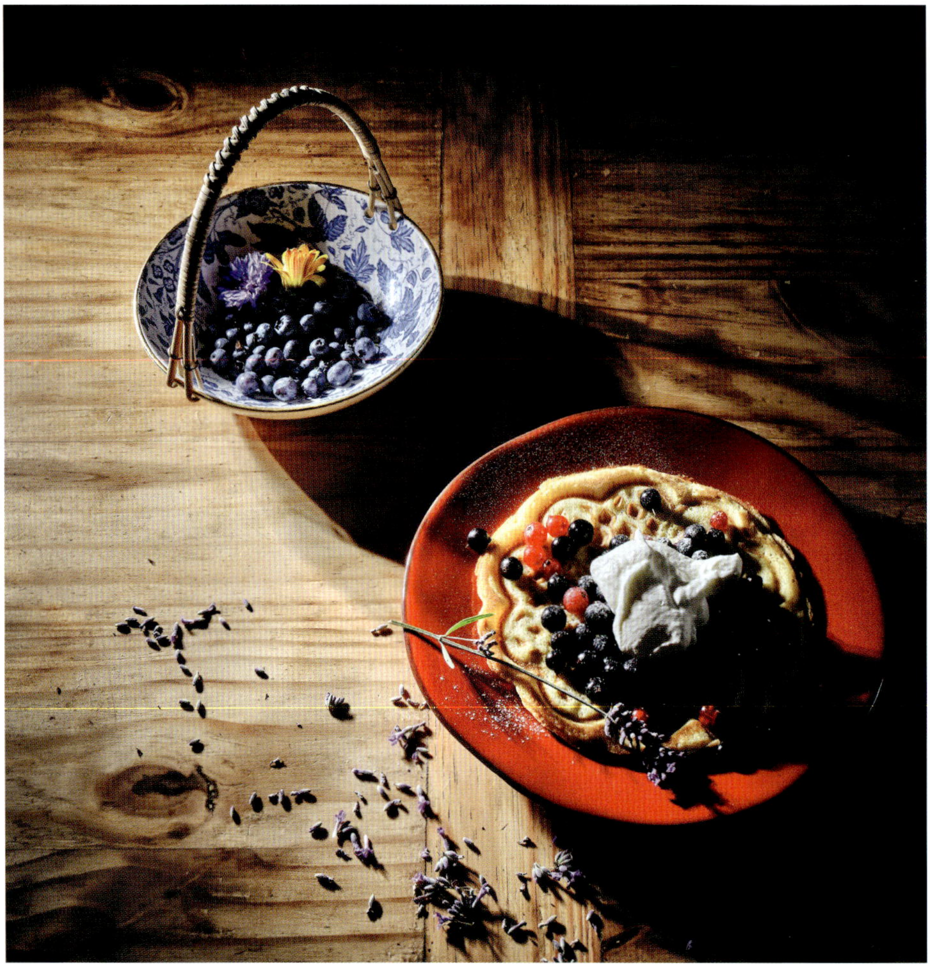

▲ *Das harte Licht kam von links oben. Der Blitz befand sich in einer sehr flachen Position, und zwar knapp oberhalb der Tischoberfläche. Die Kamera wurde von schräg oben auf den Teller mit den Waffeln ausgerichtet. In der finalen Bildbearbeitung wurde außerdem eine Vignette im Randbereich gesetzt.*

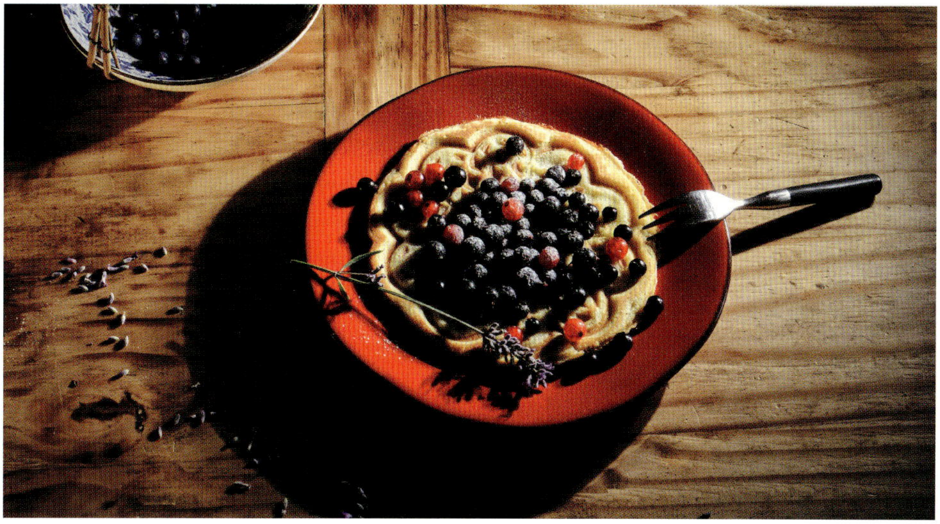

▲ *Der MagBeam vor dem Blitzreflektor wurde mit der Lochmaske bestückt, um einen harten Lichtspot auf den Teller mit der Waffel zu projizieren. Der Blitz befand sich seitlich angeordnet auf dem Gorillapod-Stativ. Der Raumlichtanteil wurde auf ein Minimum reduziert.*

Aufnahmedokumentation

EINSTELLUNGEN DER KAMERA	
Kamera	Fujifilm X-T3
Objektiv	XF18-135 mm / F3.5-5.6
Brennweite	28 mm
ISO	1600
Blende	f/10
Bel.-Zeit	1/200 s
WB	5.000 K
Messmethode	Mehrfeld
Bel.-Korrektur	–3
Dateiformat	RAW
Stativ	ja
Selbstauslöser	ja
Sonstiges	-

EINSTELLUNGEN DES BLITZGERÄTS	
Modus	M
Leistung	1/64
Zubehör	MagBeam mit Lochmaske
Blitz entfesselt per Funk	
Vignette gesetzt	

Aufnahmeskizze

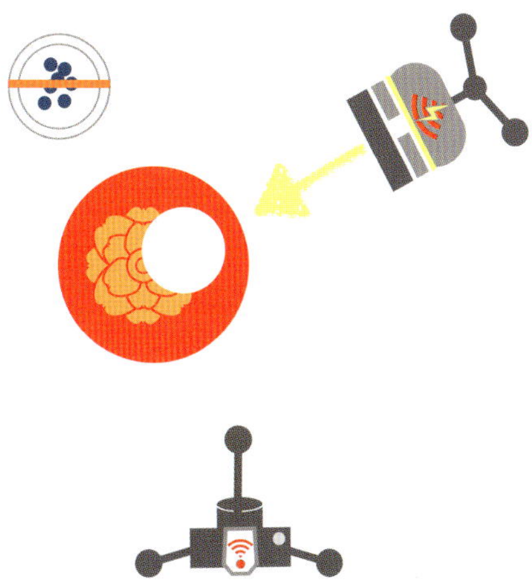

Finale Bearbeitung

- Tiefen etwas reduziert
- Lichter reduziert
- Klarheit erhöht

{ 21 } Waldtipi

Bei einem Waldspaziergang entdeckte ich dieses Tipi aus dünnen Baumstämmen. Bereits kurz nach Einbruch der Dämmerung war ich on Location, um die Lichtstimmung abzuwarten. Die Kamera befand sich auf einem Stativ im Modus M und wurde fernausgelöst. Zum exakten Scharfstellen habe ich eine kleine LED-Lampe eingesetzt, die auf das Objekt gerichtet wurde.

Aufnahmereihe: gezoomt

Die erste Aufnahme habe ich mit 1/8 Sekunde vom Stativ aus gezoomt, um einen gleichmäßigen „Explosionseffekt“ zu erhalten. Der Blitz zündete auf den ersten Verschlussvorhang. Wichtig ist, für ausreichend Umgebungslicht bei der Aufnahme zu sorgen.

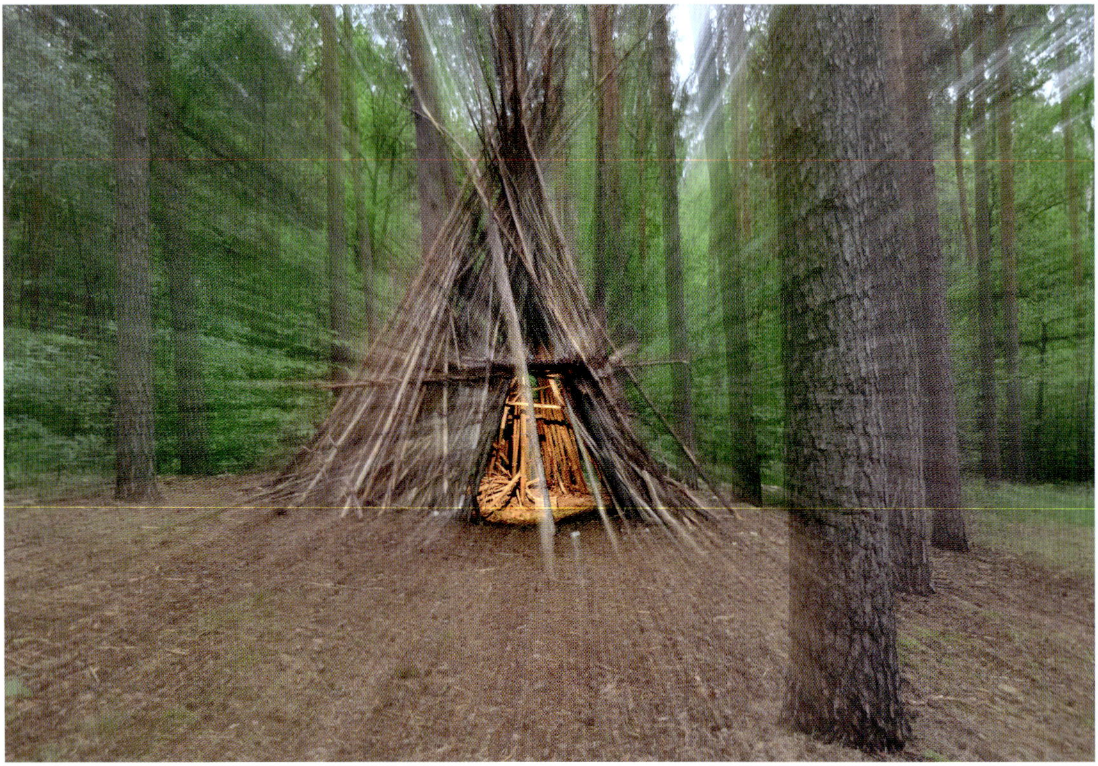

▲ *Schön gleichmäßig gezoomt.*

EINSTELLUNGEN DER KAMERA	
Kamera	Fujifilm X-T3
Brennweite	22 mm
Objektiv	XF18-135 mm / F3.5-5.6
ISO	320
Blende	f/5.0
Bel.-Zeit	1/8 s
WB	5.000 K

EINSTELLUNGEN DER KAMERA	
Messmethode	Mehrfeld
Bel.-Korrektur	–1
Dateiformat	RAW
Stativ	ja
Selbstauslöser	-
Funkauslöser	ja

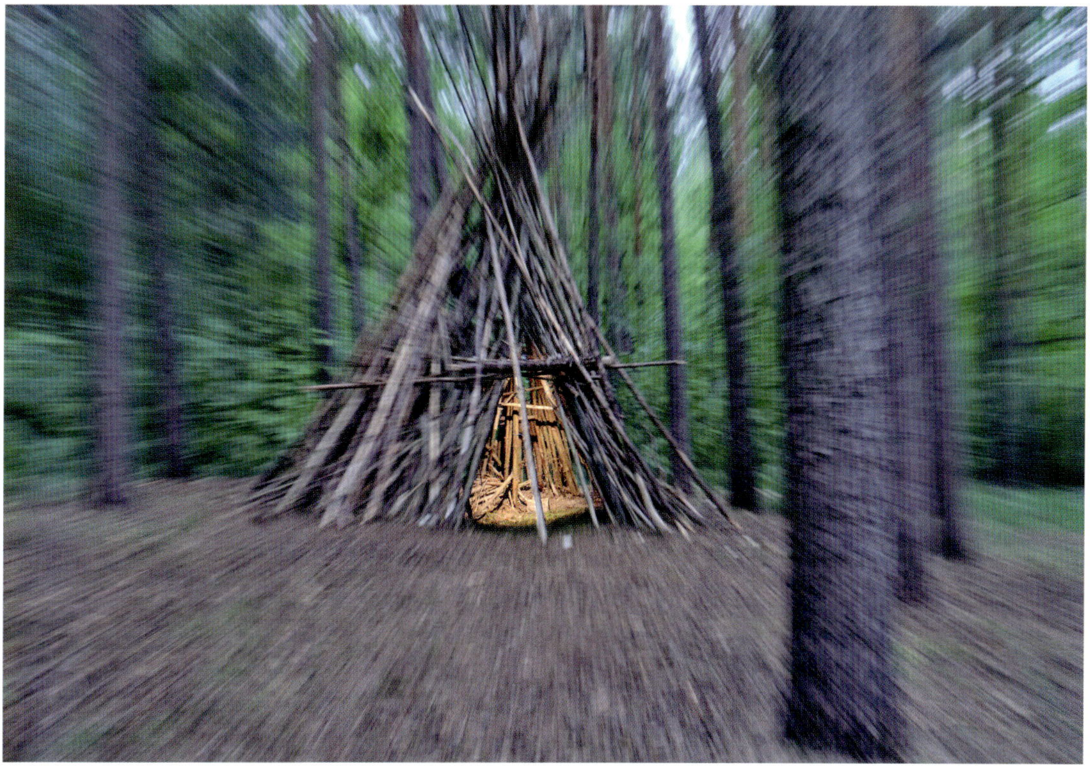

▲ *Weißabgleich auf 3.300 Kelvin und Orangefilter BTO 1/1 vor dem Blitzgerät. Das Umgebungslicht wurde bläulich eingefärbt.*

Aufnahmedokumentation

EINSTELLUNGEN DES BLITZGERÄTS	
Modus	M 1/64
Zubehör	MagGrid
entfesselt, per Funk ausgelöst	

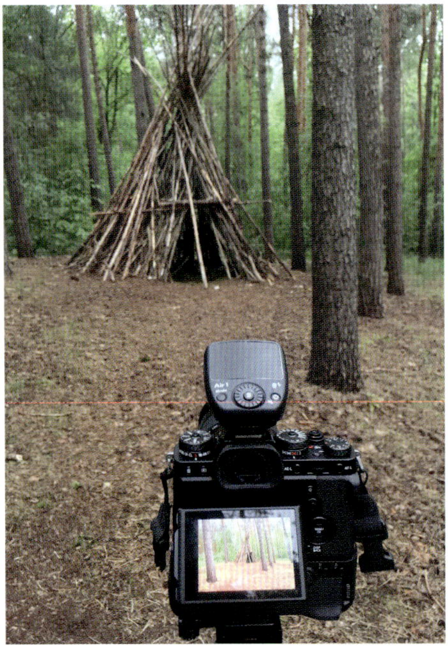

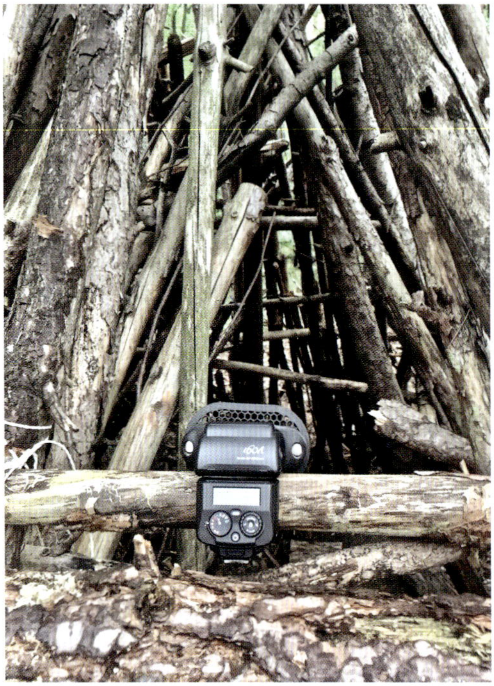

▲ *Das Blitzgerät wurde oberhalb des Eingangs befestigt und per Funksender synchron ausgelöst. Das MagGrid bündelt das Licht stärker.*

▼ *Das Tipi stand auf einer Waldlichtung. Der bewölkte Himmel sorgte für ein weiches und gleichmäßiges Licht ohne störende Schatten.*

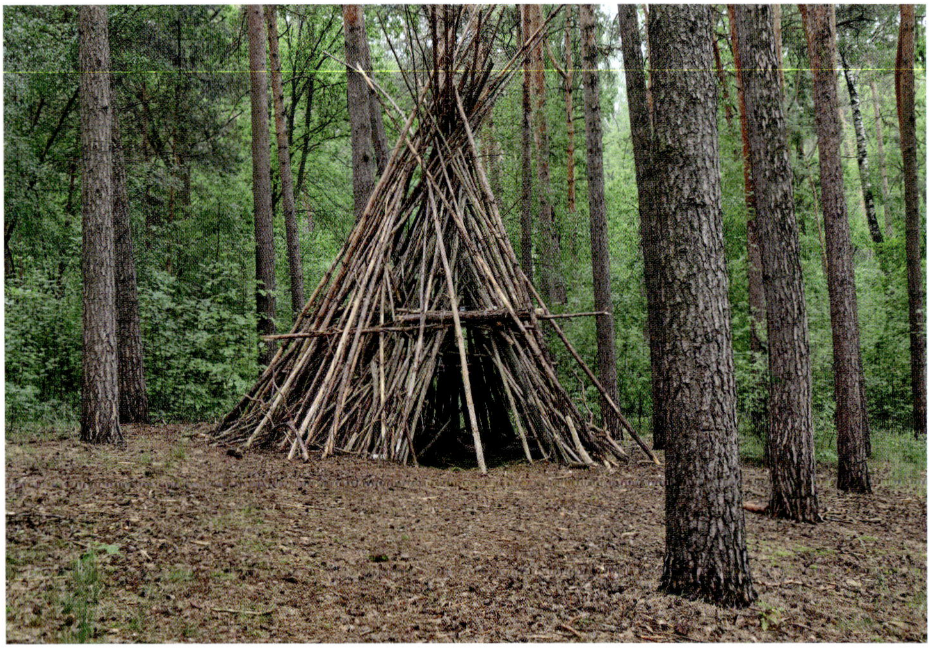

Aufnahmereihe Version 2

Die zweite Aufnahmereihe wurde ohne den entfesselten Funkblitz erstellt. Der Blitz im Modus M wurde nach der Offenblitzmethode von Hand ausgelöst.

EINSTELLUNGEN DER KAMERA	
Kamera	Fujifilm X-T3
Brennweite	24 mm
Objektiv	XF18-135 mm / F3.5-5.6
ISO	160
Blende	f/8.0
Bel.-Zeit	60 s
WB	5.000 K
Messmethode	Mehrfeld
Bel.-Korrektur	–2
Dateiformat	RAW
Stativ	ja
Selbstauslöser	ja
Funkauslöser	ja

Aufnahmedokumentation

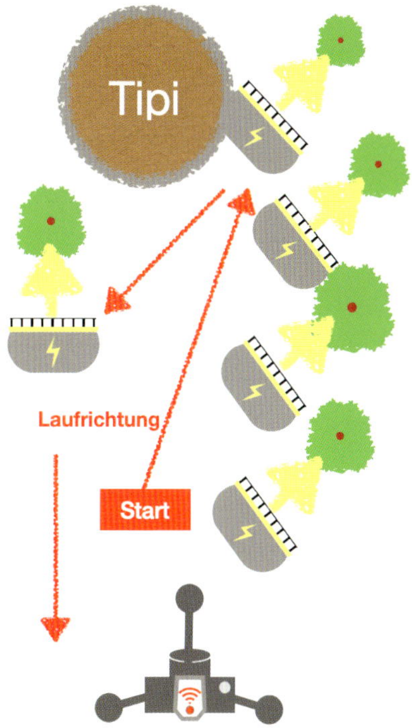

▼ *Insgesamt wurden sieben Blitze von Hand an verschiedenen Punkten ausgelöst. Hierbei habe ich mich zwischen den Auslösungen sehr schnell bewegt, um unsichtbar zu bleiben.*

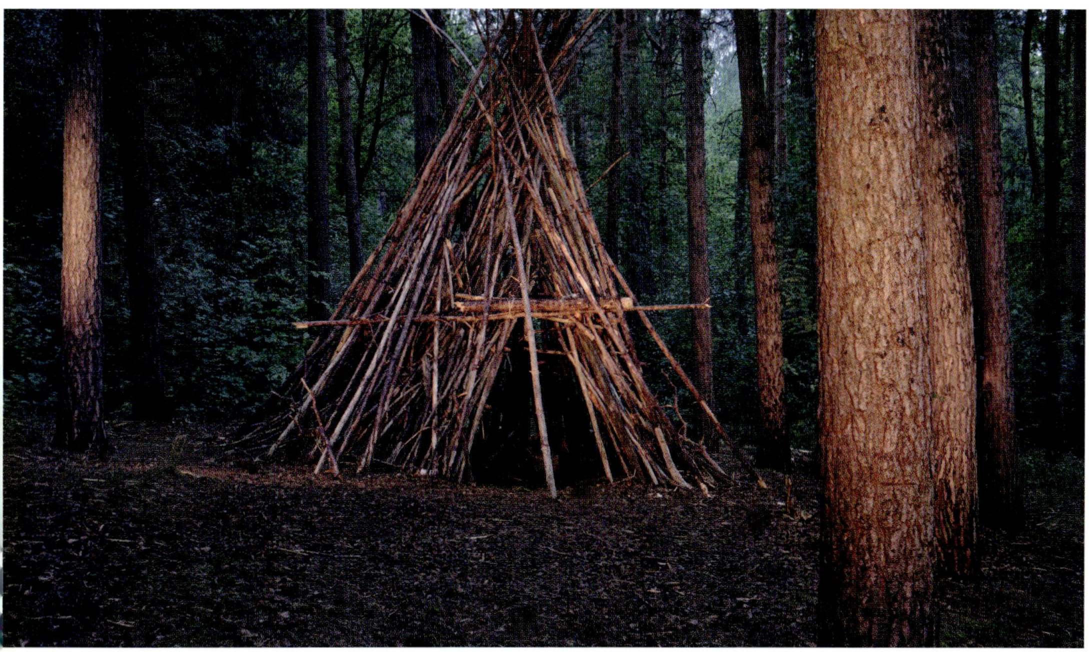

Dankeschön!

Die nachfolgend genannten Freunde, Personen und Unternehmen haben mich mit persönlichem Engagement, Bildmaterial und (Wunsch-)Produkten unterstützt. Ihnen gilt mein ganz besonderer Dank.

- **Claudia E. Clasen**, Fotografenmeisterin – Claudia studierte Kunstgeschichte, ist ausgebildete Porträtfotografin und lebt seit 2014 auf Sylt. Die Insulanerin arbeitet aktuell bei einer Ferienhausvermittlung, ihr Schwerpunkt dabei liegt auf der Architektur- und Landschaftsfotografie.

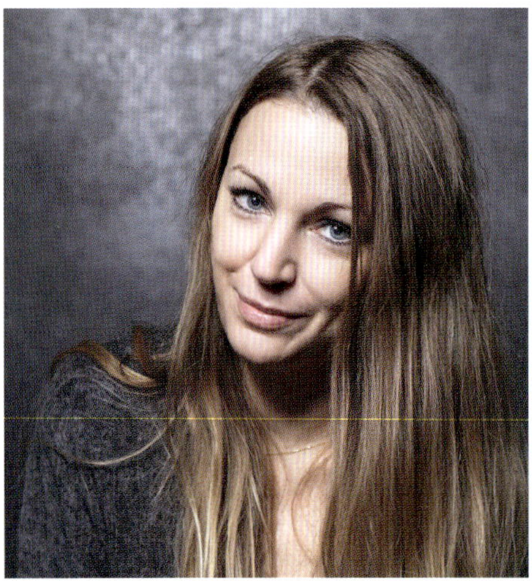

▲ *Claudia E. Clasen*

- **Matthias Matthai**, Fotograf, Dozent und Buchautor. Matthias sammelte während seines Informatikstudiums in den 1990er-Jahren bereits erste Erfahrungen mit Adobe Photoshop und der Softwareentwicklung. Heute arbeitet er hauptberuflich im Familienbetrieb als Fotograf und Ausbilder und gibt sein Wissen außerdem als Lehrbeauftragter an der Dualen Hochschule Baden-Württemberg weiter. (*www.foto-saenger.de*)

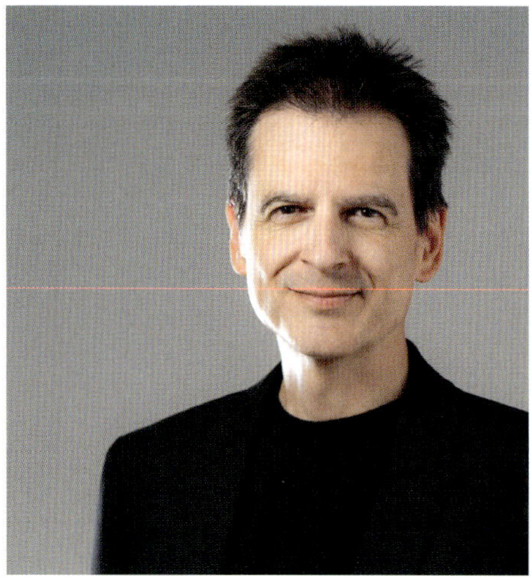

▲ *Matthias Matthai*

- **Charlotte Bleser**, Dipl.-Musikpädagogin und Pianistin. Mit Begeisterung findet Charlotte immer wieder neue Wege, das Klavierspielen zu lehren. Gleichzeitig faszinieren sie aber auch das Gestalten von Fotos und der Umgang mit dem bewegten Bild. (*www.pianoforte-musik.de*)

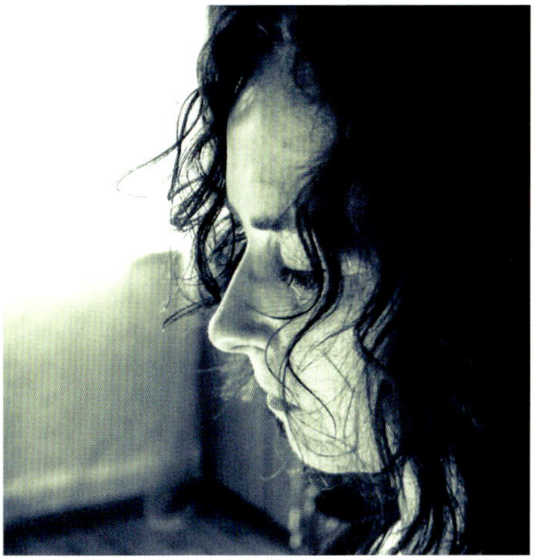

▲ *Charlotte Bleser*

- **Christian Beese**, Autor und Tanzlehrer. Christian lebt in Preetz und steht mit Begeisterung vor der Kamera, etwa im Lost-Place-Shooting. (*www.swinggoes.de*)

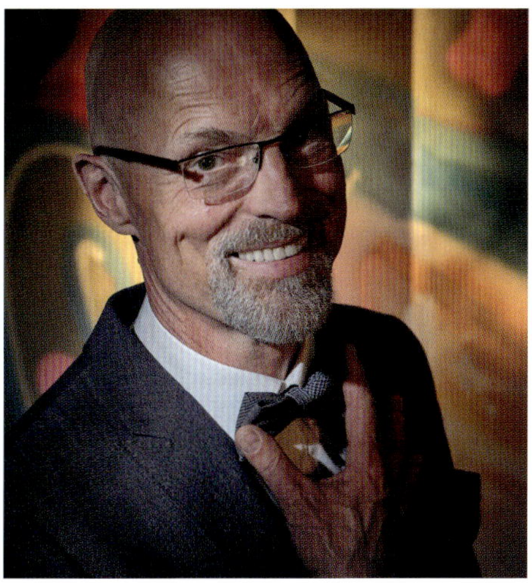

▲ *Christian Beese*

- **Peter Beyer**, Kieler Marionettenbauer und -spieler. Marionetten und Figurentheater sind Peters Leben. Der gelernte Tischler und Kieler Original baut in seiner Werkstatt seit über 30 Jahren etwas schräge Objekte aus ganz unterschiedlichen Materialien. (*www.marionetten-werkstatt-kiel.de*)

- **Stephan Guber**, Bildhauer. „Ecce Homo“ – die Aufnahmen dieser lebensgroßen Skulpturen aus Pappelholz sind, mit freundlicher Genehmigung des hessischen Künstlers, in der St.-Jürgen-Kirche in Grube (SH) aufgenommen worden. (*www.stephan-guber.de*)

- **Leonard Brenner** – Brenner Foto (*www.fotobrenner.de*)

- **Bernd Ibisch** – Bereitstellung von Blitzzubehör (B.I.G.)

- **Tobias Löwe** – Enjoy your Camera. Bereitstellung von Blitzzubehör. (*www.enjoyyourcamera.com*)

- **Stefanie Bau**

- **Klaus Radtke** (*www.radtke-photographie.de*)

- **Tom**, Freerider

- **Franziska** mit **Balthasar**

Index

Bildnachweis

Alle Bilder in diesem Buch wurden von **Michael Nagel** erstellt.

Ausgenommen dieser Bilder: **S. 14-15** Claudia E. Clasen.
S. 32 Nissin. **S. 46** Nissin. **S. 46** Nissin. **S. 51** Leica. **S. 68** Canon.
S. 70 Canon. **S. 88** Olympus. **S. 200** Canon. **S. 202** Fujifilm.
S. 205 Nissin (o). **S. 207** Nissin.